Thomas J. Green

Macromedia Director 8 & Lingo

Guia rápido para desenvolvimento na Web

Tradução
Deise Ferreira Viana de Castro

Revisão técnica
Deborah Rüdiger

EDITORA CIÊNCIA MODERNA

Do original
Macromedia Director 8 & Lingo fast & easy web development

Authorized translation from English Language Edition published by Prima Communications, Inc. Original copyright © 2000, Prima Publishing, *Macromedia Director 8 & Lingo fast&easy web development*. Translation by Editora Ciência Moderna Ltda., 2001.

© 2000 by Prima Publishing. All rights reserved. No part of this book may be reproduced or transmitted in any form or by any means, electronic or mechanical, including photocopying, recording, or by any information storage or retrieval system without written permission from Prima Publishing, except for the inclusion of brief quotations in a review.

Todos os direitos para a língua portuguesa reservados pela EDITORA CIÊNCIA MODERNA LTDA.

Nenhuma parte deste livro poderá ser reproduzida, transmitida e gravada, por qualquer meio eletrônico, mecânico, por fotocópia e outros, sem a prévia autorização, por escrito, da Editora.

Editor: Paulo André P. Marques
Supervisão Editorial: Carlos Augusto L. Almeida
Produção Editorial: Friedrich Gustav Schmid Junior
Capa e Layout: Renato Martins
Diagramação e Digitalização de Imagens: Érika Loroza
Tradução: Deise Ferreira Viana de Castro
Revisão: Daniela Marrocos
Assistente Editorial: Daniele M. Oliveira

Várias **Marcas Registradas** aparecem no decorrer deste livro. Mais do que simplesmente listar esses nomes e informar quem possui seus direitos de exploração, ou ainda imprimir os logotipos das mesmas, o editor declara estar utilizando tais nomes apenas para fins editoriais, em benefício exclusivo do dono da Marca Registrada, sem intenção de infringir as regras de sua utilização.

FICHA CATALOGRÁFICA

Green, Thomas J.
Macromedia Director 8 & Lingo — Guia rápido para desenvolvimento na Web
Rio de Janeiro: Editora Ciência Moderna Ltda., 2001.

Programação multimídia em microcomputadores
I — Título

ISBN: 85-7393-121-3　　　　　　　　　　　　　　　　　CDD 001642

Editora Ciência Moderna Ltda.
Rua Alice Figueiredo, 46
CEP: 20950-150, Riachuelo – Rio de Janeiro – Brasil
Tel: (021) 201-6662/201-6492/201-6511/201-6998
Fax: (021) 201-6896/281-5778
E-mail: lcm@lcm.com.br

Para Lindsay,
minha filha e melhor amiga sempre.

Agradecimentos

Existe uma fase na vida dos estudantes em que a relação professor-aluno muda e eles passam a ser colegas de profissão. Gostaria de agradecer a alguns dos meus colegas-alunos pela contribuição para este trabalho. Leonnie Wood e Lindsay Slessor produziram o vídeo digital rabbit.mov. É um excelente trabalho. Julie Tune foi responsável pela música e contribuiu com a parte "Spiders" utilizada no capítulo sobre som.

Eu estaria sendo negligente caso não mencionasse meu colega e mentor Robert O'Meara que, no início da década de 1990, me entregou uma caixa azul e pediu que eu desse minha opinião sobre o produto denominado Director. Era o início do meu envolvimento com um produto surpreendente. Quero agradecer também a contribuição dos membros do Direct-L para meu progresso com o Director e com este livro. Como membro dessa lista por seis anos, tive o privilégio de manter contato com alguns dos *experts* da indústria de mídia interativa e aprendi coisas maravilhosas com eles. Muitas delas permeiam este livro.

Finalmente, este é o primeiro livro que escrevo e estou honrado por ter trabalhado com Kevin Harreld, meu editor na Prima-Tech. Não houve sugestão ou alteração que ele tenha feito que não tenha melhorado o livro ou meu texto. Agradeço também ao meu editor de copy-desk, Geneil Breeze, que pacientemente me ajudou a clarear meus pensamentos e aturou meu jeito canadense de escrever. Além disso, um livro desses não seria útil se alguém não fizesse os exercícios e procurasse suas incoerências. Esse trabalho foi feito pelo editor técnico Peter Bedell, que fez perguntas cruciais, melhorando ainda mais o conteúdo do livro. Obrigado, Peter.

Deixo vocês com um pequeno conselho de meus alunos em suas primeiras aulas sobre o Director: "O divertimento que podemos ter utilizando o Director pode ser considerado ilegal. Então, sejamos presos!"

O autor

Trabalhando como autônomo na área de mídia digital desde 1986, Tom Green iniciou sua carreira trabalhando com editoração eletrônica de serviços financeiros internacionais, produzindo desde cartões de visita a relatórios anuais. Antes disso, era jornalista, escritor *freelance* e ocupou funções importantes de marketing na Canadian Life Insurance Industry.

Tom vem ensinando tecnologias de mídia digital desde o início dos anos 90, e desenvolveu e lançou um curso de editoração eletrônica para os estudantes de relações públicas do Humber College. Está associado também à faculdade de educação contínua da escola desde 1992, ensinando editoração eletrônica e trabalhando no Digital Imaging Training Center desde que foi aberto, em 1994. Desenvolveu o primeiro currículo baseado em processos para o Canandian Prepress Institute, foi um dos dois malucos que desenvolveram e lançaram um curso online de Photoshop, o qual obteve atenção internacional na comunidade educacional, e trabalha diretamente com educadores secundários e pós-secundários no Canadá para melhorar o nível da educação sobre mídia digital.

Tom é atualmente o coordenador do Interactive Multimedia Program do Humber College's School of Media Studies. Desenvolve a grade curricular, ensina Director e gerencia 100 alunos por ano no curso.

Tom é casado, tem dois filhos e um gato, e mora em Oakville.

Sumário

Introdução XIII

Capítulo 1 - A interface do Director 1
  Como abrir o aplicativo 2
  O palco 2
  Score 3
  Como controlar a aparência do score 5
  Como utilizar o cabeçote de reprodução 7
  Como selecionar objetos 8
  Como utilizar Sprite Toolbar 9
    Como manipular a cor de um sprite 9
    Como manipular o efeito opaco de um sprite 11
    Como manipular a amplitude de um sprite 12
    Como manipular a posição de um sprite no palco 13
    Como virar um sprite verticalmente 14
    Como virar um sprite horizontalmente 15
    Como girar um sprite 15
    Como distorcer a imagem de um sprite 16
    Como desabilitar a visibilidade do canal sprite 16
  A janela Cast 17
  Como alterar o modo de visualização de Cast 18
  Property Inspector 19
    Como alterar os modos de visualização do Property Inspector 20
    Como definir as propriedades Movie e Stage 21
  Como aplicar zoom in 25
  Control Panel 26
  Como utilizar o teclado para controlar a reprodução 28
  Como salvar os filmes 28

Como fechar filmes 29
Como abrir filmes 29
Como sair do Director 31

Capítulo 2 - Como criar uma interface: elenco e palco 33
   Como começar a trabalhar 34
   Como definir a cor e o tamanho do palco 35
   Como reunir o elenco 40
      Como definir as opções do elenco 42
      Como importar membros para o elenco 44
      Como reorganizar os membros do elenco 47
      Como apagar um membro 50
      Como examinar as propriedades dos membros do elenco 51
   Do elenco ao palco 56
   Como utilizar grades para fazer o posicionamento no palco 59
      Como posicionar objetos na grade 62
   Como utilizar Property Inspector do sprite 65
   Como exibir um filme do Director 69

Capítulo 3 - É hora do show: a animação no Director 73
   Visão geral 74
   Como criar um novo filme no Director 74
   Como importar membros do elenco 79
   Como utilizar a janela Paint para criar membros do elenco 81
   Como utilizar as ferramentas para criar membros do elenco 84
   Como criar textos 87
   Como colocar um membro do elenco no palco 89
   Como definir a amplitude do sprite no palco 92
   Como criar camadas no Director 93
   Como utilizar transições para animar objetos 95
   Animação por números 98
   Como alterar a cor de um sprite 100
      Técnica um 101
      Técnica dois 103
   Como testar o filme 104
   A animação em seqüência no Director 104
      Como mover o computador no palco 105
      Como mover a caixa em frente ao computador 107
      Como diminuir a caixa 108
      Como substituir a imagem da caixa por sua imagem lateral 110
   Multimídia é a arte da ilusão 111
   Como testar a animação final 113
   Como utilizar Auto Distort para fazer a animação 114
   Como adicionar profundidade a uma animação 120
   Como animar em um caminho circular 125
      Como preparar o filme 126
      Como criar a animação 127

Como suavizar a animação 129
Como acrescentar a escala 131
Como colocar o planeta na posição correta 133
Como finalizar a animação 134

Capítulo 4 - Conhecimentos básicos sobre Lingo 139

Visão geral 140
A linguagem do Lingo 140
Como criar um script 141
   A janela Script 144
Os elementos do Lingo 149
Como funciona o Lingo 155
   Como criar um script de membro do elenco. 158
   Como criar um script de quadro 160
   Como criar um script de filme 162
Como solucionar problemas de erros nos códigos 166

Capítulo 5 - Como navegar no Director 169

Conhecimentos básicos 170
Como utilizar marcadores para a navegação 170
Como utilizar Library Palette no Lingo 173
Como criar comportamentos personalizados 177
   Um loop de quadro 178
   Como fazer a movimentação para frente 180
   Como fazer a movimentação para trás 183
   Como trocar sprites e navegar 184
Como utilizar o Lingo para a movimentação 190
   Como codificar um loop de quadro 190
   Como codificar a troca de sprite e a navegação 191
   Como codificar o botão Back 193
   Como codificar o botão Home 195
Como codificar uma memória temporária 196
Como navegar pelos filmes do Director 199
Como navegar a partir de um quadro 202
Como criar um "Hot Spot" 204
Como colocar na Web 206

Capítulo 6 - Som 209

Dispositivo um: controle de volume e balanço 210
   Como preparar o som 210
   Como adicionar os comportamentos 212
Como criar um indicador personalizado 215
   Como começar 216
Como criar um sprite invisível 218
Como acrescentar o som 219
Como codificar um indicador 221
Como utilizar a janela Message 224

Um controlador da Web 226
    Como preparar o palco 226
    Como preparar a Web para a reprodução do som[DR1]. 231
    Como evitar "gargalos" 235
        Como fazer o pré-carregamento 236
        Como testar o som 237

Capítulo 7 - Vídeo 239
    Como importar vídeo digital 240
    Como definir as propriedades de vídeo 241
    Como criar um controle para o vídeo 244
    Como criar um botão Rewind 247
    Como criar um botão Fast Forward 249
        Método um: aumentar a velocidade de movieRate 250
        Método dois: definição de movieTime 251
        Método três: utilização de quadros-chave 251
    Variáveis globais 253
        Como adicionar variáveis globais aos botões 254
    Como reproduzir o vídeo em tela cheia 257
        Como criar a seta para cima 257
    Como expandir o vídeo 259
    Como reduzir o vídeo 262
    Como exorcizar um fantasma 263
    Como criar um dispositivo de rolagem 264
        Como fazer com que a barra movimente o vídeo 266
    Como arrastar 269

Capítulo 8 - Filmes do Shockwave e a Web 273
    Como criar um filme do Shockwave 274
    A preparação para a compactação 275
    Como visualizar no browser 279
    Como finalizar para disponibilizar para o browser 279
    Como selecionar um browser da Web 280
    Como inicializar um browser 283
    Como testar o link do browser no Director 285
    Como navegar na Net 287
    Como fornecer um feedback ao usuário 288
    Como voltar com a mensagem para o estado original 290

Capítulo 9 - Como criar um filme em um quadro 293
    Como criar um loop de filme 294
        Como preparar os sprites 294
        Como utilizar "Space to Time" 297
        Como criar o loop de filme 298
        Como colocá-los juntos 300
    Como utilizar manipuladores e variáveis personalizados 302
        Como criar um script de filme 302

Sumário **XI**

Como transformar diversos sprites em puppets 304
Como criar um manipulador personalizado 306
Como adicionar ações utilizando manipuladores personalizados 307
Como criar um cronômetro 313
Como executar uma tarefa quando o usuário está parado 315
Como fazer um script de um evento ocioso 316
O movimento de um pixel 319
    Como alinhar sprites 321
    Como codificar o movimento de um pixel e um controlador On/Off 322
Animação controlada do Lingo 325
    Como codificar um controlador de movimentação 325
    Como codificar o sprite de movimentação 331
    Como codificar o botão Reset 334
    Como reunir tudo e disponibilizar na Web 336
    Como criar o filme do Shockwave 339

Capítulo 10 - Efeitos especiais no Director 343

Como aplicar a técnica de desaparecimento 344
Muitas cores para o texto 349
Como criar um "aplicativo" do Shockwave 356
    Como adicionar o parâmetro de alvo 364
    Como codificar as memórias temporárias 365
    Como reutilizar o código 367
    Como finalizar 370
    Como testar o browser 371
Como criar hyperlinks no Director 372
    Como codificar os links 376

Capítulo 11 - Como criar um projetor 379

Como preparar o filme curto 380
Como criar o projetor 383
Como exibir o projetor 385
Como criar um projetor de inicialização rápida 386
    Como adicionar os Xtras removidos 392

Índice 397

Introdução

Tendo utilizado o Macromedia Director desde a Versão 1 – que, na verdade, era chamado de MacroMind Director, antes do VideoWorks – comecei a ensinar o aplicativo quando a Versão 3 foi apresentada. Naquela época, havia alguns livros como este que apresentavam os conceitos básicos aos iniciantes. Descobri que o Director era realmente fácil de aprender mas muito difícil de controlar. Isso me levou a criar meu próprio curso em um esforço para fornecer aos alunos as técnicas básicas necessárias para gerenciar o aplicativo. O curso foi revisado cinco vezes para que ficasse em condições de igualdade com o ciclo de upgrade da Macromedia.

Aprendi que o Director é melhor apresentado no contexto real dos projetos e técnicas. Uma vez aprendido o básico, o conselho é o mesmo para os alunos do meu curso: "Agora que você já sabe como fazer, não economize esforços."

Não é possível aprender o Director sem aprender a linguagem de programação do aplicativo – Lingo. O Lingo começa a ser abordado no Capítulo 4 e permeia o restante do livro. Não sou um *expert* em Lingo, mas tenho experiência com a linguagem e apresento os procedimentos básicos. Grande parte do que é apresentado sobre Lingo deve ser digitado conforme mostramos. Fazemos um acompanhamento com linguagem clara e traduções sobre o que está acontecendo ou vai acontecer. Entretanto, não utilizo a sintaxe do Lingo neste livro, mas a versão mais prolixa. A sintaxe de ponto é uma versão resumida da linguagem. Para a maioria dos iniciantes, ficaria extremamente difícil entender os conceitos importantes se a sintaxe de ponto fosse utilizada. Felizmente, o Director 8 utiliza ambas as versões.

Qual é o público-alvo deste livro?

Se o Director é algo novo para você, este livro apresenta a interface e mostra os pontos importantes para executar alguns projetos interessantes. Caso você já conheça o Director mas acha o Lingo difícil, talvez seja interessante executar alguns dos projetos.

Este livro também serve como referência. Cada técnica responde uma pergunta "Como...?". Cada capítulo utiliza as técnicas apresentadas no capítulo anterior. Se você não conhece muito bem o aplicativo, sugerimos que inicie com o Capítulo 1 e siga trabalhando até o final. Caso já o conheça, mas tem problemas com Lingo, consulte principalmente os últimos capítulos e siga os códigos. Se você deseja algo realmente inovador na Web, cada projeto explica como criar o filme do Shockwave e apresenta as armadilhas a serem evitadas.

Convenções utilizadas no livro

O Director está disponível nas versões para PC e Macintosh. É absolutamente transparente nas plataformas, isto é, se você estiver trabalhando com a versão para Macintosh, estará vendo a versão para PC, e vice-versa. As combinações são apresentadas no livro e sempre mostram as versões lado a lado.

Os menus são muito utilizados neste aplicativo. São apresentados como File, Save (Arquivo, Salvar), o que significa apenas: clique no menu File e depois clique no item Save.

Além disso, o texto contém observações e dicas.

Observações

fornecem informações adicionais sobre o recurso ou estendem uma idéia sobre como utilizar um recurso.

Dicas

apresentam sugestões, explicam mais sobre um recurso especial ou informam como utilizar um atalho para melhorar a produtividade e fazer com que o trabalho fique mais divertido.

Capítulo 1

A interface do Director

Macromedia Director 8 é uma das ferramentas que se tornam indispensáveis depois de serem experimentadas. Utilizado para produzir desde CDs interativos de empresas a jogos excitantes na Web, o Director merece o título de "suite". As ferramentas deste aplicativo são completas e robustas. A princípio, a diversidade de palhetas e janelas pode ser assustadora ou, até mesmo, ameaçadora. Este capítulo apresenta as palhetas principais e as áreas do aplicativo em que serão utilizadas no fluxo de trabalho diário.

Neste capítulo, aprenda sobre:
- Stage (Palco)
- Score
- Cast (Elenco)
- Property Inspector (Inspetor de Propriedade)
- Control Panel (Painel de Controle)

Como abrir o aplicativo

É possível inicializar o aplicativo do Director de diversas formas. A mais comum é abrindo um documento.

1. Insira o CD que acompanha este livro no driver.
2. Abra-o e acesse a pasta Interface em Chapter One (Capítulo 1).
3. Clique duas vezes no arquivo do Director denominado Interface.dir. A primeira tela será a de abertura do Director.
4. Feche todas as palhetas flutuantes que possam estar na tela.
5. Caso haja uma barra de ferramentas abaixo dos menus, selecione Window (Janela), Toolbar (Barra de Ferramentas) para fechá-la.

O palco

É onde tudo acontece. Como digo aos meus clientes e alunos, "se não estiver no palco, ninguém vê".

Para visualizar o palco na tela, selecione Window, Stage a partir do menu ou utilize os atalhos pelo teclado (Command-1 no Macintosh out Control-1 no PC).

Capítulo 1 - A interface do Director 3

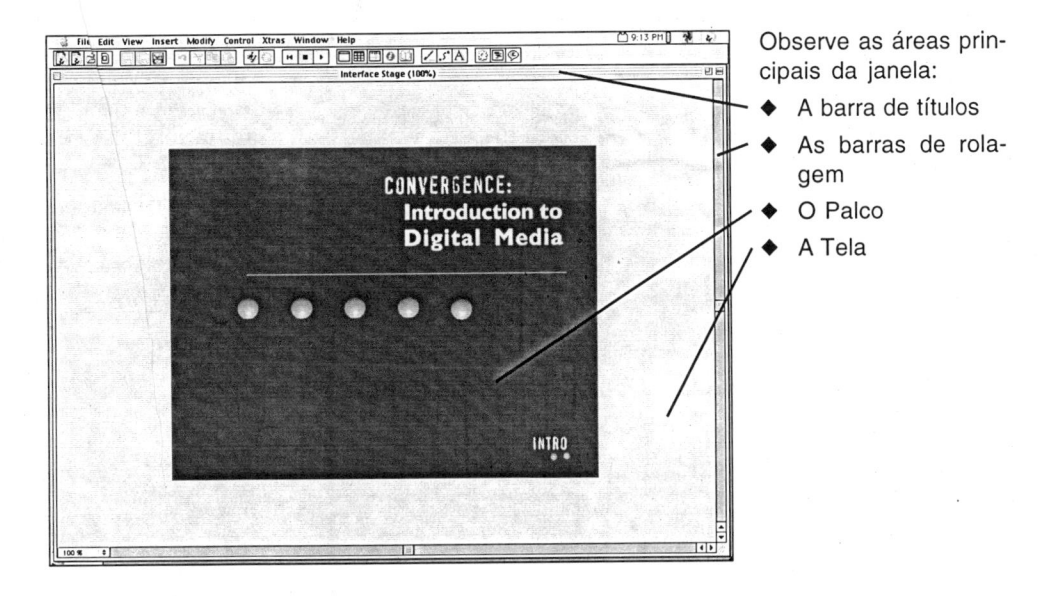

Observe as áreas principais da janela:

♦ A barra de títulos
♦ As barras de rolagem
♦ O Palco
♦ A Tela

1. Clique na barra de títulos e mantenha o botão do mouse pressionado enquanto arrasta a barra de títulos pela tela. Este procedimento confirma que o palco é uma janela flutuante.
2. Clique no botão de maximização da janela para expandir o palco em toda a tela. Sugerimos este procedimento para que não seja necessário mover o palco pela tela.

> ### Observação
> *Neste livro, você verá que usamos extensivamente combinações de teclas ou atalhos pelo teclado tanto para Macintosh como para PC. Estas combinações de teclas economizam muito tempo, assim como aumentam a produtividade e a eficiência à medida que você conhece mais o aplicativo.*

Score

O coração e a alma do Director. Permite saber o que está no palco, os sons e os scripts que estão sendo executados, as transições processadas e outros.

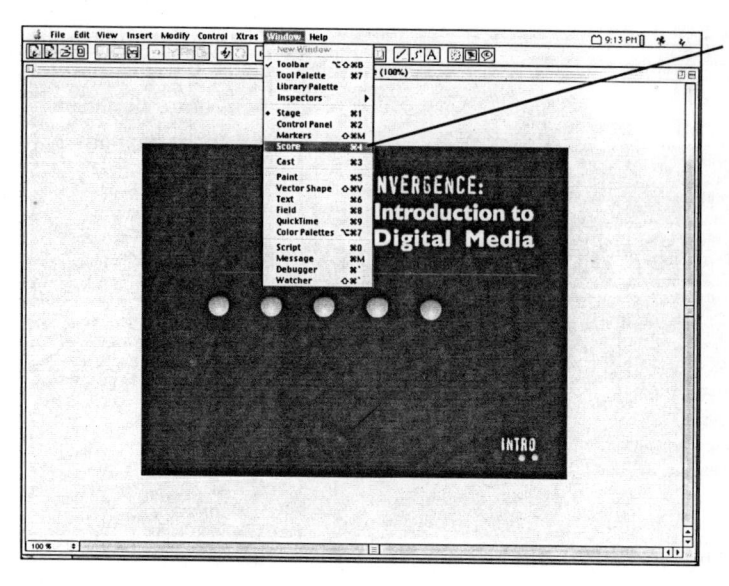

1. Para abrir o score, selecione Window, Score (Command-4 no Macintosh ou Control-4 no PC).
2. Para fechar o score, utilize Command-4 ou Control-4.
3. Abra o score. 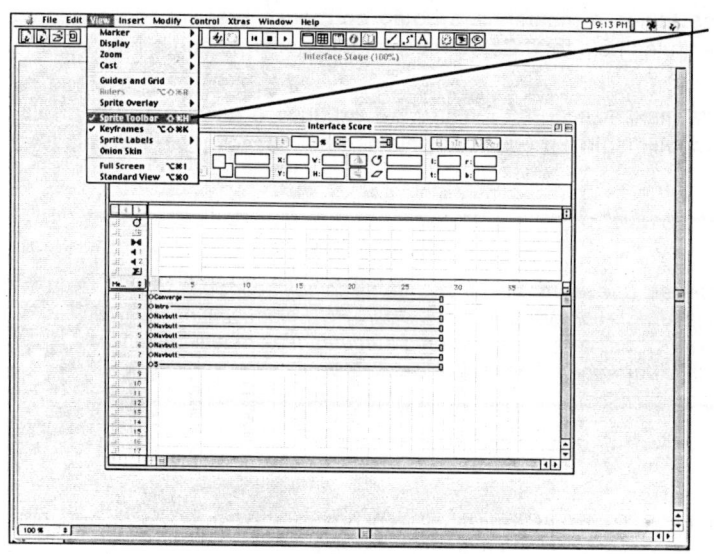
4. Caso você não veja o conjunto de botões e de menus na parte superior do score (no modo de visualização Director Default), selecione View, Sprite Toolbar (Visualizar, Barra de Ferramentas Sprite) — (Command-Shift-H - Mac ou Control-Shift-H — PC).

Capítulo 1 - A interface do Director　　　　　　　　　　　　　　　　**5**

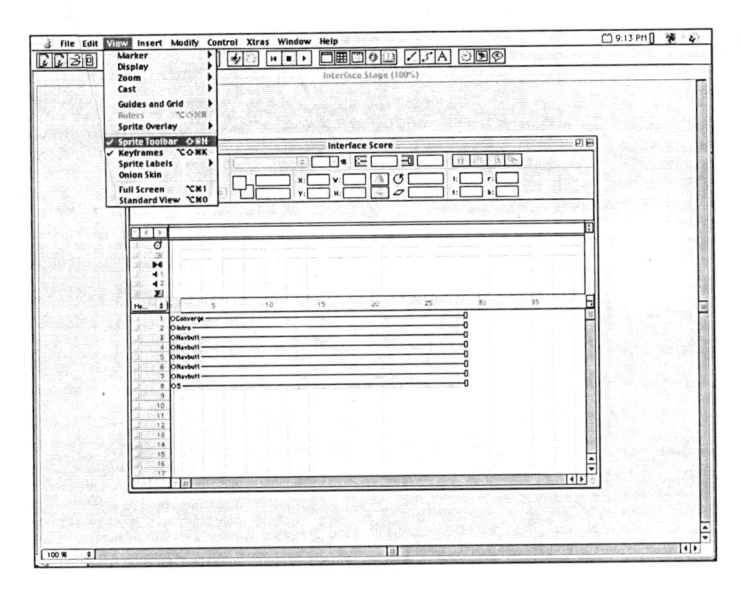

Os recursos principais do score são:

- ◆ Linhas e colunas. As linhas são denominadas canais e as colunas, quadros.
- ◆ O score é dividido em duas áreas distintas. Os canais na parte superior são os de efeito e os canais numerados são denominados canais sprite.

- ◆ O padrão do Director para o número de canais do score é 150. Falaremos co-mo mudar esta propriedade posteriormente.
- ◆ Um filme do Director pode ter de um a cem canais sprite. A maioria das pessoas que desenvolve aplicativos tenta manter o número reduzido e gerenciável.
5. Clique no botão Effects Channels (Canais de Efeitos). Os canais de efeitos desaparecerão. Clique novamente para reaparecerem.

Como controlar a aparência do score

Uma mudança importante nessa versão do Director é a possibilidade de aplicar zoom no palco, o que permite posicionar objetos com precisão.

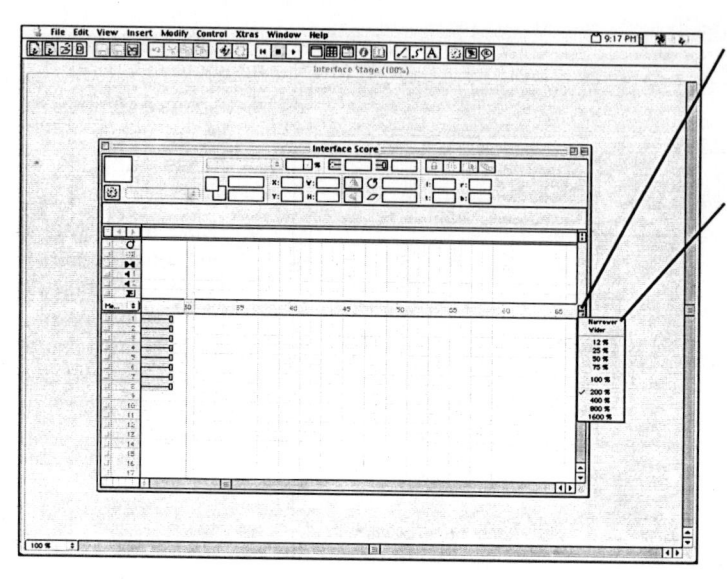

1. Clique e mantenha pressionado o botão Zoom para que o menu Zoom apareça.
2. Escolha uma porcentagem para aumento. Observe como o modo de visualização é alterado.
3. Volte para a visualização de 100%.

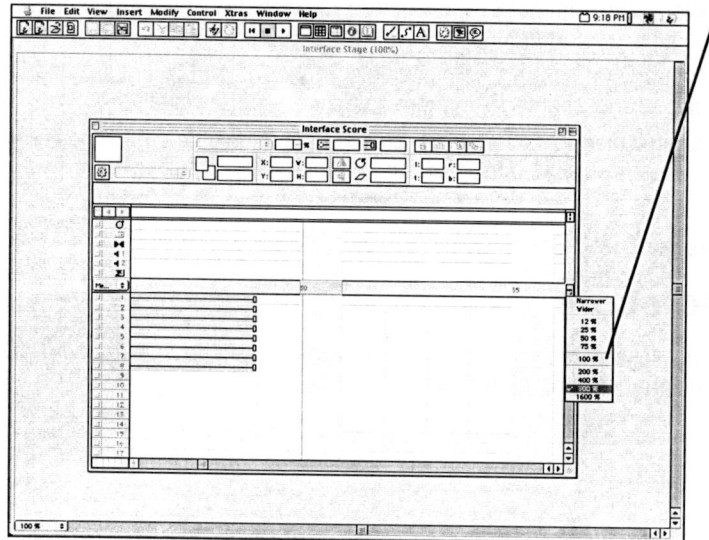

Capítulo 1 - A interface do Director

Observação

Muitas metáforas do show business na língua inglesa são utilizadas no Director. Alguns termos são:

- ◆ **Sprite:** qualquer objeto no palco. Pode ser texto, foto, vídeo e outros.
- ◆ **Elenco:** o que aparece ou é utilizado em um filme do Director faz parte do elenco. Scripts, fotos, transições, som e outros.
- ◆ **Score:** como já vimos, o que não estiver em Score (registrado) não está no show.
- ◆ **Script:** instruções de programação criadas para adicionar interatividade ao filme do Director.
- ◆ **Palco:** a área da tela onde ocorre a ação.
- ◆ **Puppet:** qualquer membro do elenco que estiver sob o controle de um script e não pelo cabeçote de reprodução.

Como utilizar o cabeçote de reprodução

Quando um filme do Director é executado, o cabeçote se move da esquerda para a direita. Tudo que for lido por ele aparece na tela. A linha vermelha fina informa exatamente a posição do cabeçote. A técnica de movimentação do cabeçote é denominada "esfregamento" — um termo utilizado por editores de vídeo conforme a fita é movimentada pelo cabeçote de um videocassete para editar os quadros de um filme.

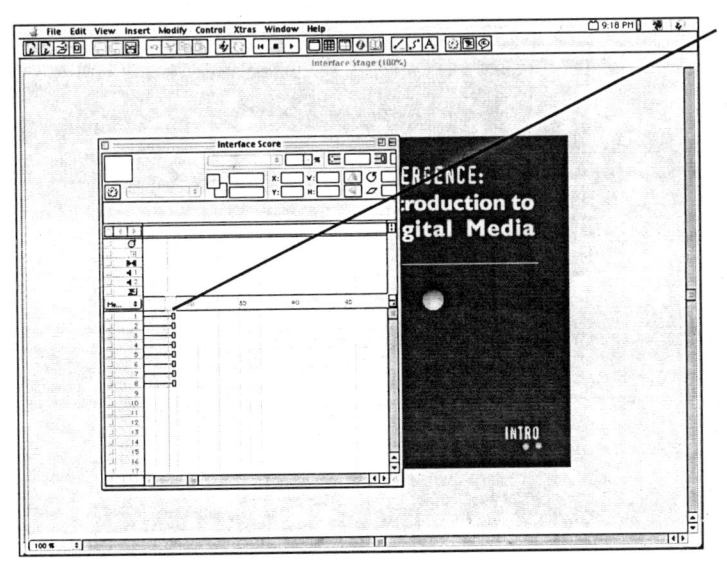

1. Clique no cabeçote e arraste-o para frente e para trás entre os quadros 1 e 28.

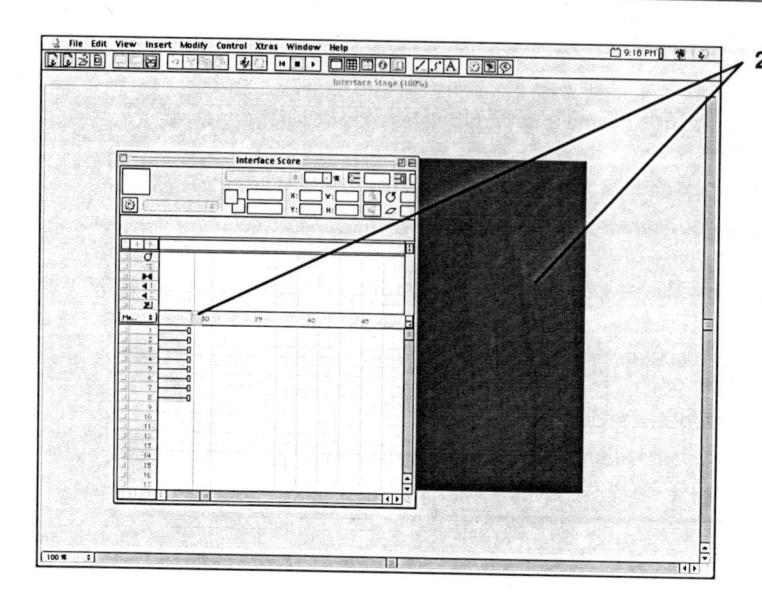

2. Clique e arraste o cabeçote para o quadro 29. Observe como tudo desaparece da tela.

Como selecionar objetos

Uma das regras da mídia digital é: "Se não estiver selecionado, não pode ser alterado". Esta seção mostra como selecionar objetos utilizando o score.

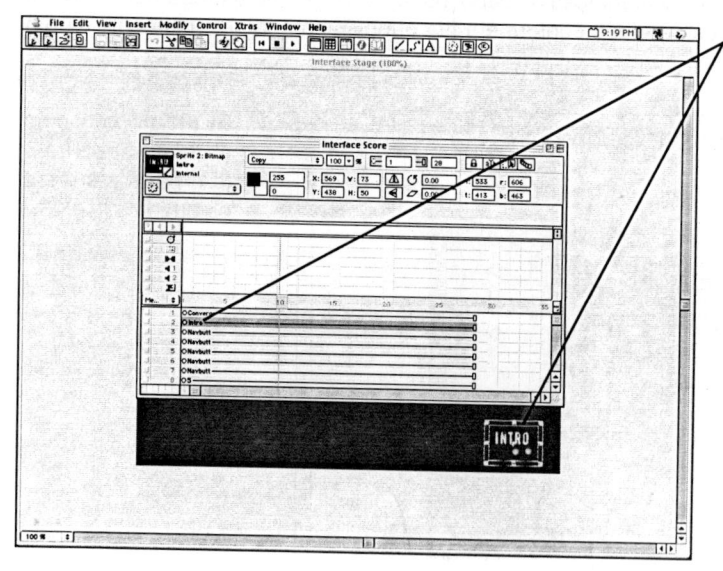

1. Clique dentro do canal sprite 2. Observe como o sprite na tela apresenta um quadro delimitador com alças. Isso indica duas coisas: o sprite está selecionado e está no canal 2.

Capítulo 1 - A interface do Director   **9**

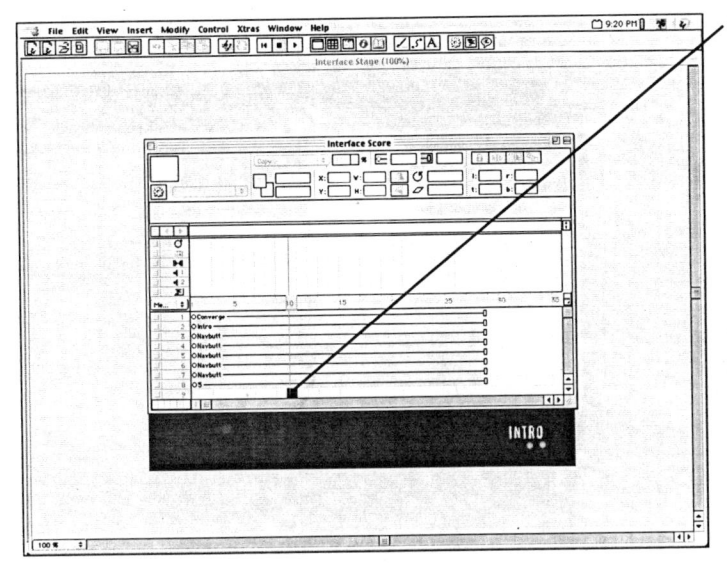

2. Clique dentro do canal sprite 9. A seleção do sprite é desfeita porque não existe nada no canal 9.
3. Clique dentro do canal sprite 2.
4. Clique na área escura da tela. Novamente, a seleção é desfeita.

Como utilizar Sprite Toolbar

Esta barra de ferramentas é uma das áreas mais importantes da janela score. Sprite Toolbar é normalmente usada para manipular o número de quadros que um sprite, em um canal sprite, apresenta no palco. A barra de ferramentas também pode ser utilizada para acrescentar alguns efeitos especiais interessantes. Utilize os recursos regularmente e tenha cuidado ao utilizá-los na Internet, pois podem deixar o browser lento.

Como manipular a cor de um sprite

Cor é uma propriedade. No Director, a cor pode ser manipulada para mudar as cores do primeiro plano e do plano de fundo.

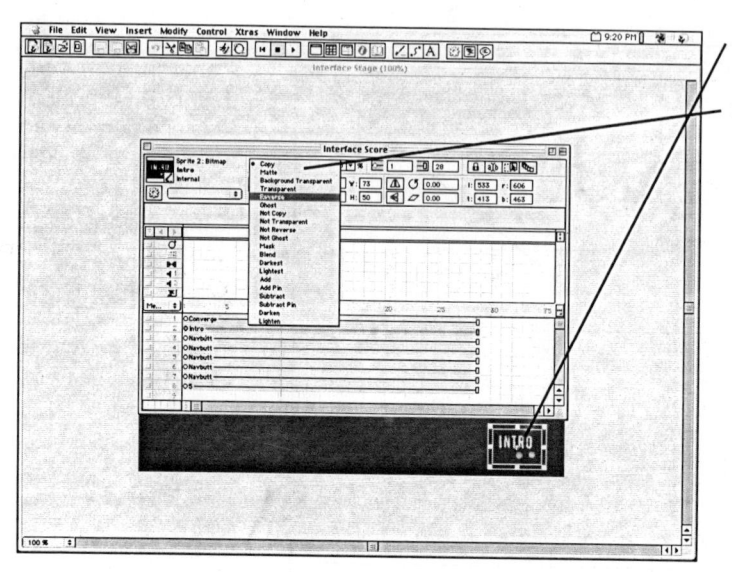

1. Selecione o sprite Intro no palco.
2. Clique e mantenha o botão do mouse pressionado no menu Ink (Tinta). As seleções do menu Ink aparecerão.

Observação

A tinta padrão no Director é sempre "Copy". A melhor forma de imaginar este efeito é que uma imagem com plano de fundo branco retém a cor branca.

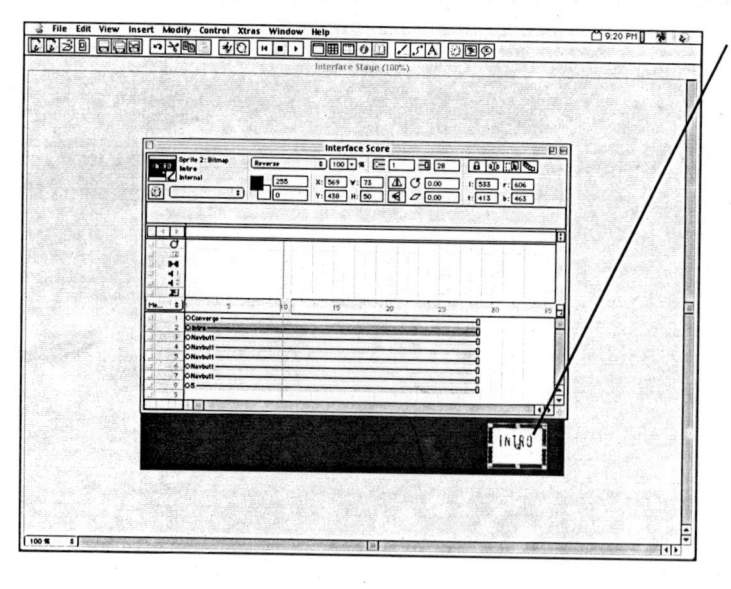

---

3. Selecione Reverse (Contrário) e a cor mudará para a oposta na roda de cores.
4. Selecione Copy no menu Ink para devolver à imagem sua cor original.

Capítulo 1 - A interface do Director   **11**

Como manipular o efeito opaco de um sprite

É possível utilizar este recurso para retirar a cor de um objeto ou torná-lo transparente. Tenha cuidado com este recurso na Internet, pois necessita de muita potência de processamento e pode "atolar" o browser. Utilize-o apenas para apresentações que utilizem CD ou o disco rígido.

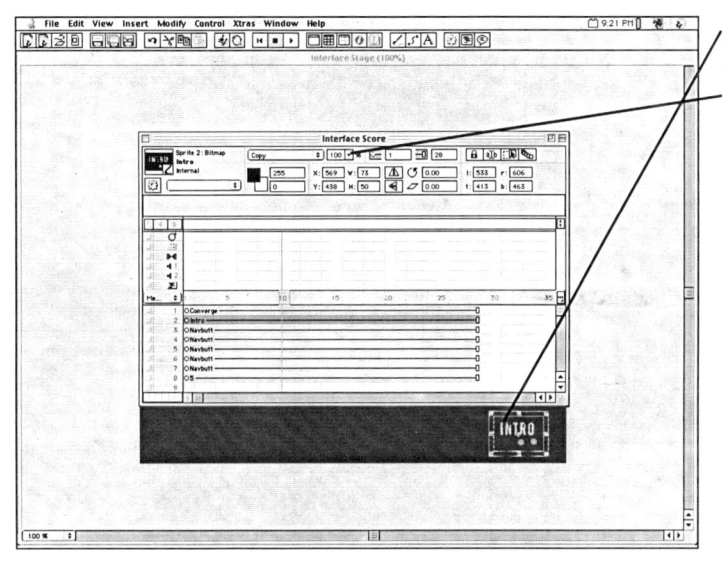

1. Selecione o sprite Intro.
2. Clique e mantenha o botão do mouse pressionado no menu Blend (Combinar) para que as seleções deste apareçam.
3. Selecione 50%. Blend controla o efeito opaco. 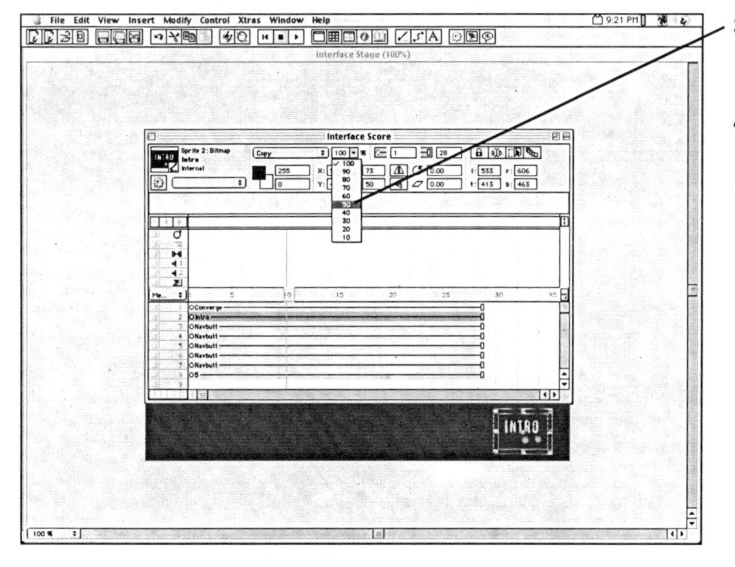
4. Atribua o valor 100% para Blend.

Como manipular a amplitude de um sprite

Uma fileira de sprites é denominada Sprite Span (Amplitude do Sprite). Quando você insere qualquer objeto no palco, o Director utilizará a amplitude padrão de 28 quadros. A marcação circular indica o quadro-chave onde é iniciada a amplitude e o quadrado, onde termina.

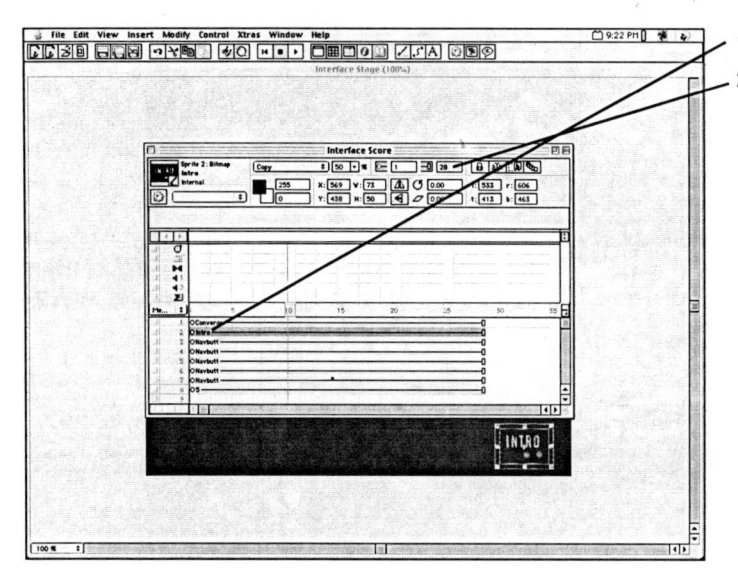

1. Selecione um sprite.
2. Na caixa Sprite Span, altere o 28 por 1.
3. Pressione Enter (PC) ou Return (Mac). Os sprites dos quadros 2 a 28 desaparecerão. 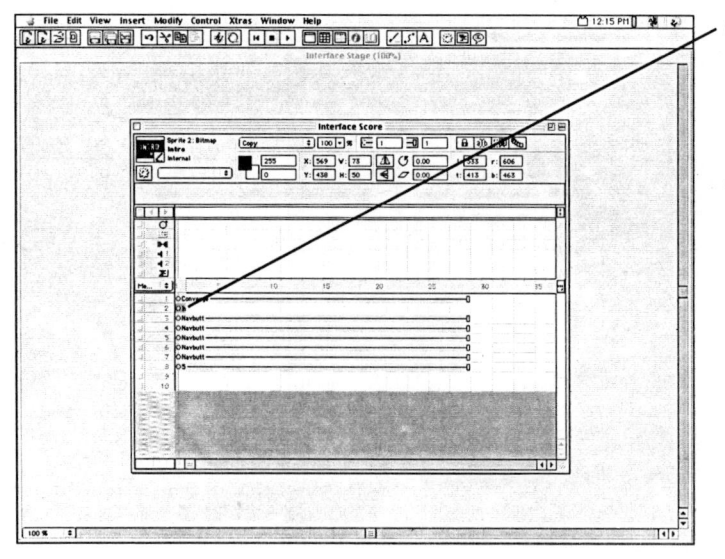
4. Defina o número novamente em 28. O quadrado no fim da extensão do score irá se tornar um círculo, o que indica que o último quadro foi manipulado. Não se preocupe, não há nada errado.

Capítulo 1 - A interface do Director   13

Como manipular a posição
de um sprite no palco

Quando você seleciona um sprite, aparece um ponto colorido no meio dele, o qual é o ponto de registro desse sprite. O Director mede a posição do sprite no palco com base nas coordenadas X e Y, medidas a partir do canto superior esquerdo do palco. Esta é a posição 0,0. O ponto do sprite está localizado a 541 pixels da margem esquerda do Palco e a 438 da parte superior.

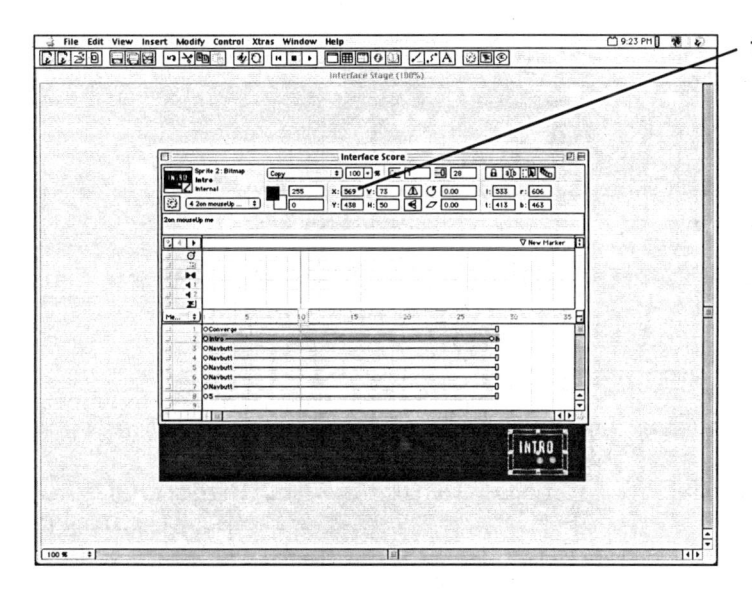

1. Na caixa da coordenada X, mude 569 para 0.

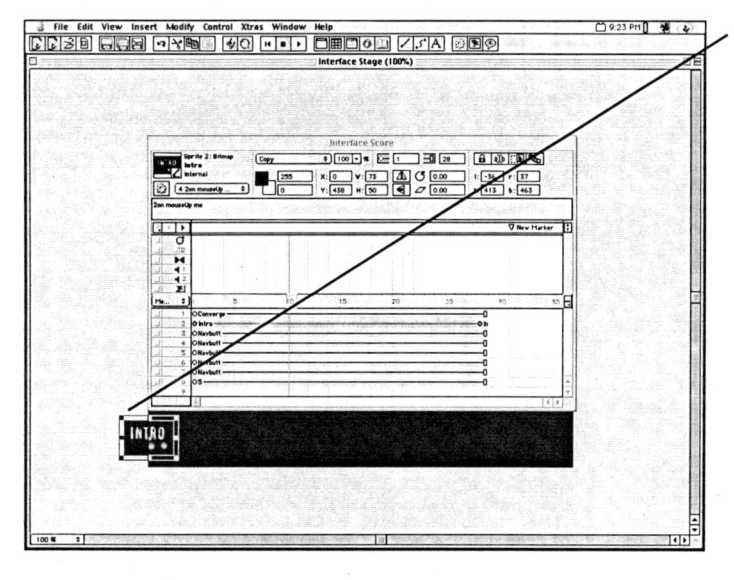

2. Pressione Enter ou Return e observe como o ponto passa para o canto esquerdo do palco.

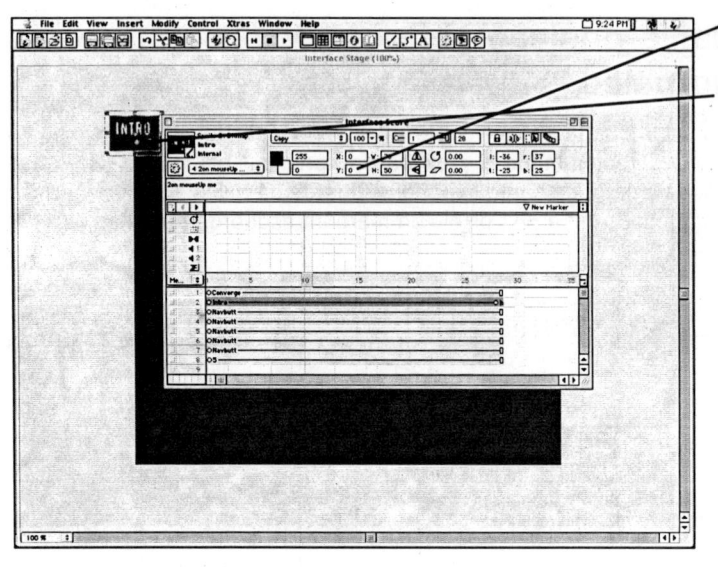

3. Mude a posição Y (438) para 0.
4. Pressione Enter ou Return e observe como o sprite aparece no canto superior esquerdo.
5. Devolva às coordenadas X e Y as definições originais.

Como virar um sprite verticalmente

Este controle permite virar o sprite no eixo vertical. É uma forma de obter atenção no palco.

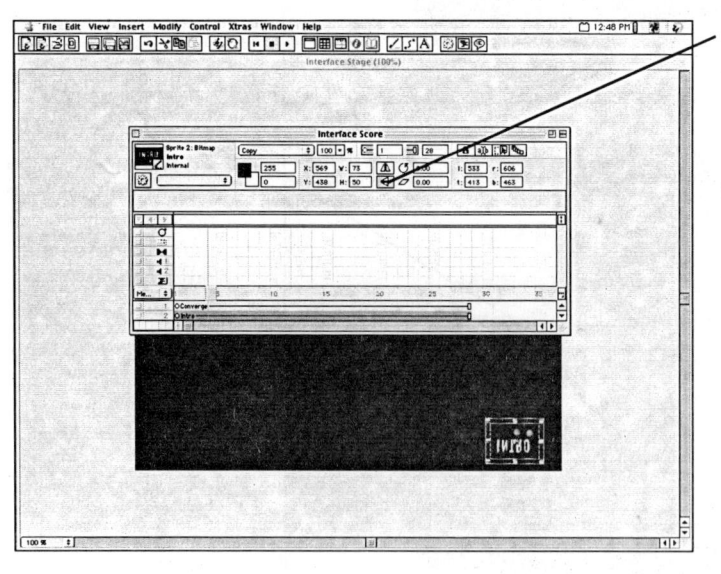

1. Clique o botão Vertical Flip (Virar na vertical), e o sprite é virado verticalmente.
2. Clique novamente e ele retorna à posição original.

Capítulo 1 - A interface do Director   **15**

Como virar
um sprite horizontalmente

Este controle permite virar o sprite no eixo horizontal. É uma forma de obter atenção no palco como uma técnica de espelho.

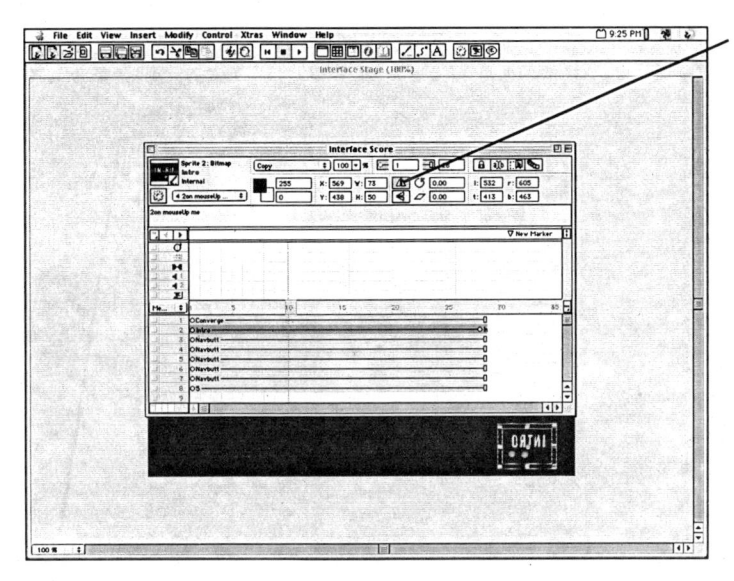

1. Clique o botão Horizontal Flip (Virar na Horizontal), e o sprite é virado horizontalmente.
2. Clique novamente e ele retorna à posição original.

Como girar um sprite

Este controle permite girar o sprite em um ângulo de 360 graus.

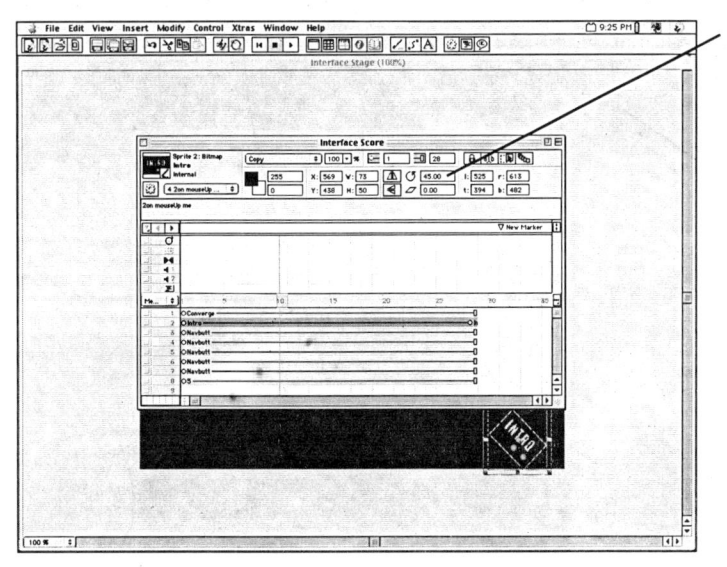

1. Digite 45.0 na caixa Rotate (Girar).
2. Pressione Enter ou Return para girar o sprite em 45 graus.
3. Digite 0 na caixa Rotate.
4. Pressione Enter ou Return para que o sprite retorne à posição original.

Como distorcer
a imagem de um sprite

A distorção de um objeto pode ser engraçada, mas tome cuidado com o grau de distorção devido à legibilidade que pode ser necessária a esse objeto.

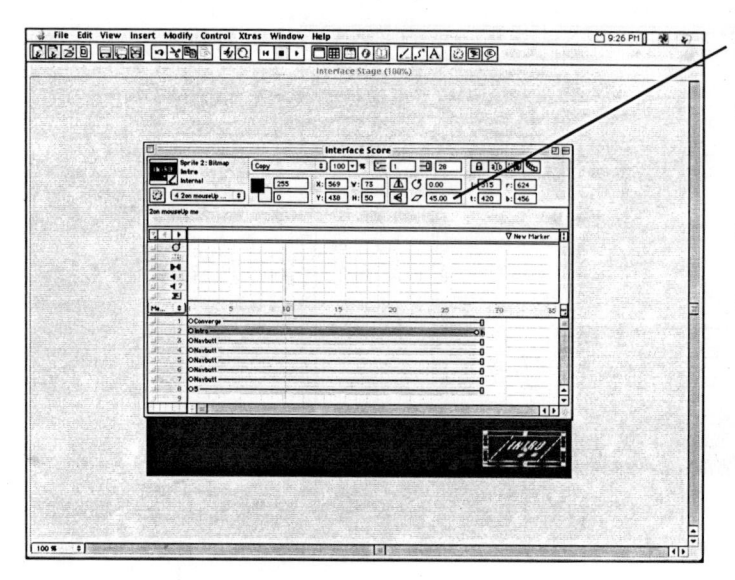

1. Digite 45.0 na caixa Skew (Distorcer).
2. Pressione Enter ou Return para distorcer o sprite em 45 graus.
3. Digite 0 na caixa Skew.
4. Pressione Enter ou Return para que o sprite retorne à posição original.

Como desabilitar
a visibilidade do canal sprite

Esta técnica desabilita todos os sprites, não importando o meio, em todo o canal. Utilize-a apenas para ocultar sprites durante o processo de criação.

Capítulo 1 - A interface do Director　　　　　　　　　　　　　　　　　　　　**17**

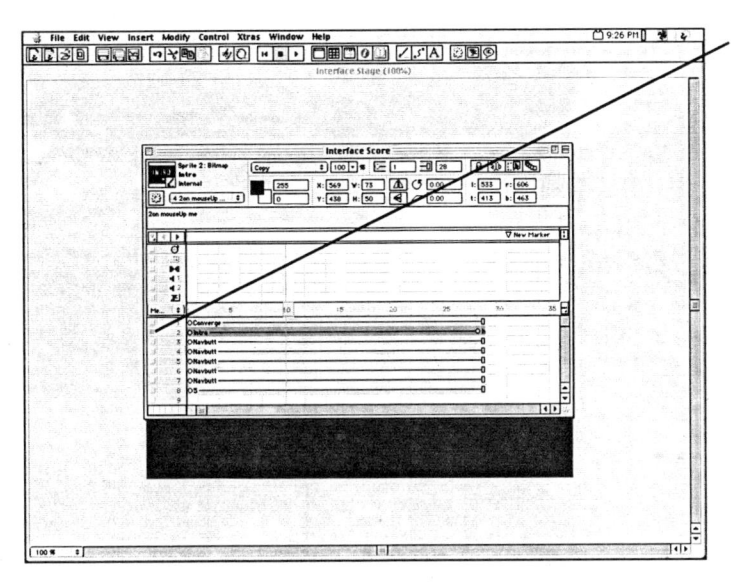

1. Clique no indicador de visibilidade no canal 2. O sprite permanecerá visível no score, mas invisível no palco.
2. Clique no indicador novamente para que o sprite retorne ao palco.

A janela Cast

Todos os meios aparecem na tela, desde vídeo digital a scripts. É possível ter um ou mil membros do elenco.

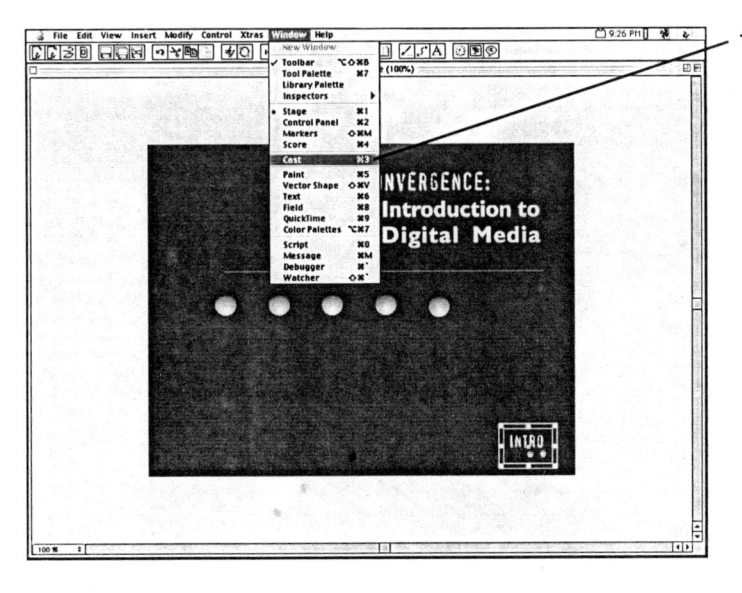

1. Selecione Window, Cast (Command-3 no Mac ou Control-3 no PC) para abrir a janela Cast.

Como alterar o modo
de visualização de Cast

Dependendo de como você gosta de trabalhar, Cast disponibiliza dois modos de visualização. O elenco pode ser visualizado em forma de lista ou em miniaturas.

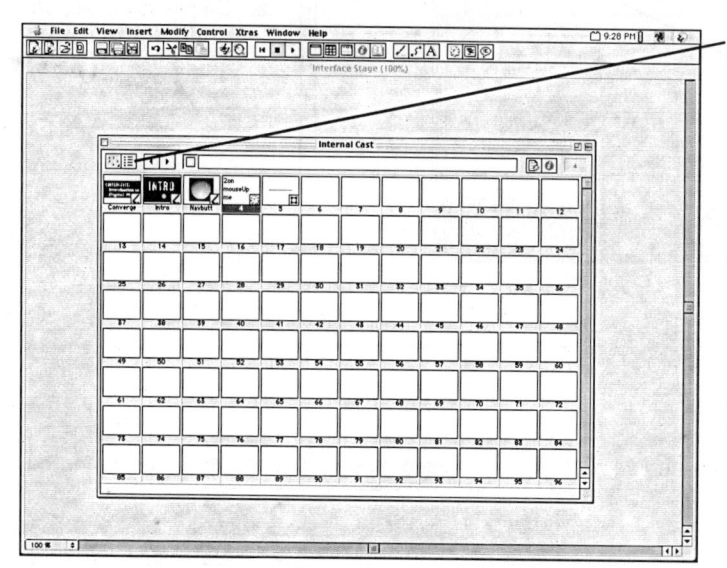

1. Clique no botão Cast View (Visualizar Cast).

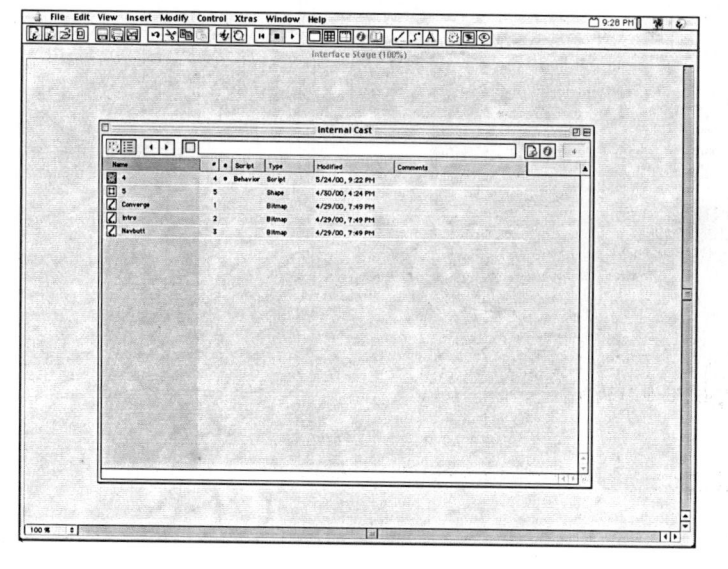

O modo de visualização será uma lista.

OU

Capítulo 1 - A interface do Director   **19**

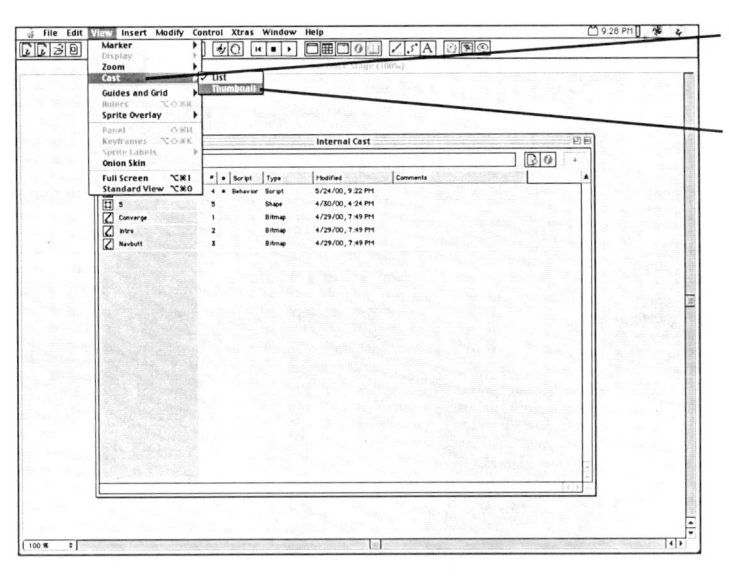

2. Selecione View, Cast para aparecer um menu.
3. Selecione Thumbnail (Miniatura) e a visualização será em miniaturas.
4. Feche a janela Cast.

Property Inspector

Depois de trabalhar por algum tempo com o Director, você percebe que tudo que o computador pode descrever utilizando números (cor, posição, tinta e outros) pode ser manipulado. Os atributos são denominados propriedades. Quando um objeto é virado horizontalmente ou distorcido, suas propriedades de localização no palco são alteradas. Property Inspector coloca todos esses atributos em uma palheta. Para abri-lo, proceda da seguinte forma:

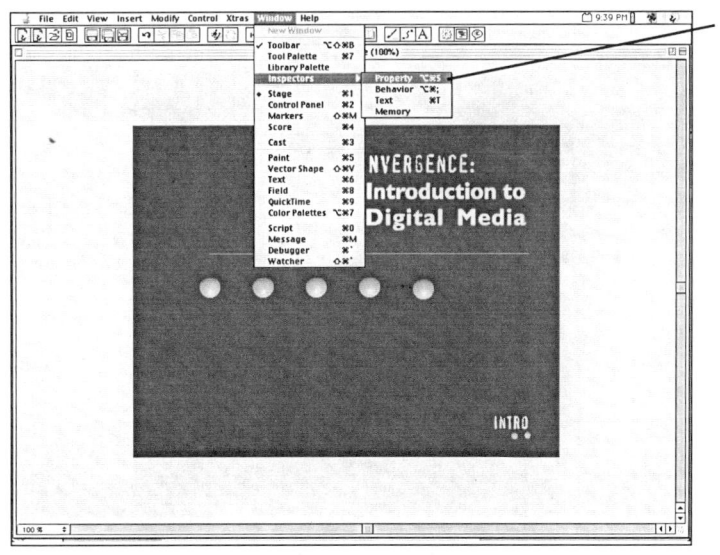

1. Selecione Window, Inspector, Property para colocar na tela o Property Inspector.

Como alterar os modos de visualização do Property Inspector

As propriedades de um objeto podem ser visualizadas de dois modos: List (Lista) ou Graphical (Gráfico). As pessoas que trabalham com desenvolvimento de aplicativos costumam alternar os modos. Caso você ainda não conheça o Director, habitue-se a utilizar o Graphical View.

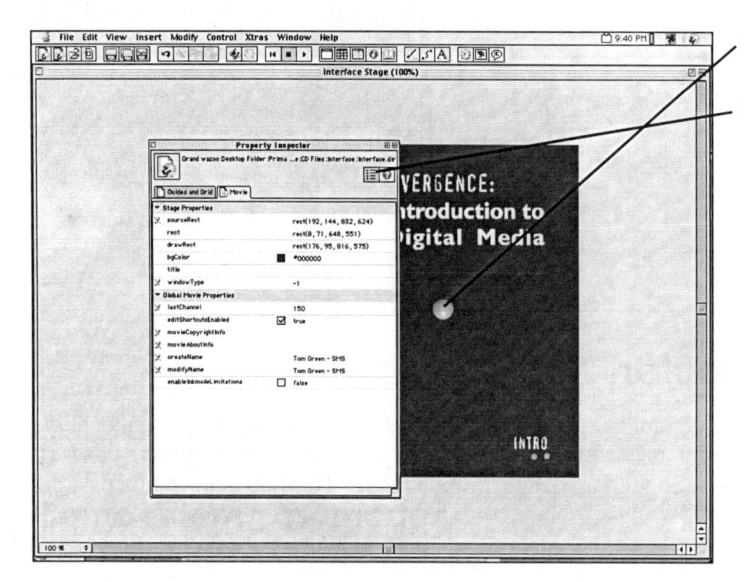

1. Selecione uma das bolas no palco.
2. Clique no botão List View Mode (Listar Modo de Visualização).

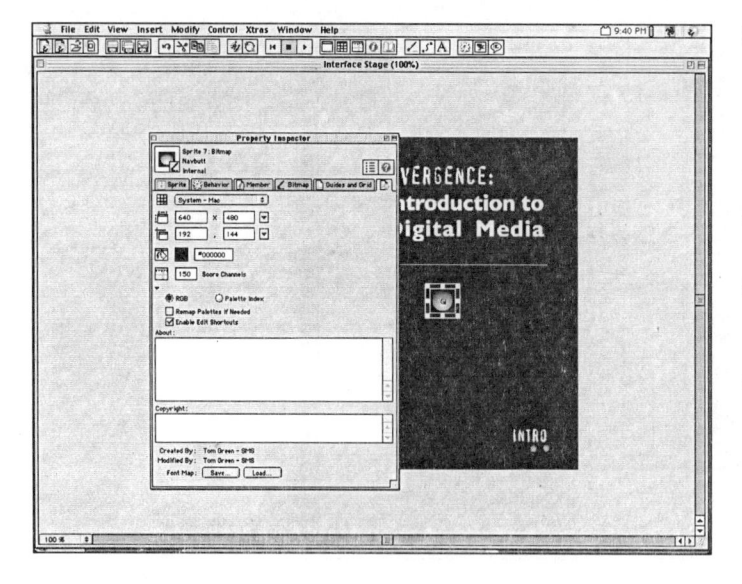

3. Clique novamente no botão List View Mode. Você verá, essencialmente, as mesmas áreas da Sprite Toolbar.
4. Clique em Window, Cast para abrir Cast.
5. Selecione a bola no membro 3 do elenco.
6. Observe a mudança no Property Inspector. Dependendo do que e onde estiver selecionado, as informações serão alteradas.

Capítulo 1 - A interface do Director

Como definir as propriedades Movie e Stage

Estas duas propriedades podem ser alteradas no Director. Neste exercício, é possível alterar as dimensões do palco, a localização na tela, o número de canais no filme e a cor do plano de fundo. Antes de prosseguir, abra Property Inspector (selecione Window, Inspectors, Property) e certifique-se de selecionar Graphical View.

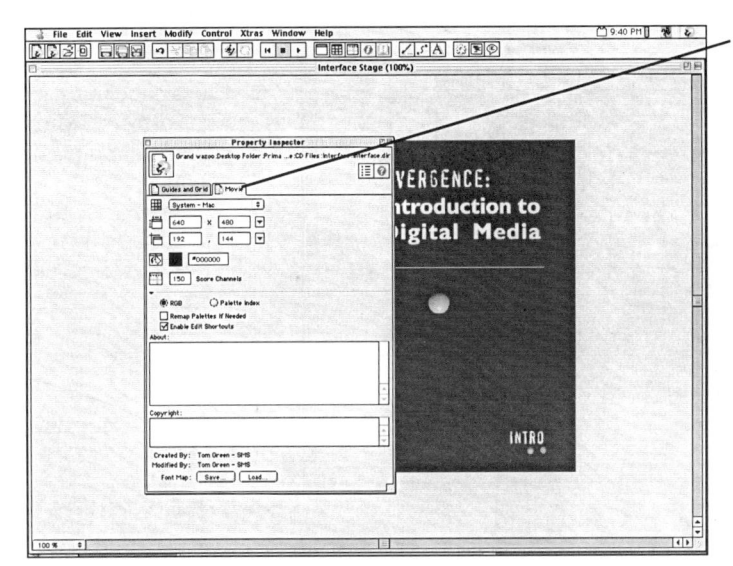

1. Clique no indicador Movie no Property Inspector.

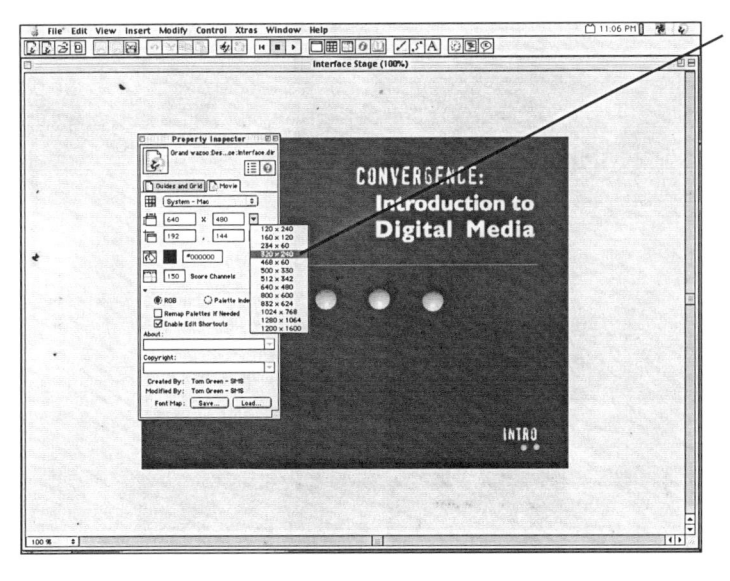

2. Clique no menu suspenso de dimensões e defina as dimensões do palco como 320 por 240.

3. Pressione Enter (PC) ou Return (Mac) para que as dimensões sejam alteradas.

4. Redefina as dimensões como 640 por 480.

Observação

Os tamanhos personalizados do palco são importantes caso você esteja desenvolvendo filmes do Shockwave para navegação em páginas ou banners.

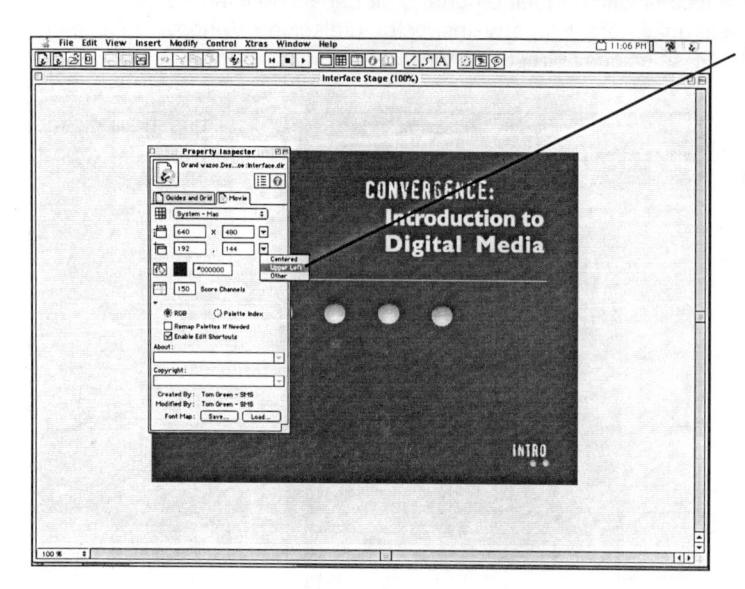

5. Selecione Upper Left (Acima à Esquerda) no menu Location.
6. Pressione Enter (PC) ou Return (Mac) para mudar a localização.

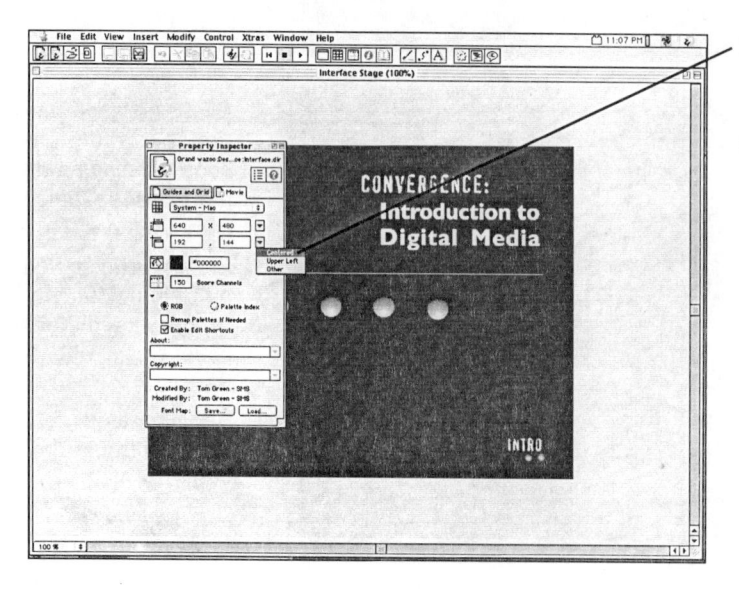

7. Selecione Centered (Centralizado) no menu Location.
8. Pressione Enter (PC) ou Return (Mac) e a posição na tela será novamente centralizada.

Capítulo 1 - A interface do Director

Observação

Se você estiver criando diretamente no computador, e não na Web, a localização da reprodução na tela deve ser sempre Centered.

---

9. Abra Score (selecione Window, Score).

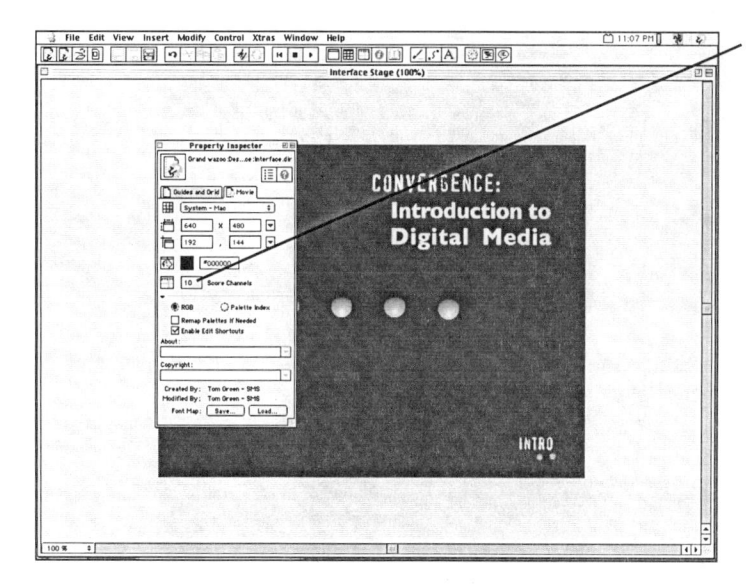

10. Atribua o valor 3 para o número de canais do score no Inspector.
11. Pressione Enter. Você verá uma caixa de aviso.
12. Clique em OK na caixa.
13. Selecione File, Revert (Arquivo, Reverter) para que tudo volte ao formato original. Selecionar Edit, Undo (Editar, Desfazer) não funciona quando canais são removidos.

Observação

O Director avisa quando você está para executar algum procedimento que pode ser desastroso — neste caso, remover canais. Neste momento, você não só removeu canais como também os sprites que eles continham. Caso você tentasse fazer o mesmo com canais de score vazios, a mesma mensagem apareceria. Caso um grupo de canais seja acidentalmente removido, o comando Revert, e não Undo, deve ser utilizado.

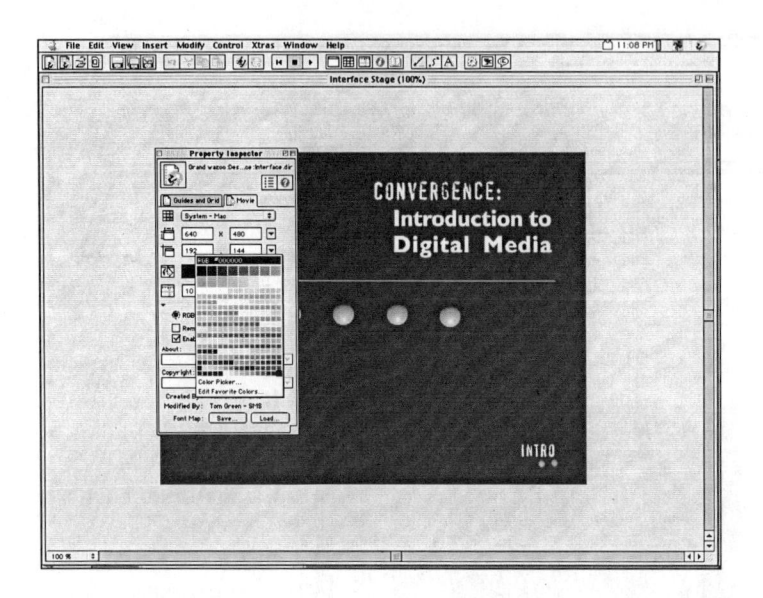

14. Clique e mantenha pressionado o botão do mouse em Color Chip (Paleta de Cores) para que Color Picker (Selecionar Cores) apareça.
15. Escolha White (Bran-co).

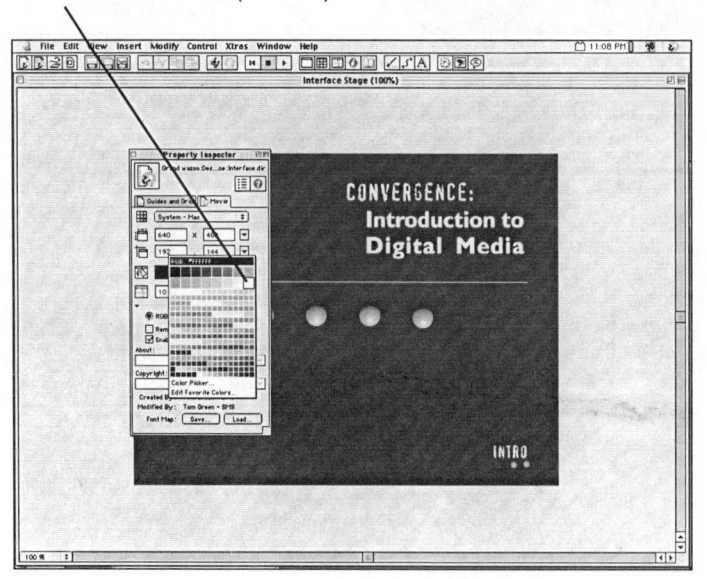

16. Volte a selecionar Black (Preto).

Capítulo 1 - A interface do Director

Observação

A cor padrão do palco é branca. Esta é uma alteração global, pois a mudança de cor afeta todo o filme. Caso seja necessário alterar a cor do palco em apenas um quadro, utilize uma caixa colorida preenchida com a cor desejada e insira-a no canal 1 no quadro a ser alterado.

Como aplicar zoom in

Este recurso é novo no Director 8. Quando você faz zoom out, a área cinza, ou a tela, aumenta.

Por que dar um close (zoom in)? A primeira razão é apenas para fazer o posicionamento no palco com precisão. Uma outra, é poder aplicar zoom in e out e inserir mais coisas na tela do quadro 1. Na verdade, este procedimento funciona, de forma rudimentar, como um pré-carregador de filmes do Shockwave. Mesmo que o sprite não esteja no palco, ainda está carregado no quadro 1.

1. Pressione Control-+ (PC) ou Command-+ (Mac) para zoom in.

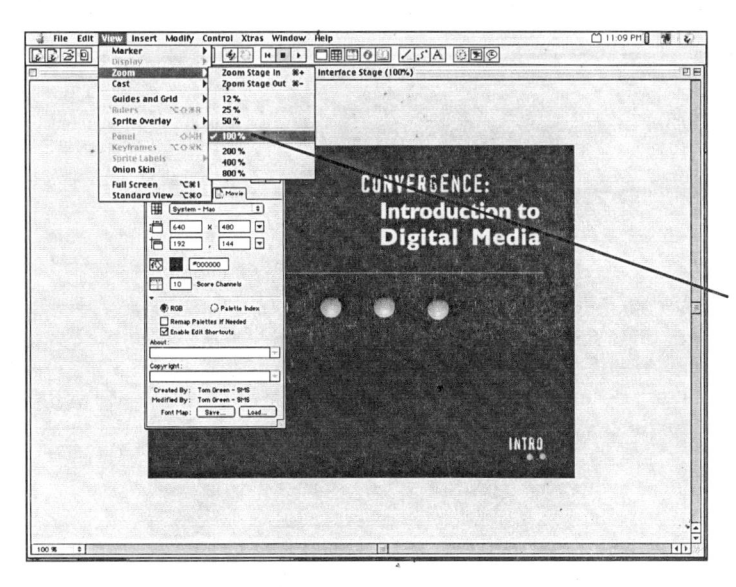

2. Em vez do sinal de mais (+), utilize o sinal de menos (-) para zoom out.

3. Mantenha a tecla do sinal de menos pressionada para retirar o efeito.

4. Selecione View, Zoom, 100% para retornar ao tamanho original.

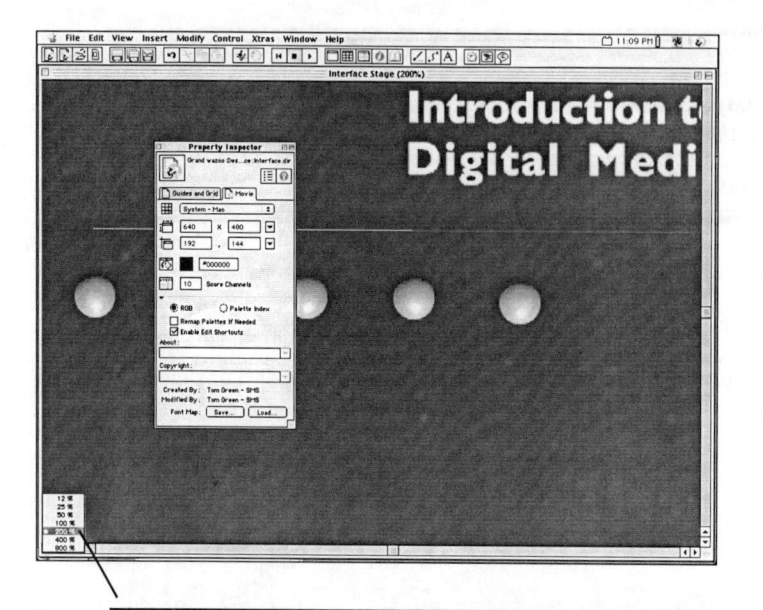

Dica

Outra forma de aplicar zoom é selecionar uma porcentagem a partir do menu suspenso.

Control Panel

Control Panel é um dispositivo útil, como um controle remoto, que determina como o filme é exibido no Director. Existem duas formas de fazer a exibição. Uma delas é utilizar todas as telas e palhetas do Director, o que corresponde ao *modo de criação*. A outra, é quando você deseja exibir um filme a partir de um CD ou através da Web, o que corresponde ao *tempo de execução*. O Control Panel funciona apenas no modo de criação.

Capítulo 1 - A interface do Director 27

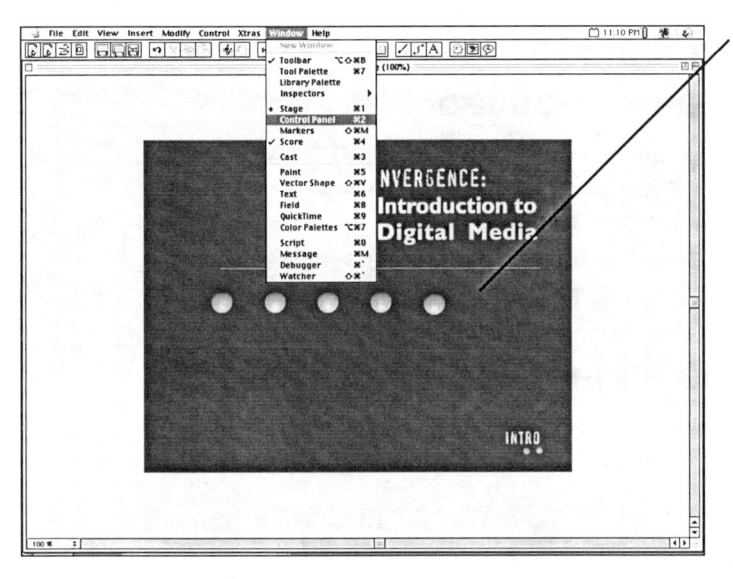

1. Caso não esteja aberto, selecione Window, Control Panel (Control-2 no PC ou Command-2 no Mac) para abrir o Control Panel.
2. Abra o score.

3. Proceda de uma das formas abaixo, clicando:
   ◆ No botão Rewind (Voltar) para voltar ao primeiro quadro caso não seja esta a sua localização.

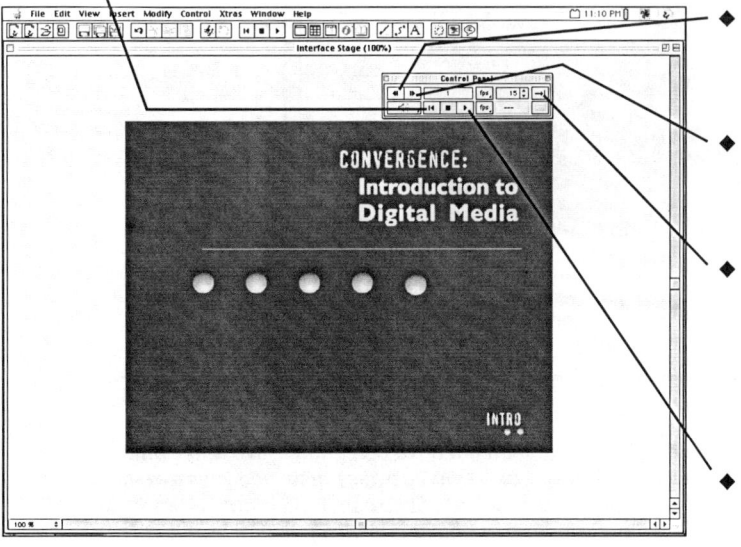

   ◆ No botão Step Backward (Um passo atrás) para voltar um quadro.

   ◆ No botão Step Forward (Um passo a frente) para ir para o quadro seguinte.

   ◆ No botão Loop (Reprodução contínua) para que o filme seja exibido várias vezes sem interrupções até que o botão Stop seja pressionado.

   ◆ No botão Play para que o cabeçote se mova pelos quadros até parar no quadro 28.

Como utilizar o teclado para controlar a reprodução

Não é necessário utilizar sempre o Control Panel para exibir um filme no modo de criação. Os comandos pelo teclado podem ser utilizados para reproduzir, voltar e parar o filme.

- ◆ Para reproduzir o filme utilize Command-Option-P (Mac) ou Control-Alt-P (PC).
- ◆ Para parar o filme, Control-ponto (PC) ou Command-ponto (Mac).
- ◆ Para voltar o filme, Control-Alt-R (PC) ou Command-Option-R (Mac).

Como salvar os filmes

Não é raro acontecer uma pane no computador. Portanto, salvar é um procedimento que deve ser feito com freqüência durante a criação de um filme.

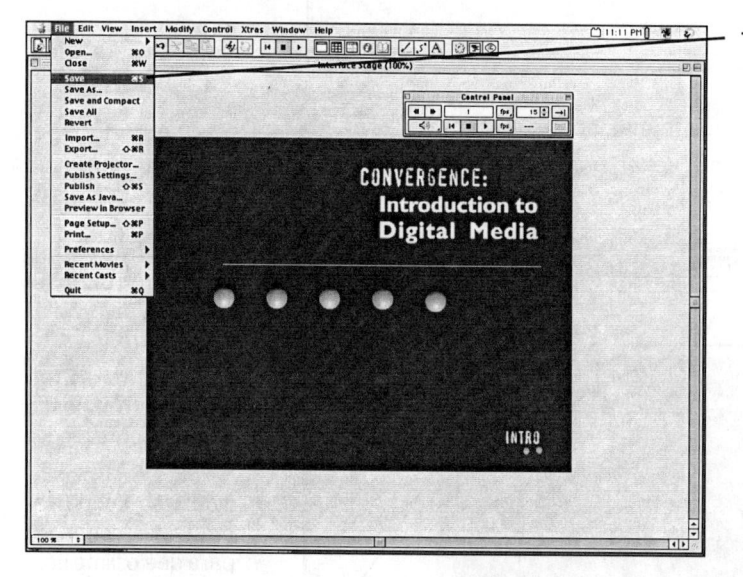

1. Selecione File, Save (Comman-S no Mac e Control-S no PC) para salvar o filme.

Observação

É provável que você se depare com um novo comando: Save and Compact (Salvar e Compactar). Ele não faz exatamente o que pressupõe, mas é o último comando a ser executado antes de salvar o filme para a Internet ou reprodução de CD. Essencialmente, ele induz o Director a passar rapidamente pelo score e reorganizar o elenco na ordem de aparição no score. Este procedimento dá eficiência à reprodução do filme. Você não verá mudança na ordem do elenco, pois isso ocorre apenas no tempo de execução.

Capítulo 1 - A interface do Director

Como fechar filmes

O Director não permite abrir diversos filmes ao mesmo tempo. É possível abrir apenas um filme por vez e trabalhar nele. Na verdade, o que o comando Close faz é fechar a janela Stage, e não fechar o filme que está na tela.

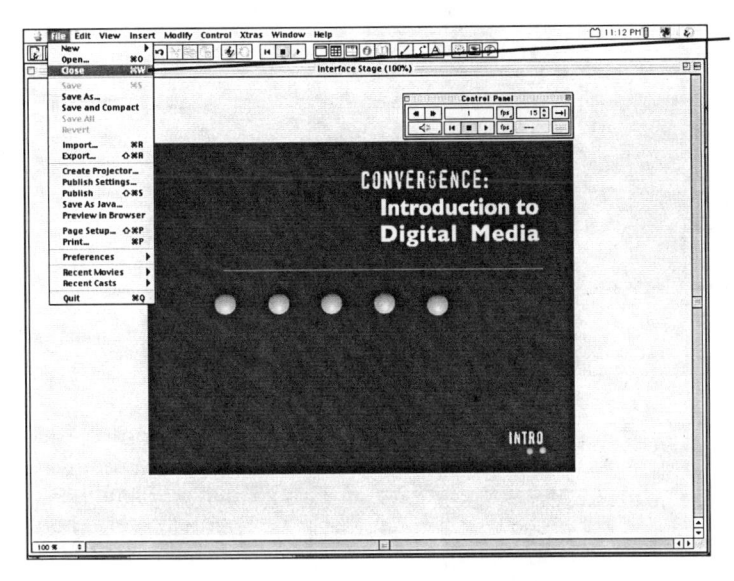

1. Selecione File, Close (Command-W no Mac e Control-W no PC).
2. Abra o palco (Command-1 no Mac ou Control-1 no PC).

Como abrir filmes

Existem duas formas de fazê-lo.

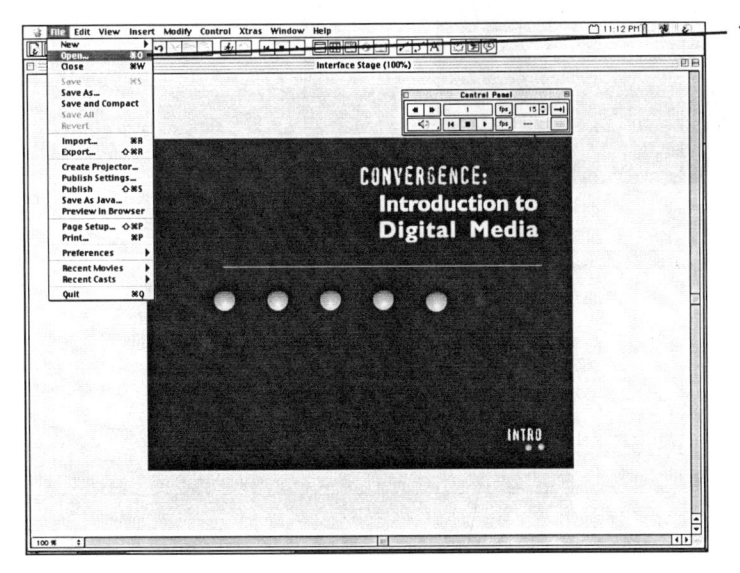

1. Selecione File, Open (Control-O no PC ou Command-O no Mac) e navegue para a pasta que contém o filme.

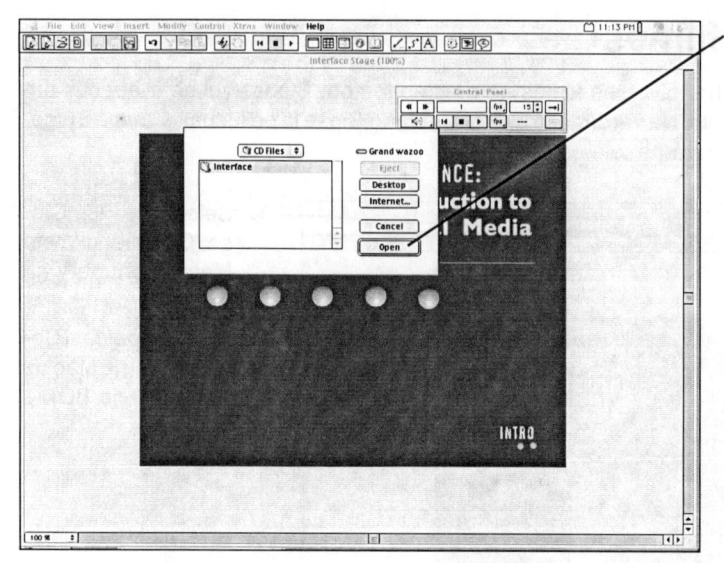

2. Clique em Open na caixa de diálogo para abrir o filme.

O segundo método é similar ao utilizado nos processadores de texto.

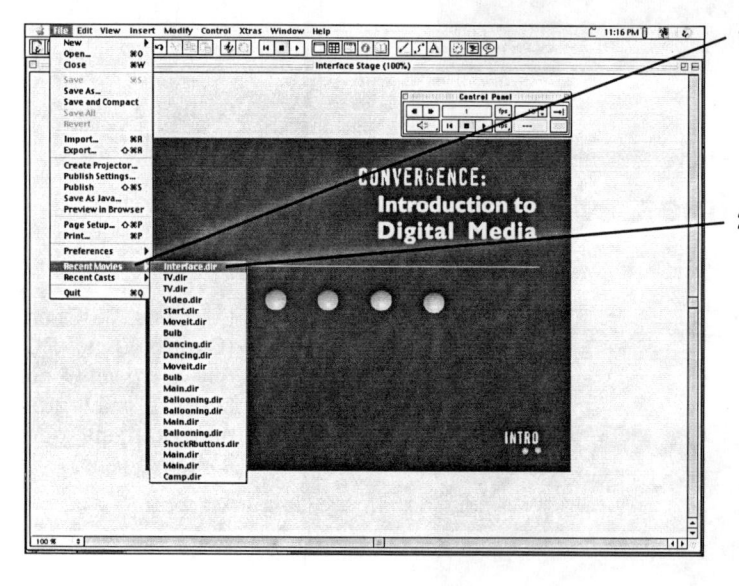

1. Selecione File, Recent Movies (Arquivo, Filmes Recentes) para abrir um menu em cascata.

2. Selecione o filme da lista para abri-lo.

Capítulo 1 - A interface do Director   31

Como sair do Director

Embora utilizar Quit (Sair) pareça simples demais, saiba que há duas maneiras de sair do Director. A primeira está codificada na apresentação do Director. A segunda é através do menu.

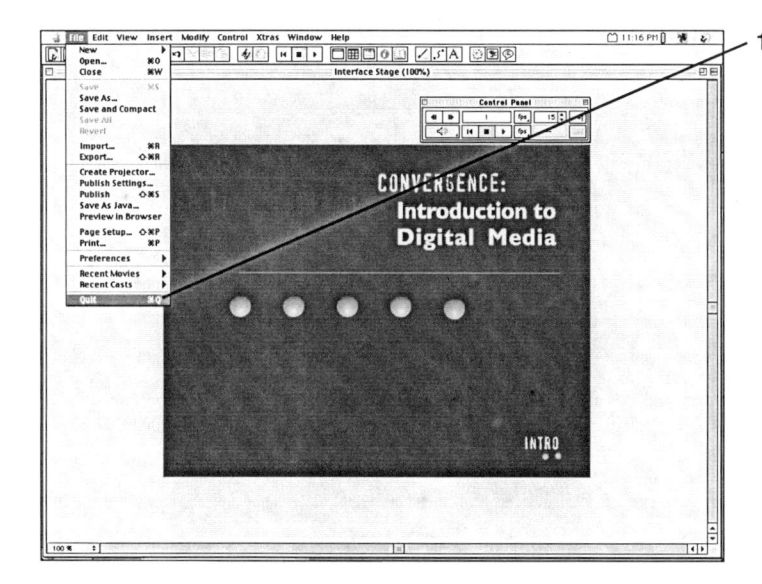

1. Selecione File, Quit (Command-Q no Mac ou Control-Q no PC).

Capítulo 2

Como criar uma interface: elenco e palco

A interface do Director é baseada em uma metáfora de produção de filmes, utilizando termos como elenco, palco, score e outros. Por exemplo, a mídia na apresentação é o elenco, a ação acontece no palco e a seqüência da ação é determinada por score. Você verá mais sobre estes e outros elementos nesta introdução à criação de uma interface. Neste capítulo, aprenda a:

- Abrir elenco e palco
- Utilizar as opções do elenco para alterar sua exibição
- Adicionar e remover membros do elenco
- Posicionar sprites no palco
- Criar e utilizar uma grade
- Exibir um filme do Director

O Director utiliza metáforas do show business em grande parte de sua interface. Isso está tão enraizado que, até o lançamento da versão 7, o ícone do aplicativo do Director era uma cadeira de diretor de cinema com um megafone ao lado.

Toda a ação da apresentação acontece no palco. Os elementos da apresentação do Director — imagens, sons, vídeo — fazem parte do elenco. Quando um membro do elenco está no palco, é um sprite. Score determina como um sprite entra, se movimenta e sai do palco. A performance de um sprite é determinada por um script. A apresentação do Director, o arquivo criado, é denominado filme. A parte executável criada para reproduzir o filme a partir de um CD é um projetor.

Embora o Director seja um aplicativo complexo, não é difícil de ser usado. As etapas são as mesmas da criação de um slide simples ou de um jogo extremamente complexo. São elas:

1. Crie uma seqüência. A mídia interativa ou o processo na Web nunca são iniciados no computador, mas em uma folha de papel com um plano contendo os pontos-chave. Pode conter desde rabiscos até uma mostra completa de slides. Este procedimento lhe permite desenvolver idéias, interfaces, navegação e necessidades da mídia antes de reunir tudo para o filme.

2. Crie seus ativos. Imagens, sons, vídeos digitais, texto ou animações do Flash, tudo pode ser importado pelo Director. O aplicativo também apresenta diversas ferramentas que lhe permitam criá-los ou, em casos específicos, editá-los a partir do aplicativo.

3. Coloque os ativos no palco. O palco determina o resultado do filme e onde aparecem os ativos. Quando usado em conjunto com o score, é possível controlar a aparição dos ativos e onde eles aparecem com outros elementos no palco.

4. Adicione os scripts que dão interatividade e animação aos ativos. Lingo é a linguagem de programação que permite que os botões sejam mudados e leva o usuário a outros locais no score ou a outros filmes do Director. Estes scripts que podem ser criados ou que vêm junto com o aplicativo, podem variar de simples a muito complexos. Lingo é o elemento que adiciona interatividade ao filme.

5. Crie o arquivo que permite que o filme seja reproduzido a partir de um computador (o projetor) ou na Web (Shockwave). Como no cinema, o filme tem que ser distribuído. Os projetores permitem que o filme seja exibido a partir de um computador sem que o espectador tenha uma cópia do Director. Shockwave tem a tecnologia que permite a exibição do filme na Web.

Como começar a trabalhar

O pequeno filme que criaremos é uma seção do filme principal de navegação para um seminário ministrado pelo autor. Este filme inicia com um título e uma animação do Flash. Cinco bolas cinzas aparecem em diversas áreas do palco e se movem para a posição final. O primeiro quadro da seqüência mostra a posição do título e a animação do Flash em uma seção. O quadro seguinte mostra a posição final das bolas em relação ao título e à animação. A última cena será criada por nós.

Capítulo 2 - Como criar uma interface

Antes de começar, certifique-se de copiar a pasta Exercise (Exercícios) do Chapter 2 (Capítulo 2) do CD para seu computador.

Observação

É provável que você não veja muitas janelas e palhetas na tela ou perceba que algumas são diferentes das que são mostradas aqui. Como o Director recupera as janelas e palhetas utilizadas pelo último usuário que executou o aplicativo, todas que foram abertas na última sessão serão abertas na sessão atual.

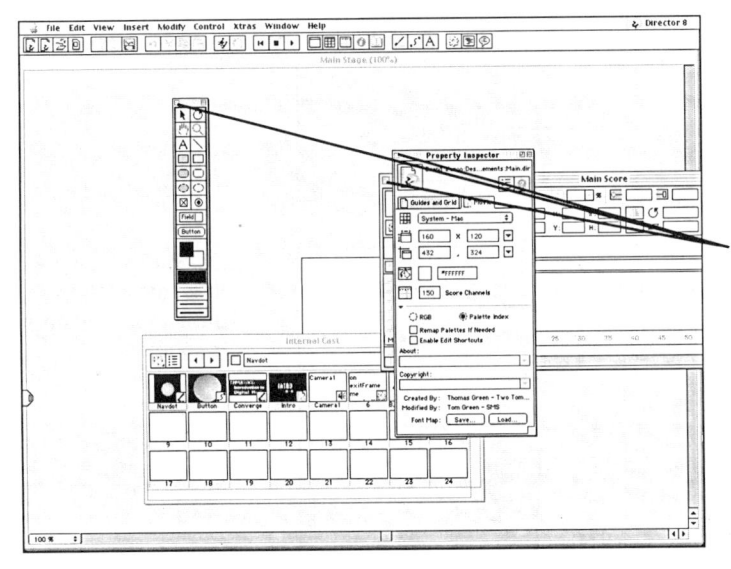

---

1. Clique duas vezes no filme Main.dir na pasta Exercise de Chapter 2 para abrir o Director. A tela inicial será aberta com palhetas e janelas.

2. Feche todas as palhetas e janelas com exceção da janela denominada "Main Stage" (Palco Principal) clicando nas respectivas Close Boxes (Áreas para Fechamento).

Como definir a cor e o tamanho do palco

A seqüência chama o palco em preto para preencher a tela. Um palco que preenche toda a tela tem o tamanho de 640 por 480 pixels. Esta mudança é feita através do Property Inspector. Existem duas formas de abrir o Property Inspector para um filme.

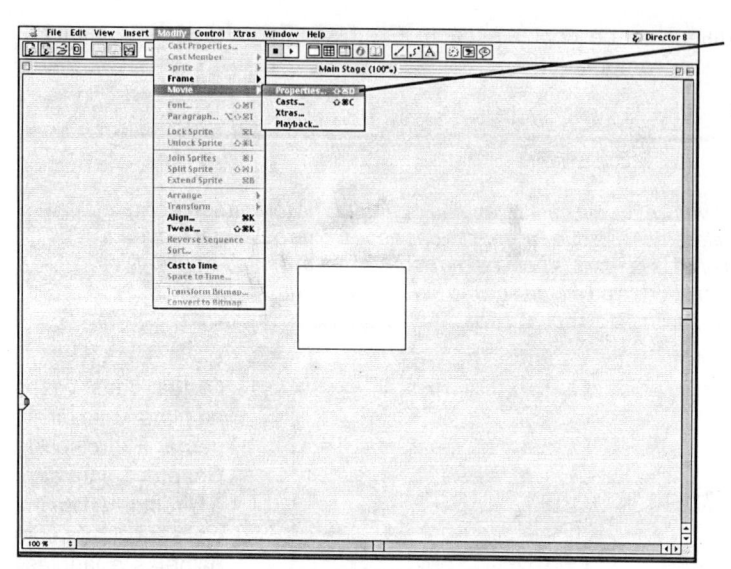

1a. Selecione Modify, Movie, Properties.

OU

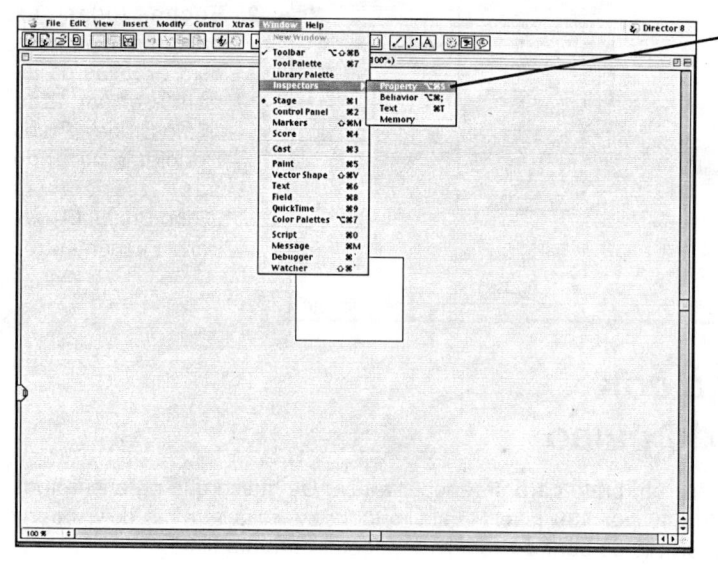

1b. Selecione Window, Inspectors, Property para abrir o Property Inspector

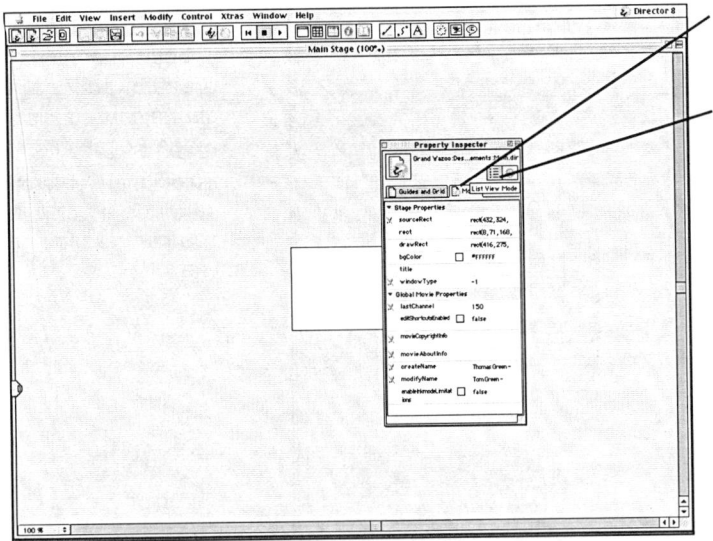

Capítulo 2 - Como criar uma interface

2. Clique em Movie Tab no Property Inspector.
3. Clique no botão List View Mode. A palheta mudará de ícones para texto.
4. Clique no botão List View Mode para retornar ao modo de visualização gráfico.
5. Clique e mantenha o botão do mouse pressionado para abrir a caixa de lista de seleção Stage Size (Tamanho do Palco). 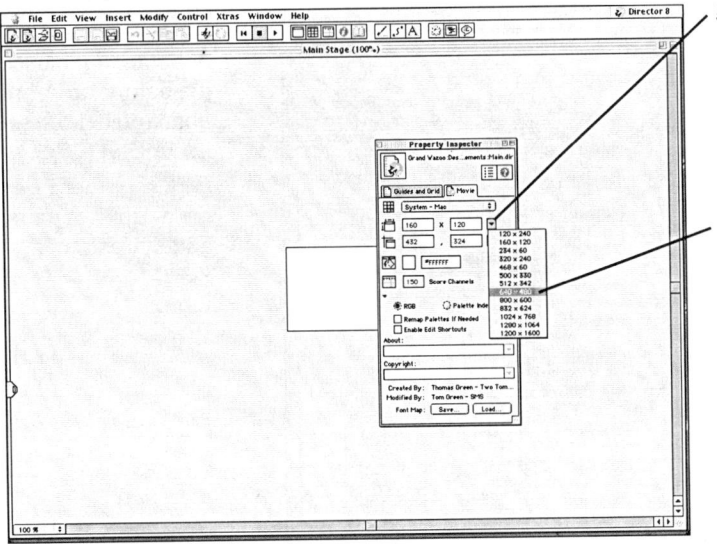
6. Selecione 640x480 para que o palco seja expandido no tamanho desejado.

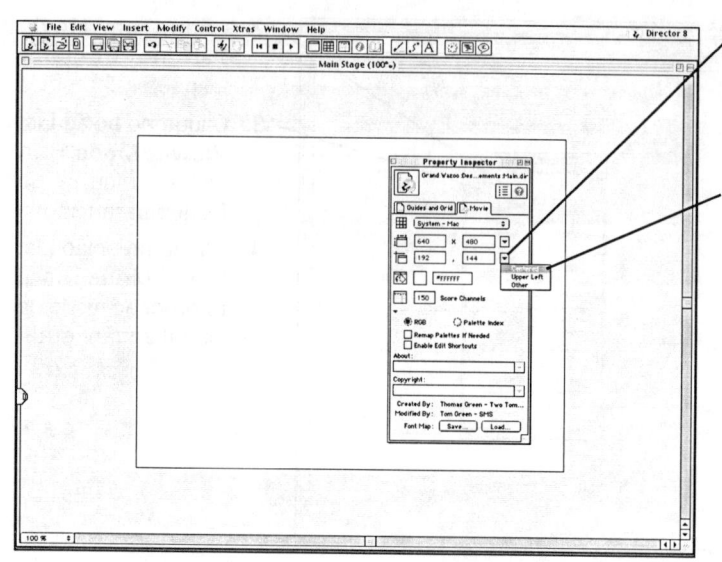

7. Clique e mantenha o botão do mouse pressionado para abrir a caixa de lista Stage Location.

8. Selecione Centered para que o palco fique centralizado na tela.

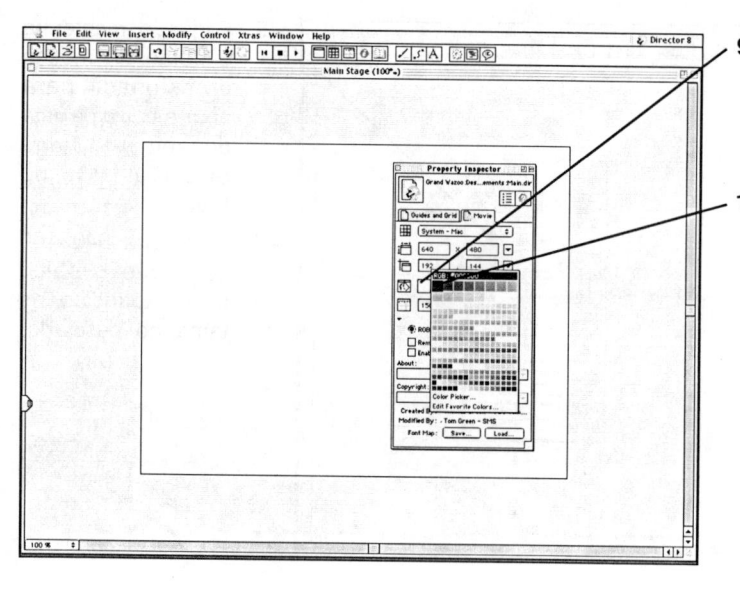

9. Clique e mantenha o botão do mouse pressionado para abrir a palheta de seleção Stage Color.

10. Clique na cor preta para que o palco adquira esta cor.

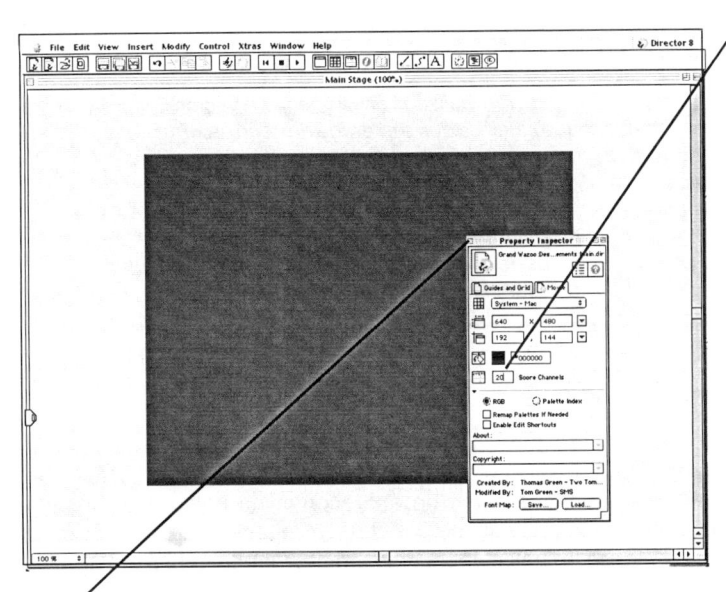

Capítulo 2 - Como criar uma interface   **39**

11. Altere Score Channels de 150 para 20. O padrão é sempre 150 canais.

12. Feche Property Inspector. Surgirá uma caixa de aviso.

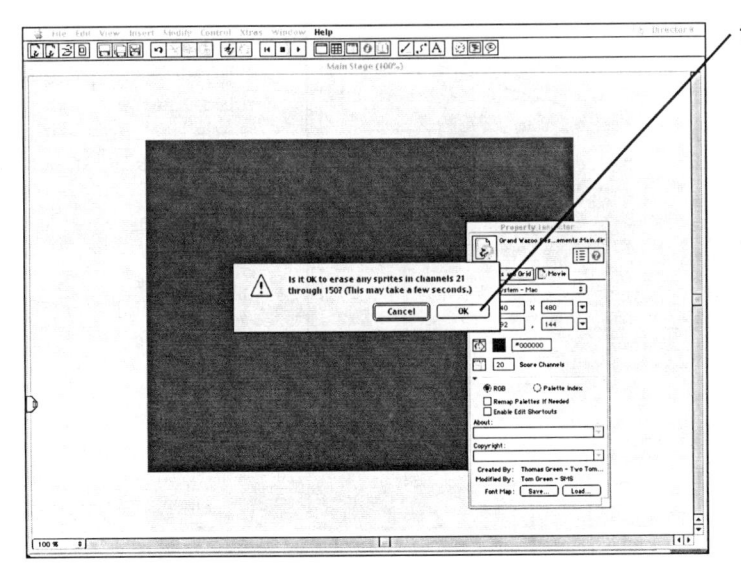

13. Clique em OK nesta caixa. Isso significa que o Director considera que você está para cometer um grande erro, mas não está.

14. Maximize a janela do palco para preencher toda a tela. Dependendo da resolução do monitor a área cinza ao redor do palco será utilizada posteriormente.

> **Observação**
>
> Uma das palhetas mais importantes a ser utilizada é o Property Inspector. É uma janela sensível ao contexto, o que significa que é alterada de acordo com o item selecionado. Property Inspector substitui muitos menus que, de alguma forma, não ajudam no acesso às informações. O melhor sobre esta palheta é a flexibilidade para alterações. Se um objeto tem cor, tamanho, localização, dimensão ou qualquer outra propriedade descrita por números ou valores, é possível alterá-la aqui. Os usuários do código Lingo também podem manipular valores no Inspector através dos scripts.

Como reunir o elenco

Depois de preparar o palco para a apresentação, o próximo passo é reunir o elenco. Os elementos de mídia que fazem parte do elenco são denominados membros do elenco. No teatro, os membros esperam nos camarins antes de aparecerem no palco. No Director, esperam na janela Cast. Um recurso interessante do Director é a capacidade de ter diversas versões do mesmo membro do elenco no palco ao mesmo tempo. O resultado é um arquivo menor no disco e um tempo menor de carregamento.

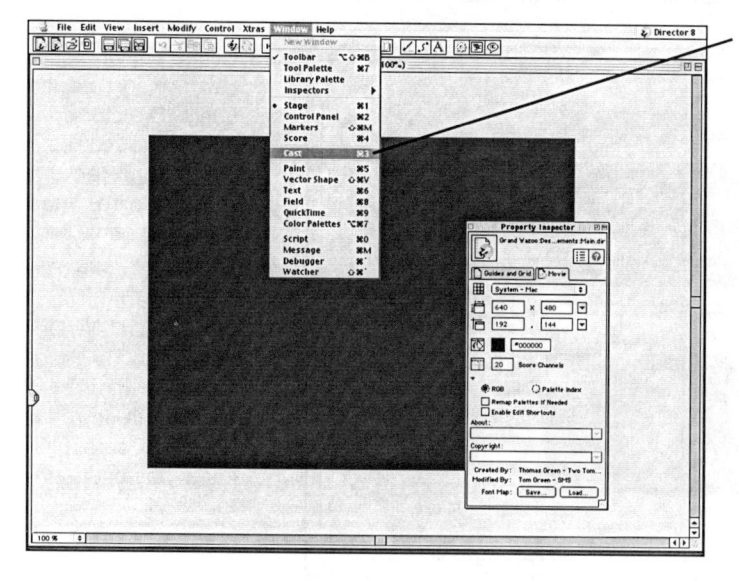

1. Abra a janela Cast selecionando Window, Cast. Preste bastante atenção nos ícones dos membros do elenco que informam o tipo de mídia representado por eles. Os ícones, em ordem, são Graphic, Vector, Flash, Sound, Font e Script.

Capítulo 2 - Como criar uma interface   41

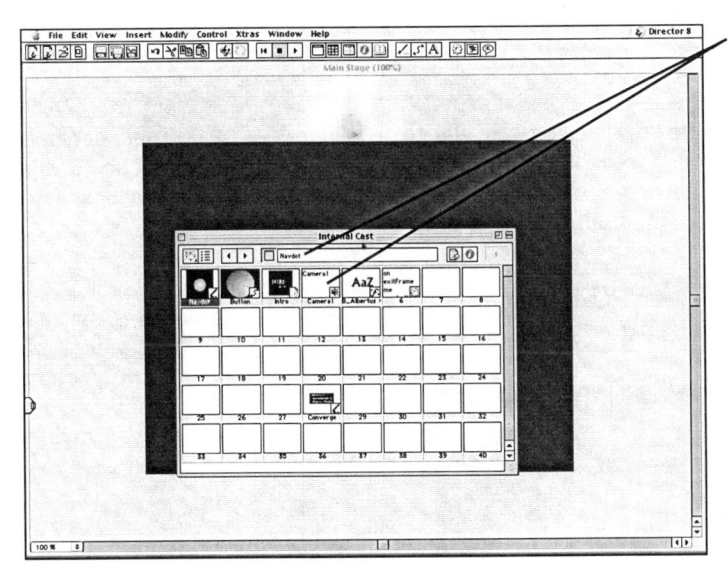

2. Clique em cada membro para que o nome apareça na parte superior de Cast.

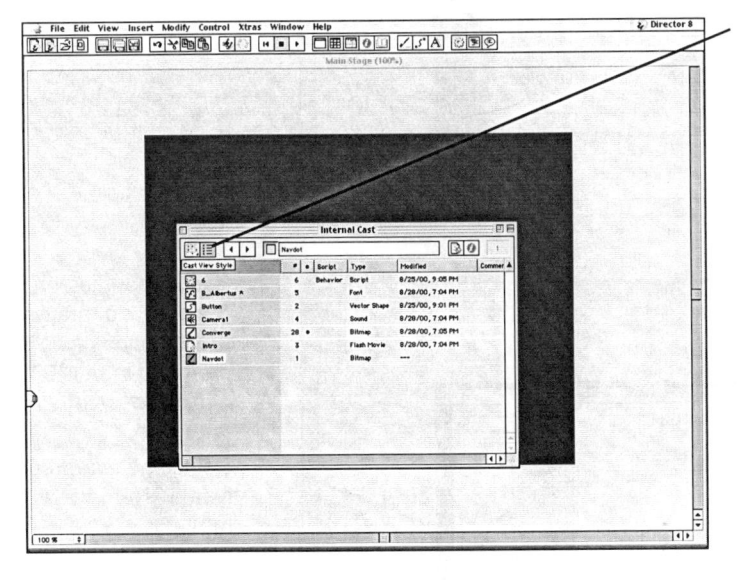

3. Clique no botão Cast View Style (Estilo de Visualização do Elenco) para que a visualização seja em lista em vez de miniaturas.

4. Clique neste botão novamente para retornar à visualização de miniaturas.

Como definir as opções do elenco

Você pode ser um produtor de um filme com "um elenco de milhares"— 32.000 para ser mais preciso. Caso todos sejam necessários, reconsidere seu projeto. Observe o elenco e veja que alguns membros possuem nomes e outros, números. Mudaremos o modo de visualização para mostrar números e nomes, o que é feito através das opções.

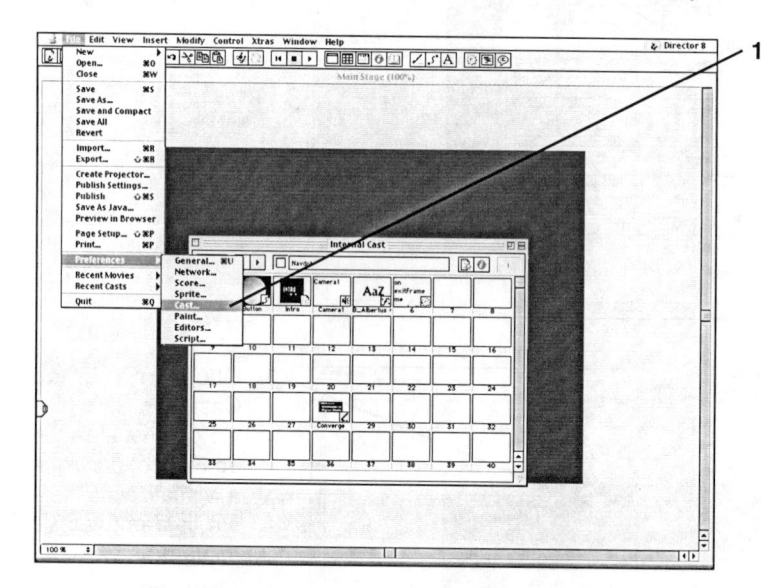

1. Selecione File, Preferences, Cast (Arquivo, Opções, Cast) para abrir a caixa Cast Window Preferences (Opções da Janela Cast).

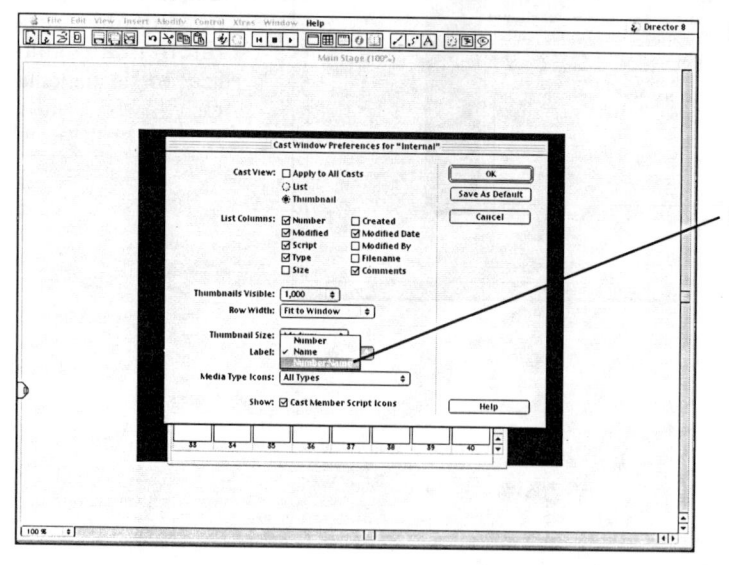

2. Clique e mantenha o botão do mouse pressionado na seta do menu Label (Rótulo) para aparecer uma lista.

3. Selecione Number: Name (Número:Nome).

Capítulo 2 - Como criar uma interface   43

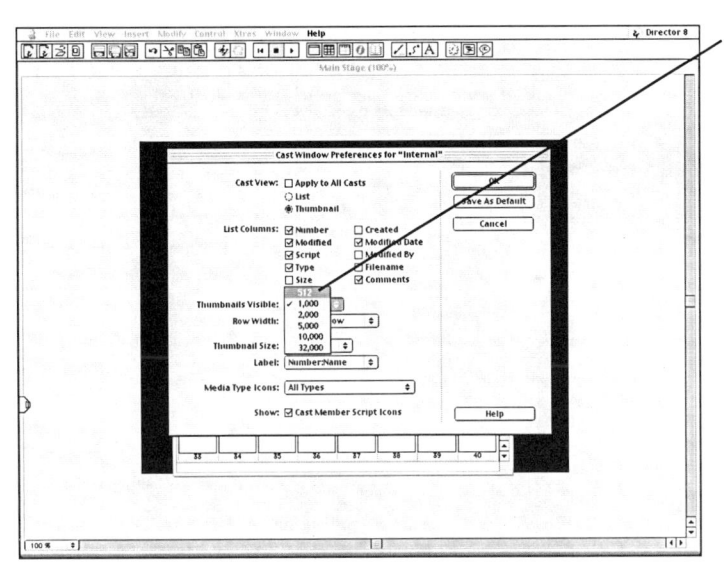

4. Atribua o número 512 a Thumbnails Visible (Miniaturas Visíveis).

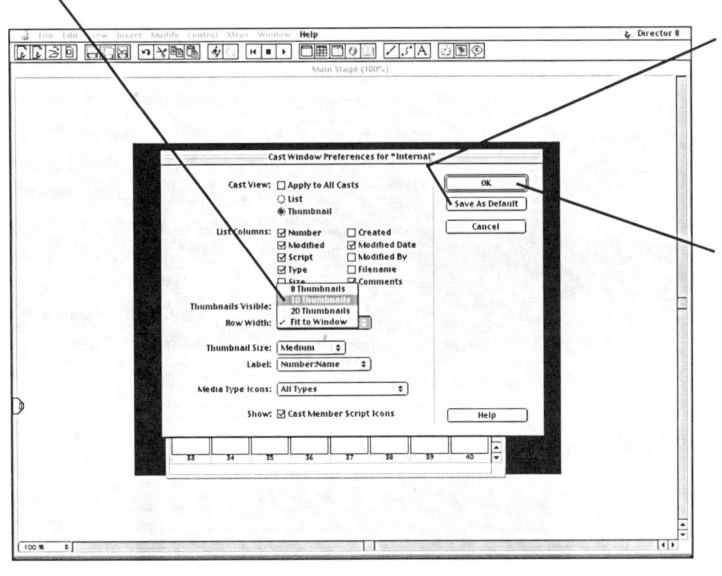

5. Defina Row Width (Largura da Linha) como 10 Thumbnails (10 Miniaturas) no menu.

6. Clique em Save As Default (Salvar Como Padrão). Todas as vezes que o Director for aberto o elenco terá o valor selecionado.

7. Clique em OK para fechar Preferences.

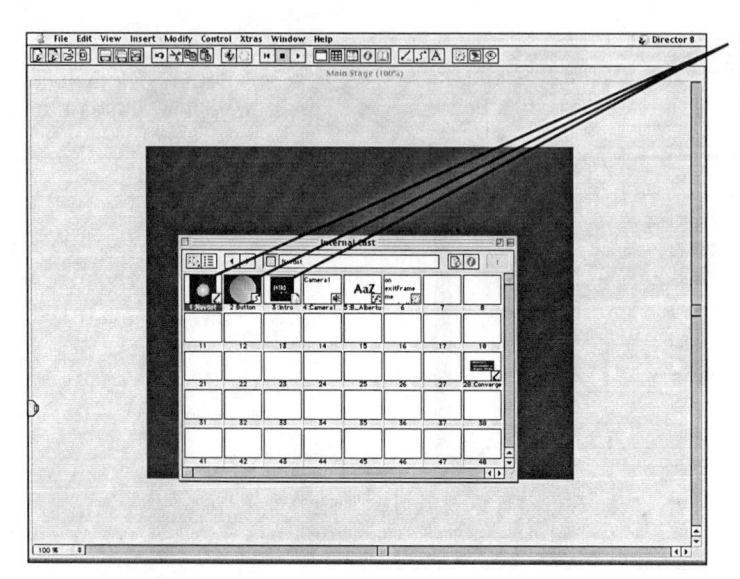

Cada membro do elenco possui um número e um nome.

Como importar membros para o elenco

Veja como o elenco possui vários membros.

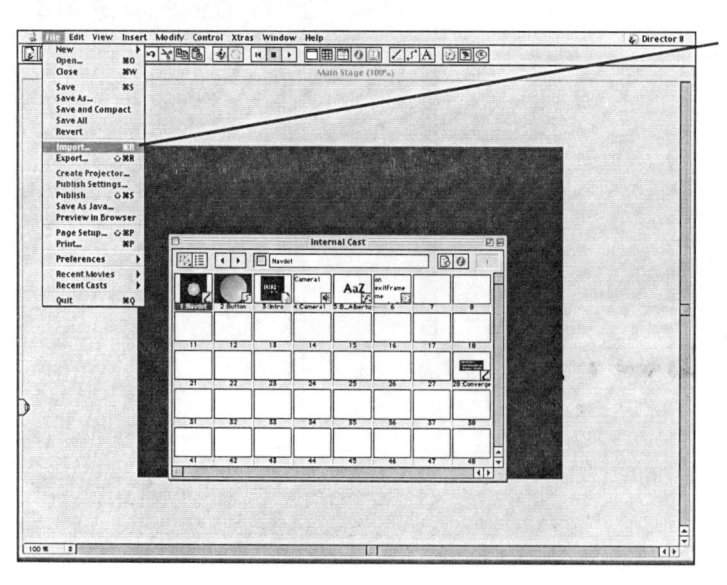

1. Selecione File, Import (Arquivo, Importar). A caixa de diálogo possui diversas opções, que serão apresentadas com maiores detalhes posteriormente.

Capítulo 2 - Como criar uma interface **45**

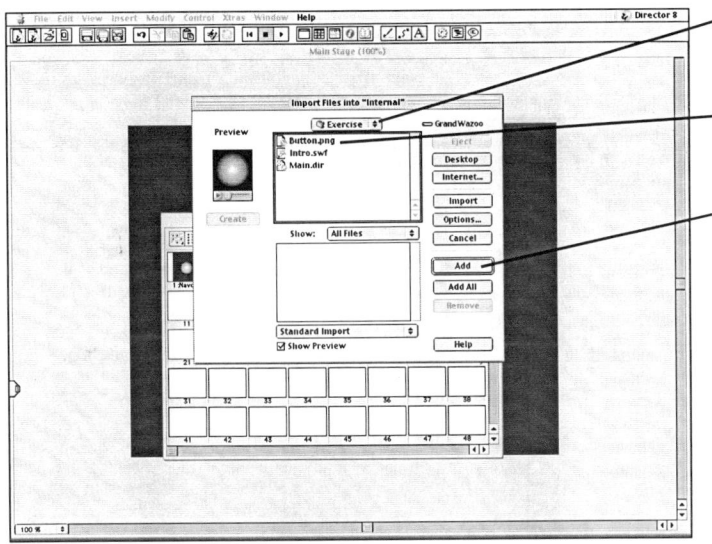

2. Navegue para pasta Exercise de Chapter 2.
3. Clique em Button.png para que a imagem seja selecionada.
4. Clique no botão Add (Adicionar) para que Button.png seja movido para a caixa inferior.

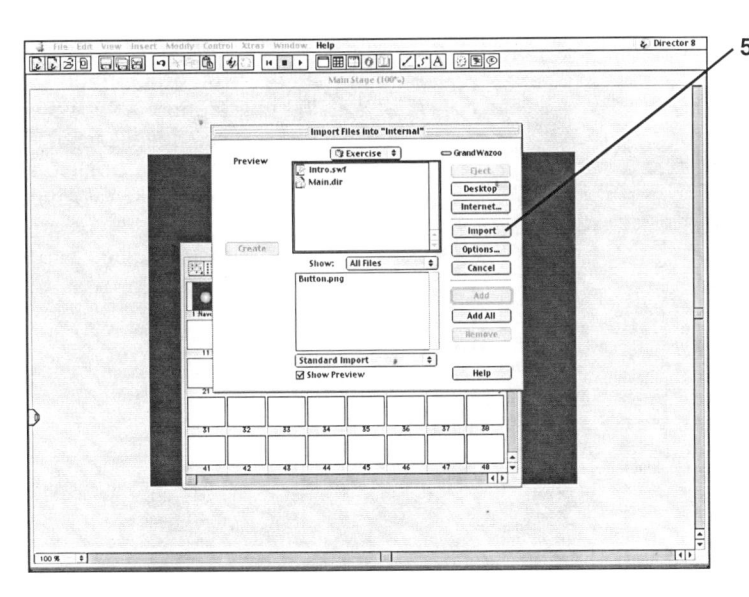

5. Clique no botão Import.

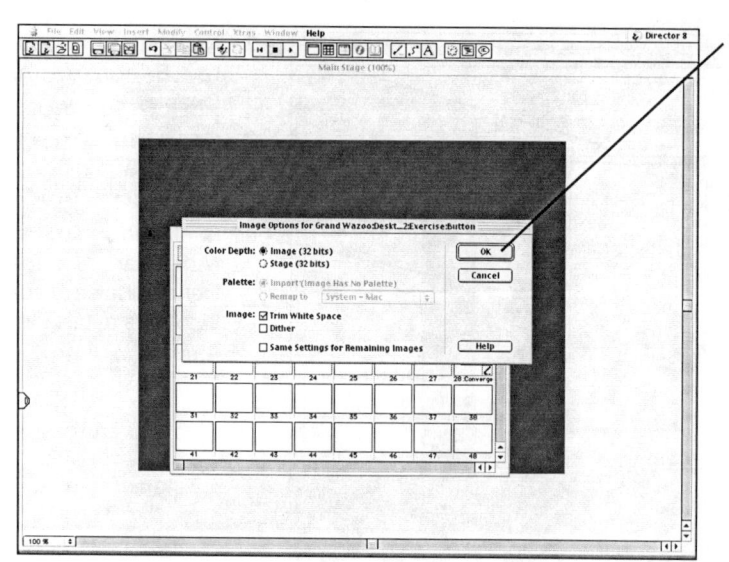

6. Clique em OK na caixa de diálogo de resultados.

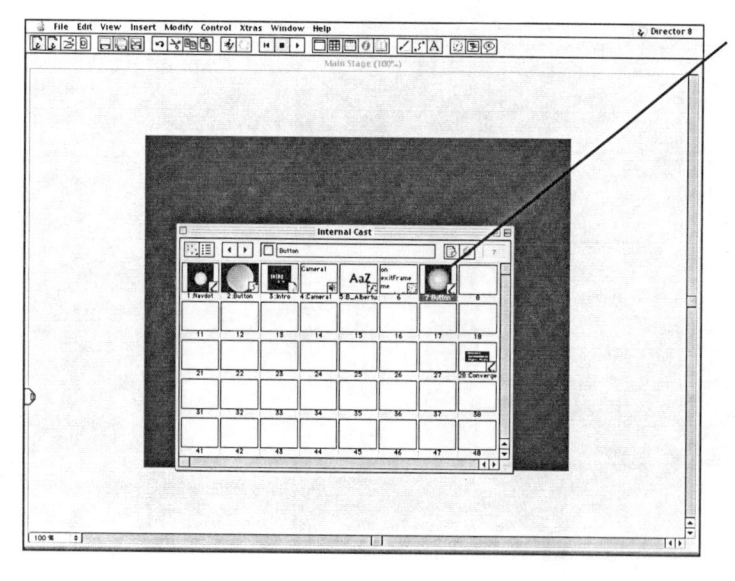

7. Clique no botão que foi adicionado ao elenco e observe sua localização. O Director posiciona membros do elenco importados no primeiro espaço disponível.

Capítulo 2 - Como criar uma interface 47

Como reorganizar
os membros do elenco

Como este elenco é pequeno, é possível organizar os membros pelo tipo de mídia.

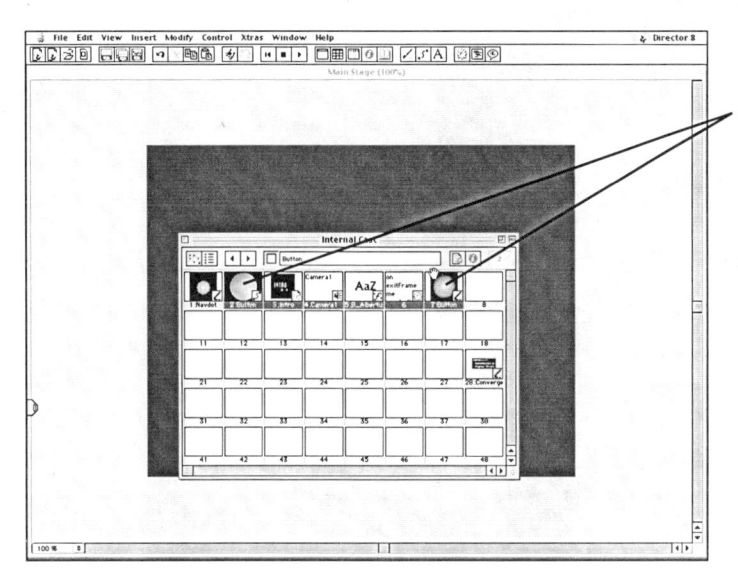

1. Clique no membro 2.

2. Mantenha pressionada a tecla Shift e clique no membro 7 para selecionar o intervalo de 2 a 7.

3. Mova o cursor sobre os membros selecionados. O ícone em formato de mão informa que podem ser movidos.

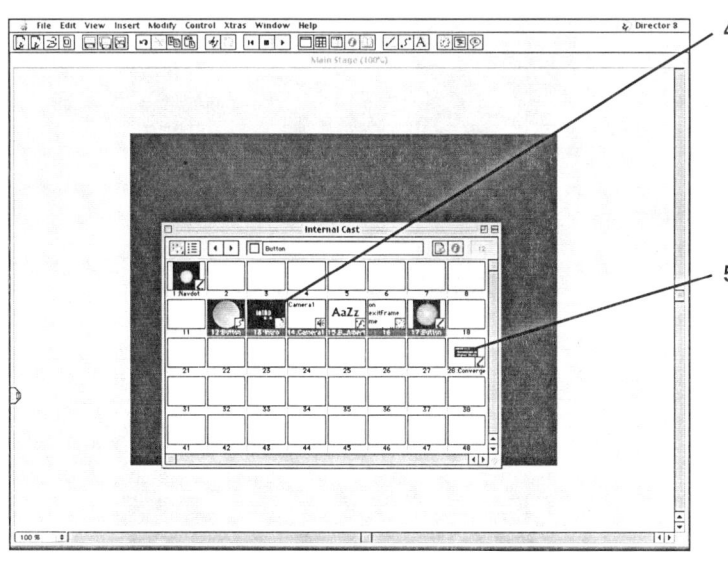

4. Clique e arraste este grupo para a linha seguinte e libere o botão do mouse para que todos os membros passem para a nova localização.

5. Clique no membro do espaço 28 para selecioná-lo.

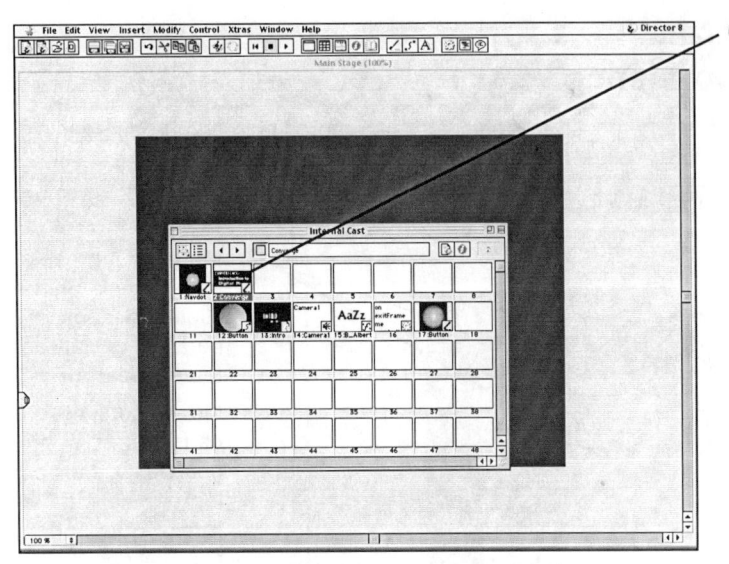

6. Arraste-o para o espaço vazio ao lado do primeiro membro do elenco e libere o botão. Esta será a nova localização do membro.

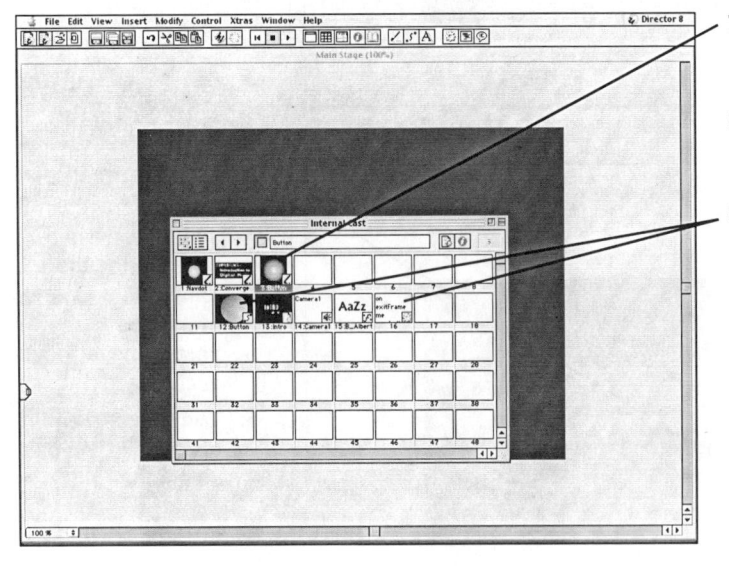

7. Arraste o membro do número 17 para o 3.
8. Clique no primeiro membro da segunda linha.
9. Mantenha pressionada a tecla Shift e clique no último membro da segunda linha para que todos os elementos sejam selecionados.

Capítulo 2 - Como criar uma interface   **49**

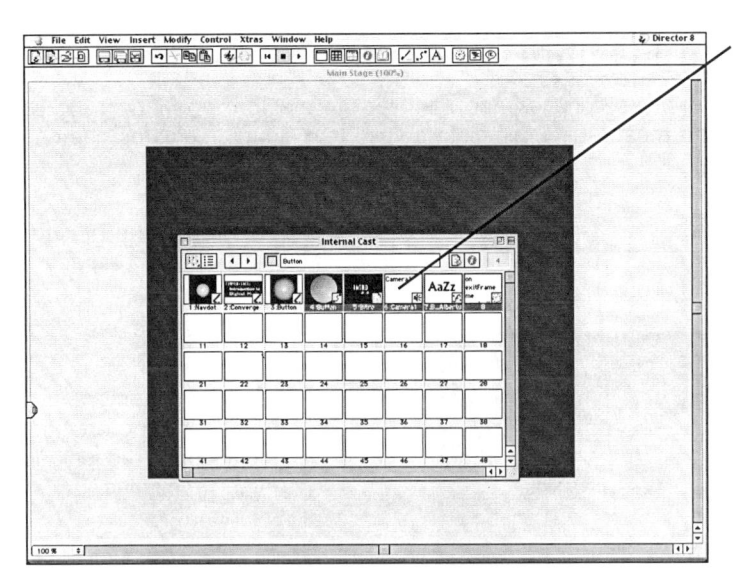

10. Arraste estes membros para a posição 4 e libere o botão do mouse.

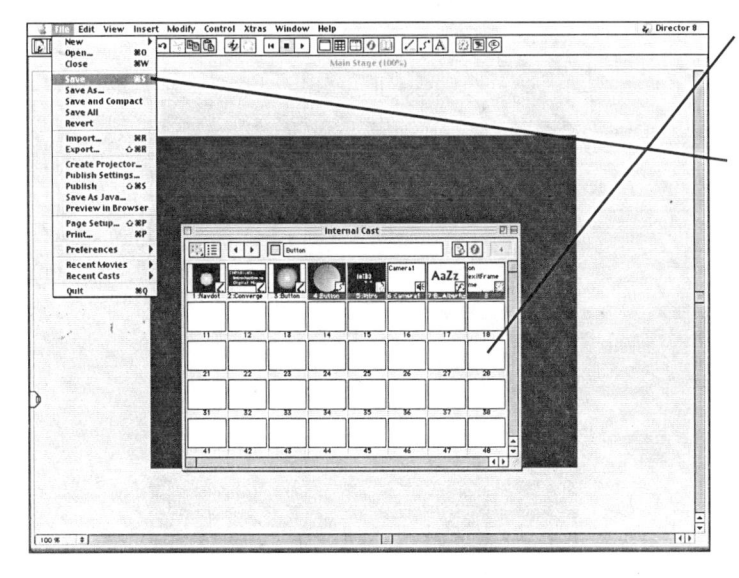

11. Clique em um espaço vazio para desfazer a seleção dos membros do elenco.

12. Selecione File, Save e salve o filme na pasta Chapter 2 no seu computador.

Como apagar um membro

Existem duas ocasiões nas quais é necessário remover um membro do elenco: ele foi importado erradamente ou a mostra está completa e você tem alguns membros que não serão utilizados.

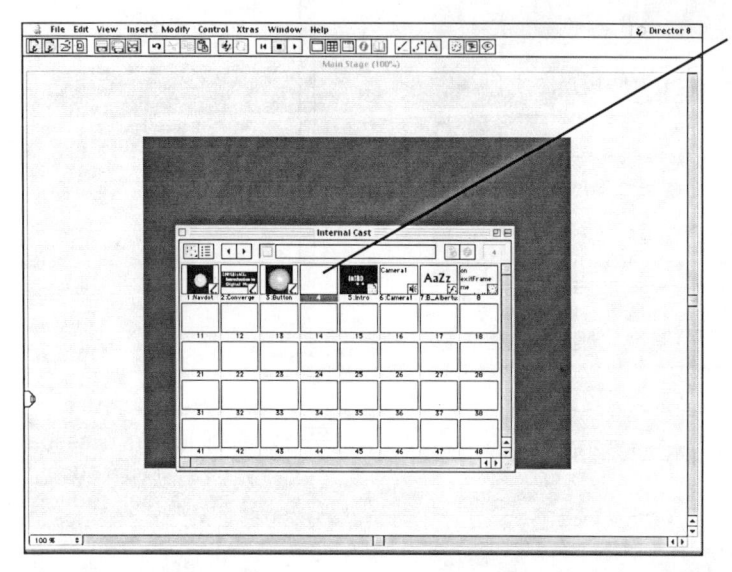

1. Selecione Vector (Vetor) no espaço 4.
2. Pressione a tecla Delete e ele será apagado.

Caso um membro seja apagado por engano, veja como recuperá-lo sem problemas.

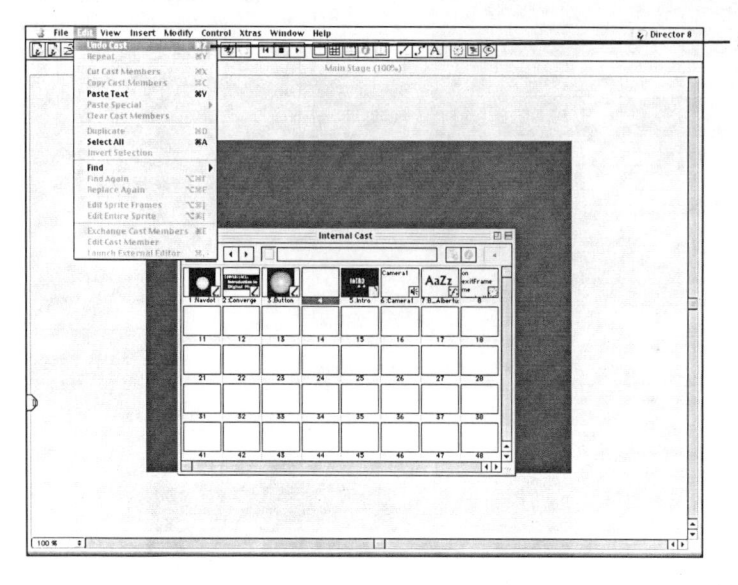

3. Selecione Edit, Undo Cast (Editar, Desfazer Cast) e o membro retornará.

Capítulo 2 - Como criar uma interface 51

> **Dica**
> Se as coisas estiverem confusas (o que não é raro acontecer), selecione File, Revert (Arquivo, Reverter). Este comando retorna o filme ao estado original desde a última vez em que foi salvo. Portanto, não esqueça: Salvar logo. Salvar sempre.

Como examinar as propriedades dos membros do elenco

Conforme explicamos no início deste capítulo, Property Inspector é sensível ao contexto — muda com base na seleção vigente.

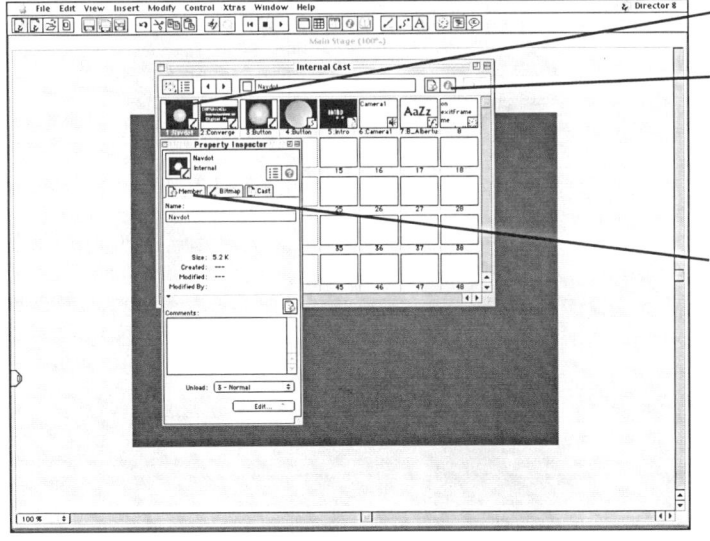

1. Clique no membro 1 para selecioná-lo.

2. Clique no botão Cast Member Properties na janela Cast para que Property Inspector apareça.

3. Clique no indicador Member. Esta janela mostra o nome do membro, o tamanho, quando foi criado e a última modificação. Você pode digitar comentários na área de inserção de texto.

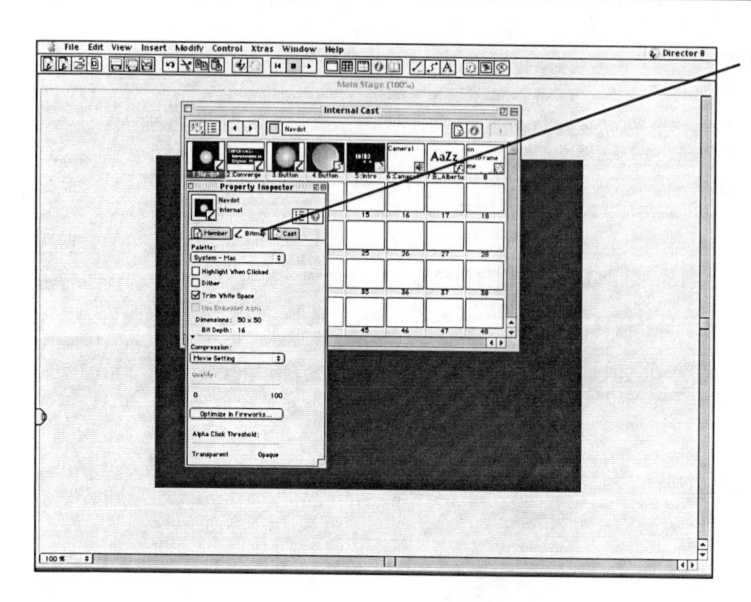

4. Clique no indicador Bitmap. Existem muitas informações aqui, incluindo o tamanho físico do bitmap e a profundidade. Esta palheta será apresentada com detalhes posteriormente.

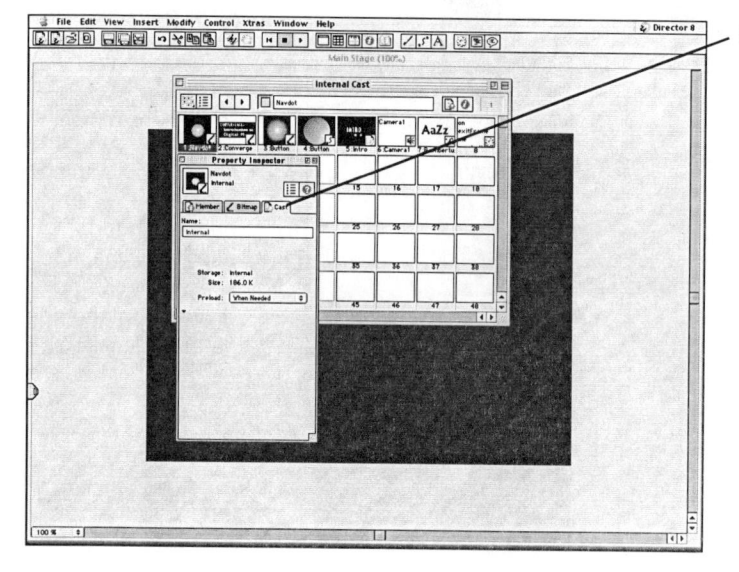

5. Clique no indicador Cast. Você verá que este membro faz parte do elenco interno, exige 190.7 K de espaço em disco e será pré-carregado na memória quando necessário.

Capítulo 2 - Como criar uma interface 53

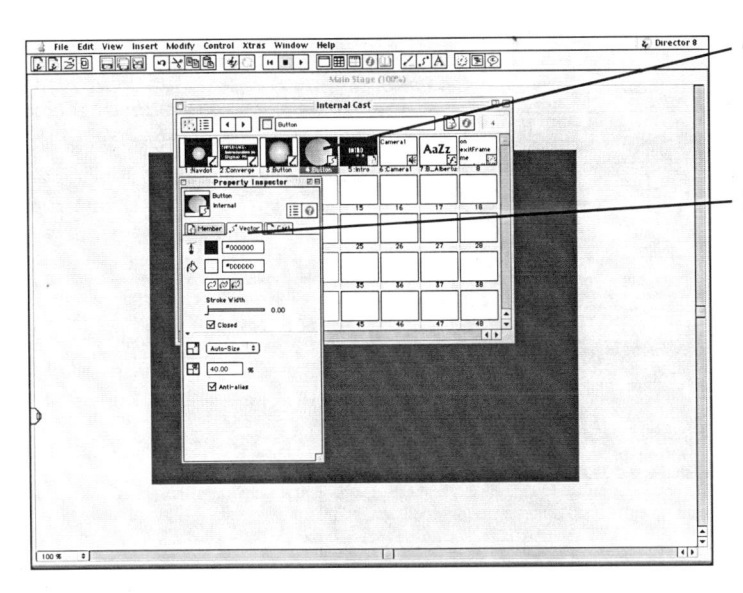

6. Clique no membro Vector no espaço 4 e observe a mudança do indicador do meio do Inspector.

7. Clique no indicador Vector. Observe como a caixa de diálogo é alterada.

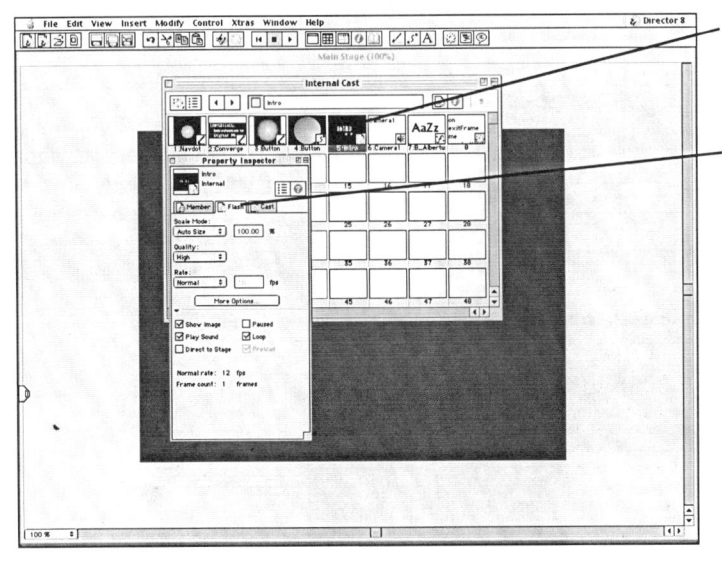

8. Clique no membro 5 e o indicador do meio mudará para "Flash".

9. Clique em Flash para consultar as propriedades.

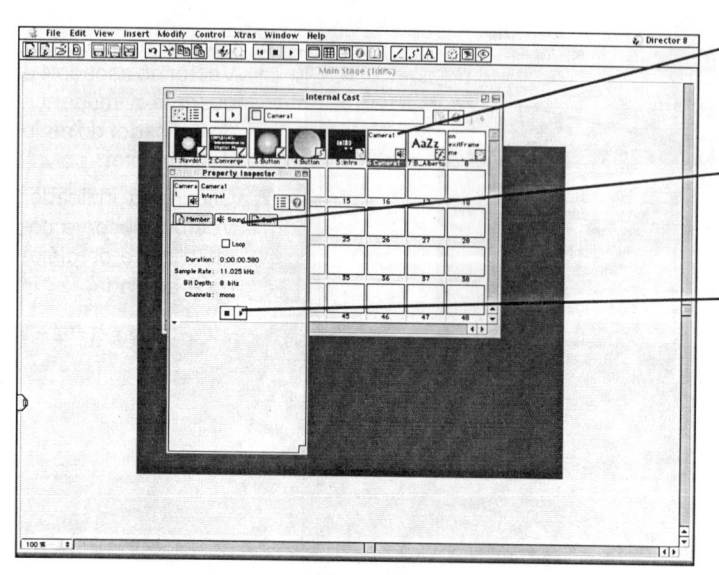

10. Clique no membro de som no espaço 6. O indicador do meio muda para "Sound".

11. Clique no indicador Sound e reveja as propriedades de som.

12. Clique no botão Play para ouvir o som.

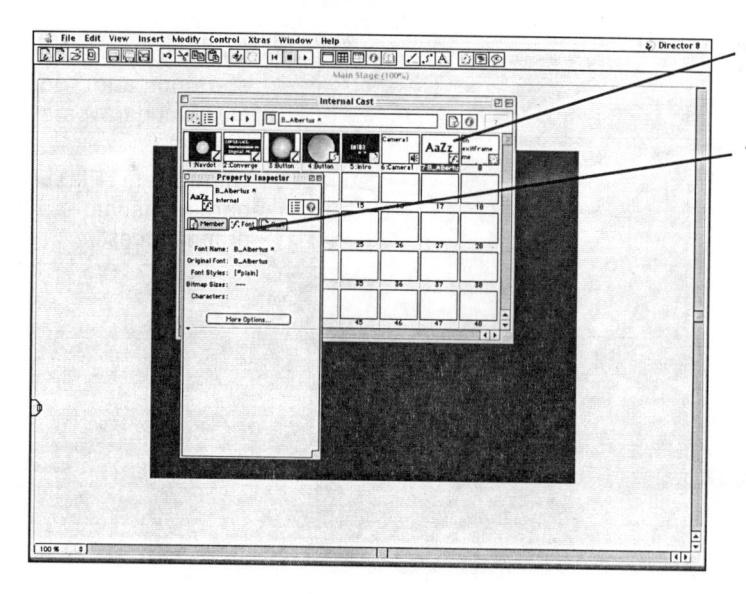

13. Clique no membro 7 e "Font" estará no indicador.

14. Clique em Font, mas não clique no botão More Options. Veremos esta área importante quando criarmos um projetor.

Capítulo 2 - Como criar uma interface   **55**

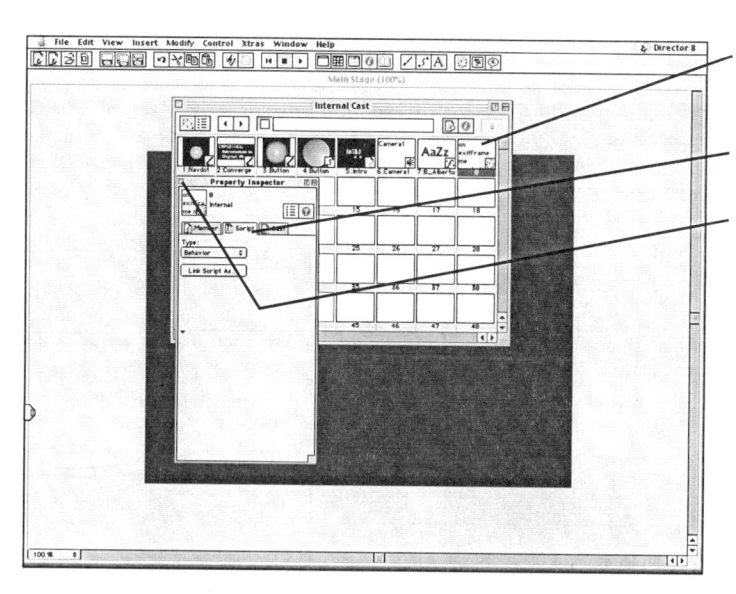

15. Clique no membro 8 para que "Script" apareça.
16. Clique no indicador Script.
17. Feche Property Inspector.

Observação

Se você observar as bolas cinzas no elenco, algumas apresentam o ícone do Paintbrush, indicando que é um bitmap, e um tem o ícone Vector. A pergunta é "Qual a diferença?". Em uma palavra, tamanho.

Um bitmap é uma coleção de pixels coloridos cuja resolução é definida na hora da criação. Um computador deve conhecer a localização e a cor de cada pixel da imagem. O resultado é um arquivo que, por exemplo, tem o tamanho de 10K. Por serem coleções de pixels, não podem ser movidos facilmente sem que o computador preencha a área movida com outra cor. Aplicativos de desenho e gráficos na Web produzem, tradicionalmente, imagens de bitmap.

Imagens de vetores são totalmente diferentes. Estas imagens começaram a ser utilizadas no mundo da computação em 1988 e são, geralmente, compostas de pontos no espaço e uma cor de preenchimento. Por exemplo, se você clicar em um vetor no aplicativo Drawing, verá uma coleção de pontos no desenho da imagem. Estes pontos são coordenadas na tela, portanto, mover um objeto de vetor significa mover as coordenadas para um novo local, e não os pixels. As linhas entre os pontos são denominadas Curvas de Bezier. Resumindo, elas utilizam a matemática para descrever a forma da curva. Computadores amam a matemática e o resultado é que precisam saber apenas a localização dos pontos e a cor de preenchimento. Desta forma, o tamanho dos arquivos cai para 4K para o mesmo objeto.

Embora não seja possível melhorar as imagens de vetores no Director, o aplicativo contém uma janela rudimentar Vector para desenhar formas de vetores. Este recurso foi adicionado na versão 7 do aplicativo. Você pode acessar esta janela selecionando Window, VectorShape. Se você nunca tiver utilizado um aplicativo do Paint evite esta área ou utilize-a para aprender a maneira de criar uma imagem de vetor. Caso você já utilize aplicativos como o Adobe Illustrator, Macromedia Freehand ou CorelDRAW!, verá que a janela apresenta recursos básicos e, de certa forma, limitados.

Do elenco ao palco

Depois de adicionar os ativos da mídia ao elenco, o posicionamento destes no palco é o próximo passo do processo de criação. Um dos melhores recursos do Director é a capacidade de utilizar um único membro do elenco em posições diferentes no palco. Cada membro no palco é, na verdade, uma "instância" do original. Pense em uma instância da forma que consideraria um atalho no PC ou um nome alternativo no Macintosh. Todos se referem ao original. Desta forma, é possível ter 10 cópias de um gráfico no palco, mas apenas com um original, pois as cópias ou "instâncias" se referem ao membro no elenco.

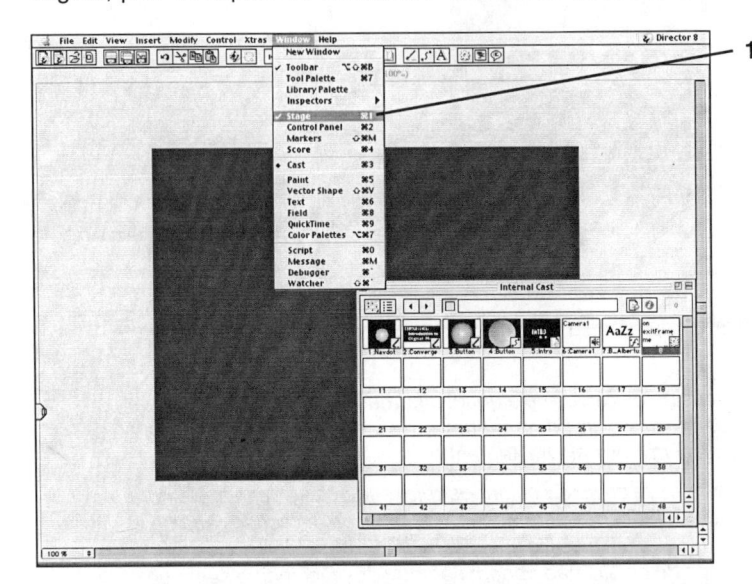

1. Se o palco não estiver na tela, selecione Window, Stage.

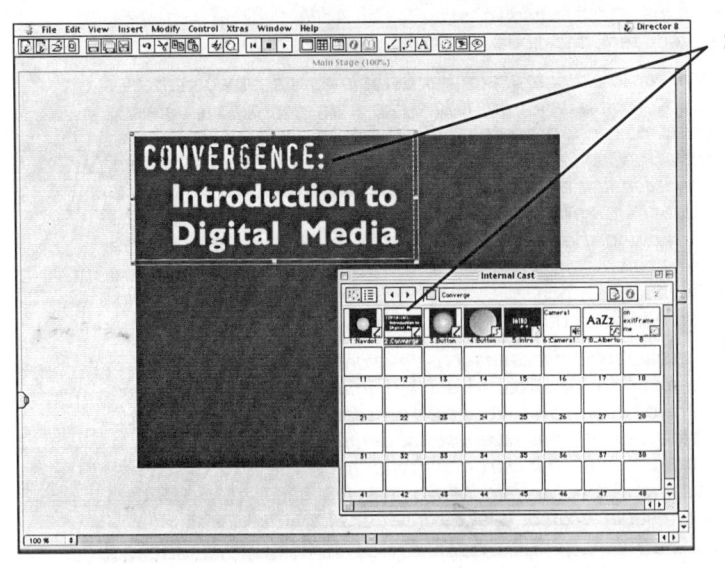

2. Arraste o membro Converge no espaço 3 para o canto superior esquerdo do palco e libere o botão do mouse. Como este membro do elenco está no palco, agora é considerado um sprite.

3. Clique uma das alças e mantenha o botão do mouse pressionado.

Capítulo 2 - Como criar uma interface   **57**

Observação

Quando um sprite é selecionado no palco, podemos observar 8 quadrados ao redor e dois pontos no meio dele. Os quadrados são as alças, o ponto azul é o ponto de registro e o vermelho, mostra o movimento no palco. O ponto de registro é usado para o alinhamento de um sprite com outros e seu padrão é alinhamento central.

---

4. Arraste a alça para longe do ponto central. Observe como o sprite é distorcido.
5. Selecione Edit, Undo. O sprite volta às dimensões originais. O Director não permite fazer a escala do sprite no palco. Isso é feito em outro local e será visto no próximo capítulo.

6. Pressione a tecla de seta algumas vezes e observe como o sprite se movimenta. A distância é de um pixel por vez. A tecla de seta permite a movimentação de sprites em posições bastante precisas.
7. Pressione as teclas para baixo, para a direita e esquerda algumas vezes.

Existe outra forma de colocar um membro do elenco no palco.

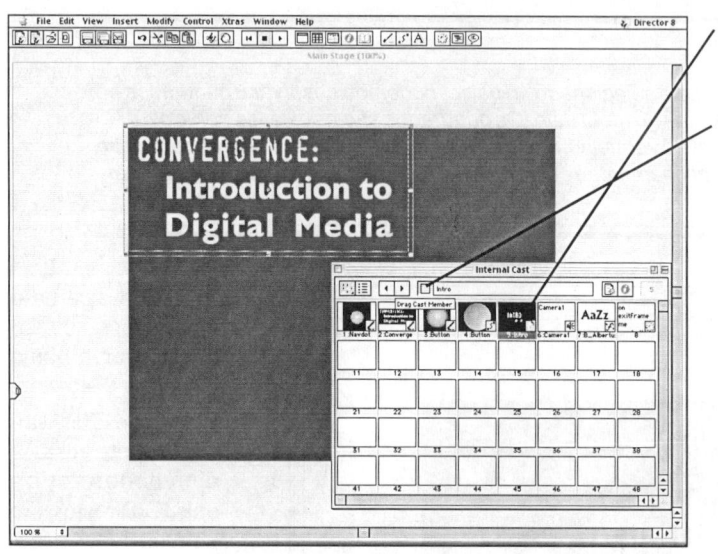

8. Clique no sprite Flash para selecioná-lo.

9. Clique e mantenha o botão do mouse pressionado no botão Drag Cast Member (Arrastar Membro do Elenco) na janela Cast.

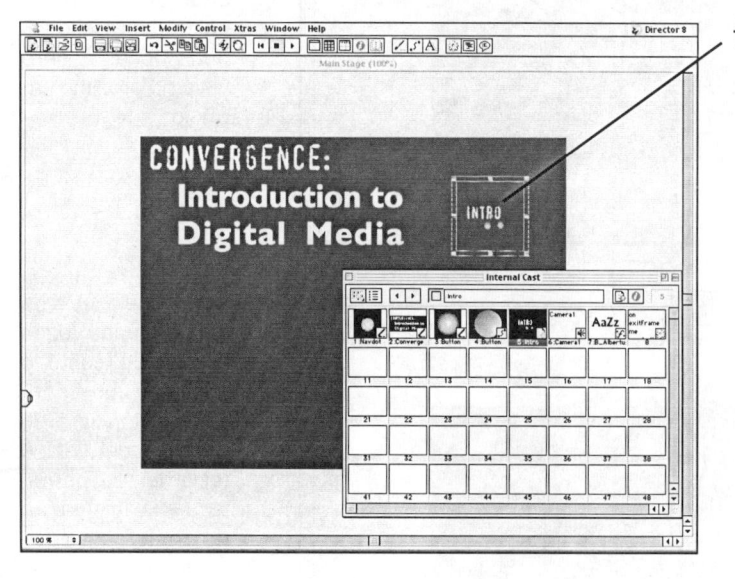

10. Arraste o ícone em forma de mão pelo palco para que o sprite Flash apareça no palco.

Capítulo 2 - Como criar uma interface

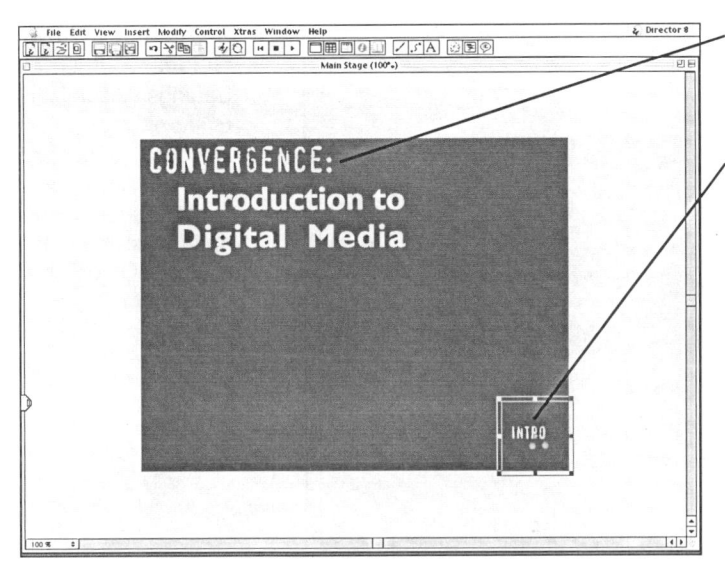

11. Arraste o sprite Converge para o canto superior esquerdo do palco.
12. Arraste o sprite Flash para o canto inferior direito do palco.
13. Clique em qualquer local para retirar a seleção do sprite Flash.
14. Selecione File, Save para salvar o filme.

Observação

Não é um método muito eficiente a colocação de um membro do elenco no palco utilizando o botão Drag Cast Member. O objetivo desta etapa é fazer com que você reconheça o ícone e saiba como utilizá-lo, pois é uma grande e eficaz ajuda. Se estiver nas janelas Paint, Field ou Text, é possível criar o ativo e arrastá-lo diretamente desta janela para o palco. Desta forma, não será necessário fechar a janela, abrir o elenco e arrastar o novo membro para a posição correta no palco.

Como utilizar grades para fazer o posicionamento no palco

Se você utiliza layout gráfico, imagens ou aplicativo de arte, já está familiarizado com grades e guias. São linhas não impressas que permitem o posicionamento preciso de um objeto na página. O procedimento é o mesmo em Director.

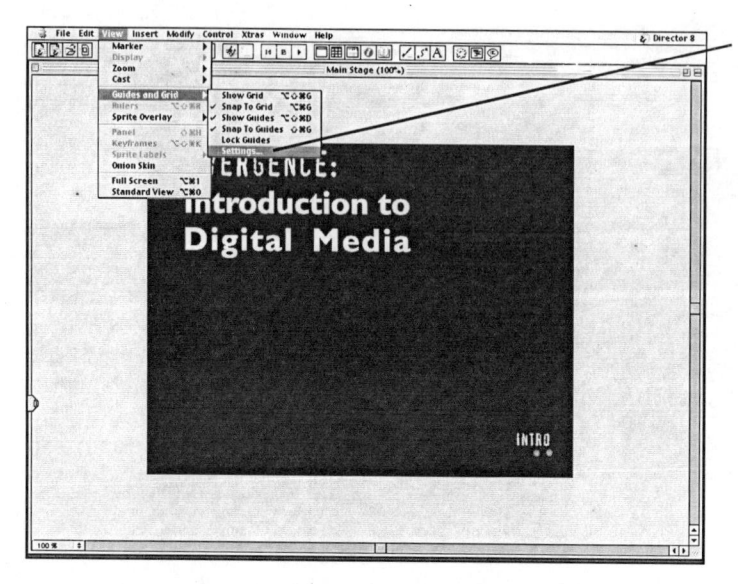

1. Selecione View, Guides and Grid, Settings (Visualizar, Guias e Grades, Definições) para abrir o Property Inspector. A parte superior da metade do Inspector lida com Guides e a inferior com Grid.

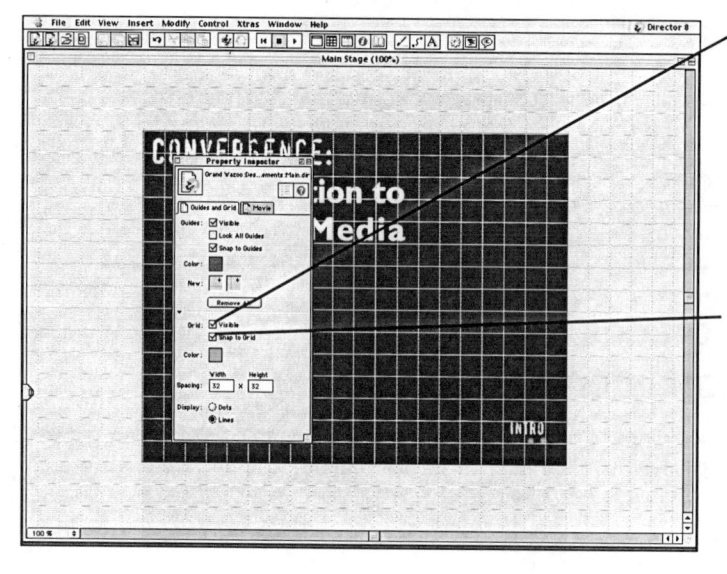

2. Clique na caixa de verificação Visible (Visível). A grade desaparecerá na seção Grid.

3. Clique novamente na caixa de verificação Visible para que a grade reapareça.

4. Selecione Snap to Grid (Ajustar à Grade) caso ainda não esteja selecionado. Esta etapa é importante para a próxima seção.

Capítulo 2 - Como criar uma interface **61**

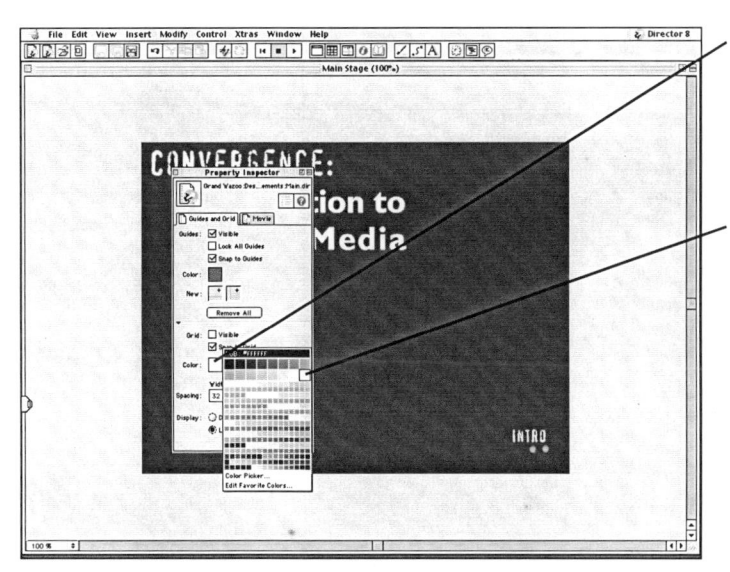

5. Clique e mantenha o botão do mouse pressionado em Color Chip para a palheta de cores aparecer.
6. Selecione uma nova cor que não seja preto e a grade adquire essa cor.

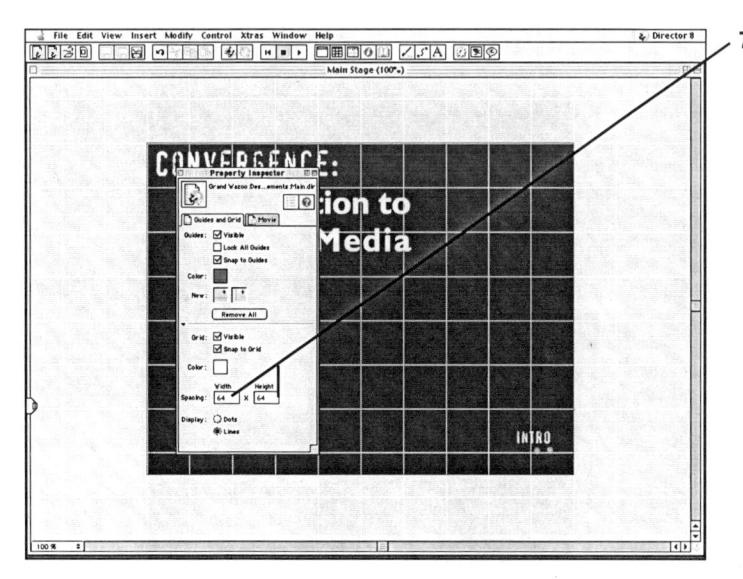

7. Defina o espaçamento como 64 x 64 e pressione Enter (PC) ou Return (Mac) para que os quadrados tenham esse tamanho em pixels.

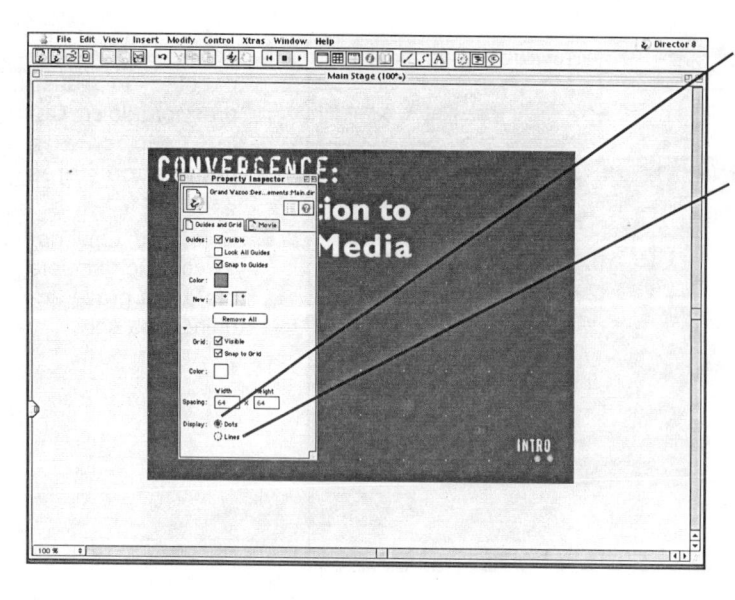

8. Clique em Dots para visualizar apenas os cantos dos quadrados.
9. Clique em Lines para visualizar o quadrado completo. Fica a seu critério uma das duas visualizações.
10. Feche o Property Inspector.

Como posicionar objetos na grade

Os botões devem ser todos eqüidistantes e seguir uma linha reta no palco. Isso pode ser feito utilizando a grade que acabamos de criar.

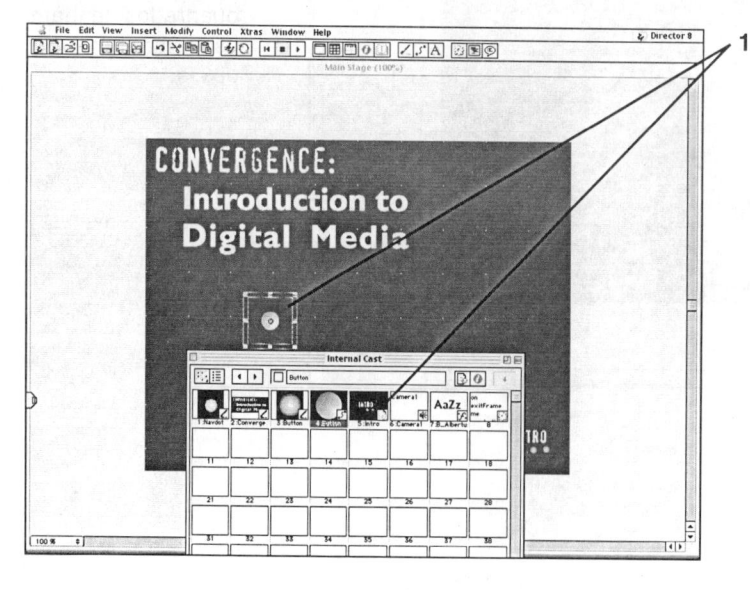

1. Arraste o sprite Vector do elenco para o palco na posição indicada.

Capítulo 2 - Como criar uma interface 63

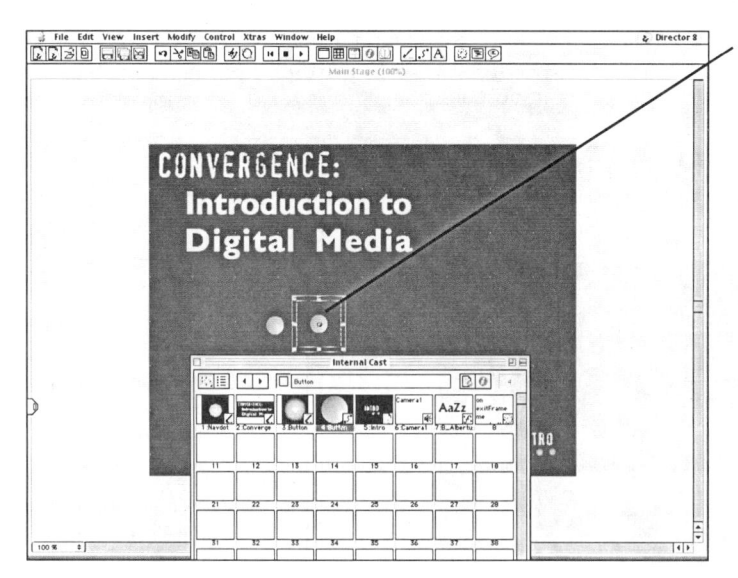

2. Arraste-o, agora, do elenco para o próximo ponto de interseção à direita do sprite no palco.

3. Adicione três outros sprites de vetor, posicionando-os nos pontos de interseção à direita de cada sprite novo.

Observação

Observe que os cinco sprites não estão exatamente na posição correta. No Director, mesmo com a seleção de Snap to Grid no Property Inspector, o ajuste dos sprites não é feito automaticamente. É necessário informar ao Director qual a parte do sprite que será alinhada à grade. Quando um deles é selecionado no palco, o quadro limitador mostra oito alças e o ponto de registro. Qualquer um desses nove pontos pode ser alinhado em relação à grade.

4. Clique e mantenha o botão do mouse pressionado no primeiro sprite Vector. Você verá uma cruz no sprite, a qual representa o Snap Point (Ponto de Ajuste), e aparece sobre a alça ou ponto mais próximo ao cursor.

5. Libere o botão do mouse.
6. Mova o cursor sobre o ponto central do sprite.
7. Clique e mantenha pressionado o botão do mouse e a cruz aparece sobre o ponto central.
8. Arraste o sprite Vector até que a cruz esteja sobre o ponto de interseção na grade e libere o mouse. O sprite é alinhado naquele ponto.
9. Repita estas etapas para os outros quatro sprites.
10. Salve o arquivo.

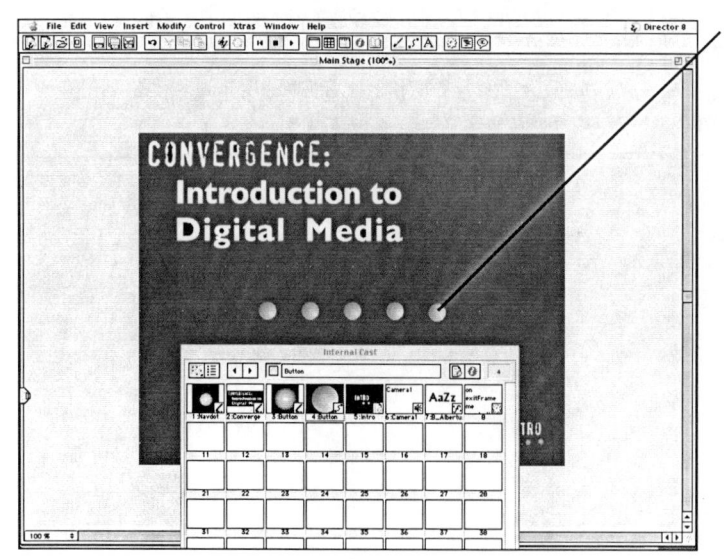

Capítulo 2 - Como criar uma interface

Como utilizar Property Inspector do sprite

Quando um membro do elenco está no palco, é um sprite. O que é interessante sobre os sprites é que têm diversas propriedades que podem ser manipuladas.

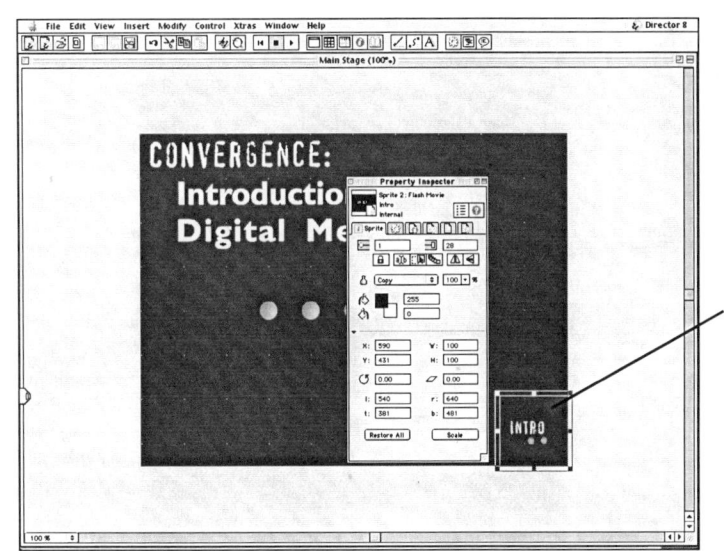

1. Abra Property Inspector (selecione Window, Inspectors, Property).
2. Selecione o sprite Flash no elenco. O Inspector será alterado para acomodar o arquivo do Flash.
3. Selecione o sprite Flash no palco e os indicadores do Inspector serão alterados. 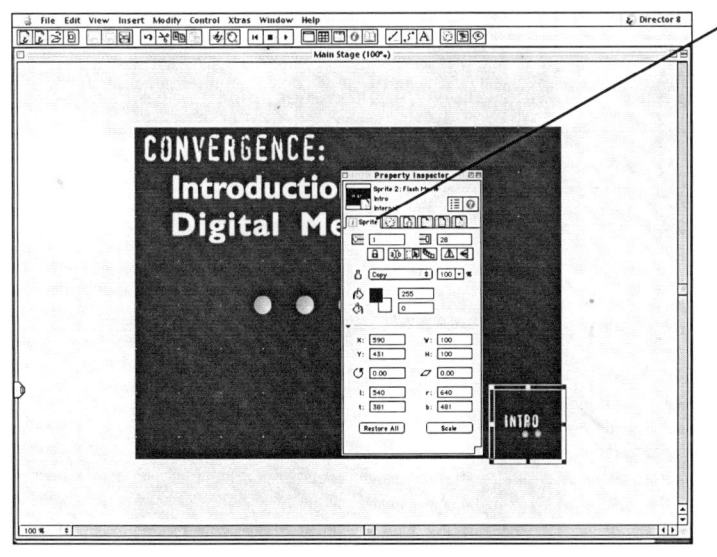
4. Clique no indicador Sprite para ver todas as propriedades associadas ao sprite específico. Elas incluem os quadros do filme onde inicia e termina o sprite, suas cores e o alinhamento. A parte inferior do Inspector permite rotacionar o sprite, esticá-lo, distorcê-lo e movê-lo no palco.

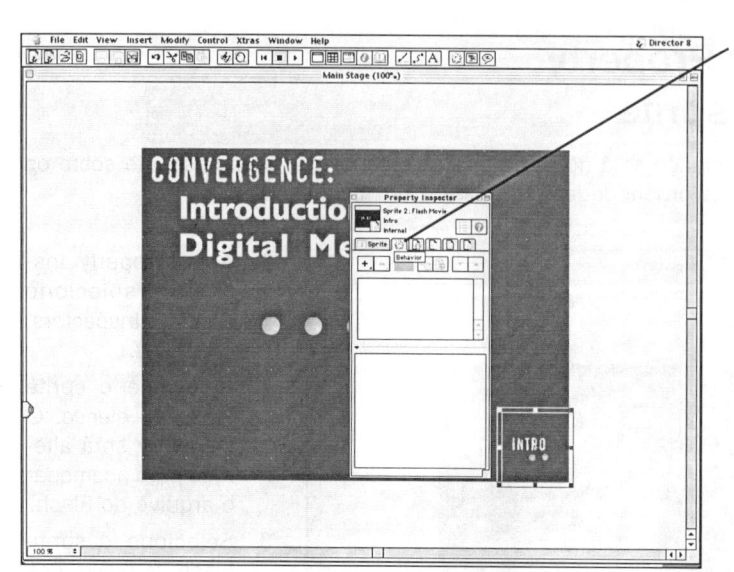

5. Clique no indicador Behavior (Comportamento) para ver todos os scripts do sprite.

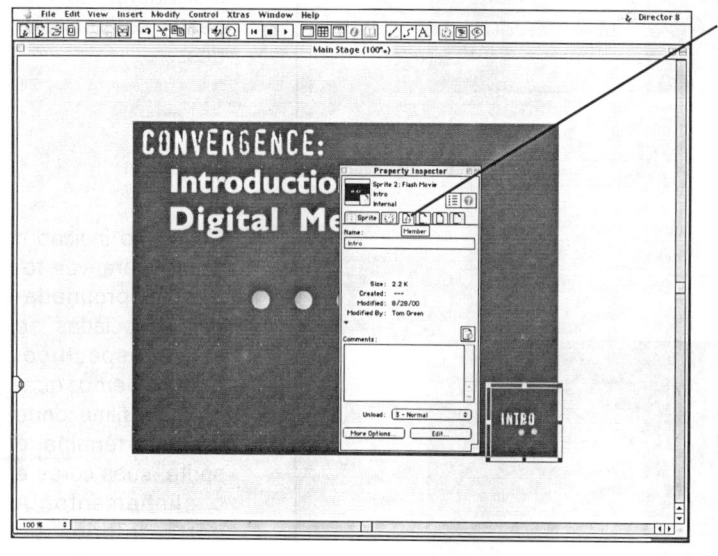

6. Clique no indicador Member para exibir as propriedades associadas ao membro Flash.

Capítulo 2 - Como criar uma interface 67

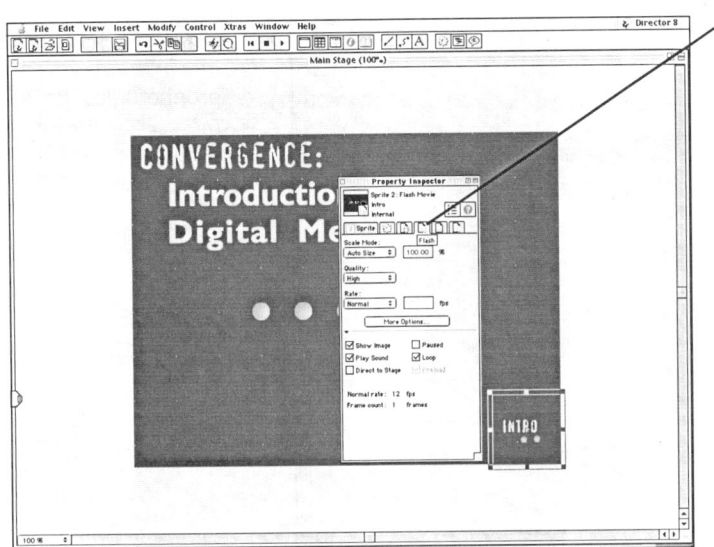

7. Clique no indicador Flash e o menu, que é sensível ao contexto, aparece apenas com sprites Flash.

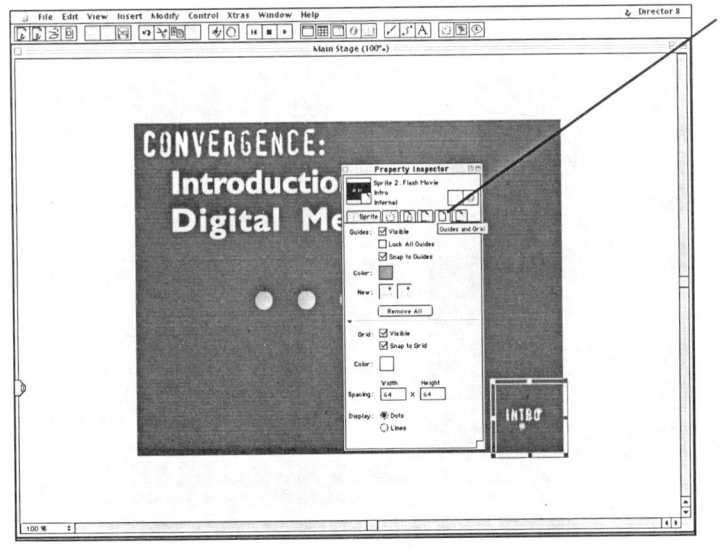

8. Clique no indicador Guides and Grid. É outra forma de acessar esta área.

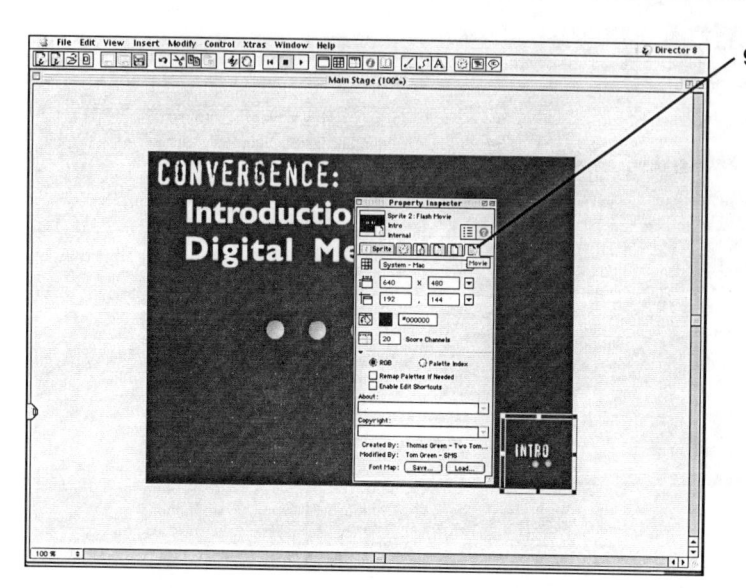

9. Clique no indicador Movie para ver as propriedades do filme.

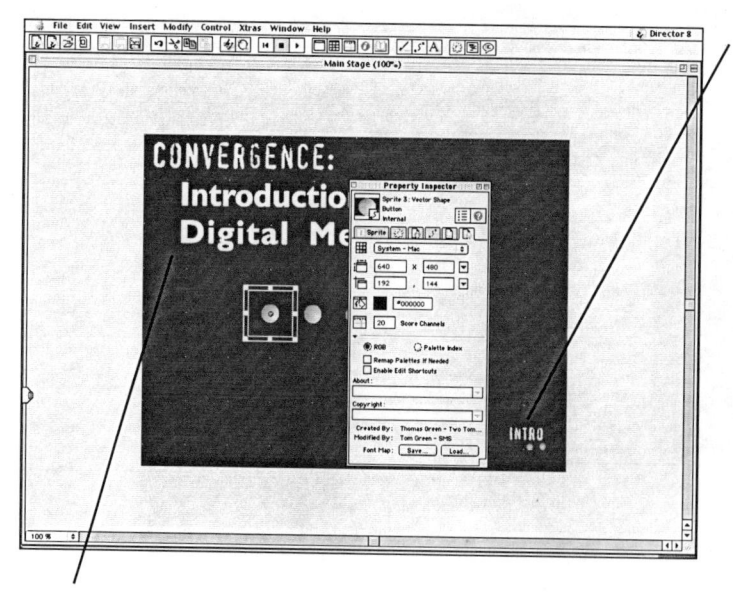

10. Clique no sprite Vector e observe como o Inspector é alterado.

11. Clique no sprite Converge e novamente o Inspector é alterado para refletir o bitmap.

Capítulo 2 - Como criar uma interface

Como exibir
um filme do Director

Anteriormente, apresentamos as etapas para a criação de um filme no Director. Embora não tenhamos codificado os botões, este filme está completo. Agora, verificaremos se o que foi planejado no rascunho funciona realmente.

Adquira o hábito de testar cada seção do filme conforme é completada. As apresentações do Director podem ser bastante complexas e a fase de testes é crucial no processo de criação. A maioria das pessoas que trabalha com desenvolvimento testa cada seção à medida que é completada e testa o filme ao ser finalizado. "TETOTOAM"; que em inglês quer dizer Test Early, Test Often. Test On All Machines. (Teste antes. Teste sempre. Teste em todas as máquinas).

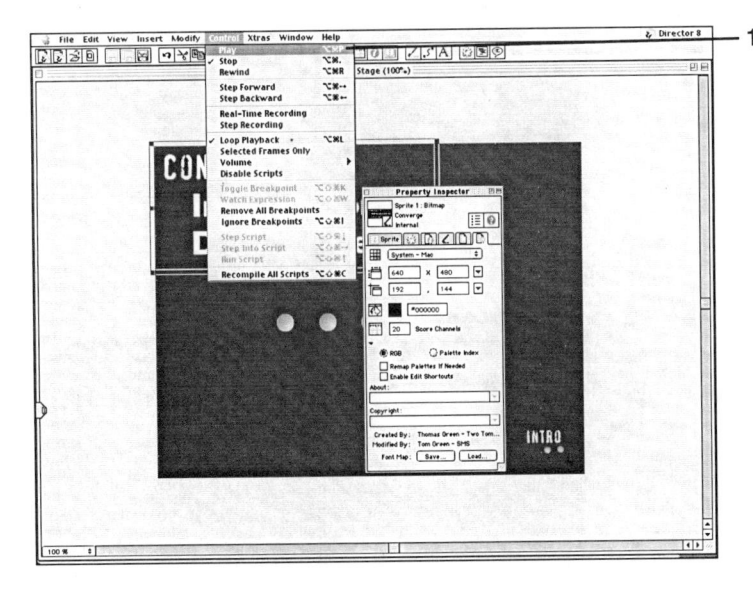

1. Selecione Control, Play. Os pequenos elétrons irão se movimentar ao redor da palavra "Intro" na animação do Flash.

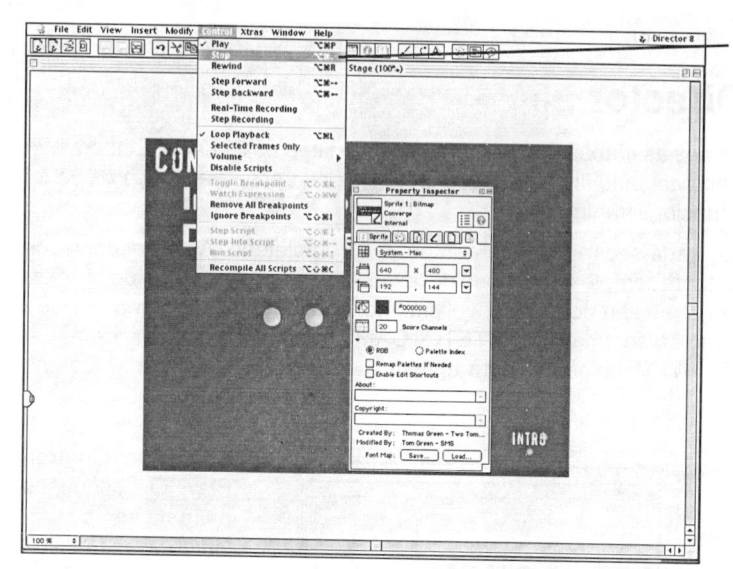

2. Selecione Control, Stop. A animação será interrompida e você retornará ao modo de criação.

Quando um filme é exibido na tela inteira, todos os menus são bloqueados. Veja como se livrar dessa limitação.

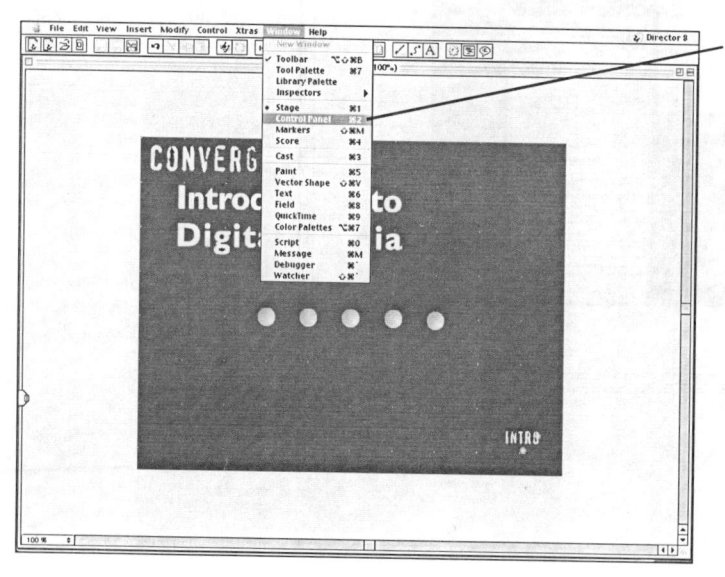

1. Selecione Window, Control Panel para que o Control Panel apareça na tela.

Capítulo 2 - Como criar uma interface   **71**

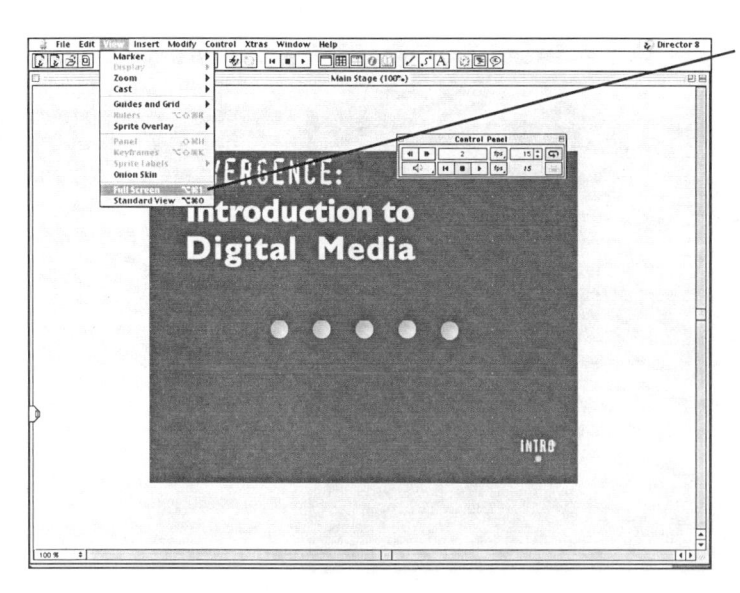

2. Selecione View, Full Screen e a tela ficará escura, apenas com a interface visível.
3. Pressione Control-2 (PC) ou Command-2 (Mac) para trazer o Control Panel para a tela.

4. Clique o botão Play para iniciar a animação do Flash.
5. Clique no botão Stop para interromper a animação.
6. Mova o cursor para a parte superior da tela e mantenha o botão do mouse pressionado para que um dos menus do Director apareça.

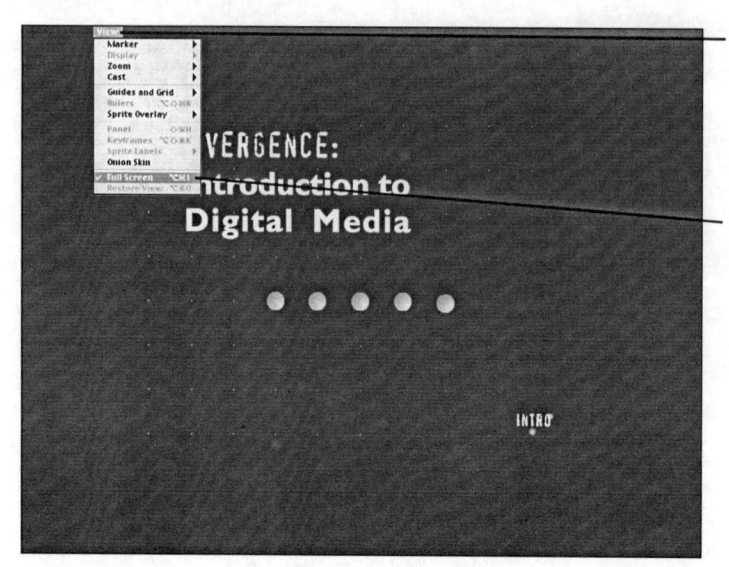

7. Ainda com o botão do mouse pressionado, mova-o pela parte superior da tela até que o menu View apareça.
8. Selecione Full Screen e tudo reaparece.
9. Salve o filme.

Capítulo 3

É hora do show: a animação no Director

Desde que foi criado, o Director sempre teve como característica principal a capacidade de animar objetos. Os procedimentos básicos da animação no Director são bastante simples. A animação ocorre no score, e se um objeto deve ser movido do ponto A para o ponto B, é necessário apenas identificar estes pontos no score e deixar que o Director faça o resto. Estes pontos são identificados por meio de uma técnica de animação denominada quadro-chave, que é um ponto no tempo. É o ponto de início e fim da ação. Este capítulo enfatiza realmente os procedimentos básicos: colocar um objeto no palco e fazê-lo se movimentar. À medida que prosseguirmos, adicionaremos membros ao elenco, criaremos efeitos elegantes e utilizaremos o score para que tudo isso aconteça. Neste capítulo, aprenda a:

- Criar um membro do elenco de QuickDraw
- Mover um membro do elenco no palco
- Aplicar uma transição
- Utilizar tweening para a animação
- Adicionar, formatar e aplicar cor ao texto
- Utilizar o score para criar camadas
- Utilizar Property Inspector para escalar uma imagem
- Importar gráficos criados em outro aplicativo

Visão geral

Um projeto dessa natureza envolve diversos assuntos. Se o fluxo do filme for através de um browser, o arquivo deverá ser pequeno. As dimensões físicas do filme devem ser pequenas e o número de quadros deve ser mínimo. Caso você não tenha o Shockwave para o browser, esta é uma ótima oportunidade de acessar o site da Macromedia para obter um download e instalá-lo.

Para lidar com estes problemas é necessário fazer duas considerações. Primeiro faça um filme pequeno; quanto menos quadros, melhor. Certifique-se que não haja membros extras no elenco. Em resumo, tente trabalhar no menor espaço possível com os menores elenco e canais possíveis. Em segundo lugar, e mais importante, deixe que o software faça o trabalho. O Director não é barato e muitos recursos incluídos facilitarão a sua vida. Utilizaremos um deles — transição — para fazer uma animação de apenas um quadro.

Como criar um novo filme no Director

Ao completar uma apresentação para um de seus clientes com relação ao uso de CDs interativos, você não está muito satisfeito com a abertura. Depois de muita discussão, decide-se por abrir o show com uma seqüência curta que consiste de plano de fundo, o título do show "correndo" pela parte superior da tela e uma animação de um CD indo para o computador. Os únicos membros do elenco serão o computador e o CD. Fica a seu critério colocá-los ou não na Internet.

O comando New, em quase todos os aplicativos, abre um novo documento. No Director acontece o mesmo, entretanto, o documento é um filme.

1. Copie a pasta Exercises de Chapter 2 do CD para o seu computador.
2. Abra o Director.

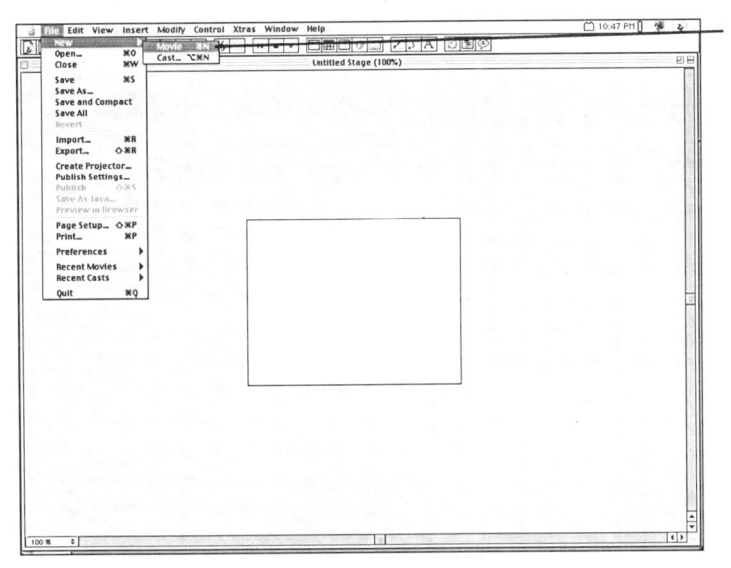

Capítulo 3 - É hora do show: a animação no Director   **75**

3. Selecione File, New, Movie ou utilize o atalho pelo teclado (Command-N no Mac ou Control-N no PC) para criar um novo filme.

4. Selecione Window, Inspectors, Property para abrir o Property Inspector.

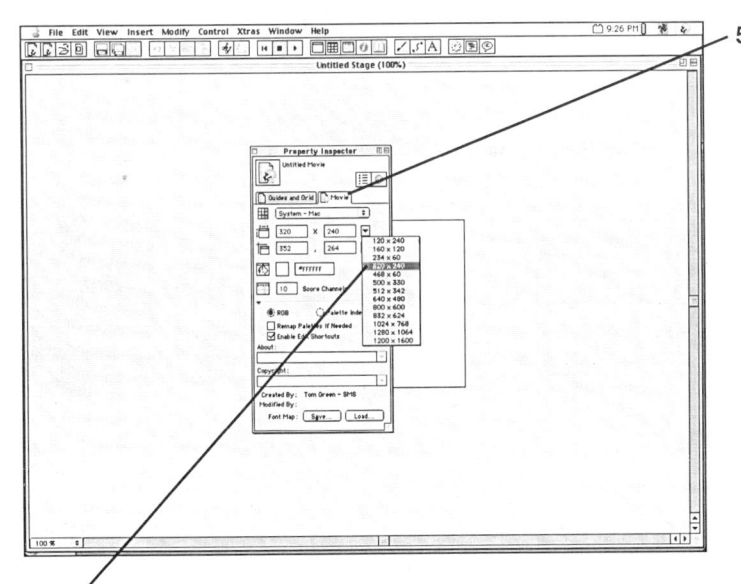

5. Clique no indicador Movie.

6. Selecione 320 x 240 na caixa Stage Size para atribuir estas dimensões, em pixels, ao palco.

Dica

Uma alternativa para as etapas 4 e 5 é selecionar Modify, Movie, Properties (Command-Shift-D no Mac ou Control-Shift-D no PC).

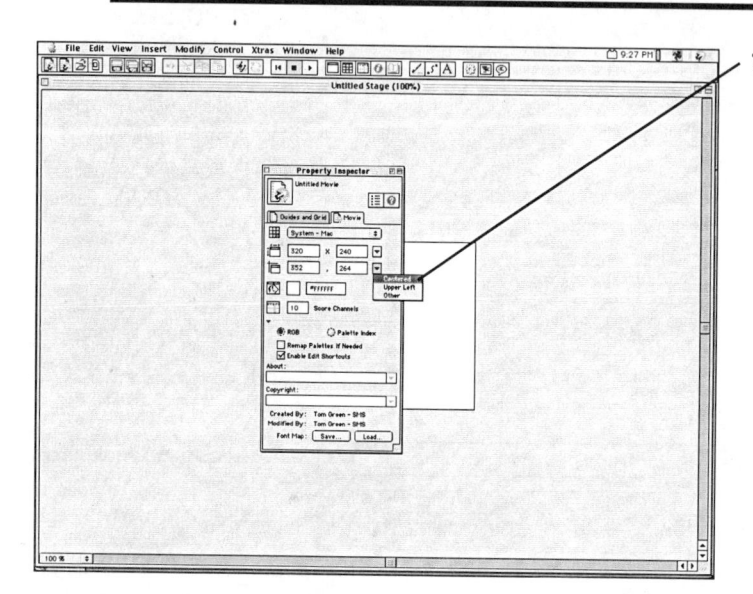

7. Selecione Centered na caixa Stage Location (Localização do Palco) para registrar no score que o palco é centralizado.

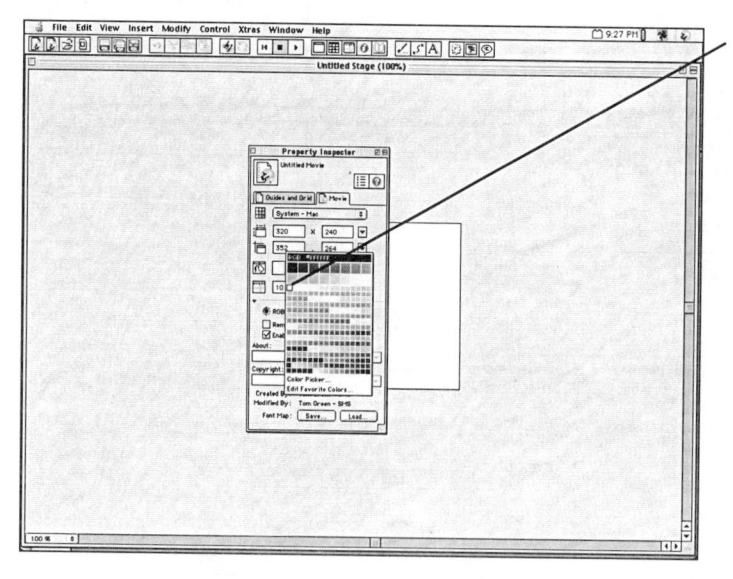

8. Selecione White como cor do palco na caixa Color.

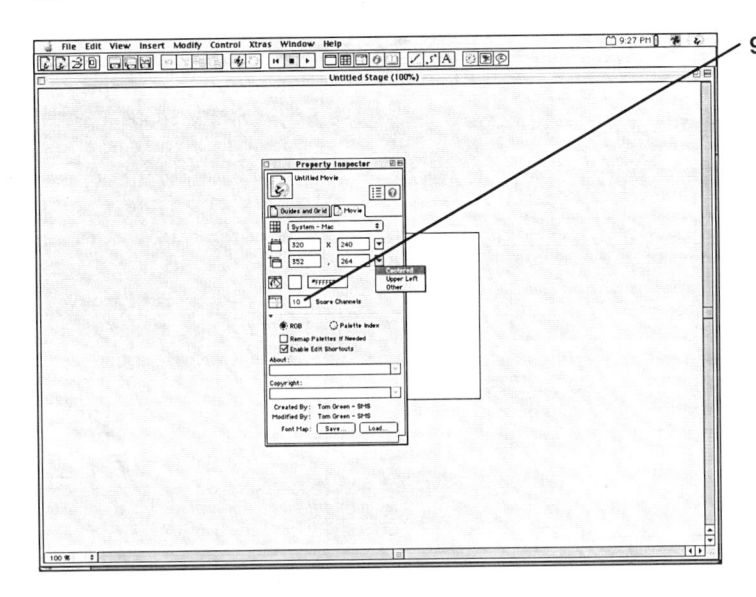

Capítulo 3 - É hora do show: a animação no Director   **77**

9. Defina o número de canais do score como 10. Se você começou desde o primeiro capítulo, os canais terão número 3; se começou neste capítulo, terão número 150, o padrão do Director.

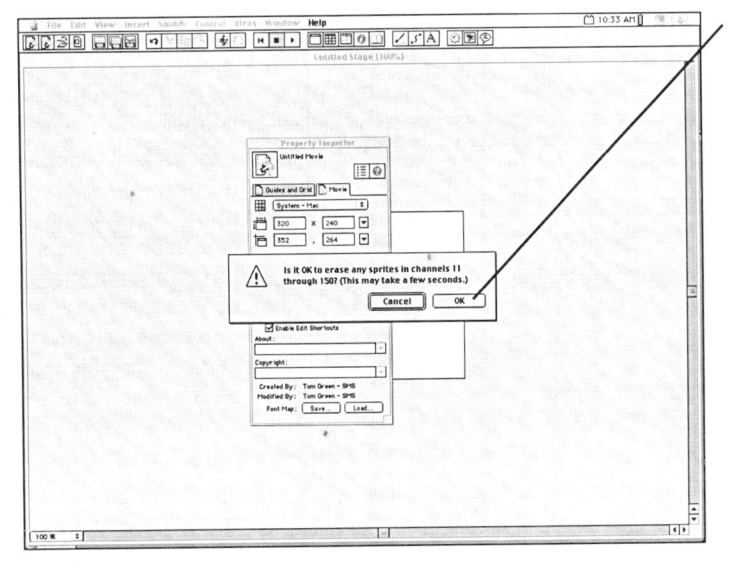

10. Clique em OK quando o Director exibir esta mensagem (Tem certeza de que deseja apagar os sprites entre os canais 11 e 150? (Isso vai levar alguns segundos.)). Você precisará de 10 canais, para que ter 150?

11. Feche o Property Inspector.

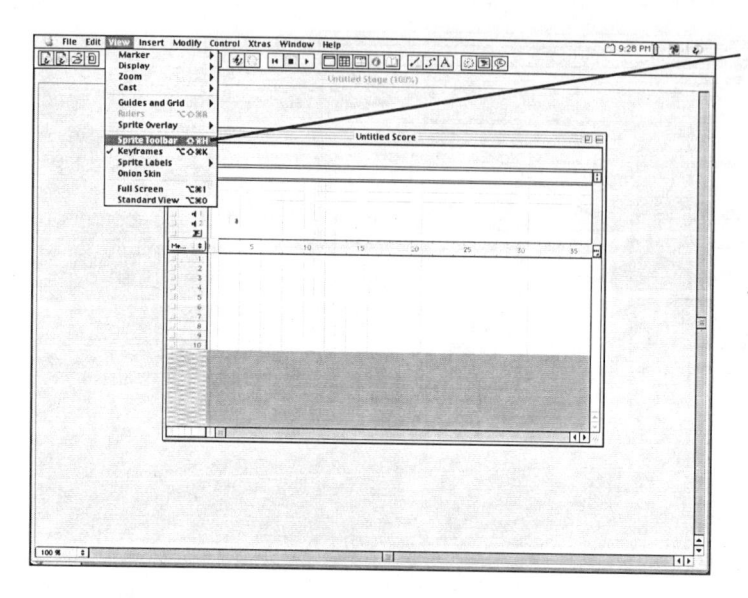

12. Abra o score (selecione Window, Score). Caso você não veja vários botões na parte superior do score, selecione View, Sprite Toolbar.

13. Selecione View, Keyframes (Visualizar, Quadro-chave).

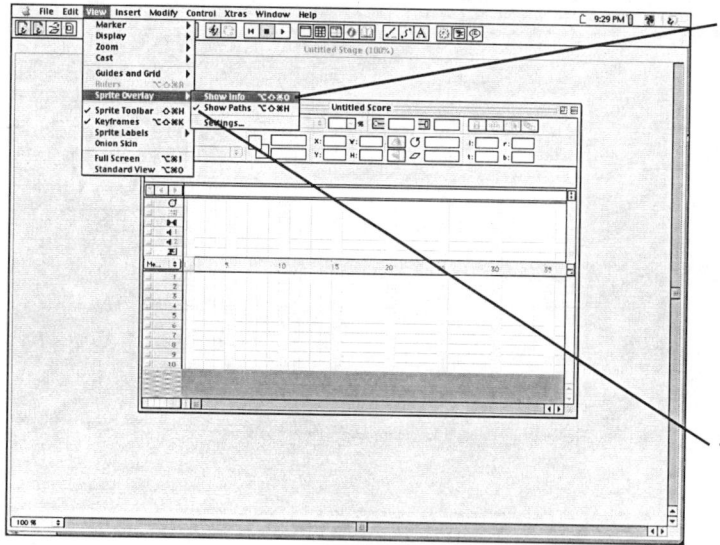

14. Selecione View, Sprite Overlay (Visualizar, Sobrepor Sprite). Se Show Info estiver marcado, desmarque. Isso nada mais é que uma caixa que mostra cada sprite quando for selecionado e pode distrair sua atenção do objetivo de aprender a usar o Property Inspector.

15. Selecione View, Sprite Overlay e marque Show Paths (Mostrar Caminhos).

16. Selecione File, Save As para que o filme seja salvo em sua pasta.

Capítulo 3 - É hora do show: a animação no Director   **79**

> **Observação**
>
> O Director não permite abrir diversos documentos ao mesmo tempo. Apenas um filme pode ser aberto. Caso você esteja em rede e tente acessar o mesmo arquivo que seu colega, não será possível abrir o mesmo arquivo aberto por ele. Um filme, uma cópia, um usuário.

Como importar membros do elenco

Não é difícil adicionar imagens de mídia, sons, vídeo, animações do Flash e outros ao filme do Director. Nesta seção, importaremos algumas imagens para o filme e as etapas são as mesmas para outros tipos de mídia.

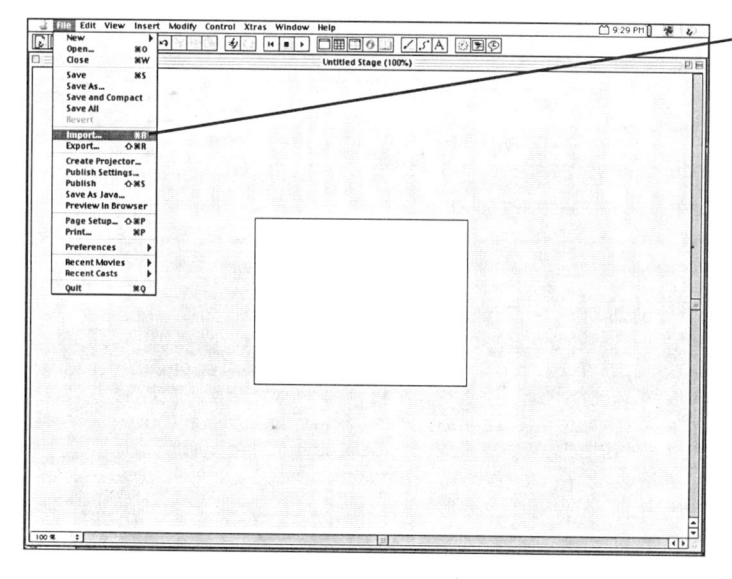

1. Selecione File, Import (Control-R no PC e Command-R no Mac) para abrir a caixa de diálogo Import.

2. Navegue para a pasta Chapter 3 no CD-ROM que acompanha o livro.

3. Abra a pasta Exercise.

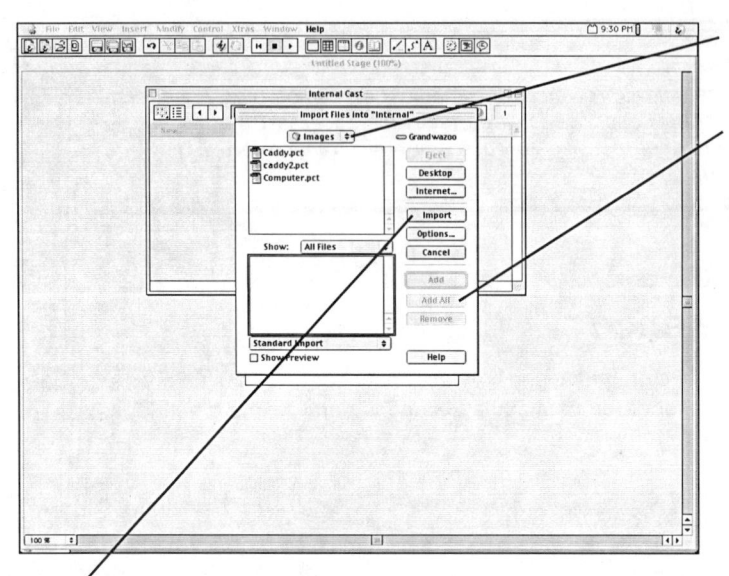

4. Abra a pasta Images e verá três arquivos na caixa superior.
5. Clique em Add All (Adicionar Todos).

6. Clique em Importar para que as imagens sejam importadas para o elenco. Se aparecer uma caixa de diálogo perguntando sobre a profundidade, clique em OK.

Observação

Neste exemplo, existem três imagens em uma pasta. Qualquer tipo de mídia que pode ser importado para o Director pode estar na pasta. Add All importa tudo. Add permite a seleção específica de arquivos a serem importados. No caso de imagens, geralmente, há uma caixa de diálogo fazendo algumas perguntas. Profundidade é apenas o número de cores da imagem. Se a imagem tiver 32 bits, reduza-a para a profundidade do palco. Nunca mapeie novamente a palheta e selecione sempre Trim White Space (Retirar Espaço em Branco). Essa retirada é um corte rudimentar que não afeta a imagem.

Capítulo 3 - É hora do show: a animação no Director

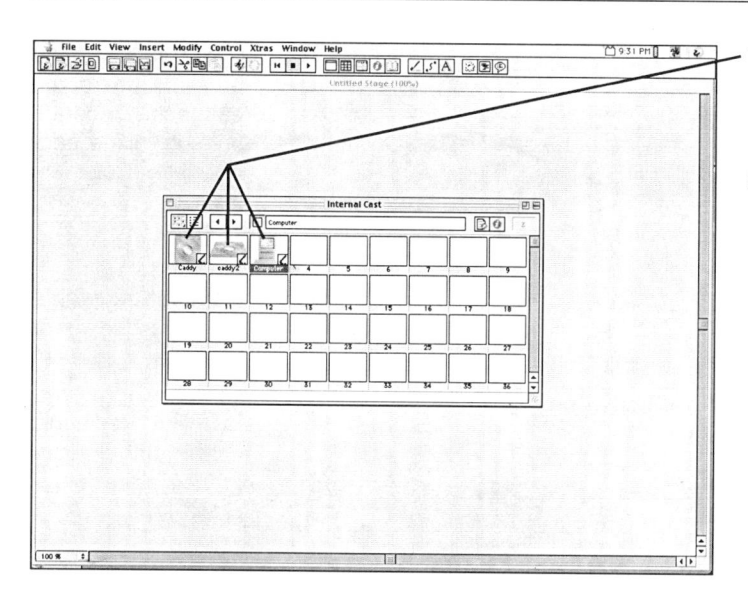

7. Abra o elenco. Você verá as três imagens que foram adicionadas.
8. Feche o elenco.

Como utilizar a janela Paint para criar membros do elenco

O Director contém um aplicativo rudimentar para colorir. Na verdade, muitos usuários do Director utilizam aplicativos mais completos como o Adobe Photoshop ou Fireworks da Macromedia para a criação dos ativos. Caso seja necessário utilizar a janela Paint (Pintar), faça-o para a criação de elementos mais simples do elenco.

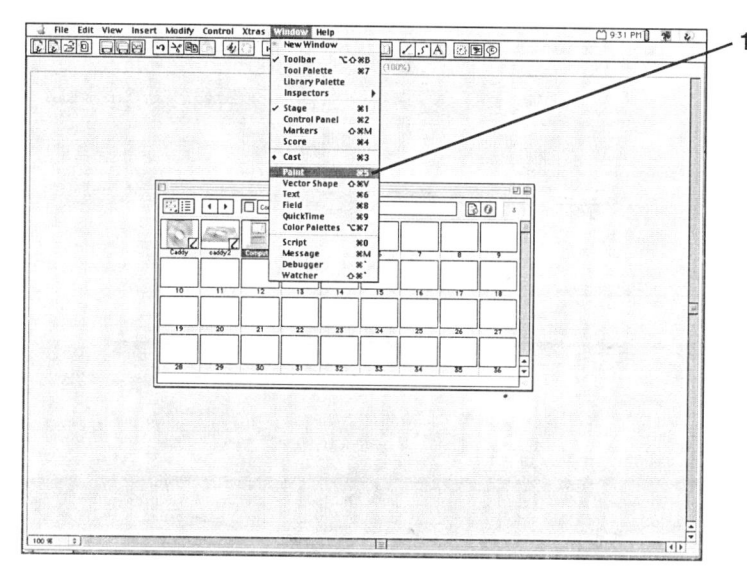

1. Selecione Window, Paint (Command-5 no Mac ou Control-5 no PC).

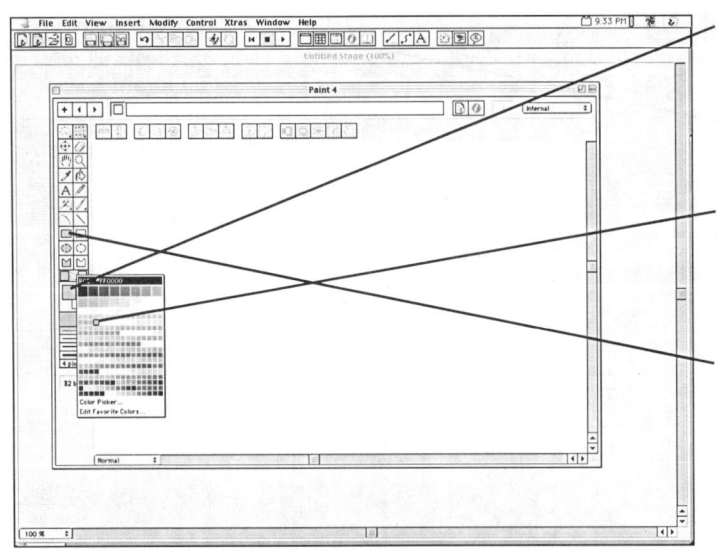

2. Clique e mantenha pressionado o botão do mouse na cor do primeiro plano para aparecer Color Picker.

3. Mova o mouse sobre um tom de vermelho e libere o botão para que a cor seja selecionada.

4. Clique na ferramenta Filled Rectangle (Retângulo Preenchido) para selecioná-la.

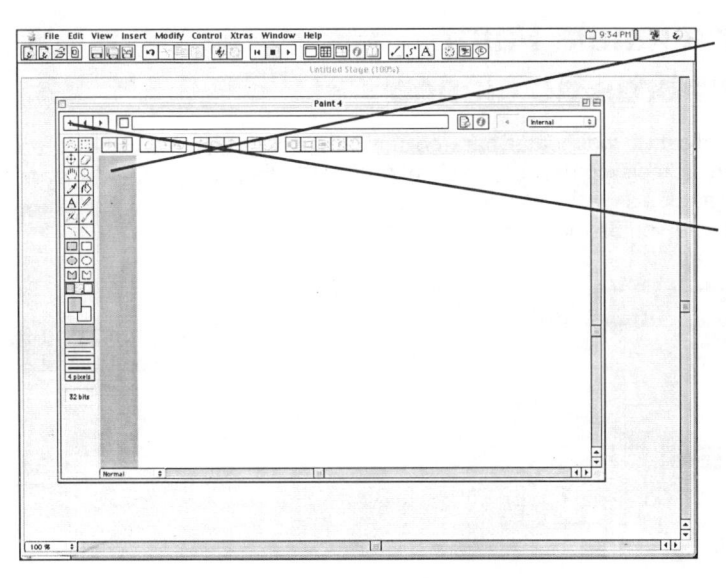

5. Clique e arraste, formando um retângulo com o tamanho de 1 polegada de largura por 4 de comprimento.

6. Clique no botão New Cast Member.

7. Mude a cor do primeiro plano para azul.

Observação

Não se atenha à precisão, pois o novo membro será redimensionado quando for movido para o palco.

Capítulo 3 - É hora do show: a animação no Director

8. Selecione a ferramenta Filled Rectangle.
9. Clique e arraste, formando um retângulo com o tamanho de 5 polegadas de largura por 4 de comprimento.

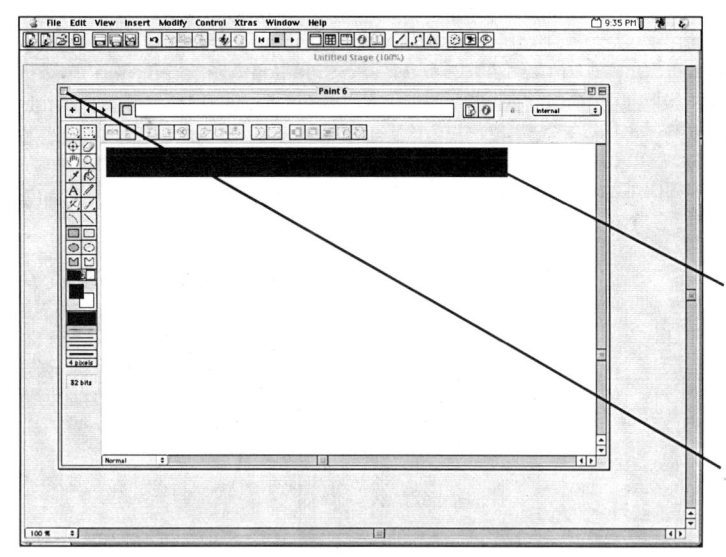

10. Clique no botão New Cast Member.
11. Mude a cor do primeiro plano para preto.
12. Selecione a ferramenta Filled Rectangle.
13. Clique e arraste, formando um retângulo com o tamanho de 6 polegadas de largura por 1 de comprimento.
14. Feche a janela Paint.

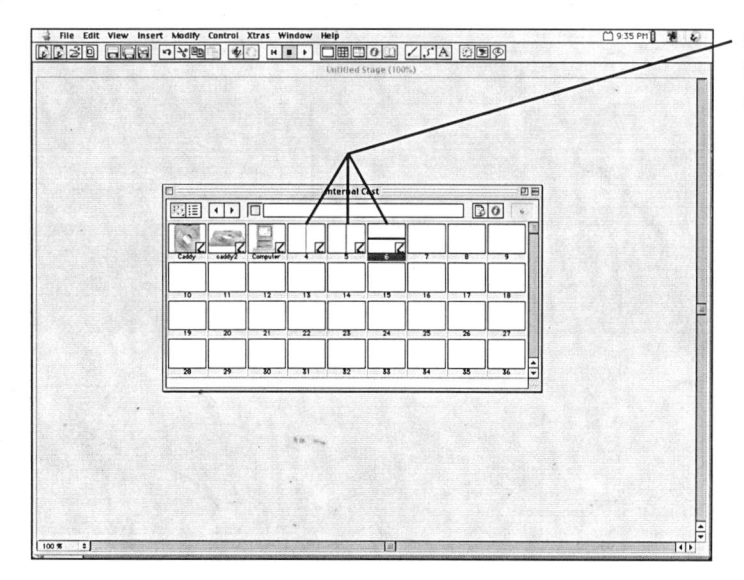

Observe que os três retângulos foram acrescentados ao elenco.

Como utilizar as ferramentas para criar membros do elenco

As ferramentas são tradicionalmente utilizadas para acréscimos rápidos de formas, texto e outros. Essas formas também podem ser rapidamente modificadas no palco, e são chamadas de formas do QuickDraw. Sem se tornarem técnicas, são significativamente menores no tamanho do arquivo e mais eficientemente utilizadas pelo computador que outras formas criadas em outros aplicativos. Um uso comum das ferramentas é a criação de *pontos de referência*, que são quadrados ou círculos invisíveis no palco que podem ser utilizados para iniciar uma ação direcionada para o Lingo. Esta técnica será abordada mais amplamente no Capítulo 5.

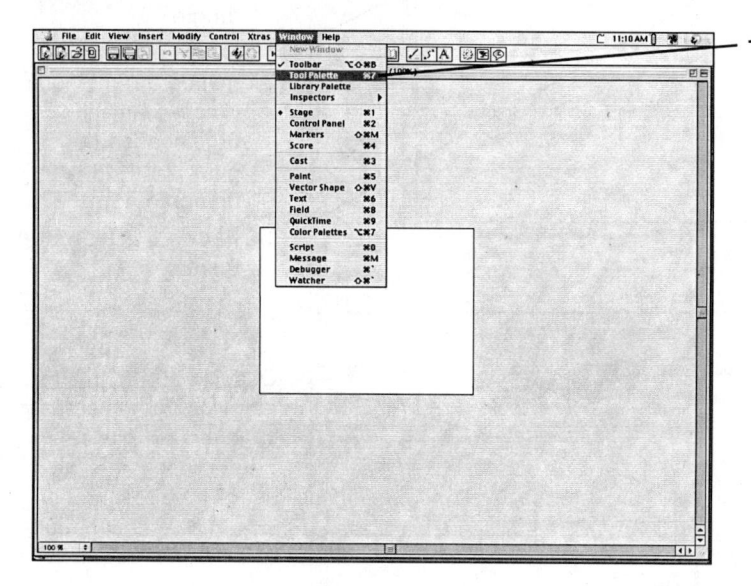

1. Selecione Window, Tool Palette (Command-7 no Mac ou Control-7 no PC) para abrir a palheta na tela.

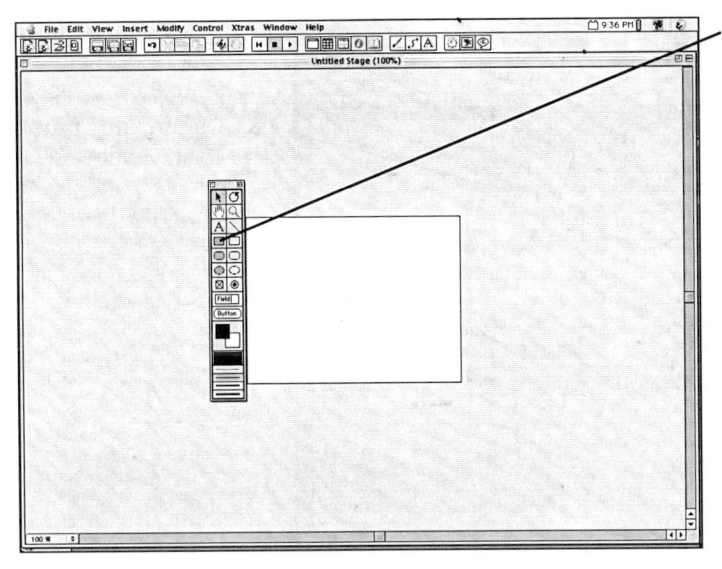

Capítulo 3 - É hora do show: a animação no Director

2. Selecione a ferramenta Filled Rectangle.
3. Escolha um tom de azul da palheta de cores do primeiro plano.
4. Desenhe o retângulo no palco. Faça do tamanho aproximado do retângulo desenhado no exercício anterior. 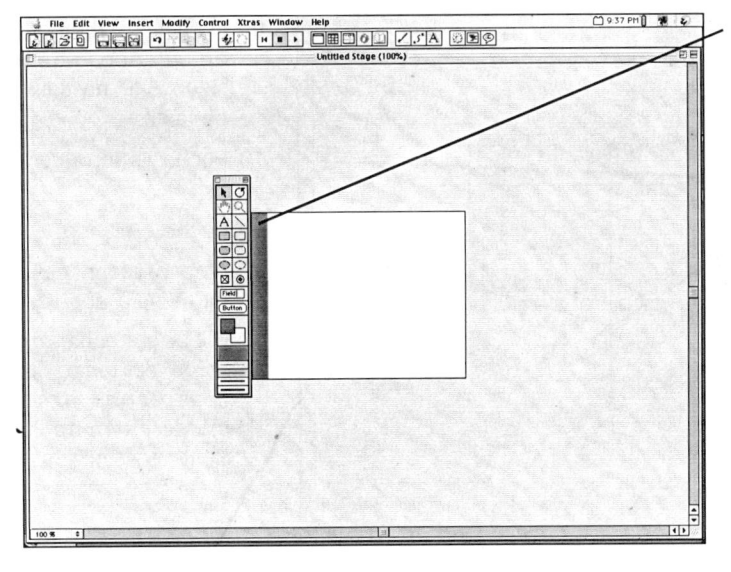
5. Desenhe outro retângulo no palco tendo como base o anterior. Observe como a cor adquire o padrão azul.
6. Abra o elenco.

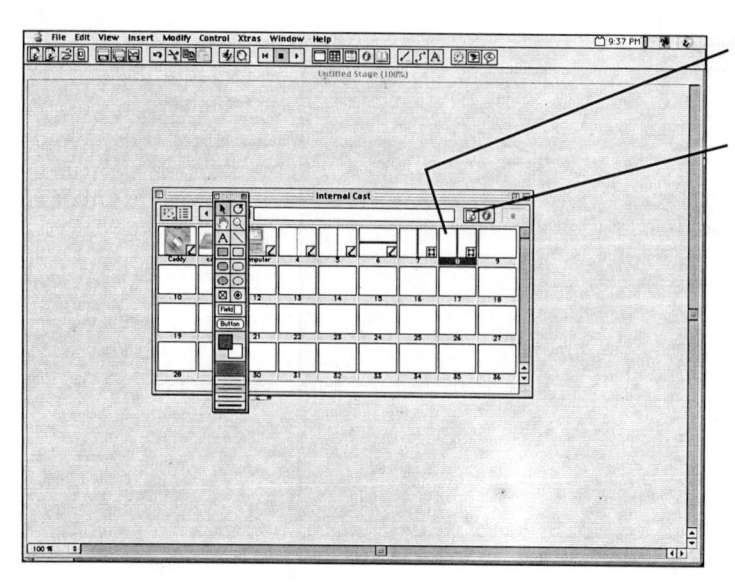

7. Selecione a barra azul no membro número 8 do elenco.
8. Clique no botão Cast Member Properties para que o Property Inspector apareça.
9. Nomeie o membro do elenco como "Blue Bar" na caixa de texto. 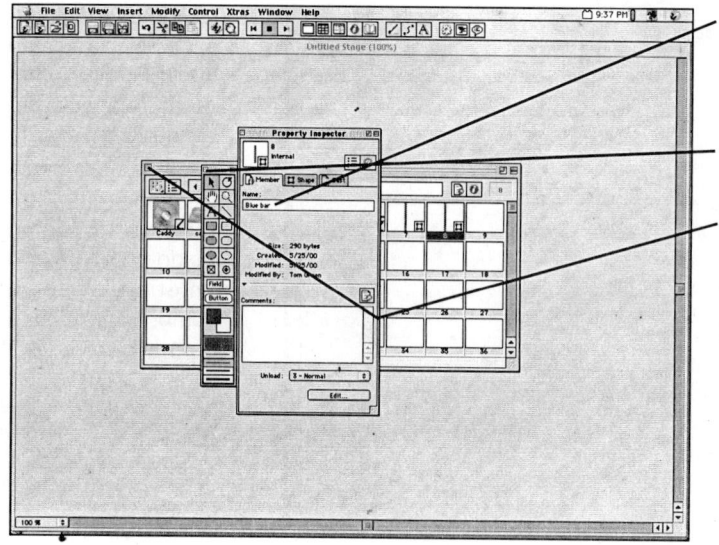
10. Feche as ferramentas.
11. Feche o elenco.
12. Abra o score, caso não esteja aberto.
13. Clique nos canais do sprite contendo as duas barras azuis mantendo a tecla Shift pressionada.

14. Pressione a tecla delete para retirá-los do score. Esta etapa não apaga os membros do elenco.

Capítulo 3 - É hora do show: a animação no Director

Observação

As ferramentas são realmente úteis, pois criam formas do QuickDraw e são utilizadas para os sprites "invisíveis" que criaremos posteriormente neste livro. Formas do QuickDraw são realmente pequenas e possuem memória RAM mínima, o que as faz ideais para reprodução na Web. As ferramentas para botões e campos também devem ser evitadas a todo custo. Os botões são criados em outros locais e os campos podem ser acessados a partir do menu Window. Para que se preocupar?

Como criar textos

O texto pode ser manipulado de três formas no Director. A primeira: criar da forma usual, como em um processador de textos. A segunda: se um texto está em um *campo* (o campo contém dados que podem ser alterados), significa que não há muitas opções de formatação de texto disponíveis. Os campos também apresentam necessidades pequenas de memória e quem desenvolve tende a utilizar mais campos que texto. A última forma é converter o texto para bitmap. Até o lançamento da versão 7 do Director esta era a única forma de fazer com que uma fonte aparecesse na tela. A versão 7 incluiu uma ferramenta para embutir fontes em filmes do Director, fazendo com que a conversão em bitmap se tornasse desnecessária.

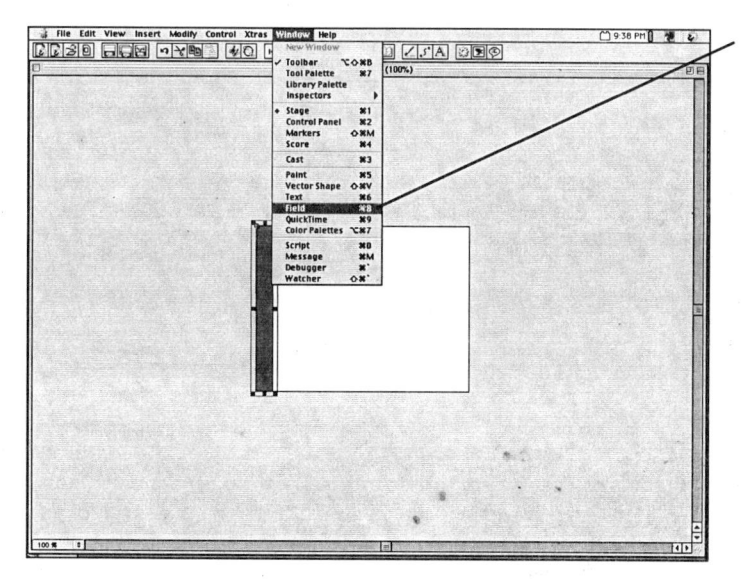

1. Selecione Window, Field (Control-8 no PC ou Command-8 no Mac) para abrir um campo de texto.

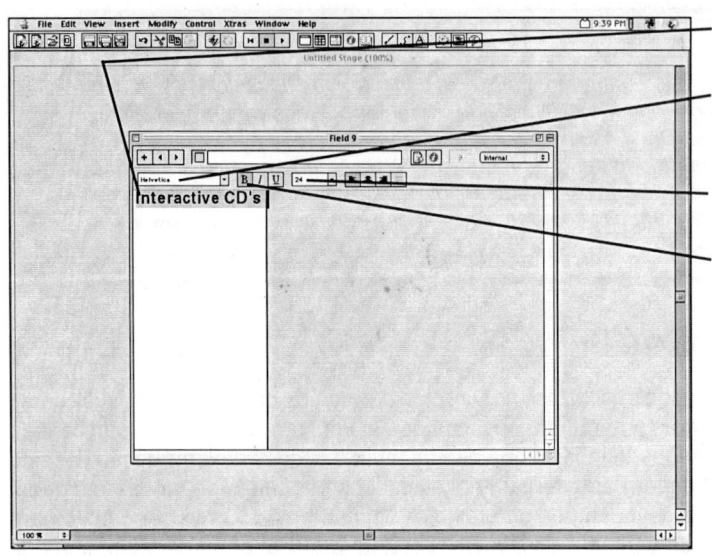

2. Digite o texto Interactive CDs.
3. Atribua a fonte Helvetica (Mac) ou Arial (PC).
4. Defina o tamanho da fonte como 24.
5. Aplique o estilo negrito à fonte.

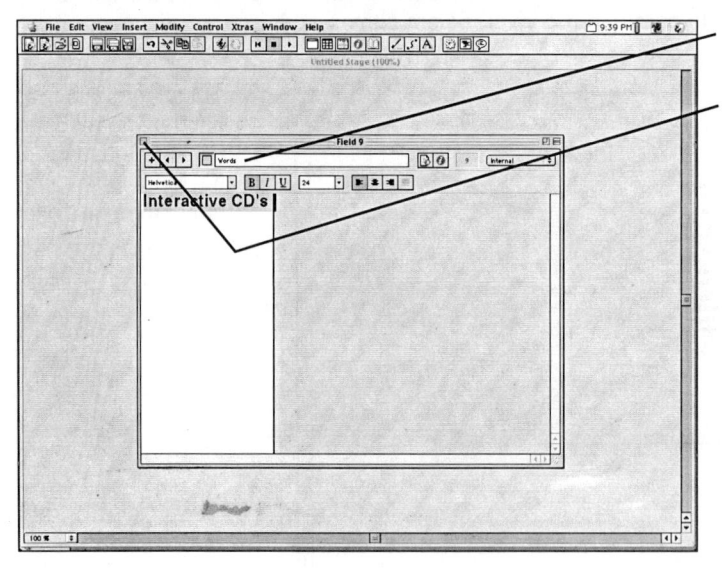

6. Insira o texto "Words" na caixa de texto.
7. Feche a caixa do campo de texto para que o texto seja adicionado ao elenco.

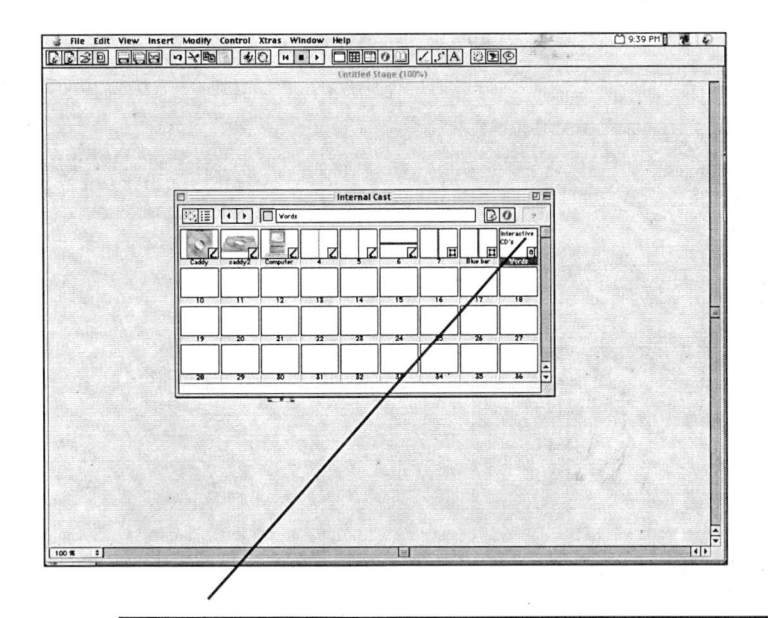

Capítulo 3 - É hora do show: a animação no Director   89

> **Observação**
>
> Tome cuidado ao escolher uma fonte para o texto. É preciso se concentrar no usuário e não na tecnologia, pois se você selecionar uma fonte que não esteja instalada no computador de algum usuário, todo o texto será alterado para uma fonte padrão como Courier.

Como colocar um membro do elenco no palco

Existem duas formas de fazê-lo:

◆ Clique e arraste o item para o palco ou para um quadro do score.
◆ Selecione o membro do elenco e clique no botão Drag Cast Member.

Quando um membro do elenco é arrastado para o palco, o Director o "amplia" por 28 quadros no score. Este é o padrão do aplicativo. Trabalharemos com este comprimento absoluto do filme.

1. Abra o score (Command-4 no Mac ou Control-4 no PC).
2. Abra a janela Cast.
3. Selecione a barra vermelha e nomeie-a como "Red Bar".

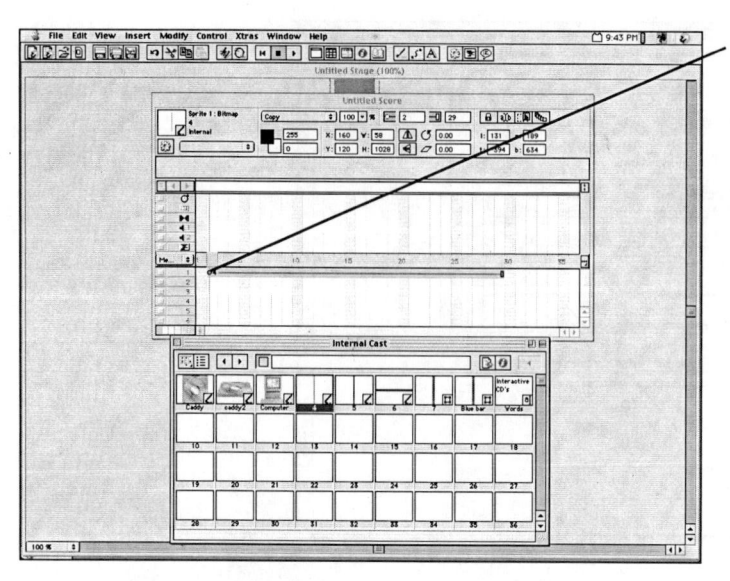

4. Clique e arraste o item para o quadro 2 do canal 1.
5. Selecione Window, Stage para abrir o palco, caso não esteja aberto.
6. Clique e arraste a barra vermelha para a esquerda do palco. 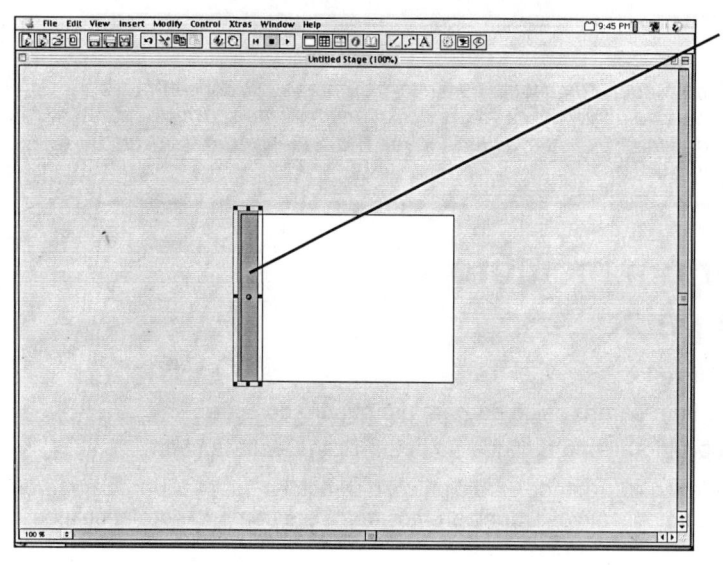
7. Caso ela não ocupe o espaço de cima até em baixo, clique e arraste-a para que os lados aumentem.
8. Clique na janela Cast para que venha para o primeiro plano.
9. Selecione a barra azul.

10. Clique e arraste-a para o quadro 3 do canal 2 e feche o elenco.

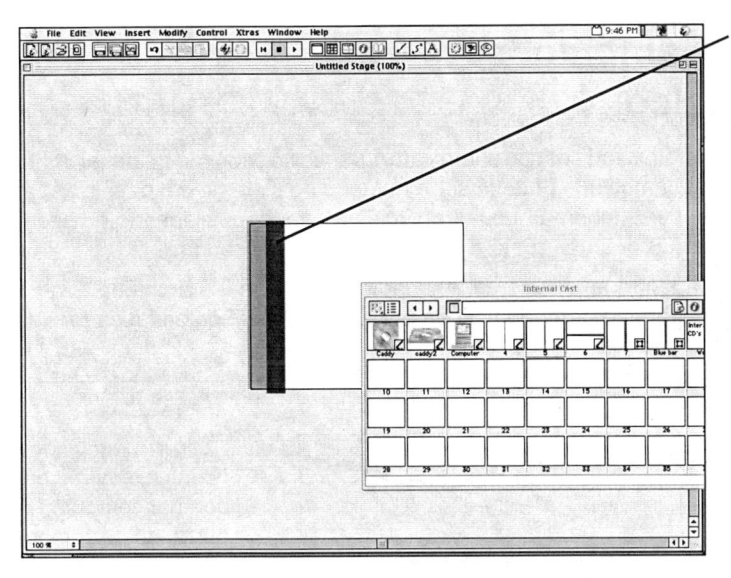

Capítulo 3 - É hora do show: a animação no Director   **91**

11. Clique e arraste a barra azul do membro do elenco no espaço 8 para o lado direito da barra vermelha. Redimensione-a se necessário.
12. Clique na janela Cast.
13. Selecione a barra preta e nomeie-a como "Black Bar".
14. Clique e arraste-a para o quadro 4 do canal 3.

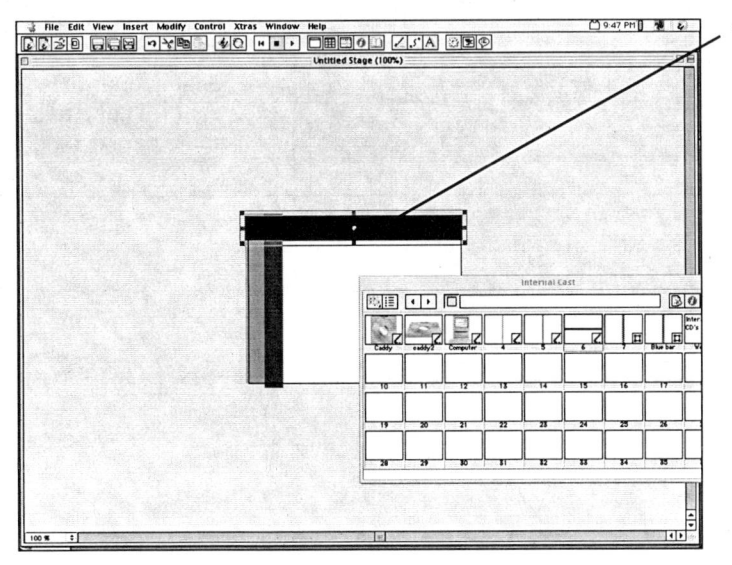

15. Clique e arraste a barra para que a parte superior da mesma esteja no canto superior do palco.

Observação

Observe que você começou tudo no quadro 2. A razão para isso é que o Director é um pouco exigente quando precisamos fazer algo no quadro 1. Para evitar problemas, iniciaremos no quadro 2.

Como definir a amplitude do sprite no palco

Amplitude de um sprite é o termo usado para o número de quadros no score de qualquer sprite para aparecer no palco. Esta amplitude poderia ser a duração do filme no caso de imagem de plano de fundo. Poderia ser também um quadro. Qualquer sprite posicionado no score irá automaticamente ocupar 28 quadros. Este é o valor padrão no Director.

A barra azul e a barra preta têm a amplitude de 28 quadros, mas não terminam no quadro 28. Elas finalizam alguns quadros a partir do final da barra vermelha. Existem duas formas de ajustar a amplitude de um sprite.

1. Selecione a barra azul.
2. Defina a amplitude de início como 3 e a do final como 28 na barra de ferramentas Sprite no score.
3. Selecione a barra preta.
4. Clique e arraste o quadro final deste sprite para o quadro 28.

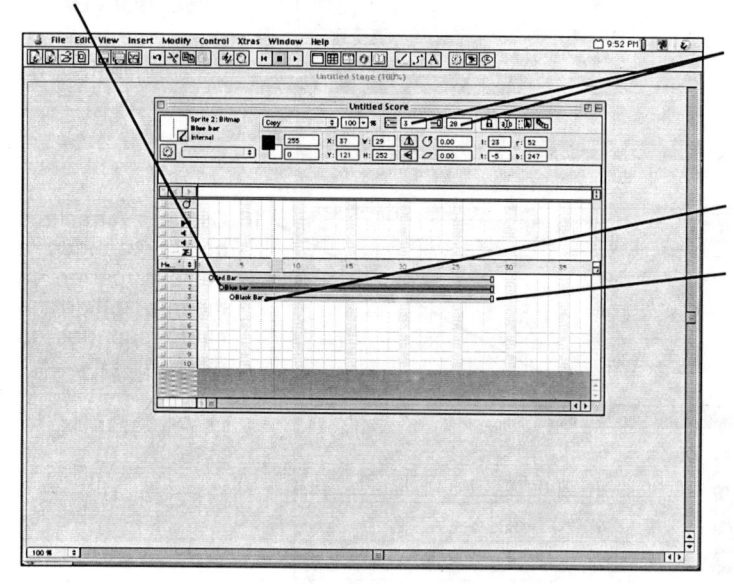

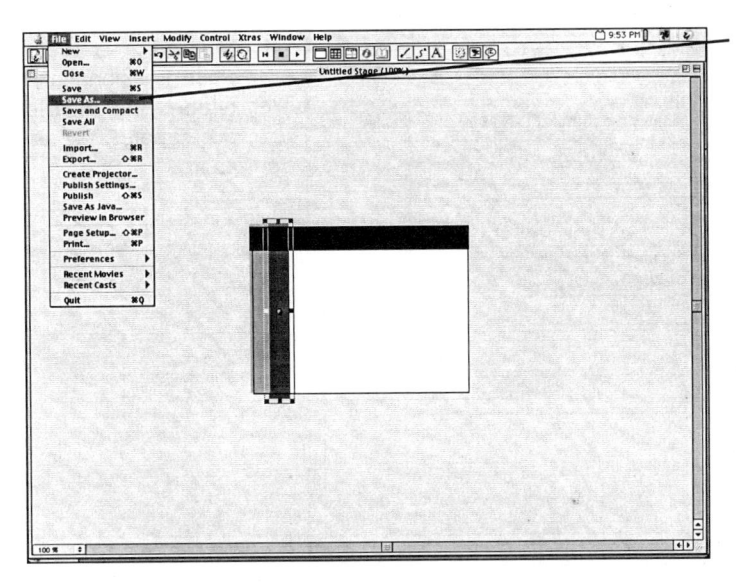

Capítulo 3 - É hora do show: a animação no Director   **93**

5. É hora de salvar o filme. Selecione File, Save As para renomear o filme. Selecione File, Save para salvar quaisquer alterações.

Observação

O Director tem como "hábito" ampliar sprites no score por 28 quadros, mesmo que você precise de apenas um quadro. Para definir que o sprite ocupe apenas um quadro, selecione File, Preferences, Sprite, Set the Span Duration to 1 (Definir a duração do Sprite como 1).

Como criar camadas no Director

O plano precisa que a barra preta se mova pelo palco e seja posicionada abaixo das barras vermelha e azul. Se você observar o palco, a barra preta está em frente a elas, pois esta é a forma com que o Director manipula as camadas. Os sprites com números canais mais altos são posicionados sobre os de número mais baixo. Desta forma, a barra preta no canal 3 aparece acima das barras dos canais 1 e 2. Para obtermos o efeito que desejamos, a barra preta deve ser movida para baixo das duas outras.

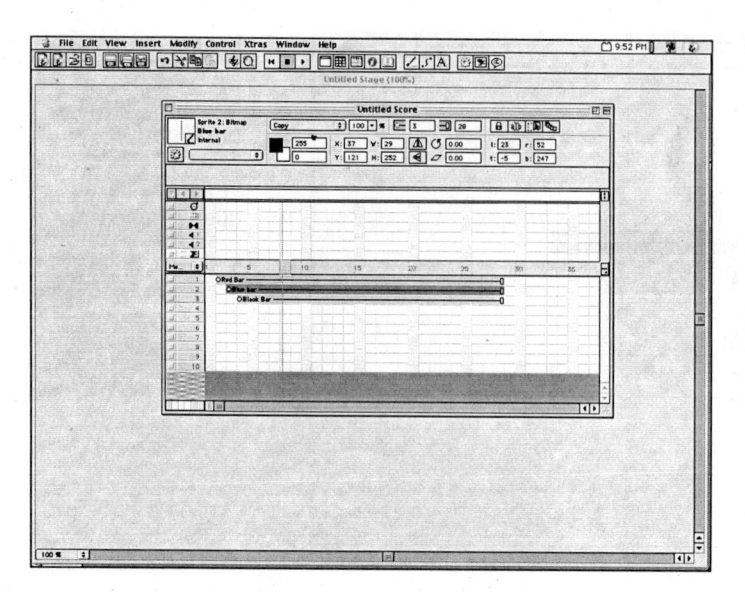

1. Mantenha a tecla Shift pressionada e clique nas barras dos canais 1 e 2 do score.

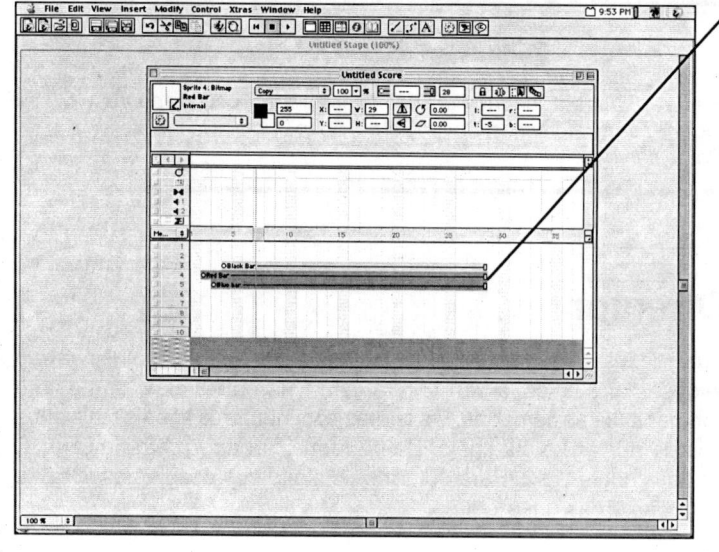

2. Arraste-as para os canais 4 e 5.
3. Clique em qualquer lugar no palco para retirar a seleção das barras.
4. Mantenha a tecla Shift pressionada e clique nos três canais do sprite.

Capítulo 3 - É hora do show: a animação no Director

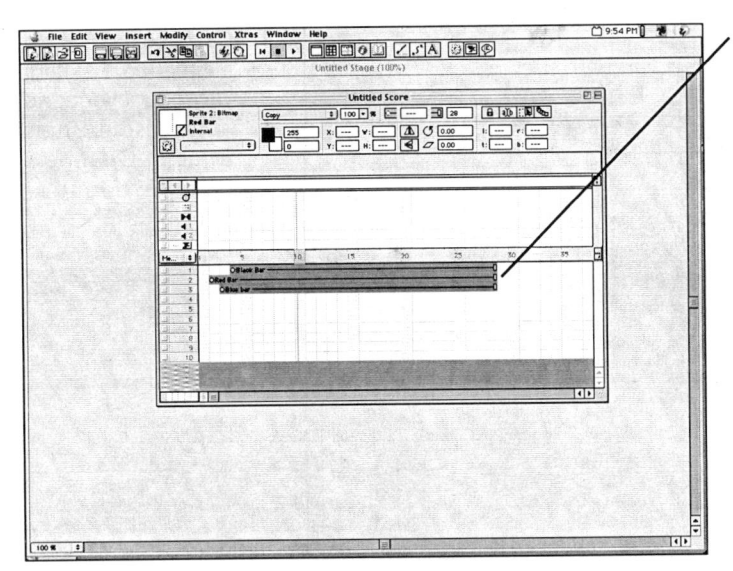

5. Arraste-os para o canal I e as três barras serão posicionadas nos canais 1, 2 e 3.
6. Clique em qualquer lugar para retirar a seleção das barras.

Como utilizar transições para animar objetos

A animação no Director é relativamente simples. É possível utilizar um número de quadros para afetar uma movimentação de uma localização na tela para outra. A desvantagem deste procedimento é que você precisa trabalhar em uma área pequena. Não é necessário haver muitos quadros que acrescentem "códigos extras" ao filme.

A intenção é de mover a barra vermelha para a parte superior do palco e a barra azul para a parte inferior. Para isso, utilize uma transição para fazer a animação em um quadro.

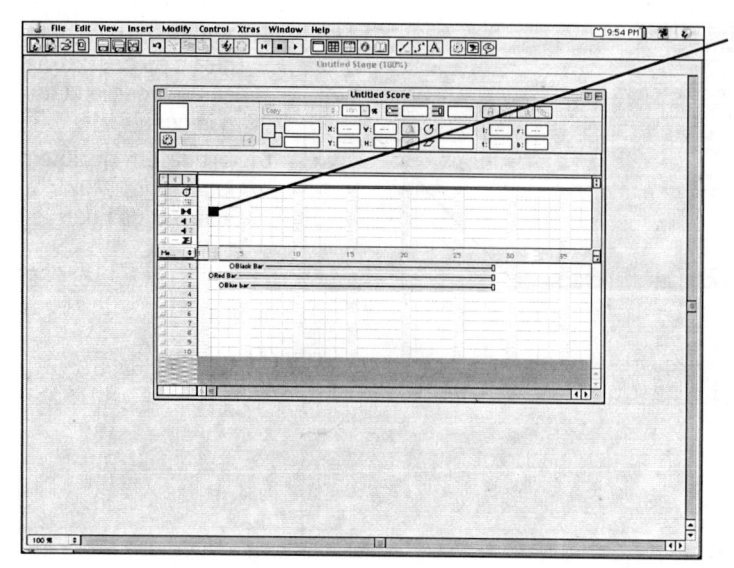

1. Caso os canais de efeito não estejam visíveis, clique no botão Hide/Show Effects Channels (Ocultar/Mostrar Canais de Efeito).

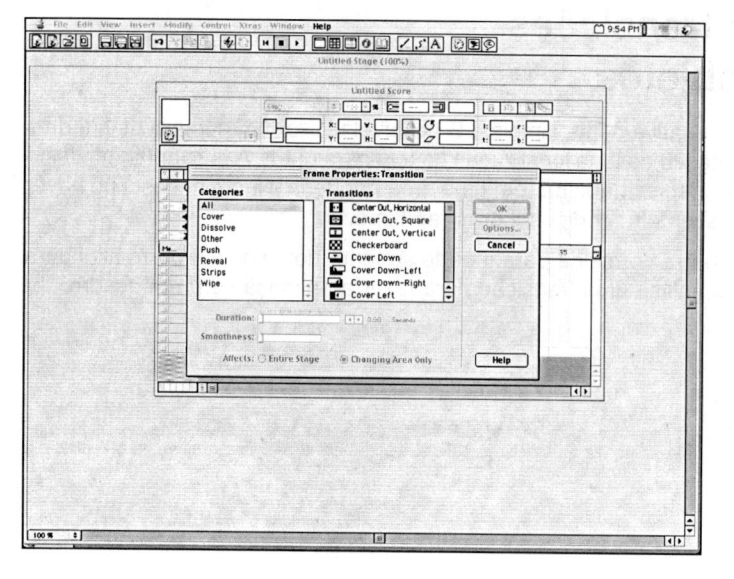

2. Clique duas vezes no quadro 2 do canal de transições para abrir a caixa de diálogo Transition (Transição).

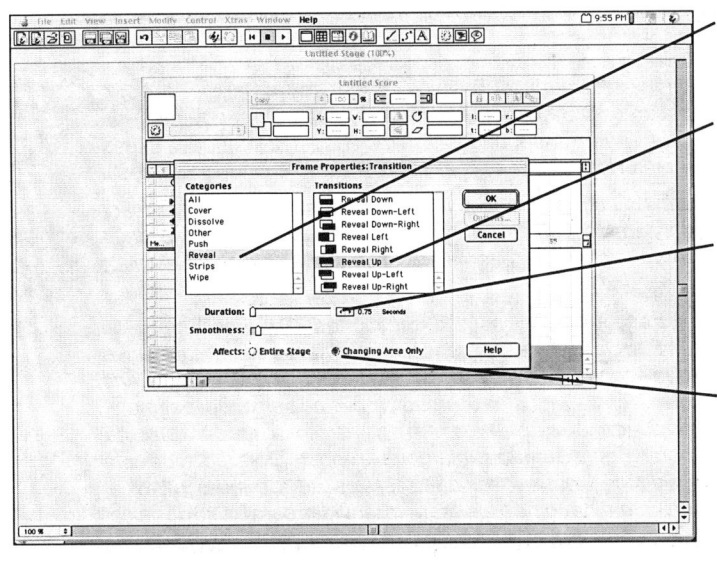

Capítulo 3 - É hora do show: a animação no Director   **97**

3. Selecione Reveal (Revelar) na janela Categories.
4. Selecione Reveal Up (Revelar Acima) na janela Transitions.
5. Clique na seta da esquerda em Duration para que a duração da transição seja de .75 segundos.
6. Selecione o botão Changing Area Only (Mudar Apenas Área) em Affects (Afetar).

7. Clique em OK e a transição será definida.
8. Clique duas vezes no quadro 3 do canal de transições para abrir a caixa de diálogo Transitions.
9. Selecione Reveal na janela Categories.

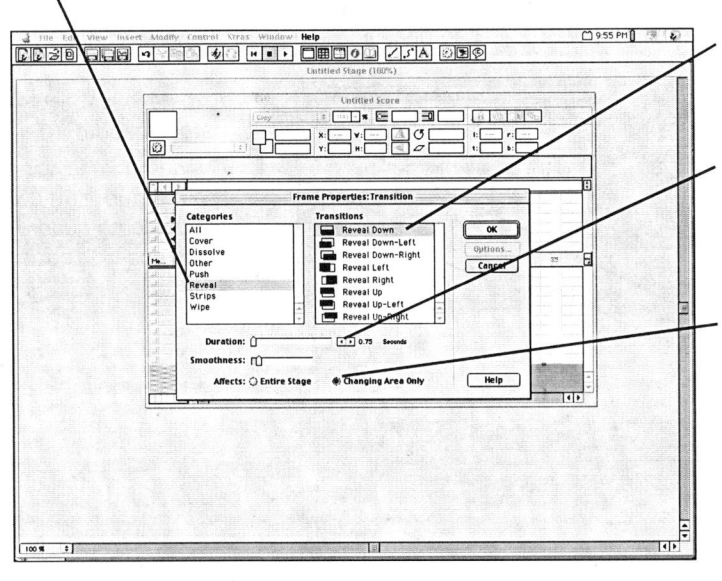

10. Selecione Reveal Down (Revelar Abaixo) na janela Transitions.
11. Clique na seta da esquerda em Duration para definir a duração da transição em .75 segundos.
12. Selecione o botão Changing Area Only em Affects.
13. Clique em OK para completar a transição.

> **Observação**
>
> As transições no Director são auto-explicativas. As etapas das transições é que são um pouco obscuras. Duration determina a duração, em segundos, da transição. O padrão é sempre 2 segundos. Em multimídia, 2 segundos é uma eternidade. Tente manter todas as transições abaixo de um segundo de duração.
>
> Smoothness determina como os muitos pixels são afetados pela transição. Movendo o indicador para a esquerda, a transição ocorre pixel por pixel. Movendo para a direita, faz com que afete as áreas maiores. Mantenha-o na esquerda para a dissolução.
>
> Affects: existem duas opções. Pense no "tele-transportador" da nave Enterprise do filme Guerra nas Estrelas. As pessoas "transportadas" se desintegravam e sumiam. Isso é o que acontece com Changing Area Only, pois os únicos itens no palco a serem afetados são aqueles do quadro novo no palco. Por exemplo, a barra vermelha no quadro 2 é o único item novo no palco e só ela será afetada pela transição. O botão Entire Stage é exatamente o oposto, pois tudo que está no palco é afetado. Se você tivesse selecionado essa opção no quadro 3 (Reveal Down), tanto a barra vermelha como a azul seriam movidas para baixo do palco.

Animação por números

Animar é fácil. Se algo se move, possui pontos de início e fim, pontos estes denominados *quadros-chave*. O que há entre eles são os *intermediários*.

Neste caso, a barra preta será posicionada na tela apenas alguns pixels fora do palco. Em seguida, será movida suavemente para a posição desejada, ou seja, a posição final.

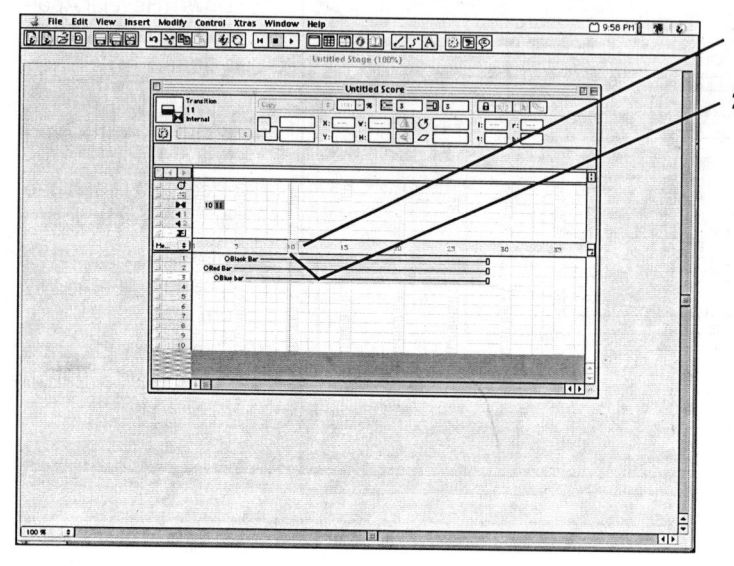

1. Arraste o cabeçote para o quadro 10.
2. Clique na linha vermelha que sai do cabeçote no quadro 10 do canal da barra preta.

Capítulo 3 - É hora do show: a animação no Director

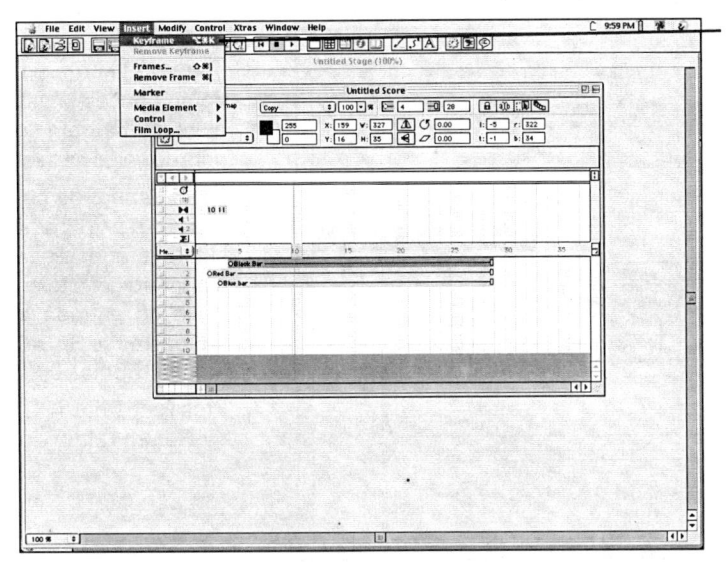

3. Selecione Insert, Keyframe (Command-Option-K no Mac e Control-Alt-K no PC). Aparecerá um ponto no quadro. Observe a coordenada Y na barra de ferramentas Sprite.

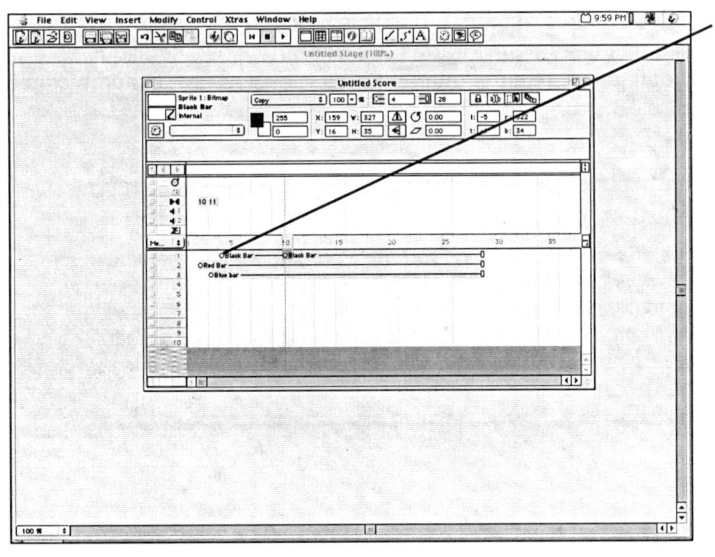

4. Clique no quadro 1 no canal da barra preta.

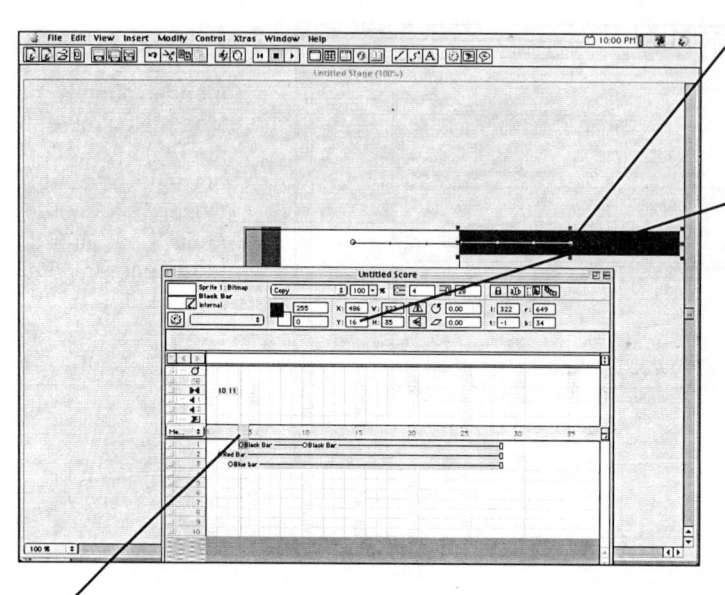

5. Clique e arraste a barra preta para um ponto poucos pixels além da margem direita do palco na tela.
6. Se o número da coordenada Y tiver sido alterado, digite o número correto na caixa de entrada Y na barra de ferramentas Sprite.
7. Pressione Enter (PC) ou Return (Mac).

8. Arraste o cabeçote pelos quadros. A barra preta deve atravessar o palco suavemente e se posicionar abaixo das duas outras barras. Se der "arrancos", certifique-se que os números da coordenada Y sejam exatamente os mesmos nos quadros-chave localizados nos quadros 3 e 10.

> *Observação*
>
> *Em multimídia, mesmo o menor erro pode tomar proporções gigantescas, principalmente com objetos que se movem. Um objeto que deve ser movido em uma linha reta do ponto A para o ponto B não pode ser movido "no olho". De acordo com o computador, o corpo humano é muito agitado para alcançar sua precisão. Neste caso, a barra se move no eixo Y. Utilize os números para definir as coordenadas, e não o mouse.*

Como alterar a cor de um sprite

Na criação de um texto, a cor padrão é preta. A cor do plano de fundo da caixa de texto é branca. A barra é preta. Temos aí um problema: texto em preto em um plano de fundo branco colocado em uma barra preta não funciona. O texto deve ser branco na barra preta. Apresentaremos duas soluções para o problema.

Capítulo 3 - É hora do show: a animação no Director

Técnica Um

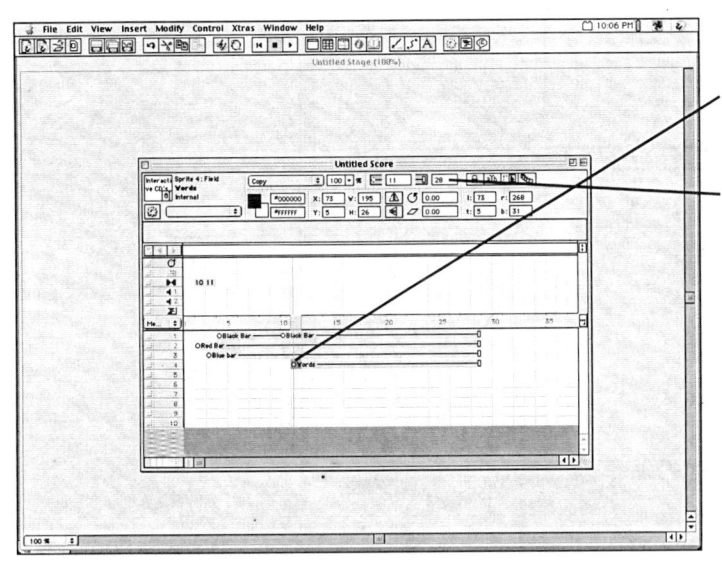

1. Selecione o texto no elenco.
2. Arraste o texto para a barra preta no quadro 11.
3. Defina a amplitude na barra de ferramentas Sprite para terminar no quadro 28.
4. Clique duas vezes na caixa Text para exibir linhas diagonais ao redor da caixa de texto. 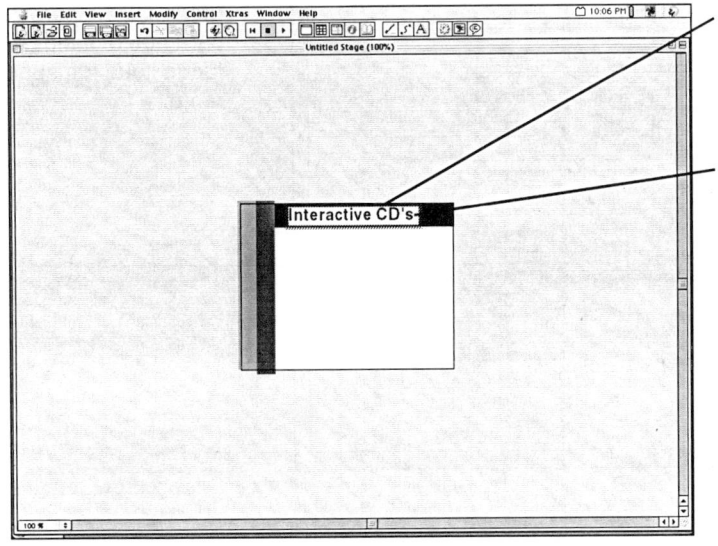
5. Selecione o texto.
6. Selecione Window, Tools para visualizar a barra de ferramentas.

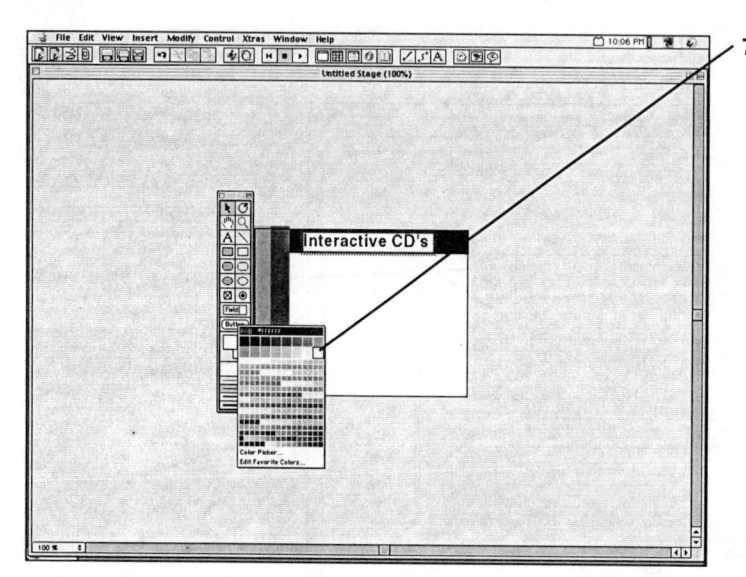

7. Mude a cor do primeiro plano para branco.

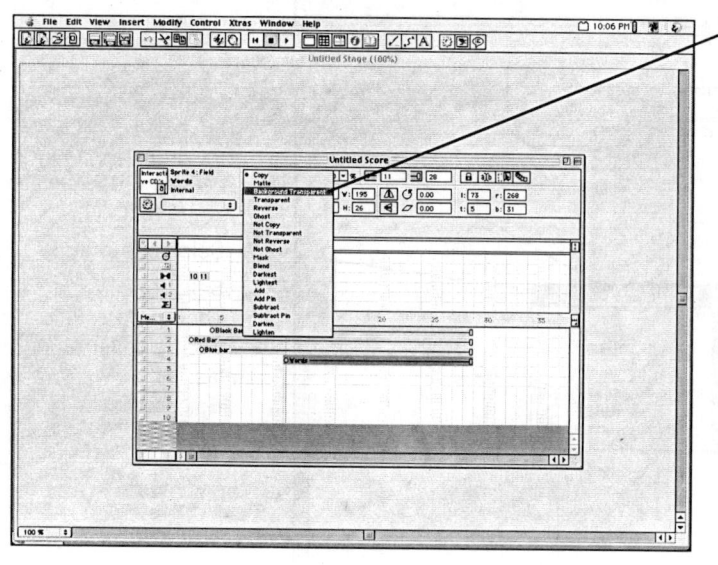

8. Clique no menu Ink e selecione Background Transparent para que o plano de fundo fique transparente.

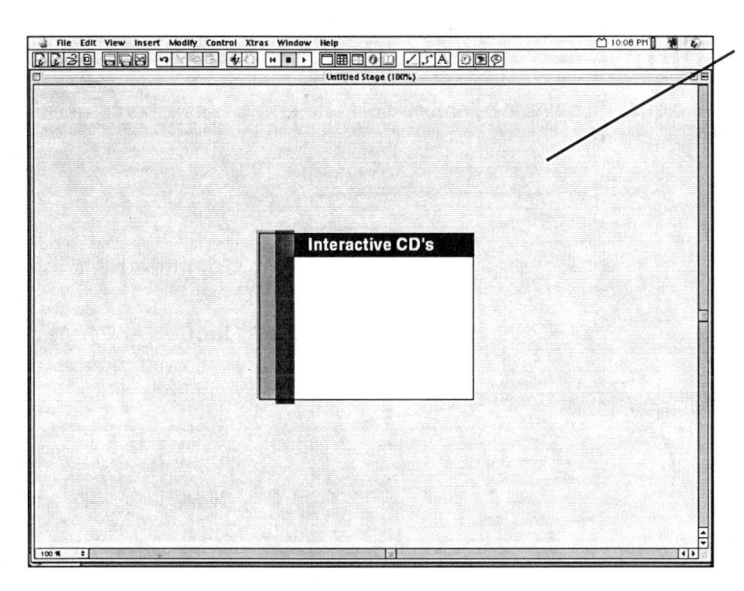

Capítulo 3 - É hora do show: a animação no Director   **103**

9. Retire a seleção do texto clicando em algum local no palco.

> **Dica**
>
> *Para dar mais vida, adicione a transição Venetian Blinds ao texto. Clique duas vezes no quadro no canal Transitions. Selecione Other, Venetian Blinds a partir de Categories. Certifique-se de que a transição tenha afetado a área de mudança e clique em OK.*

Técnica Dois

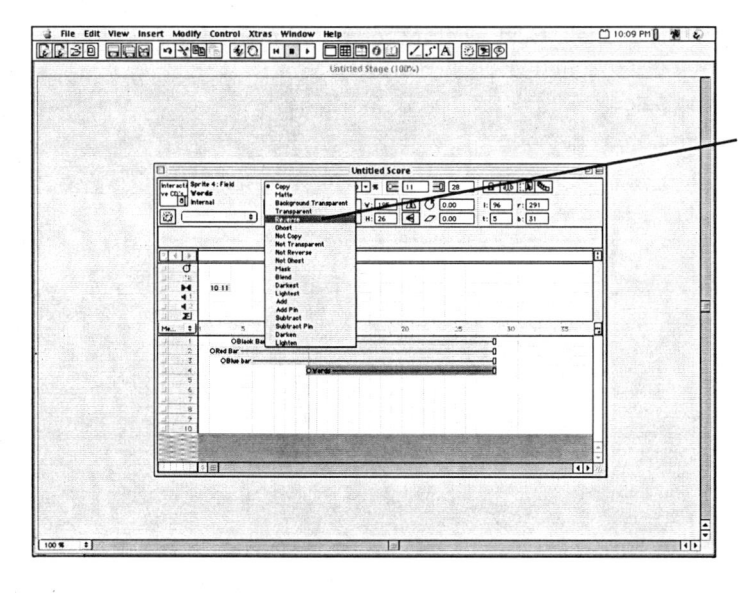

1. Repita as etapas 1 até 4 da técnica anterior.
2. Clique no menu Ink e selecione Reverse.
3. Retire a seleção do texto clicando em qualquer local.
4. Salve o arquivo.

Como testar o filme

Tudo funciona no filme como e quando deveria? Lembre-se, teste antes e teste sempre. Em multimídia isso deve ser feito sempre.

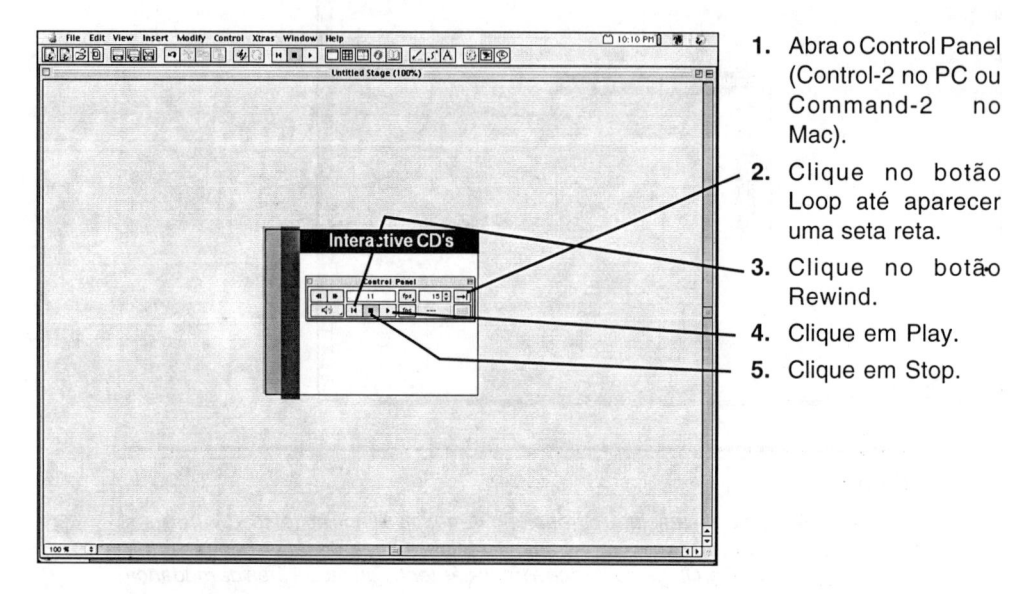

1. Abra o Control Panel (Control-2 no PC ou Command-2 no Mac).
2. Clique no botão Loop até aparecer uma seta reta.
3. Clique no botão Rewind.
4. Clique em Play.
5. Clique em Stop.

A animação em seqüência no Director

Depois de completar o palco e o texto, é hora de mostrar o CD sendo introduzido no driver de CD do computador. Ao abrir a janela Cast, você observa três membros do elenco: o computador, uma caixa com o disco e uma visão lateral da caixa.

1. Mova o computador no palco.
2. Mova a caixa em frente ao computador.
3. Diminua a caixa.
4. Substitua a imagem da caixa por sua imagem lateral.
5. Mova a imagem lateral para o driver do computador.

Capítulo 3 - É hora do show: a animação no Director

Como mover o computador no palco

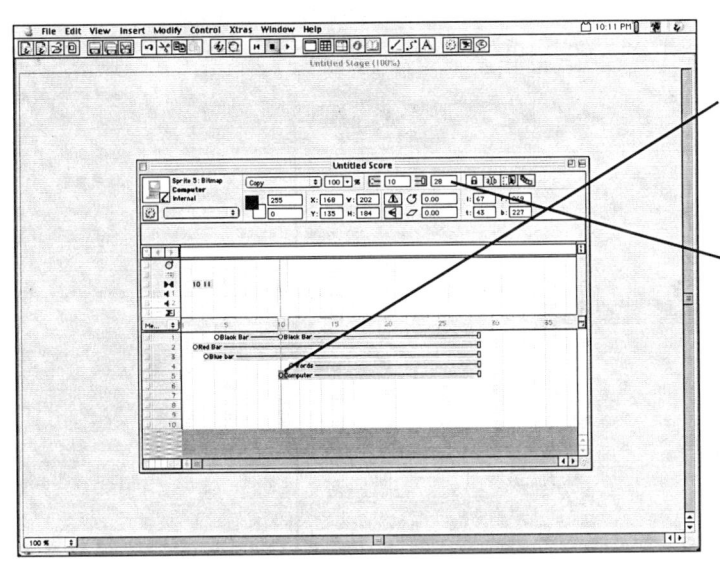

1. Abra as janelas Cast e Score.
2. Selecione o computador em Cast.
3. Clique e arraste o computador para o quadro 9 do canal 5.
4. Defina a amplitude do computador para que termine no quadro 29 no canal 5.
5. Adicione um quadro-chave no quadro 13 do canal 5.

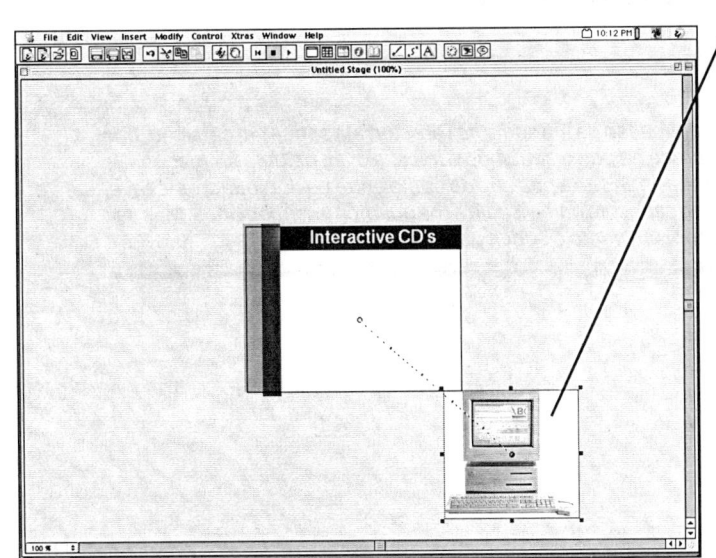

6. No score, clique no quadro-chave no quadro 9 para selecioná-lo.

7. Arraste o computador para fora do palco, no canto inferior direito da tela.
8. Arraste o cabeçote para o quadro 13.
9. Clique no quadro 13 para selecioná-lo.
10. Arraste o computador um pouco para cima e para a direita. Observe como o caminho muda.
11. Selecione Edit, Undo para retirar o movimento.

12. Selecione o computador no palco no quadro 13 para selecionar o computador.
13. Pressione repetidamente a tecla com seta para cima para mover o computador no caminho correto.
14. Pare de pressionar a tecla quando o computador estiver centralizado.
15. Apague a animação arrastando o cabeçote entre os quadros 9 e 13.

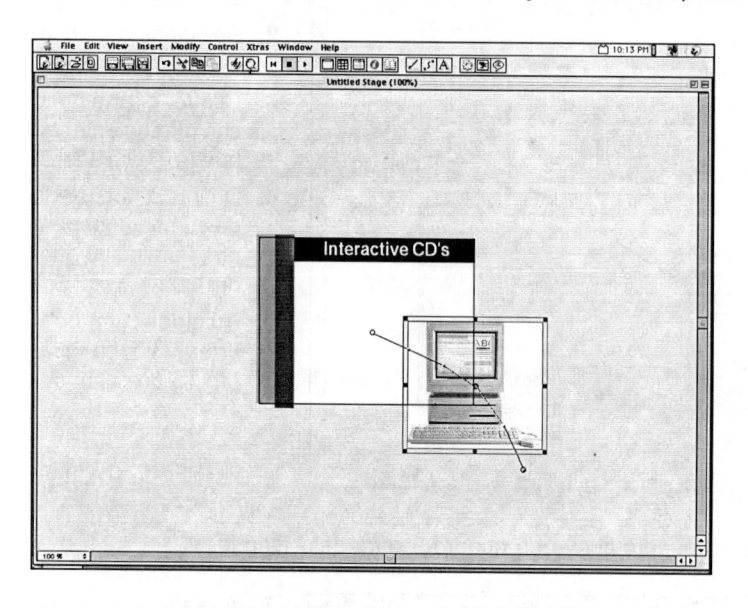

Observação

Quando há uma animação de um sprite no Director, ela segue um caminho, que é a linha que aparece no palco seguindo o início e o fim de uma animação. Os pontos amarelos da linha são a posição do sprite entre os dois quadros-chave. É possível mover o cabeçote para visualizar os quadros intermediários. Mas não é possível clicar em um ponto e seguir para aquele quadro.

Capítulo 3 - É hora do show: a animação no Director

Como mover a caixa em frente ao computador

1. Abra as janelas do elenco e do score. 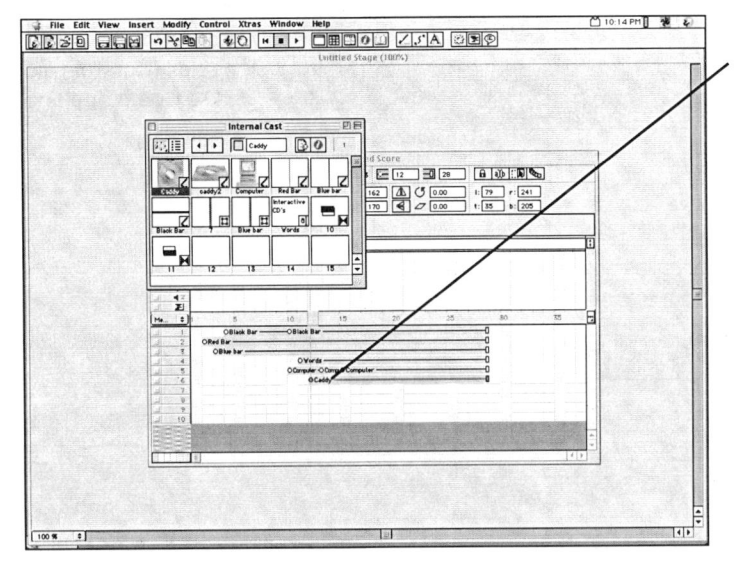
2. Selecione a caixa.
3. Clique e arraste-a para o quadro 14 do canal 6.
4. Defina a amplitude para o quadro 20.
5. Insira um quadro-chave no quadro 20 do canal 6.
6. Selecione a caixa no palco no quadro 14 do canal 6. 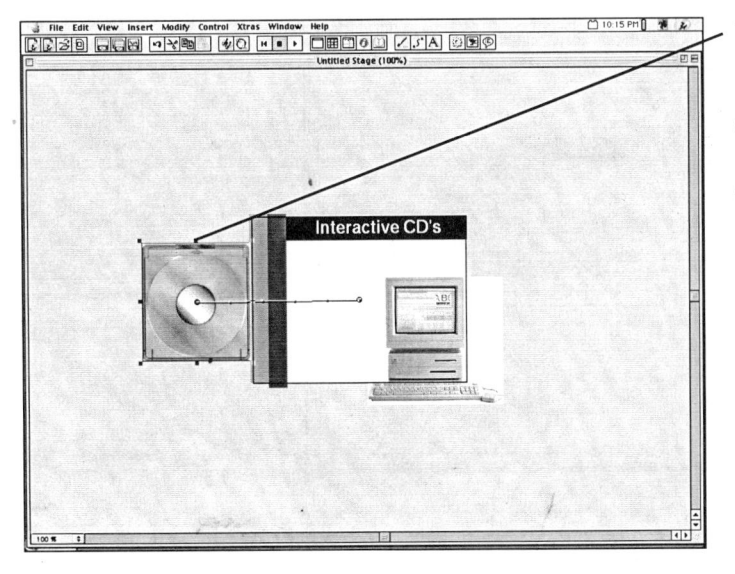
7. Mova a caixa para a esquerda para fora do palco.
8. Selecione o quadro 20 do canal 6.
9. Mova a caixa em frente ao computador.
10. Apague a animação arrastando o cabeçote entre os quadros 14 e 20.

Como diminuir a caixa

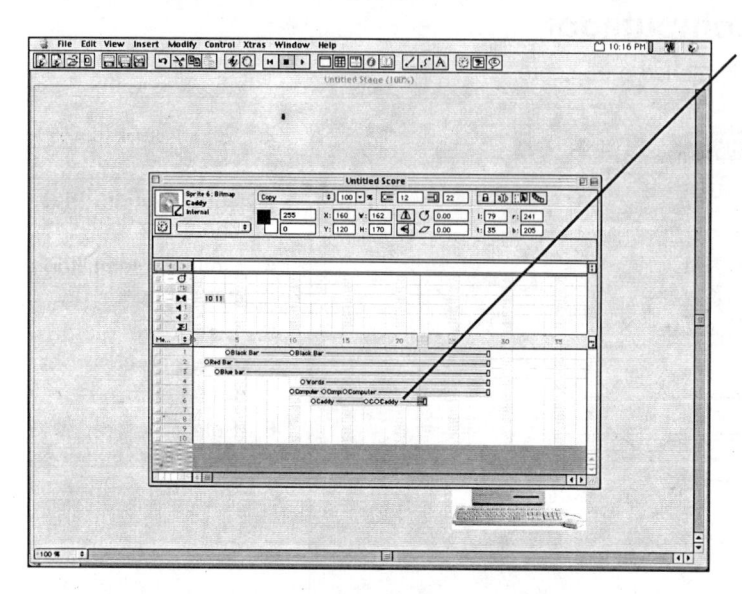

1. Clique no quadro 20 do canal 6 para selecionar o quadro.
2. Abra Property Inspector (Control-I no PC e Command-I no Mac).
3. Clique no botão Scale (Escala) do Property Inspector para mostrar a janela Scale Sprite.

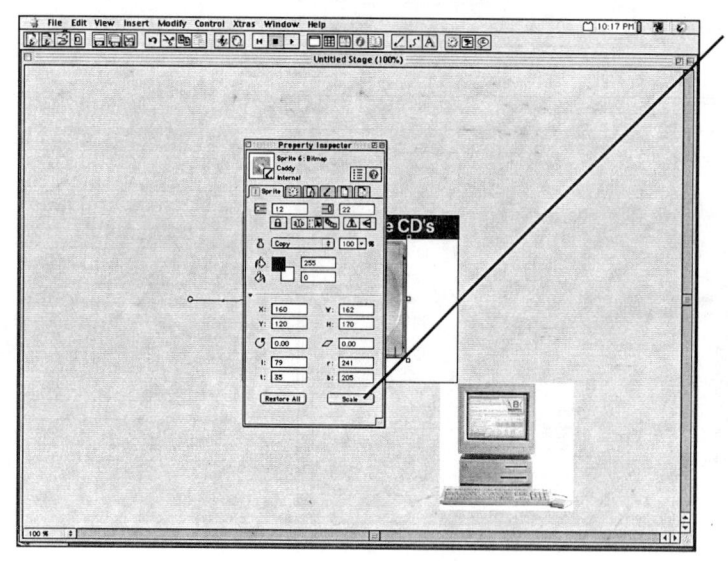

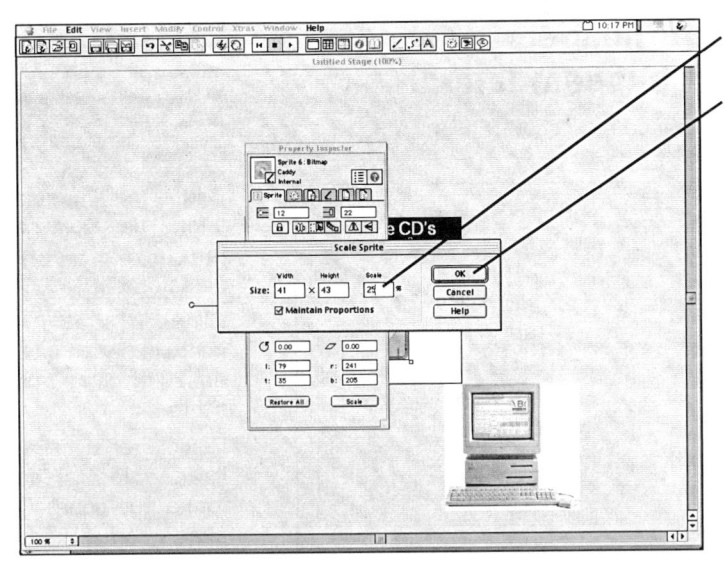

Capítulo 3 - É hora do show: a animação no Director **109**

4. Defina Scale em 25%.
5. Clique em OK para que a caixa diminua em 25% do tamanho original.
6. Arraste-a para uma posição logo abaixo do driver do CD no computador. 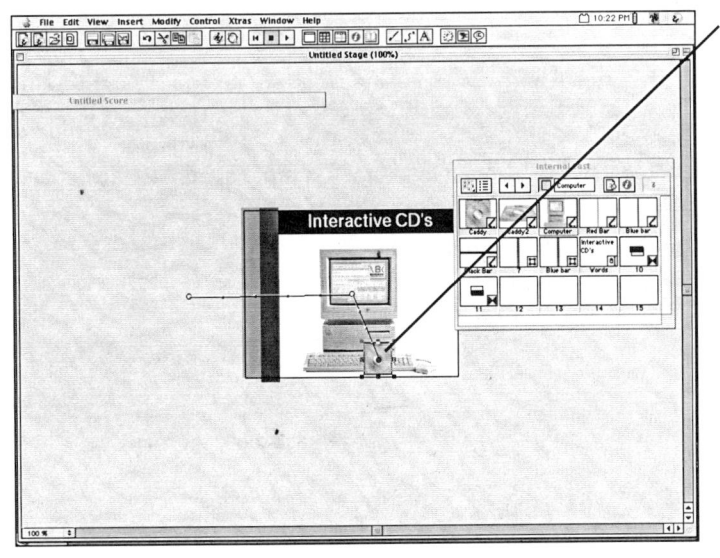
7. Apague a animação. O Director não só registra as posições intermediárias como também a escala.

Como substituir a imagem da caixa por sua imagem lateral

1. Abra as janelas do elenco e do score.

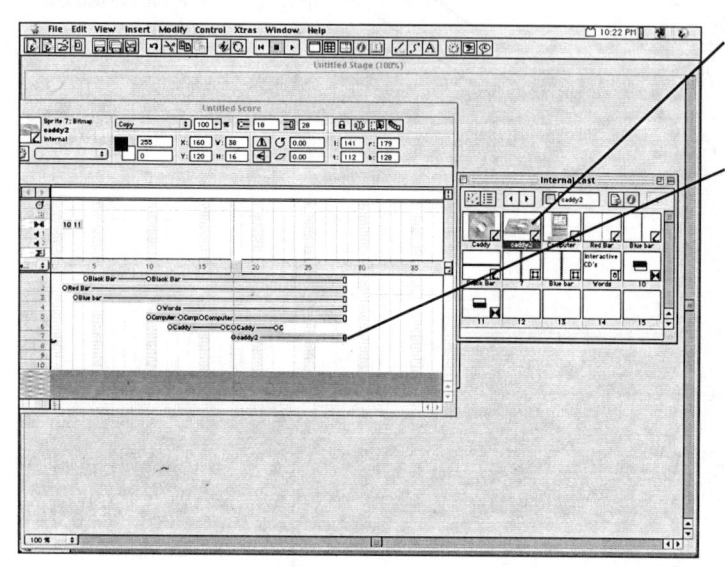

2. Clique na imagem lateral da caixa na janela Cast para selecioná-la.

3. Clique e arraste a imagem para o quadro 20 do canal 7 no score.

4. Posicione a visualização lateral de forma que fique alinhada com a parte inferior da caixa no canal 5.

5. Movimente os sprites no canal 6 — a imagem lateral — para o quadro 21 do canal 5.
6. Defina a cor Matte.
7. Defina a amplitude do sprite como o quadro 29.
8. Adicione um quadro-chave no quadro 25.

Capítulo 3 - É hora do show: a animação no Director

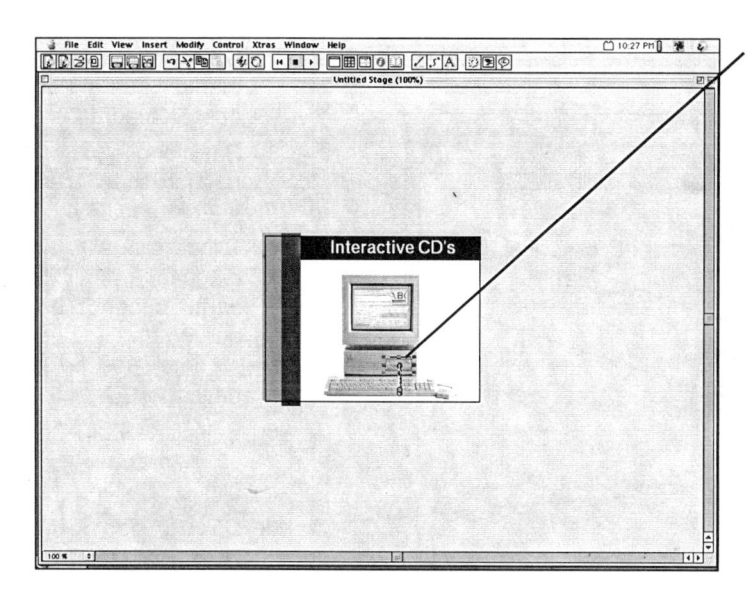

9. Utilizando a tecla de seta do teclado, mova a caixa até que sua extremidade esteja alinhada com o driver de CD do computador.
10. Apague a animação.

Multimídia é a arte da ilusão

Há um problema: a caixa não corresponde ao driver, apenas cobre o computador. É aqui que a arte da ilusão entra. O problema está em uma das camadas. A seqüência está em um canal "mais alto" (canal 6) que o computador (canal 5). A solução é copiar uma seção do computador, posicioná-la em um canal mais alto (canal 7) que a seqüência recém-completada, e posicionar a cópia exatamente onde está o computador.

1. Clique duas vezes na imagem do computador no score para abrir a janela Paint.

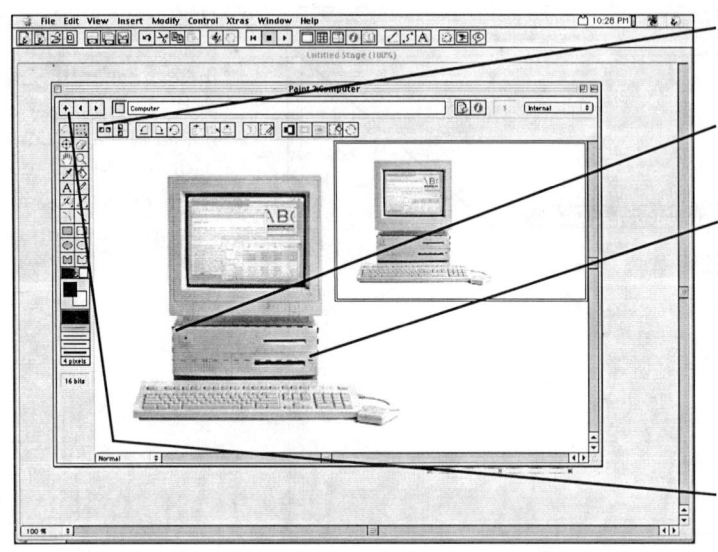

2. Selecione a ferramenta Square Marquee (Quadrado).
3. Posicione o cursor no canto superior esquerdo da CPU.
4. Clique e arraste na diagonal a partir do canto superior esquerdo da CPU até o canto superior do driver do CD.
5. Selecione Edit, Copy Bitmap para copiar a seleção.
6. Clique no botão New Cast Member.
7. Selecione Edit, Paste para colar a seleção. 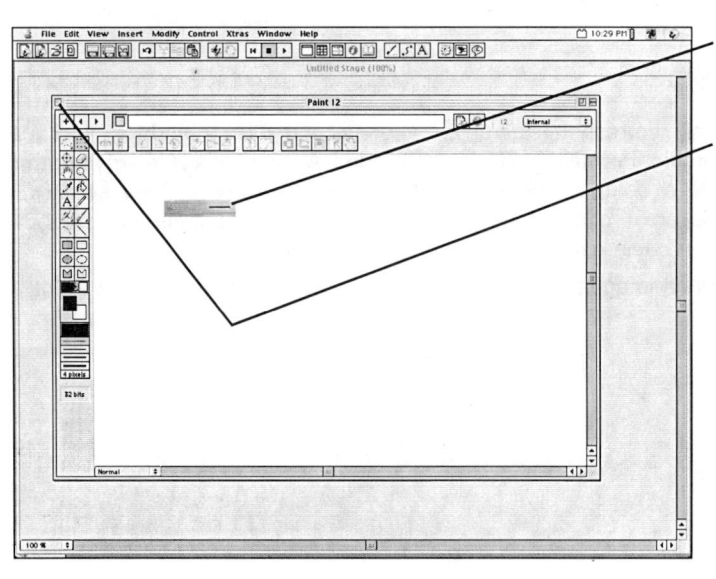
8. Feche a janela Paint.
9. Arraste o novo membro do elenco para o quadro 25 do canal 7.
10. Defina a amplitude para o quadro 28.
11. Defina a cor como Matte.

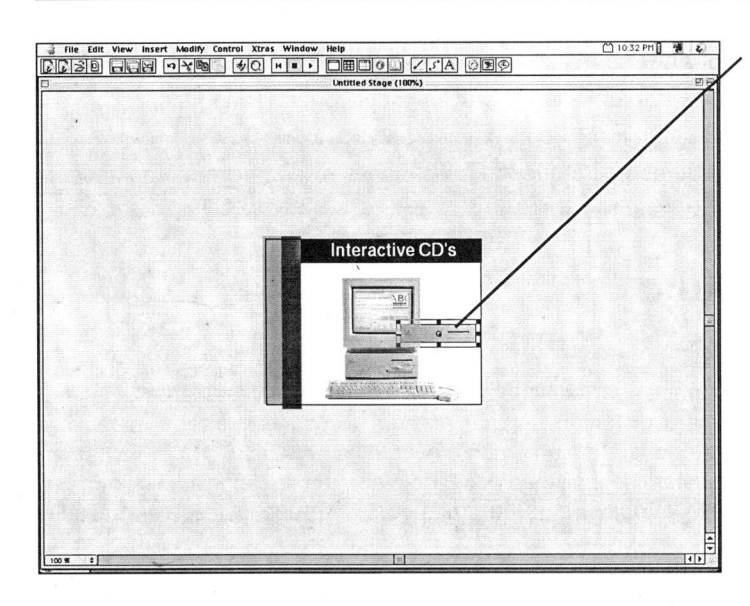

Capítulo 3 - É hora do show: a animação no Director **113**

12. Utilizando o mouse e as teclas de seta, mova o novo membro do elenco para a posição no computador.

Como testar a animação final

Teste o filme preenchendo a tela com o palco.

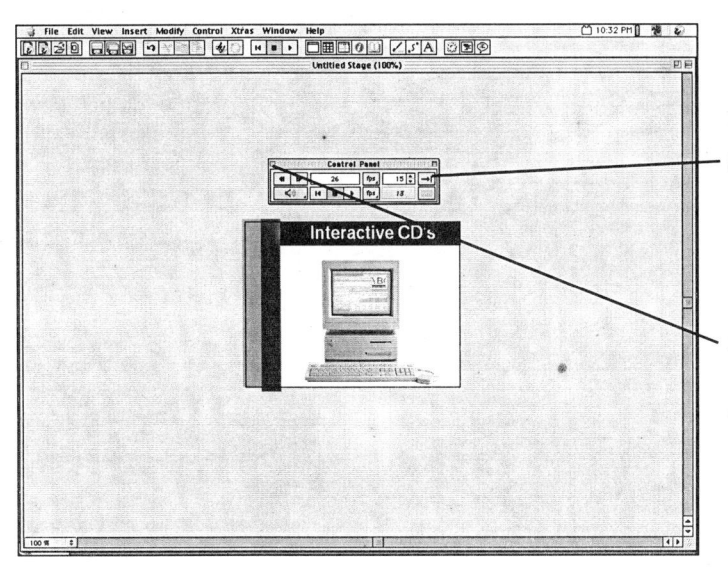

1. Abra o Control Panel (Control-2 no PC ou Command-2 no Mac).
2. Clique no botão Loop no Control Panel para confirmar que a animação seja executada repetidamente.
3. Feche o Control Panel.
4. Selecione View, Full Screen (Control-Alt-1 no PC ou Command-Option-1 no Mac). Todos os menus e ferramentas desaparecem.

5. Volte o filme (Control-Alt-R no PC ou Command-Option-R no Mac).
6. Reproduza o filme (Control-Alt-P no PC ou Command-Option-P no Mac).
7. Pare o filme (Control-ponto no PC ou Command-ponto no Mac).
8. Selecione View, Full Screen para que todos os menus e ferramentas reapareçam.
9. Selecione File, Save para salvar o filme.

Como utilizar Auto Distort para fazer a animação

A janela Paint do Director permite que você crie algumas animações interessantes. Há uma variedade de ferramentas para distorção — girar, dobrar, torcer, envolver — para citar algumas. Há também o Xtra que cria membros do elenco em seqüência, com a vantagem de que cada novo membro distorcido é alinhado com os outros da seqüência. Desta forma, é possível girar suavemente um objeto em 360 graus sem se preocupar se vai "sacudir" durante a seqüência.

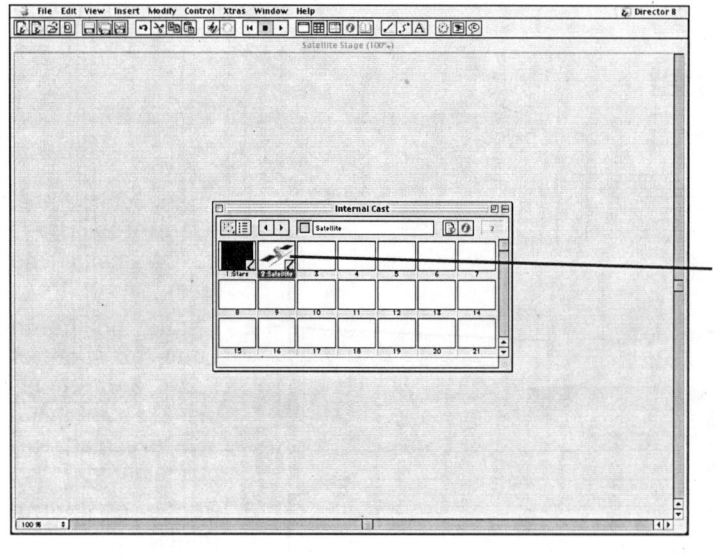

1. Abra Satellite.dir na pasta Exer-cises no Chapter [DR1]3 do CD e maximize a janela do palco.
2. Abra o elenco e haverá um satélite no espaço 2.
3. Clique duas vezes no satélite para abrir a janela Paint.

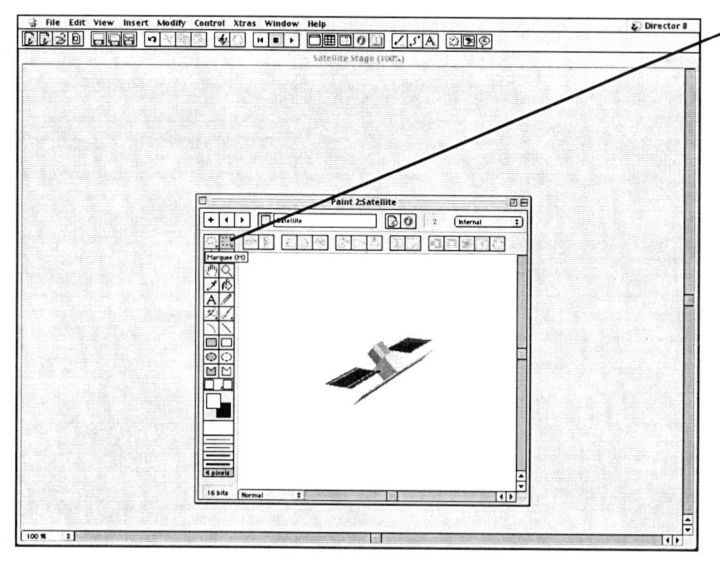

Capítulo 3 - É hora do show: a animação no Director **115**

4. Selecione a ferramenta de seleção Square Marquee. Não é possível utilizar uma ferramenta de distorção se você "encolher" a seleção para perto do satélite.

5. Pressione o botão do mouse e arraste-o pelo satélite. Se faltar uma parte do satélite, clique com o mouse na janela e tente novamente.

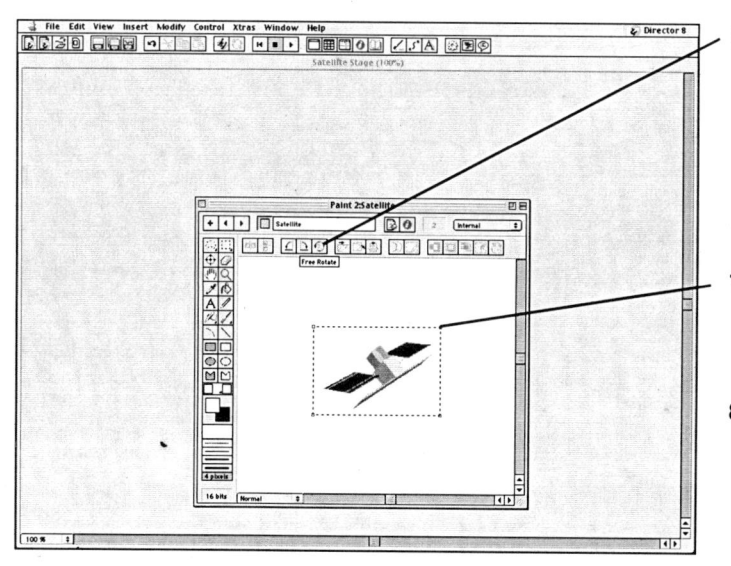

6. Clique no botão Free Rotate (Girar Livremente) na barra de ferramentas da janela Paint para que apareçam alças nos cantos do quadro pontilhado.

7. Clique em uma das alças e mantenha o botão do mouse pressionado.

8. Arraste a seleção em um ângulo completo de 360 graus. Termine onde começou e a linha pontilhada ficará reta.

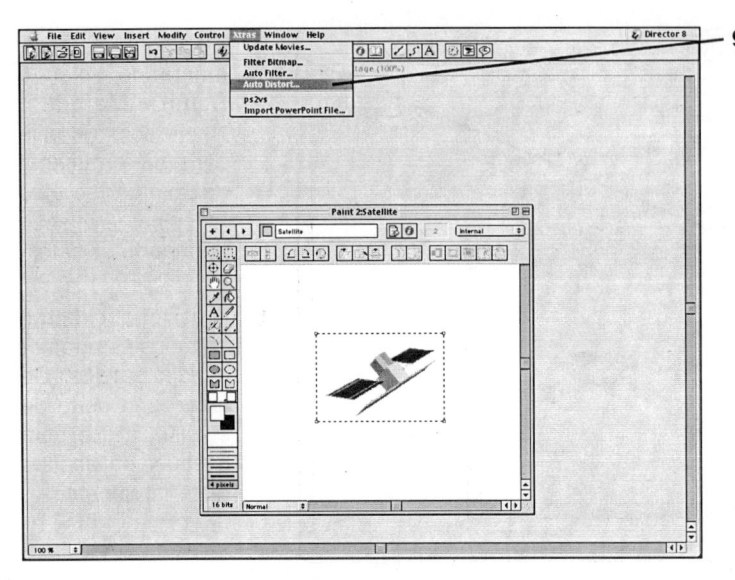

9. Selecione Xtras, Auto Distort e a caixa de diálogo lhe perguntará quantos membros novos do elenco deverão ser criados.

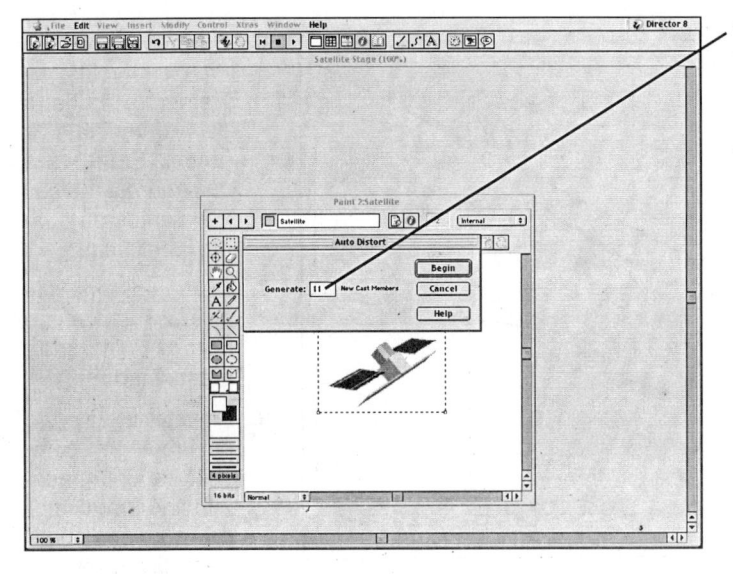

10. Digite 11 na caixa de diálogo para criar 11 versões do satélite.

11. Clique no botão Begin (Começar) e a caixa de diálogo desaparecerá para que o satélite comece a se movimentar pela janela.

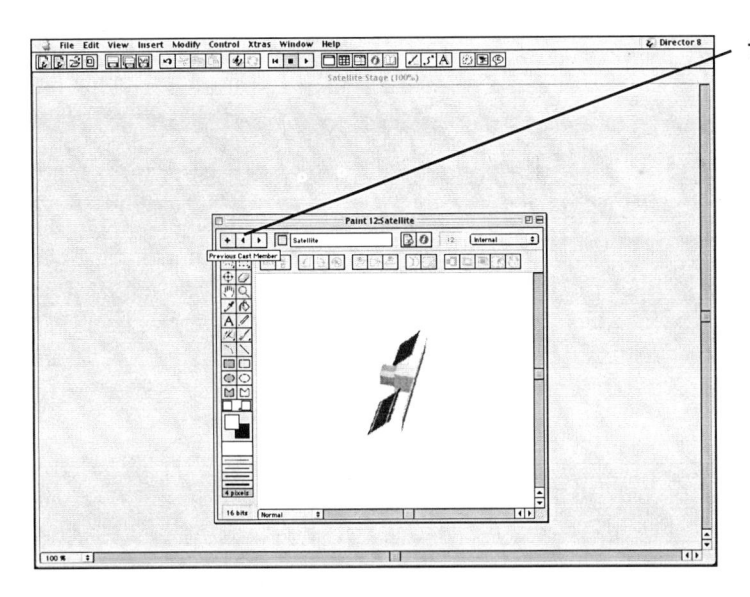

Capítulo 3 - É hora do show: a animação no Director **117**

12. Clique no botão Previous Castmember. O satélite parecerá ter sido girado um pouco para trás, mas na verdade, terá se movimentado em 30 graus.

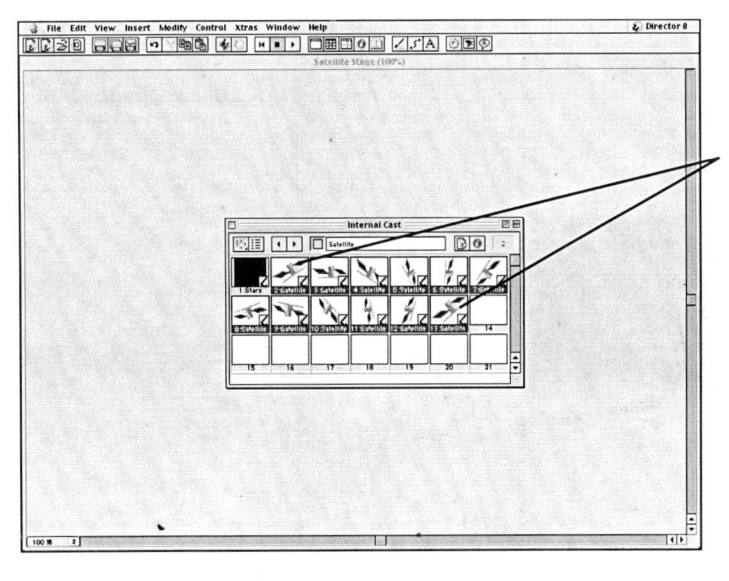

13. Feche a janela Paint e observe que você tem 12 versões do satélite no elenco.

14. Com a tecla Shift pressionada, clique no primeiro e no último membro para selecionar todos.

15. Arraste a seleção do elenco para o palco.

16. Abra o score para selecionar os sprites dos canais 1 a 12.

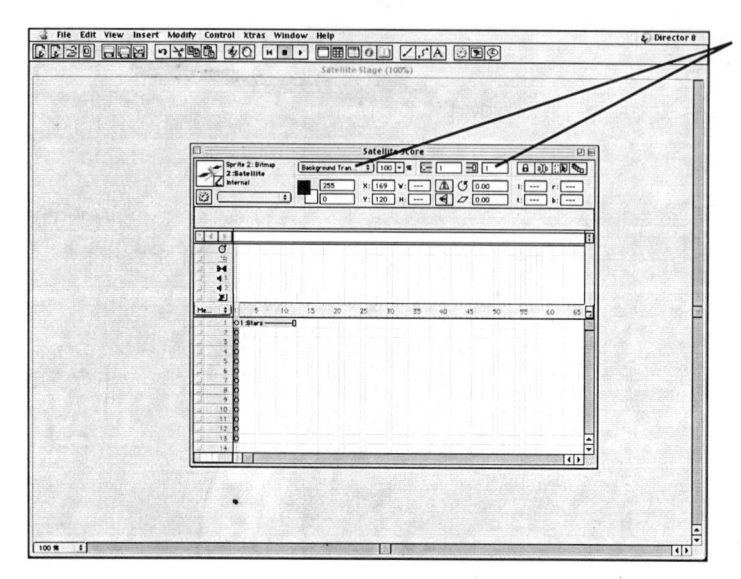

17. Na barra de ferramentas do sprite, defina o quadro final como 1 Ink como Background Transparent. Todos os sprites terão um quadro de duração e mostrarão as estrelas e o planeta.

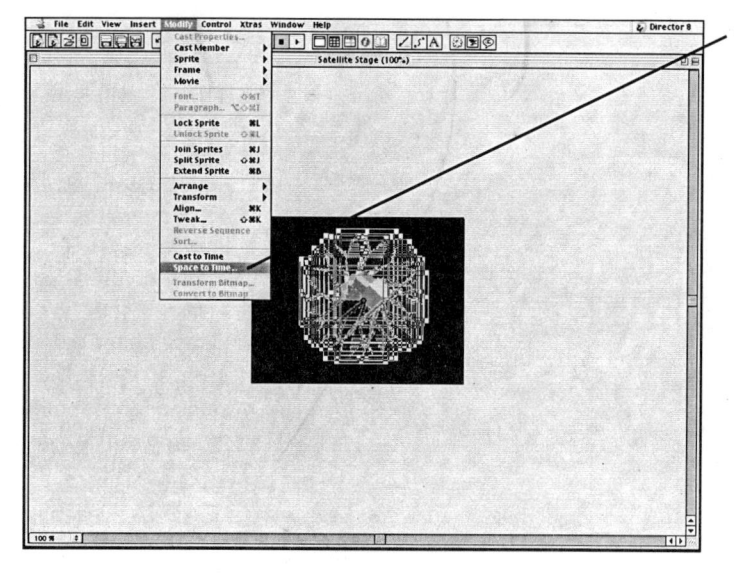

18. Selecione Modify, Space To Time (Modificar, Espaço para Tempo) para mover todos os sprites selecionados para o canal 1.

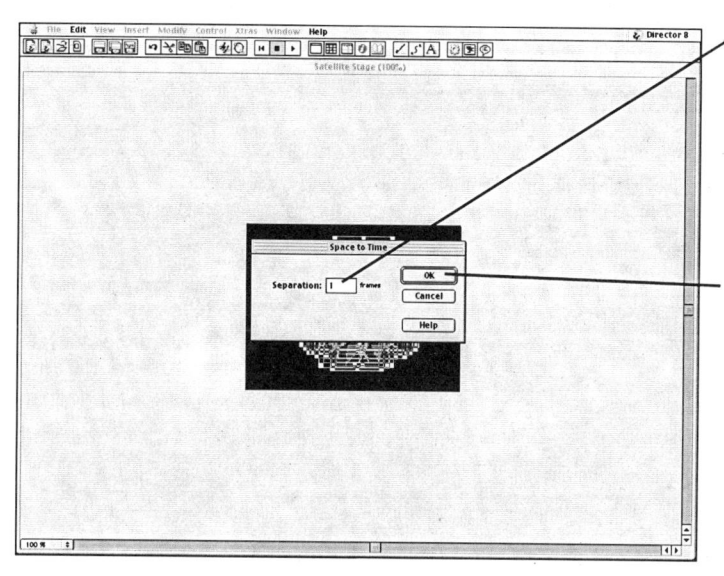

Capítulo 3 - É hora do show: a animação no Director **119**

19. Defina o valor de separação como 1. Este procedimento apenas informa ao Director que insira cada imagem em quadros contíguos no canal 1.

20. Clique em OK.

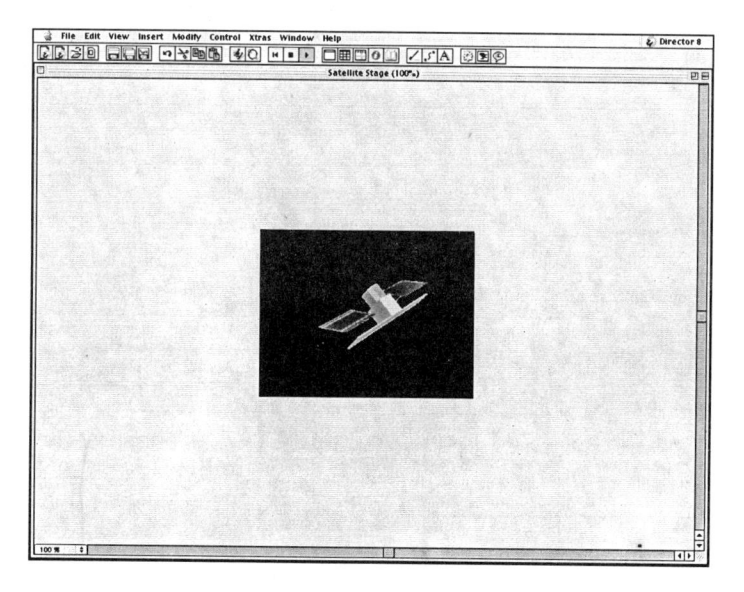

21. Reproduza o filme e o satélite aparecerá girando no espaço.

Como adicionar profundidade a uma animação

Quando alguém parece estar andando pela rua em um desenho animado, é provável que a pessoa esteja estática e que o plano de fundo esteja movimentando-se. A ilusão é de distância e profundidade. Adicionaremos a mesma ilusão ao planeta verde com nuvens que parecem girar atrás do satélite.

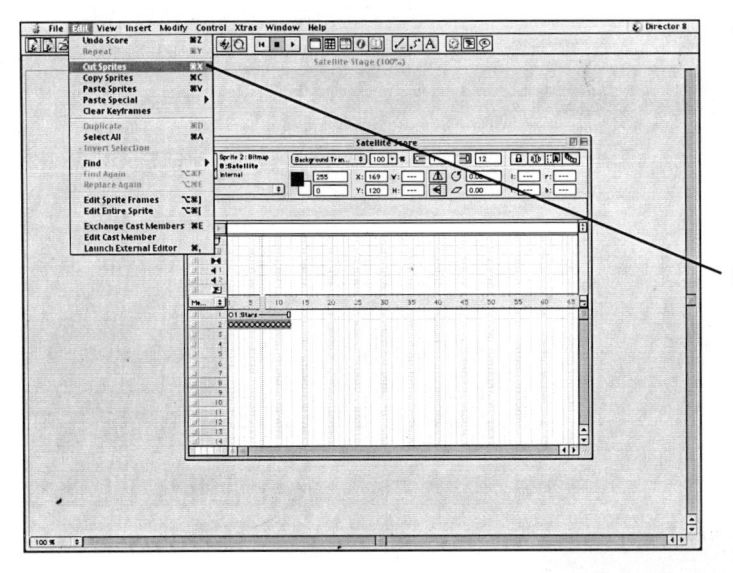

1. Selecione todos os sprites no canal 2. Lembre-se de que o planeta passará atrás do satélite, o que significa que o satélite tem que estar no canal 3.

2. Selecione Cut Sprites (Cortar Sprites) —Command-X (Mac) ou Control-X (PC).

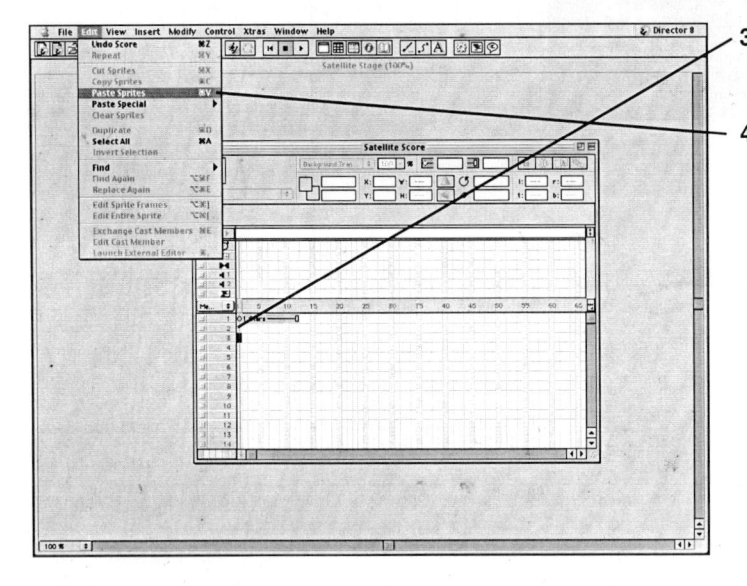

3. Clique no quadro 1 do canal 3 para selecionar o quadro.

4. Selecione Edit, Paste Sprites (Colar Sprites) — Command-V (Mac) Control-V (PC).

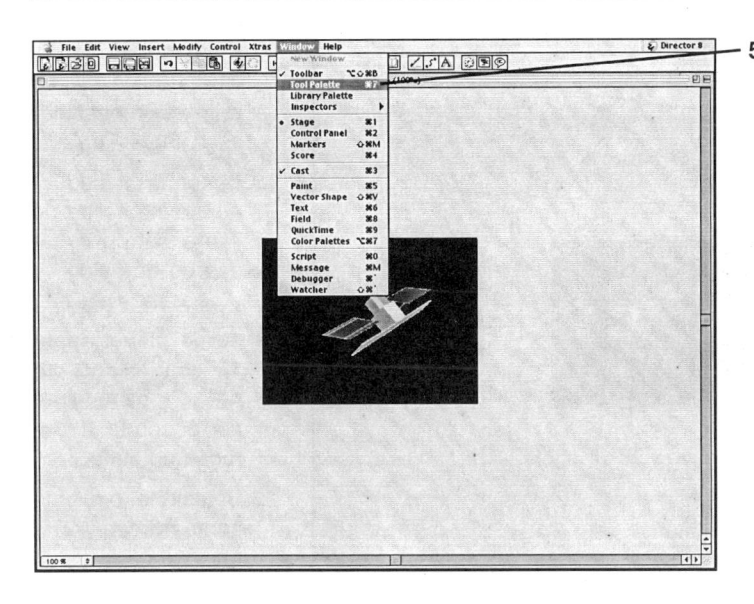

Capítulo 3 - É hora do show: a animação no Director **121**

5. Abra a palheta Tools e o planeta será uma forma do QuickDraw.

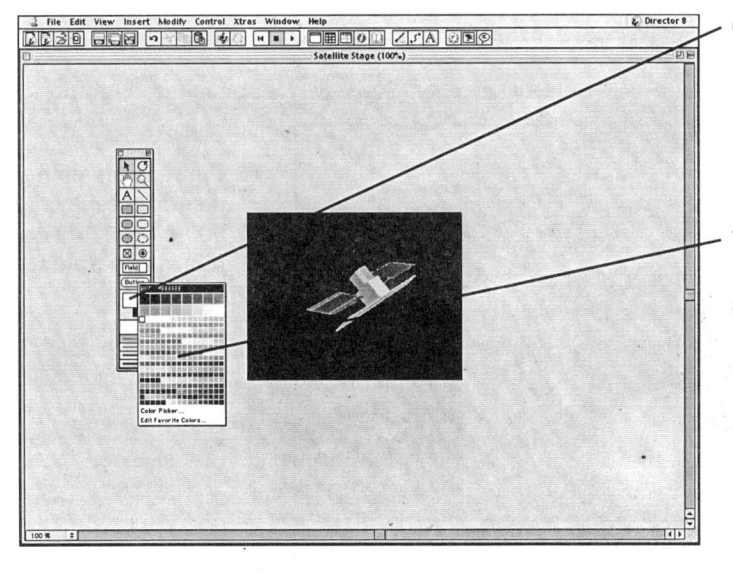

6. Clique e mantenha o botão do mouse pressionado na cor do primeiro plano na palheta Tools para que a palheta de cores apareça.

7. Selecione uma cor clara.

8. Clique no quadro 1 do canal 2.

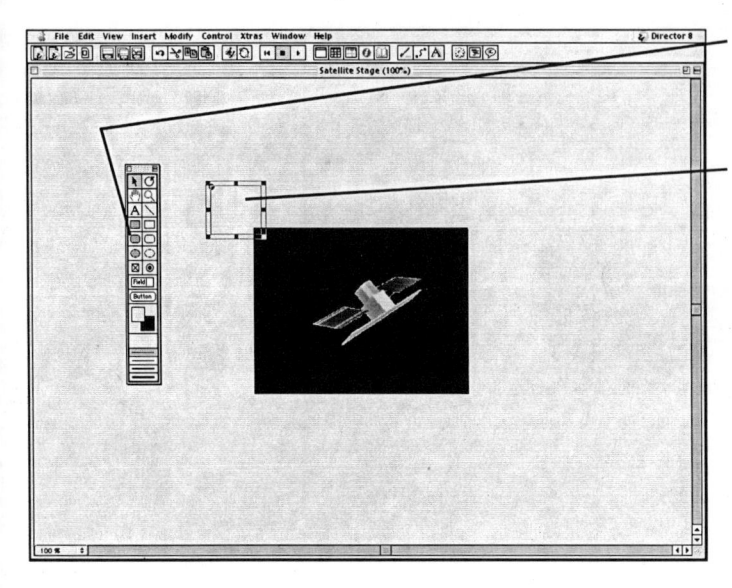

9. Selecione a ferramenta Filled Ellipse (Elipse Preenchida) na palheta Tools.
10. Desenhe um pequeno círculo acima do canto superior esquerdo do palco.
11. Reduza a amplitude do planeta para 12 quadros no canal 2 para que corresponda à duração do filme.
12. Selecione o último sprite no canal 2.
13. Abra Sprite Properties (Window, Inspector, Property).
14. Clique no botão Scale. 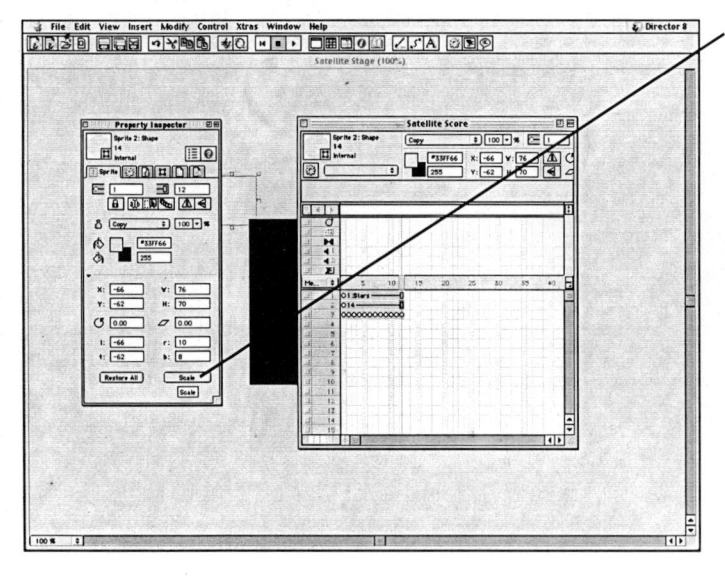
15. Digite a porcentagem de escala como 600 % e o planeta ficará realmente grande.

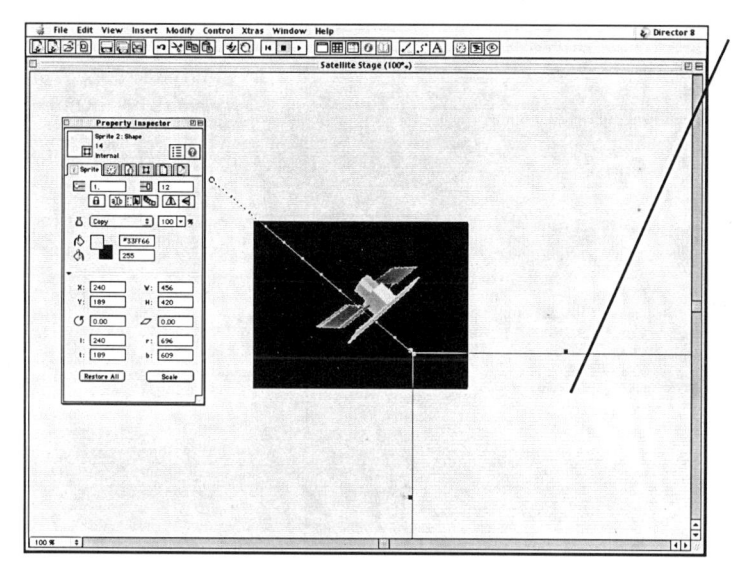

Capítulo 3 - É hora do show: a animação no Director **123**

16. Arraste o planeta para o canto inferior direito do palco.

17. Clique no canal 2 do quadro 5 no palco para iniciar o processo de animação. O planeta se moverá em um arco sutil atrás do satélite.

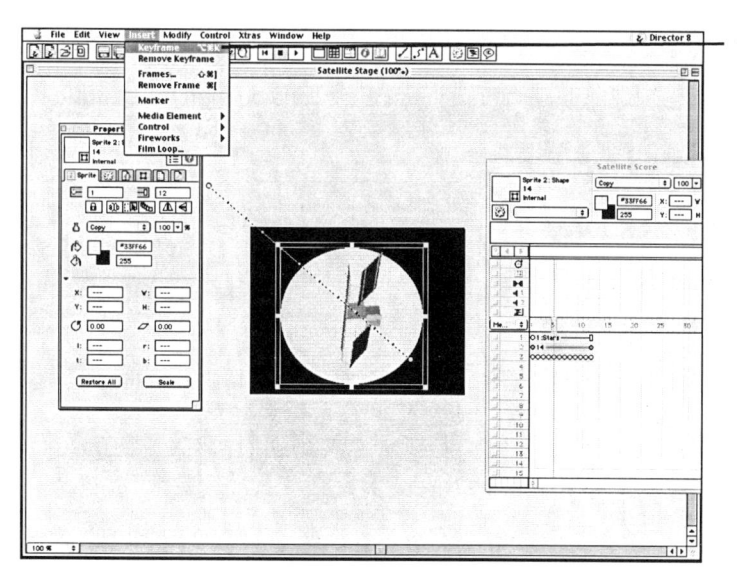

18. Selecione Insert, Keyframe. Aparecerá um ponto no quadro 5 e o ponto quadrado no final da seqüência se tornará redondo.

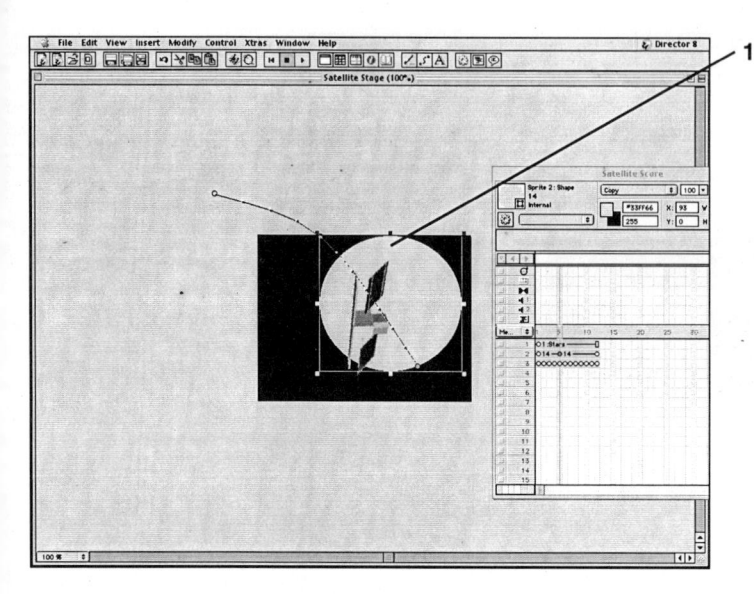

19. Selecione o planeta e mova-o para trás do satélite. Tente e faça com que o caminho seja similar ao de um arco do início ao fim do caminho da animação.

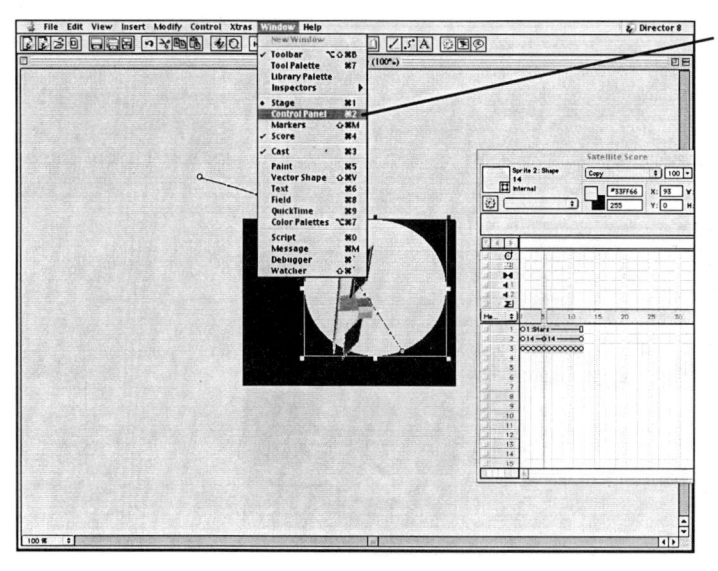

20. Abra o Control Panel (Window, Control Panel).

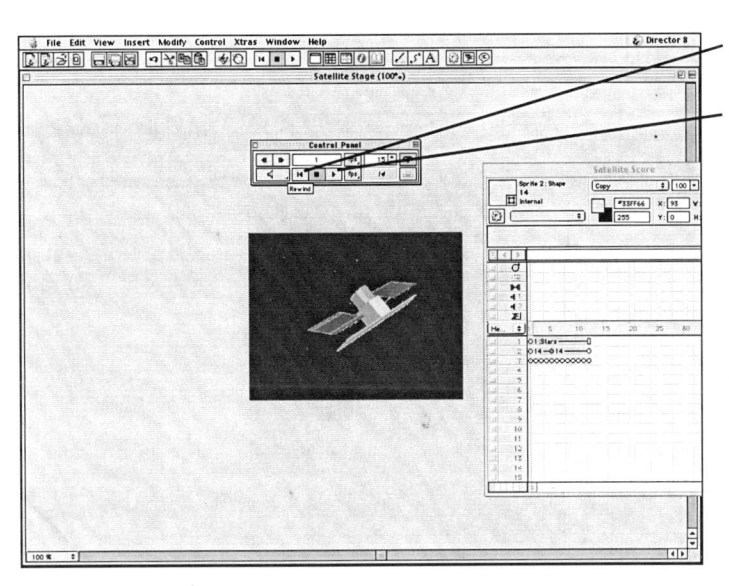

Capítulo 3 - É hora do show: a animação no Director **125**

21. Clique no botão Rewind.
22. Clique no botão Play. O satélite será girado enquanto o planeta parecerá estar próximo a ele.

Como animar em um caminho circular

No exercício anterior, fizemos um caminho quase circular para a órbita do satélite. Neste exercício, deixaremos que o software faça o trabalho através do uso da caixa de diálogo Sprite Tweening. Acrescentaremos também um pouco de realismo a esta animação com o satélite na órbita do planeta por duas vezes e depois iremos lançá-lo no espaço.

Como preparar o filme

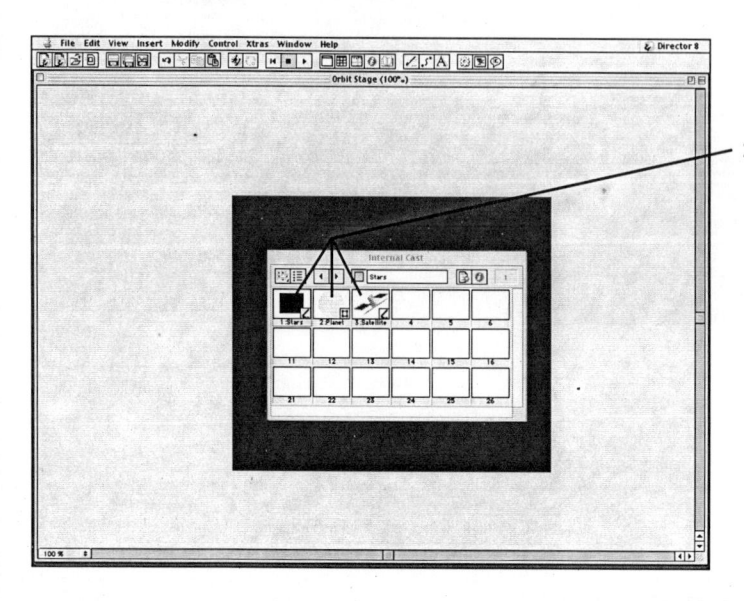

1. Abra Orbit.dir na pasta Exercises de Chapter[DR2] 3.
2. Abra o elenco. As estrelas, o planeta e o satélite já estarão lá.
3. Abra o score. As estrelas estarão no canal 1 e o planeta no canal 2.

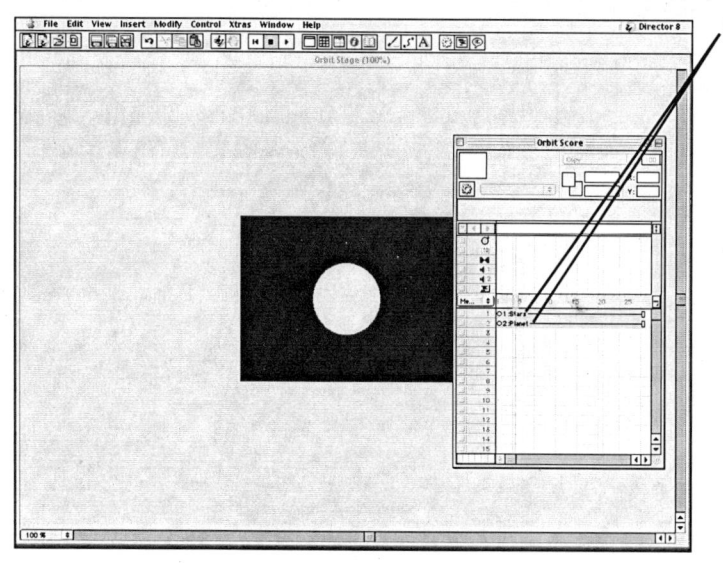

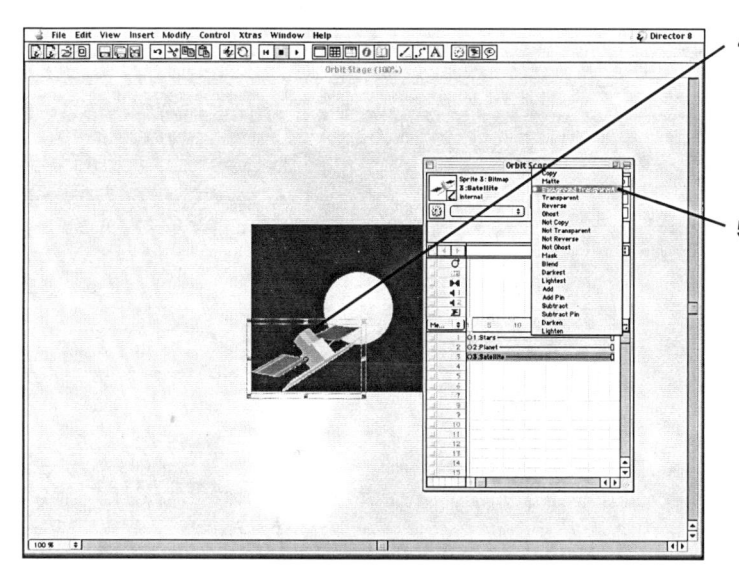

4. Arraste o satélite do elenco para o canto inferior esquerdo do palco. O plano de fundo do satélite cobrirá o planeta.

5. Selecione Background Transparent em Ink Effects na barra de ferramentas Sprite.

Como criar a animação

O satélite fica em frente ao planeta. Para movê-lo em uma órbita suave ao redor do planeta é necessário considerar o que acontece na realidade. Primeiramente, conforme o satélite entra na órbita do planeta, ele se move para longe do espectador. Isso significa que se torna menor conforme se aproxima do planeta. Em segundo lugar, é necessário que ele vá para trás do planeta para completar a órbita.

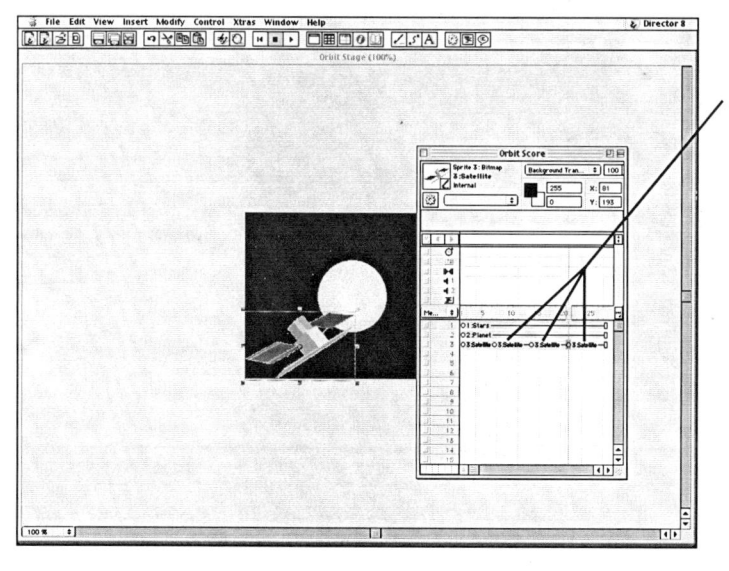

1. Selecione o canal do satélite.

2. Adicione quadros-chave nos quadros 7, 14, 21 e 28.

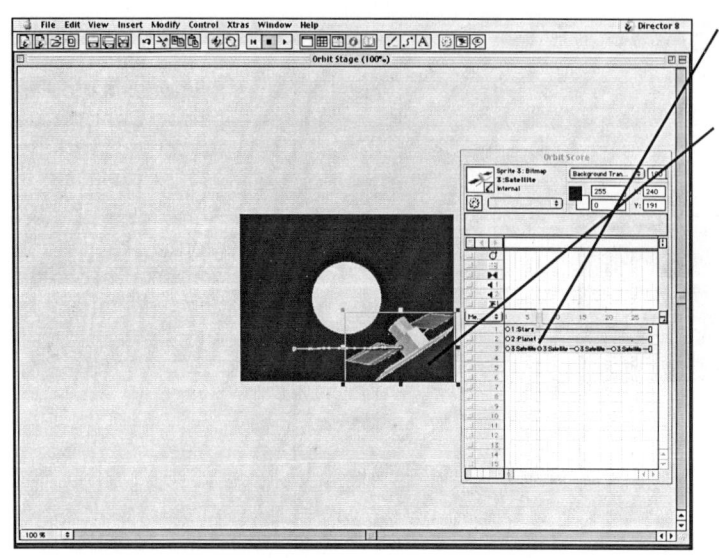

3. Clique no quadro-chave 7 do canal do satélite.
4. Clique no satélite no palco e arraste-o para o canto inferior direito do palco.

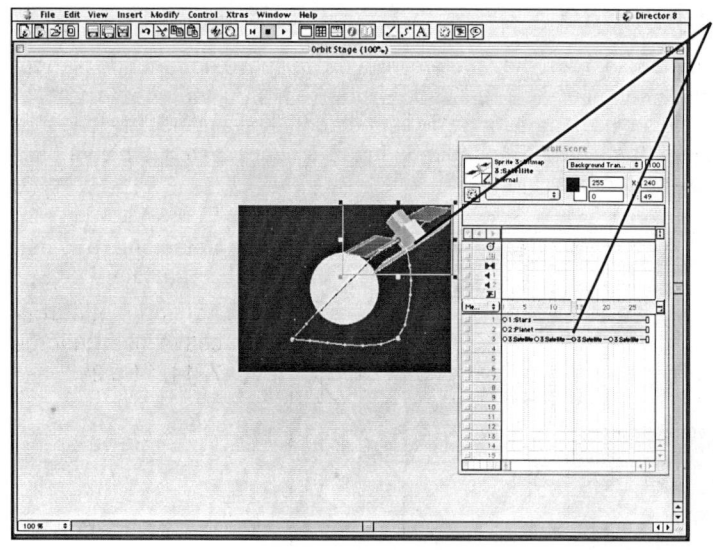

5. Clique no quadro-chave 14 do canal do satélite, selecione o sprite no palco e mova-o para o canto superior direito do palco.

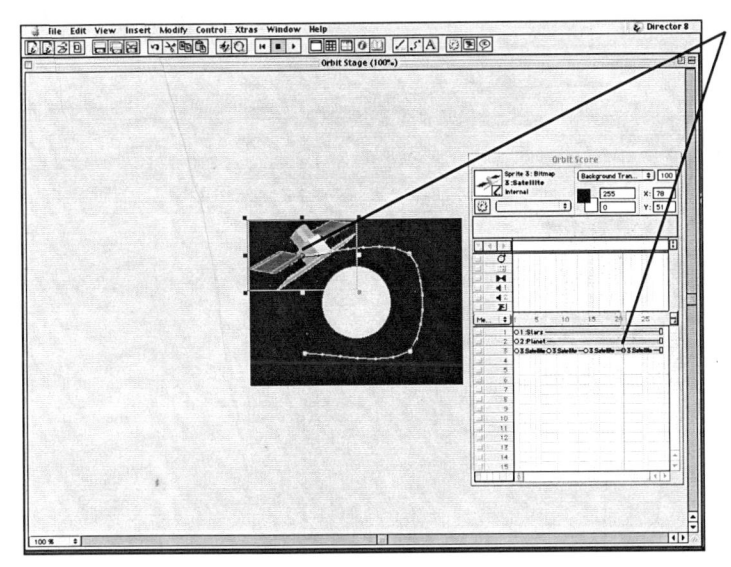

Capítulo 3 - É hora do show: a animação no Director **129**

6. Clique no quadro-chave 21 do canal do satélite, selecione o sprite no palco e mova-o para o canto superior esquerdo do palco. O caminho será parecido com um círculo.

Observação

Clicar e mover constantemente o mouse em um item de menu pode levar tempo. Caso você esteja em ambiente Windows, clique com o botão direito do mouse no quadro que apresenta o quadro-chave. Os usuários do Mac precisam pressionar a tecla Control e clicar no quadro. Em ambos os casos aparecerá uma caixa de diálogo contendo Insert Keyframe e outras escolhas. Esta técnica é guiada pelo contexto. Se você clicar com o botão direito do mouse ou der Control-clique em um membro do elenco, verá as opções pertinentes à sua seleção.

Como suavizar a animação

Se você reproduzir a animação, verá que está um pouco estremecida. É nesta etapa que a caixa de diálogo Sprite Tweening vai realmente funcionar.

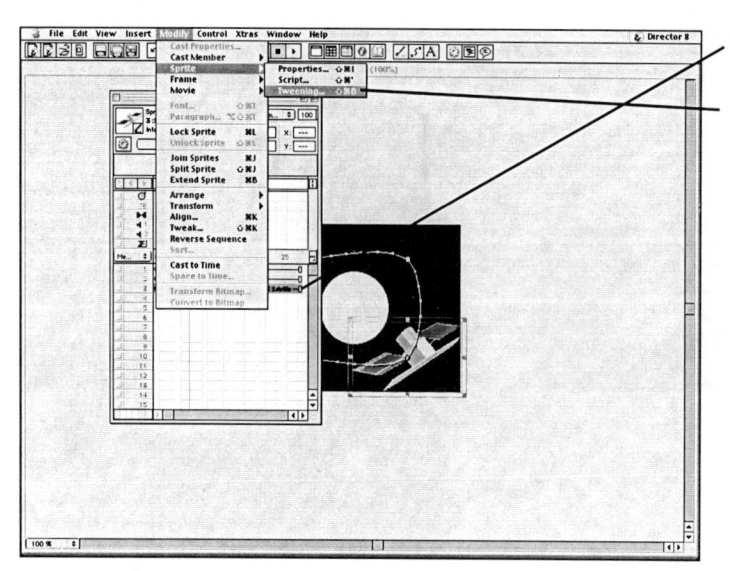

1. Selecione o canal do satélite.
2. Selecione Modify, Sprite, Tweening para abrir a caixa de diálogo Tween.

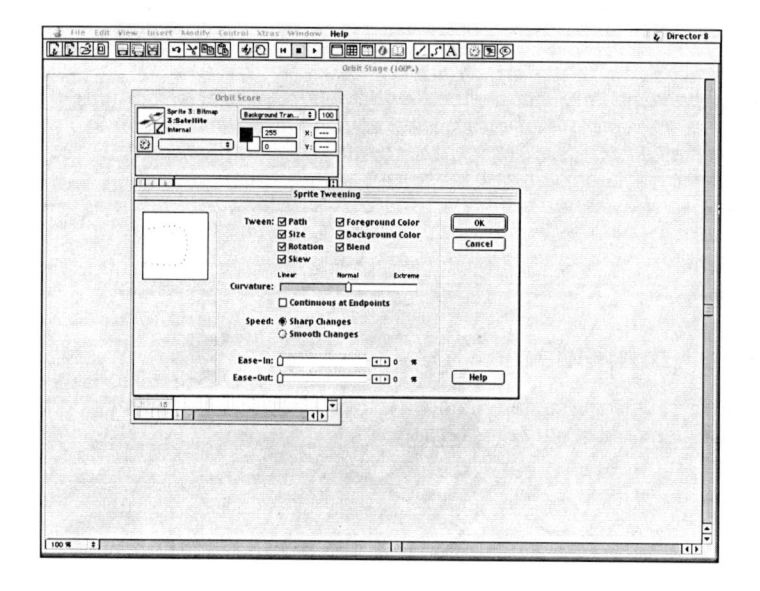

Capítulo 3 - É hora do show: a animação no Director 131

Observação

Esta caixa de diálogo é uma das mais úteis e completas do aplicativo. A parte superior da caixa contém diversas seleções que determinam o que será inserido na parte intermediária. Para essas escolhas, há uma seleção. Por exemplo, se o plano de fundo não deve ser colocado na parte intermediária, apenas desmarque-o. O indicador de curvatura determina a curva do caminho. Continuous at Endpoints (Continuamente até o final) basicamente alinha o início e o fim da animação. Selecione-o e obterá uma movimentação circular e suave. Há duas opções para a velocidade. As mudanças aparecem repentinamente ou gradualmente? Os indicadores de Ease In e Ease Out (Devagar e Depressa) parecem não ser intuitivas à primeira vista. Quando você acerta uma bola de bilhar com o taco, ela acelera — Ease Out. Quando a bola acerta a caçapa e pára, desacelera — Ease In. Os indicadores determinam a velocidade.

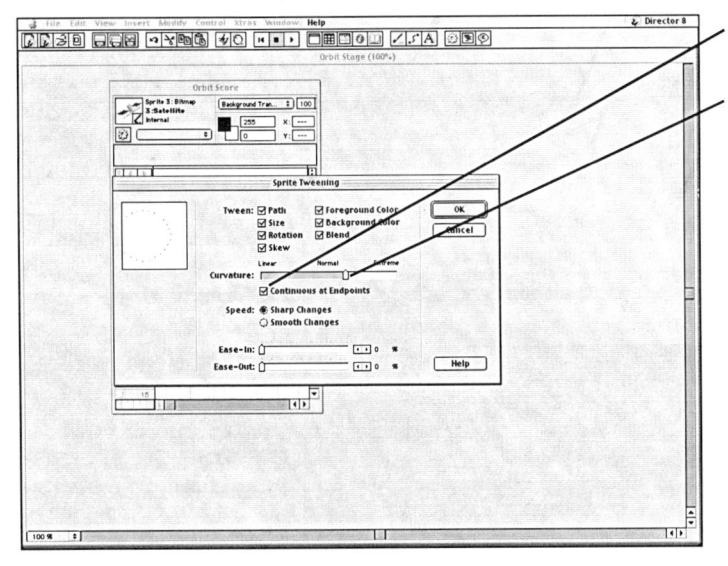

---

3. Selecione Continuous at Endpoints.
4. Movimente o indicador um pouco em direção ao máximo (Extreme).
5. Clique em OK.
6. Reproduza a animação e observe a suavidade da órbita.

Como acrescentar a escala

Conforme o satélite se move para longe do planeta, deve crescer e vice-versa. Ambos dão a sensação de profundidade.

1. Selecione o primeiro quadro-chave do canal do satélite.

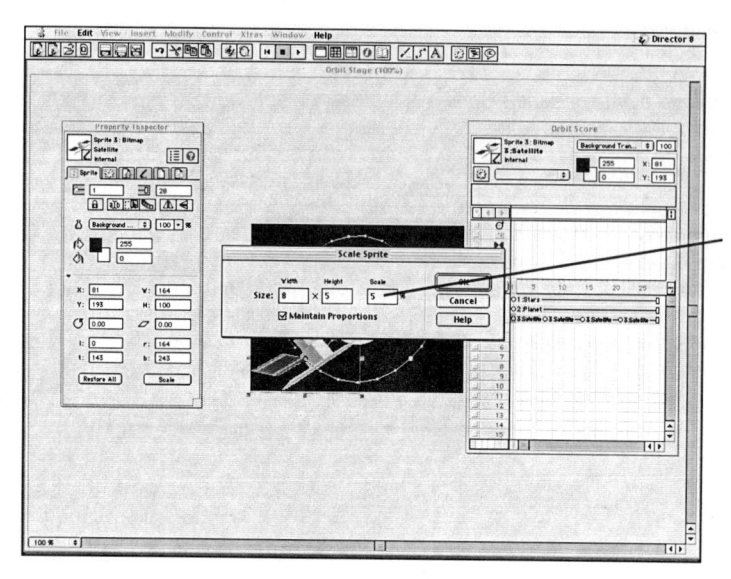

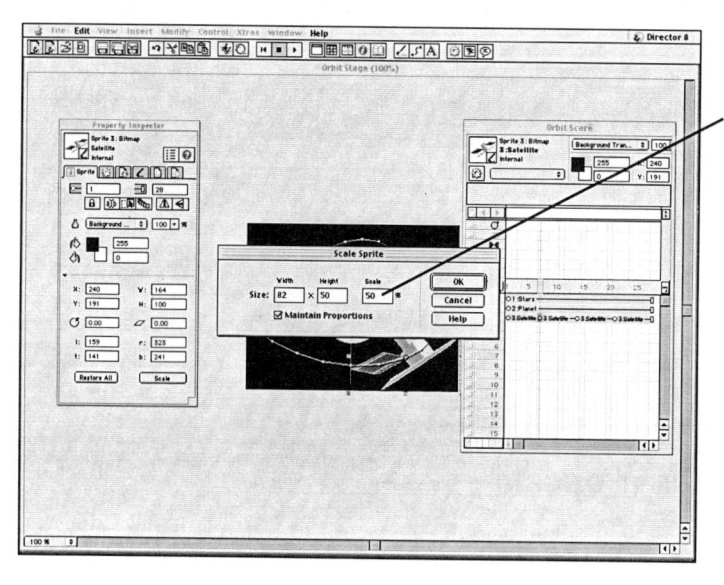

2. Abra Sprite Properties — Command-Option-S (Mac) ou Control-Alt-S (PC).
3. Clique no botão Scalling.
4. Atribua 5% para a escala.
5. Clique em OK. O sprite parecerá realmente pequeno e em algum local diferente de onde deveria estar. O sprite 28 também terá uma escala em menos 5% devido à sua escolha de Continuous at Endpoints na caixa de diálogo Tweening.
6. Selecione o sprite 7 e defina seu percentual de escala em 50%.
7. Selecione o sprite 21 e atribua o percentual 50%.
8. Volte o filme e reproduza-o. A órbita do satélite será mais realista.

Capítulo 3 - É hora do show: a animação no Director

Como colocar o planeta na posição correta

Tudo bem com a órbita, mas você ainda não criou a ilusão de que o satélite está passando atrás do planeta. Moveremos alguns quadros do planeta para um canal de sprite mais alto para obtermos o efeito de que o satélite se esconde. O segredo é mover os sprites para cima e para baixo no score.

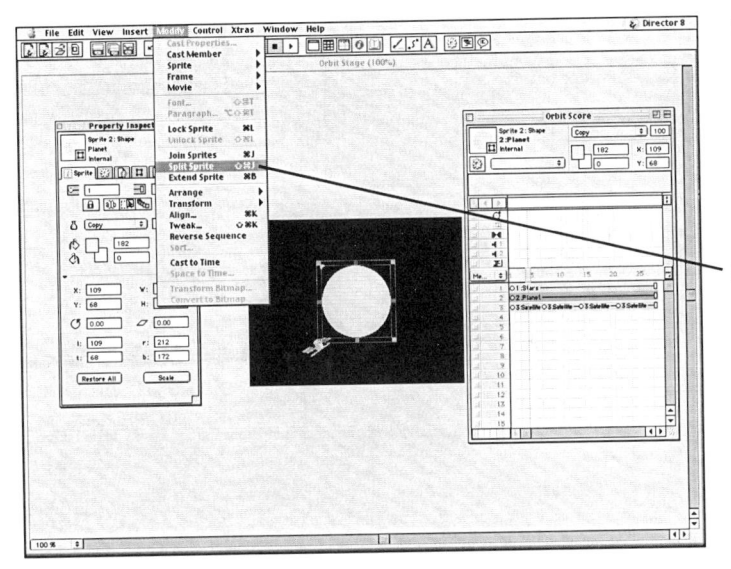

1. Selecione o quadro 4 do canal do planeta e todos os sprites serão selecionados. Para obter três deles, é necessário dividir a amplitude do sprite.

2. Selecione Modify, Split Sprite (Modificar, Dividir Sprite) para adicionar um quadro-chave no sprite do quadro 3.

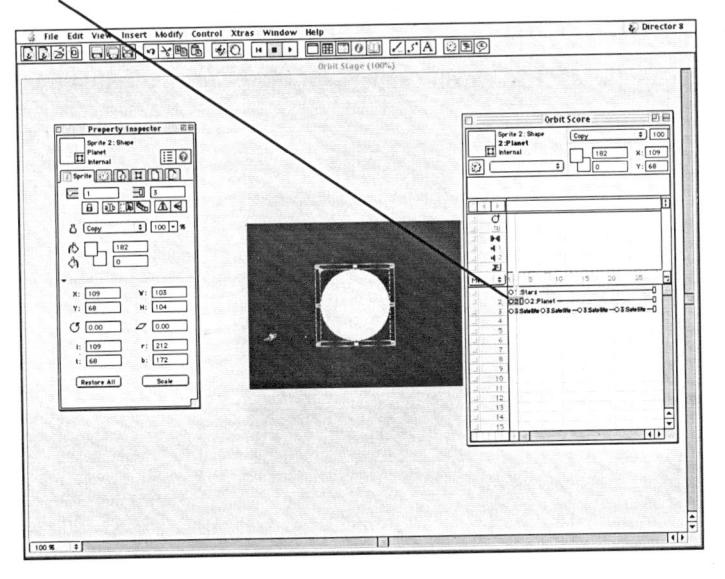

3. Clique no primeiro sprite do canal e apenas os quadros 1 a 3 serão selecionados.

4. Arraste essa seleção para o quadro 7. Eis o segredo: nem sempre é necessário arrastar.

5. Mantenha a tecla Command (Mac) ou Control (PC) pressionada.

6. Pressione a tecla de seta para cima e o sprite se move para baixo no próximo canal ou para o canal de número mais alto.

7. Pressione a tecla de seta para cima e o sprite se move para baixo para o próximo canal.
8. Movimente os sprites para o quadro 1 do canal 4.
9. Selecione os sprites no canal 4.

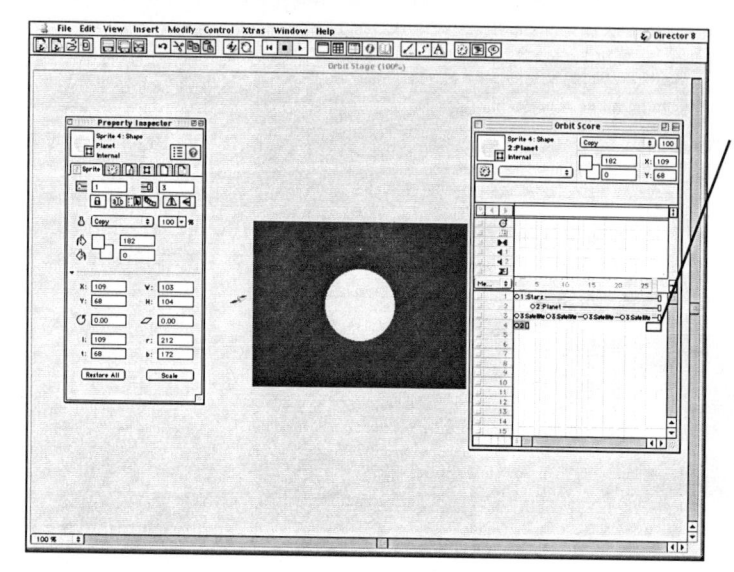

10. Pressione a tecla Option (Mac) ou Alt (PC).
11. Arraste a seleção para o quadro 28. Esta técnica permitirá copiar grupos de sprites e posicioná-los sem utilizar menus. Observe que você está copiando porque o ícone de mão apresenta um sinal de "+".
12. Reproduza o filme e o satélite surgirá de trás do planeta.

13. Pare o filme.

Se o satélite não estiver correto, apenas arraste o cabeçote para os quadros 1, 7, 21 ou 28 e mova-o para a posição.

Como finalizar a animação

O satélite deve completar duas órbitas e sumir no espaço. Vejamos como executar esta tarefa.

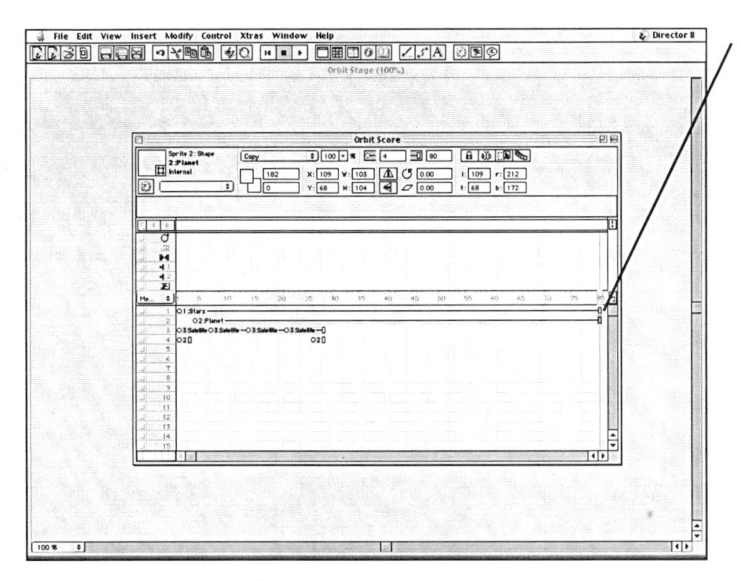

Capítulo 3 - É hora do show: a animação no Director **135**

1. Estenda a amplitude das estrelas e do planeta para o quadro 80 arrastando a alça quadrada para o quadro.

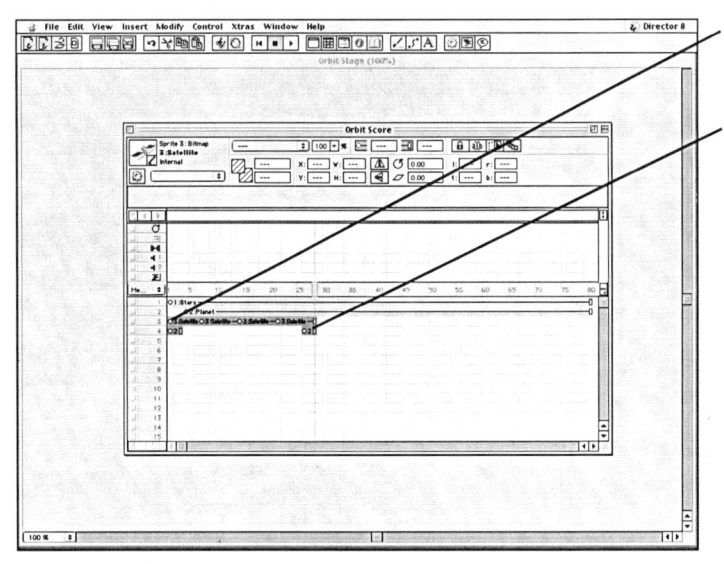

2. Clique no sprite 1 do canal 3 para selecionar o sprite.

3. Pressione a tecla Shift e clique no sprite 28 do canal 4.

4. Selecione Edit, Copy Sprites.

5. Clique no quadro 29 do canal 3 para selecionar o quadro.

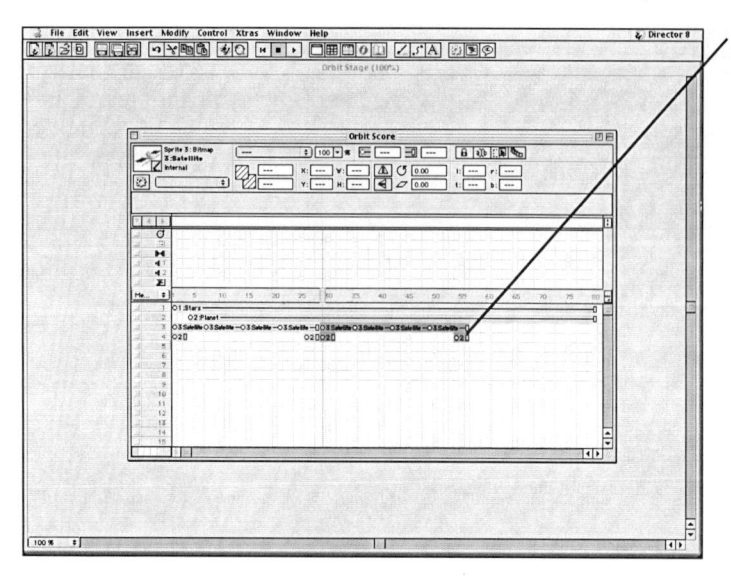

6. Selecione Edit, Paste Sprites. A técnica Option/Alt-Clicar e arrastar resume estas três últimas etapas.
7. Clique no quadro 58 do canal 3 para selecionar o quadro.
8. Selecione Edit, Paste Sprites. Já estamos quase prontos para o lançamento do satélite. 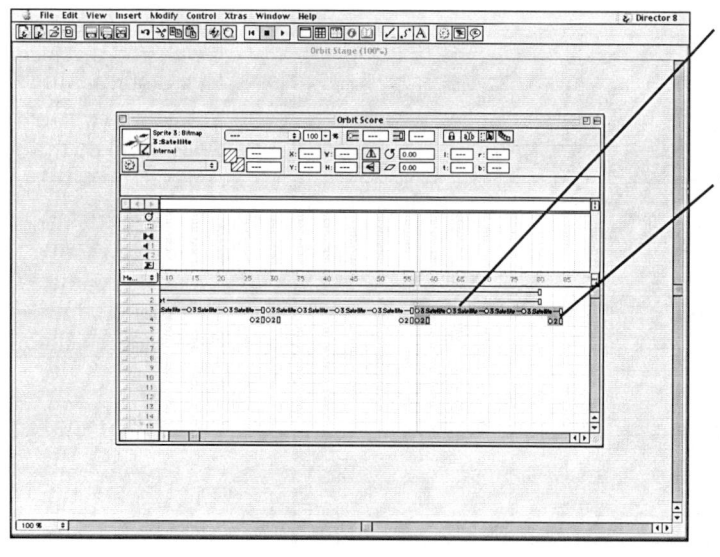
9. Selecione os dois últimos sprites no canal 4 e apague-os, pois não são mais necessários.
10. Clique no quadro 71 no canal 3 para selecioná-lo.
11. Selecione Modify, Split Sprite para que você possa excluir alguns sprites desnecessários.

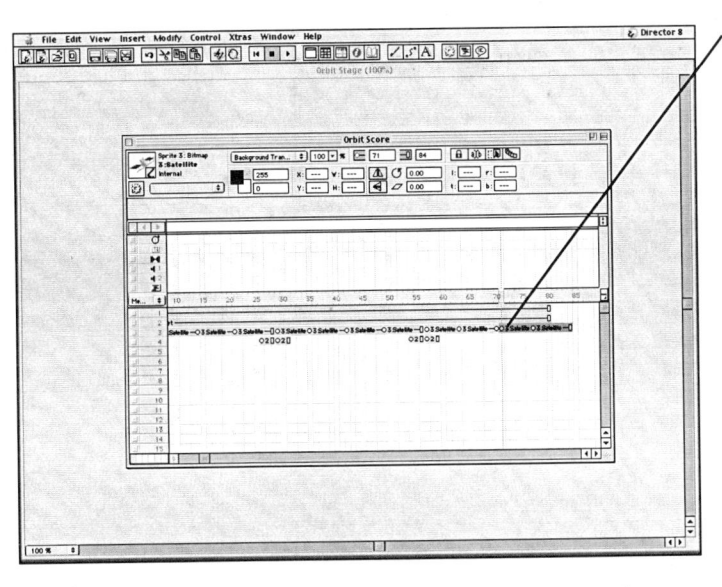

Capítulo 3 - É hora do show: a animação no Director **137**

12. Clique no quadro 71 do canal do satélite para selecionar todos os sprites à direita do quadro 71.

13. Pressione a tecla delete.

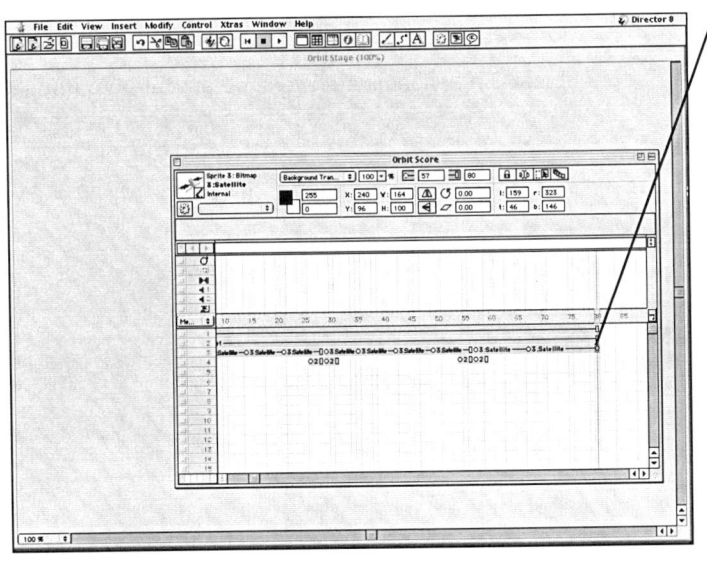

14. Arraste o quadro-chave no quadro 70 do canal do satélite para o quadro 80.

15. Selecione o quadro 80 e clique no satélite no palco.

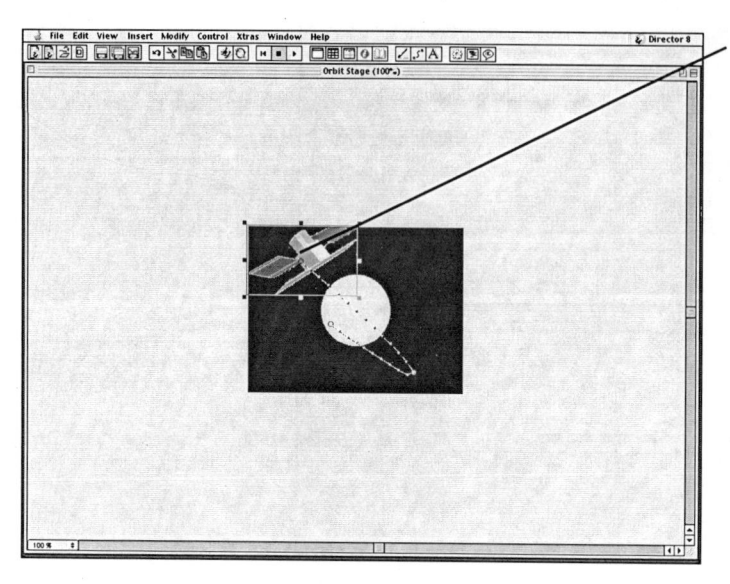

16. Arraste o satélite para o canto superior esquerdo do palco. Este é o ponto no qual o satélite desaparece.
17. Com o satélite ainda selecionado no quadro 80, abra Sprite Properties.
18. Clique no botão Scale e defina a escala em 2%. O satélite está quase desaparecendo. 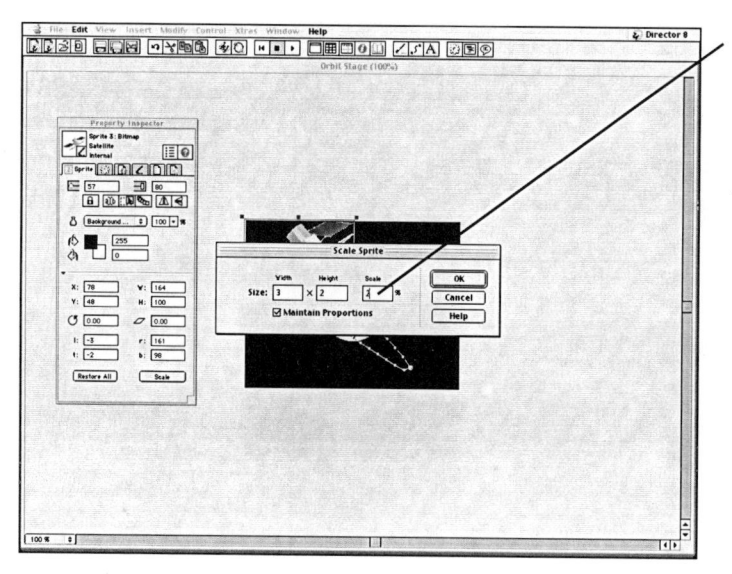
19. Volte o filme e exiba-o.

Capítulo **4**

Conhecimentos básicos sobre Lingo

A linguagem de programação do Director, Lingo, inclui comandos que controlam imagens, sons, escalas, giros, conectividade com a Internet e outros. Este capítulo apresenta os conhecimentos fundamentais sobre Lingo e as ferramentas que podem ser utilizadas para criar scripts que controlam o Director. Neste capítulo, você aprende a:

- Criar um script, um script de sprite e um script de membro do elenco
- Utilizar a janela Message para testar os elementos fundamentais do Lingo
- Manipular a mesma propriedade do sprite utilizando Property Inspector e Lingo
- Criar um script de quadros e um script de filmes
- Descobrir como o Director executa os scripts e em que ordem
- Reconhecer e consertar dois erros comuns de script

Visão geral

Quando você começar a trabalhar com o Director, inevitavelmente terá contato com Lingo, pois esta é a linguagem de programação utilizada pelo Director para obter interatividade. Os capítulos seguintes deste livro utilizam Lingo para obter efeitos específicos — botões, controladores de som, controle de vídeo, botões controladores e utilização da linguagem para abrir páginas da Web.

O objetivo deste livro é agilizar e facilitar o gerenciamento das características fundamentais do aplicativo. Uma delas é entender como funciona esta linguagem de programação. Existem sites completos na Web — www.director-online.com - dedicados a este assunto e um dos grupos de discussão mais ativos da Web — Direct-L — trabalha com a resolução de problemas do Lingo. Livros completos, com o dobro de informações deste, já foram publicados sobre esse assunto. As técnicas e scripts do Lingo foram criados para fornecer um entendimento básico sobre a linguagem e suas possibilidades. Uma vez dominados os conhecimentos básicos, o único empecilho será sua criatividade.

Não há dificuldades em se trabalhar com o Lingo. Decida primeiro o tipo de script que lhe permitirá alcançar seus objetivos. Em seguida, crie o script na janela Script, desenvolva-o no Behavior Inspector (Inspetor de Comportamento) ou utilize um dos comportamentos já existentes no Director. Depois de criar o script, teste-o para certificar-se de que executa as tarefas que você deseja. Finalmente, identifique os problemas do script e solucione-os.

Este capítulo apresenta as construções básicas do Lingo e as ferramentas que podem ser utilizadas para criar os diversos scripts que controlam o Director.

A linguagem do Lingo

Muita terminologia surgiu com esta linguagem. Os termos principais são *script* e *comportamento*. Até esta versão, havia uma diferença clara entre os dois, dependendo de como eram criados. Scripts eram essencialmente criados na janela Script e os comportamentos vinham embutidos no aplicativo em Behavior Library (Biblioteca de Comportamentos) ou eram criados em Behavior Inspector.

Com a versão 8 do Director, esta distinção não mais existe. Ambos são uma série de comandos criados com Lingo. Tudo o que é criado utilizando a linguagem é considerado comportamento e script. O script executa o básico como um loop do cabeçote sobre um quadro, ou pode ser mais complexo embaralhando as peças de um quebra-cabeça e determinando as peças que se encaixam e o som correspondente para o encaixe ou não. Embora este último pareça complicado, entender o Lingo possibilita dar interatividade à multimídia.

Capítulo 4 - Conhecimentos básicos sobre Lingo   **141**

Como criar um script

Qualquer script criado será anexado a um elemento: um sprite, um quadro do filme e até ao filme completo. O script utilizará a ferramenta Button para criar um botão que, ao ser clicado, ativa uma mensagem de alerta.

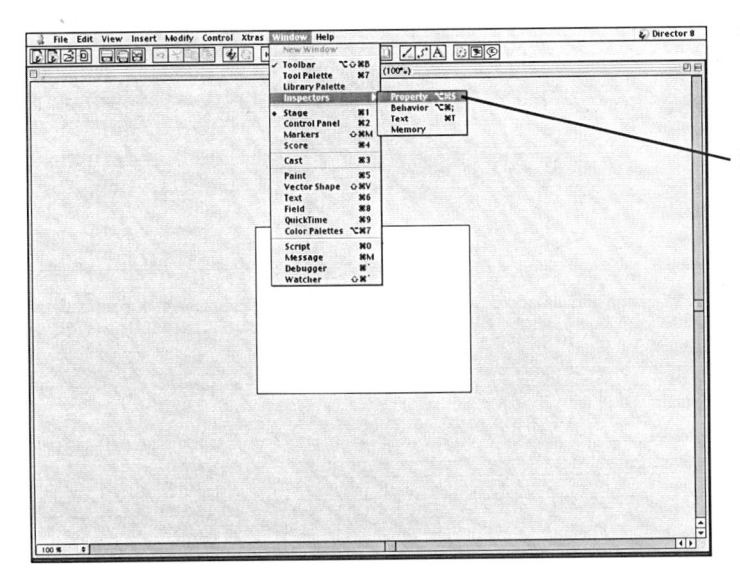

1. Selecione File, New. Control-N (PC) ou Command-N (Mac).

2. Selecione Window, Inspectors, Property —Control-Alt-S (PC), Command-Option-S (Mac)— para abrir o Property Inspector.

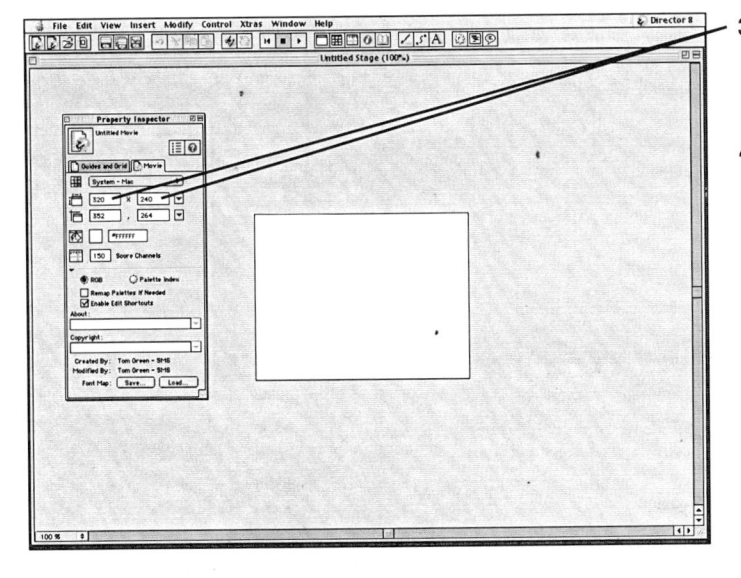

3. Defina o tamanho da tela em 640 x 480 e Stage Location como Centered.

4. Abra o Control Panel — Control-2 (PC) ou Command-2 (Mac).

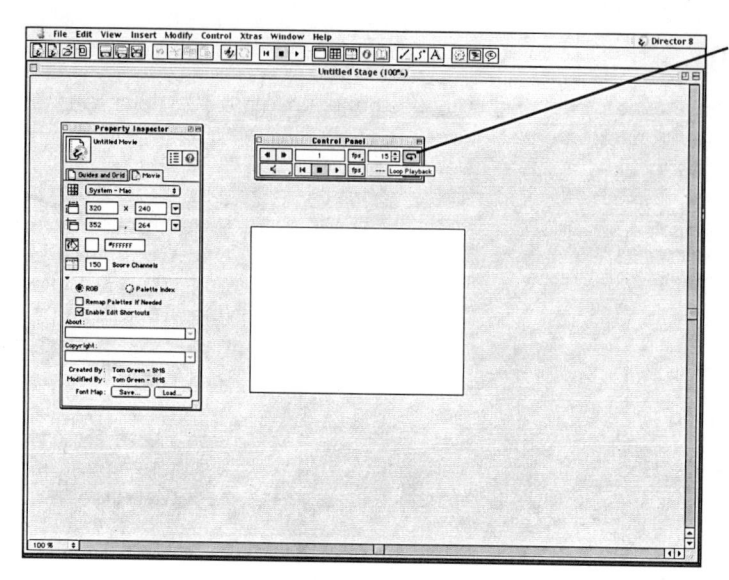

5. Clique no botão Loop e feche o Control Panel para que o filme volte para o primeiro quadro em vez de parar no último.

6. Selecione Window, Tools ou Control-7 (PC), Command-7 (Mac) para abrir a palheta Tools.

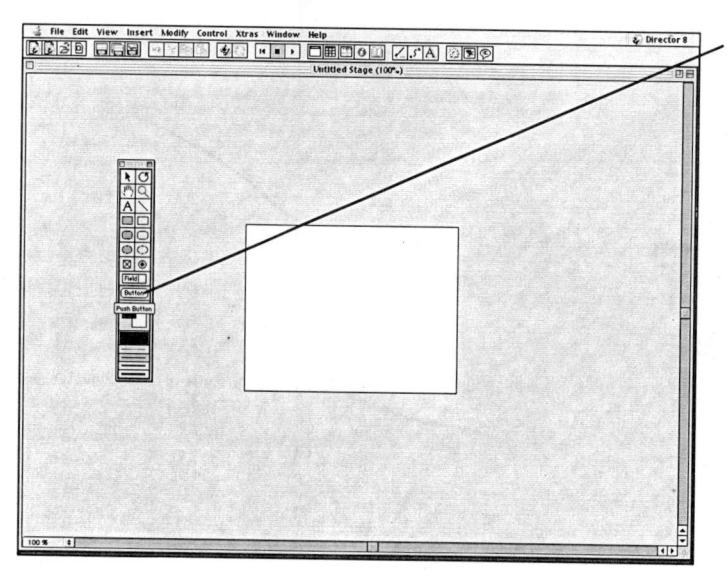

7. Clique na ferramenta Button.

8. Mova o cursor para o palco.

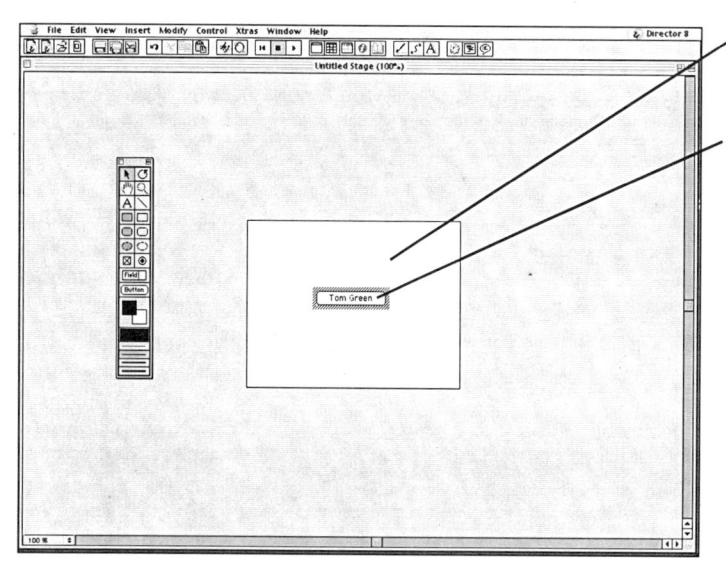

Capítulo 4 - Conhecimentos básicos sobre Lingo 143

9. Clique com o mouse e aparecerá um botão no palco.
10. Digite seu nome onde o cursor estiver piscando.
11. Abra a janela Score (Window, Score).

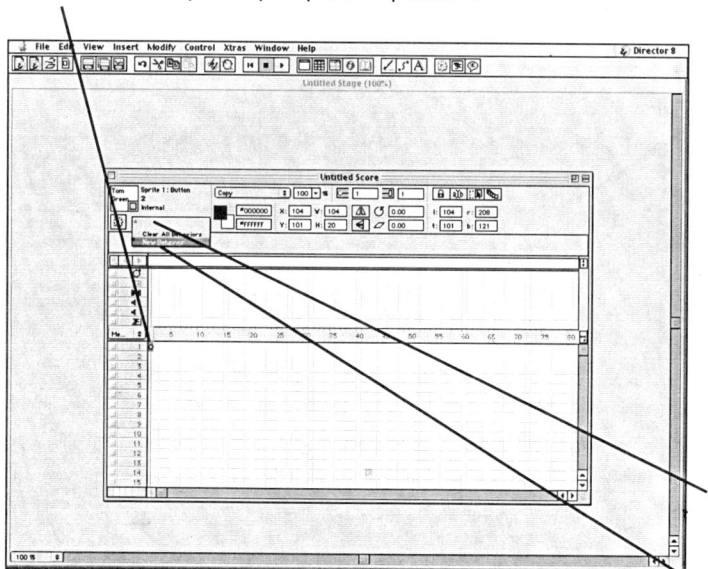

12. Reduza Sprite Span para o quadro 1.

13. Feche o score.
14. Role o cursor para Script Well. Por muito tempo, esta área ficou conhecida como Script Well, mas a Macromedia, oficialmente, a considera como Behavior Menu. Os termos são intercambiáveis e, às vezes, é difícil se livrar de alguns hábitos.
15. Clique e mantenha o botão do mouse pressionado.
16. Selecione New Behavior no menu para abrir a janela Script. Aprenda mais sobre essa janela na próxima seção.

A janela script

Nesta janela, temos muitos botões que podem ser confusos e uma grande área em branco com um cursor piscando e duas linhas de código.

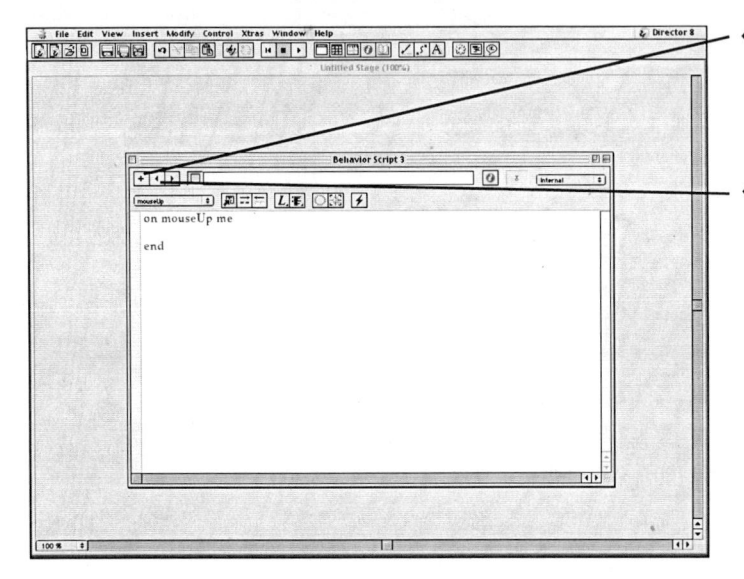

- ◆ O sinal de mais à esquerda é o botão New Script. Clique para abrir a nova janela Script.

- ◆ A seta para trás (Back Arrow) permite que você consulte os scripts anteriores no elenco.

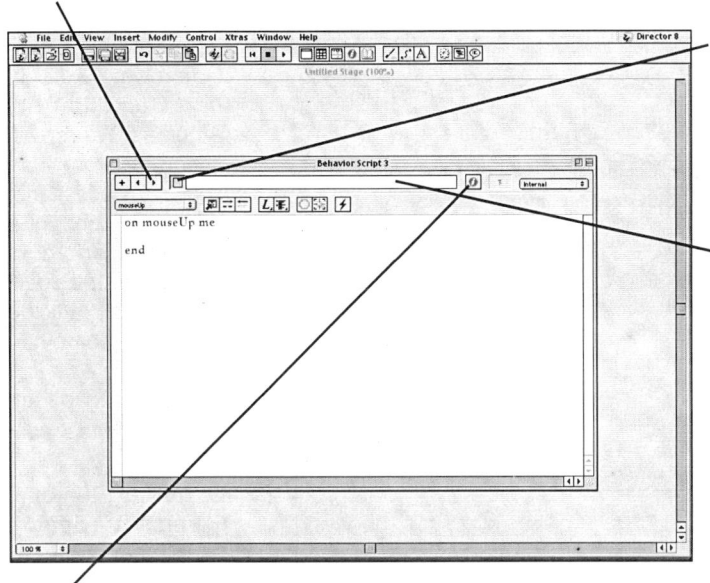

Capítulo 4 - Conhecimentos básicos sobre Lingo   **145**

◆ A seta para frente (Forward Arrow) lhe permite seguir adiante nos scripts do elenco.

◆ O botão Drag Castmember (Arrastar Membro do Elenco) permite que você arraste o script desta janela para um sprite.

◆ A caixa Name Castmember (Nomear Membro do Elenco).

◆ O botão Info abre as propriedades do membro do elenco e permite a definição do tipo de script que está sendo criado. Os scripts de filmes ficam disponíveis por todo o filme. Os scripts de comportamento são específicos do sprite ao qual são aplicados. Um script pai é especialmente utilizado em Object Oriented Programming — OOP (Programação Orientada a Objetos), que não é abordada neste livro.

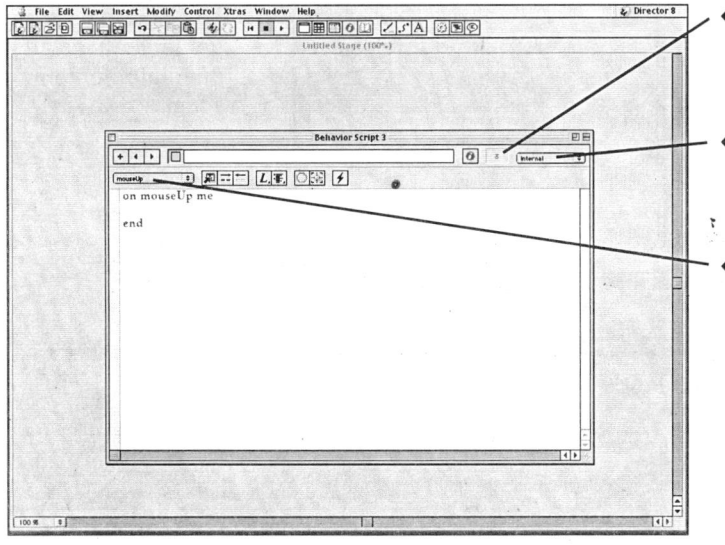

◆ O número informa o membro do elenco que é ocupado pelo script.

◆ O Botão Internal apenas informa em qual elenco está o script.

◆ Go To Handler (Ir para Manipulador) permite a seleção entre os manipuladores do script.

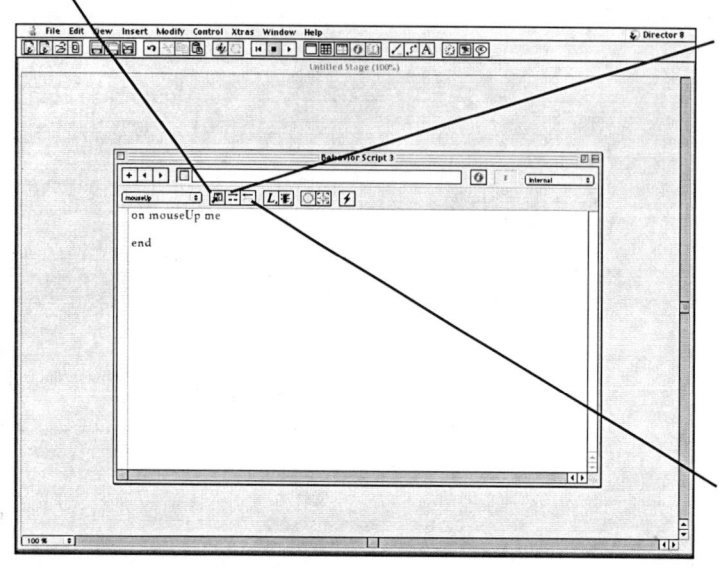

♦ O outro Go To Handler encontra a ocorrência seguinte do manipulador no script.

♦ Este botão é o Add Comment (Adicionar Comentário). Algumas vezes, os scripts são complexos e é necessário adicionar uma observação sobre o que fazem. Se você não tivesse adicionado um comentário no início e no fim da observação, teria uma mensagem de erro.

♦ O botão Remove Comment (Remover Comentário).

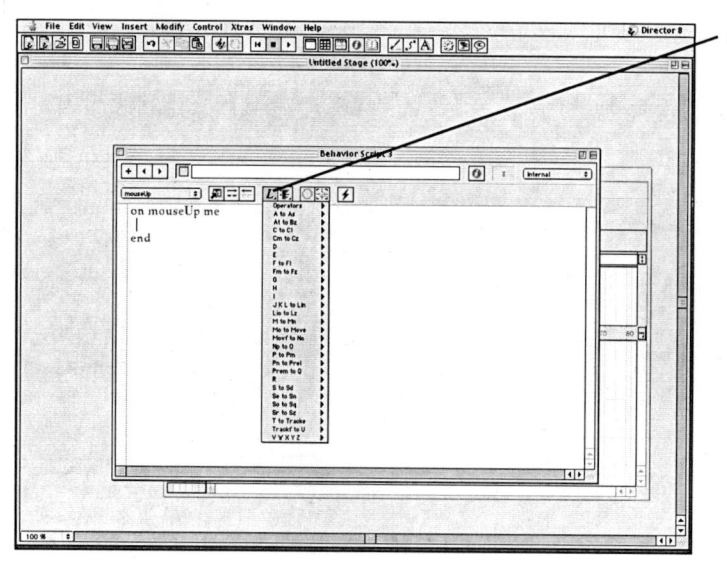

♦ O L grande representa Lingo. Quando é clicado aparece uma listagem em ordem alfabética de todos os comandos do Lingo. Selecione um e será colado imediatamente no script.

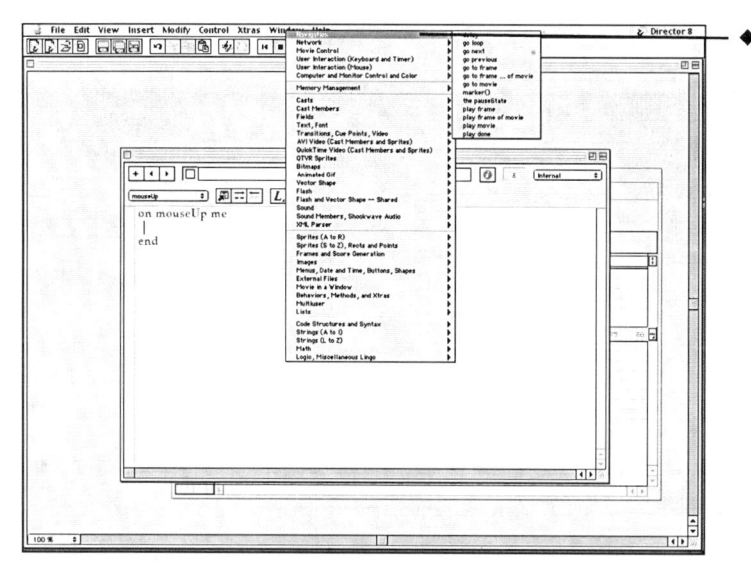

Capítulo 4 - Conhecimentos básicos sobre Lingo   **147**

♦ O botão Categorized (Categorizado) exibe um menu suspenso com todos os comandos do Lingo ordenados por categoria. É bastante útil para lembrá-lo de comandos específicos.

♦ O botão Stop Sign (Ponto) acrescenta um ponto de quebra — o script faz uma parada — na linha clicada.

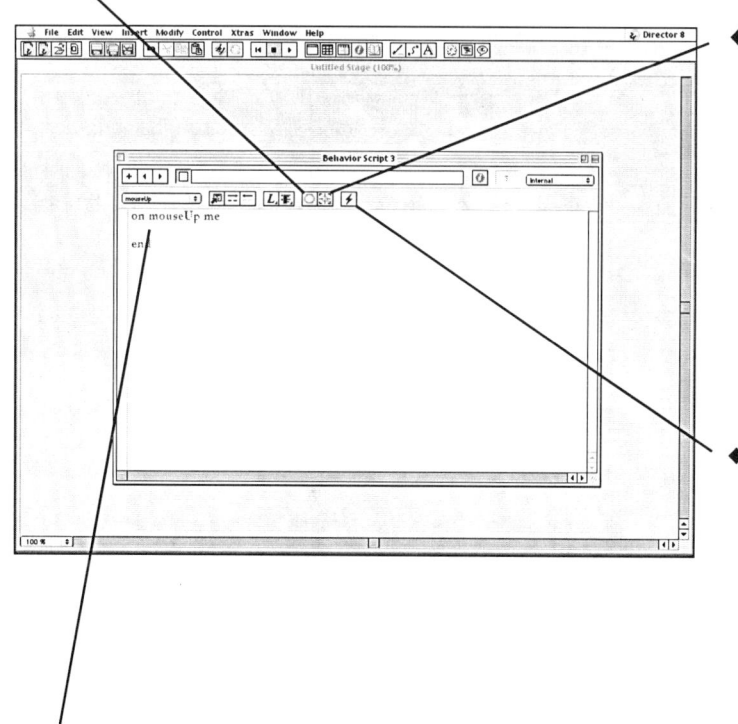

♦ Watch Expressions (Observador de Expressões) abre a janela Watcher, a qual acompanha o script e mostra os valores para as expressões conforme mudam. Esta janela é realmente útil para quem trabalha com códigos em escala industrial. Não será utilizada neste livro.

♦ Lightning Bolt (Raio) é o compilador. Clique nele e o Director irá rapidamente procurar por erros simples de codificação. Se tudo estiver em ordem, o script será executado.

♦ A área em branco com as duas linhas de código é o local para criar o script.

Agora que você já conhece um pouco da janela Script, tente fazer este exercício:

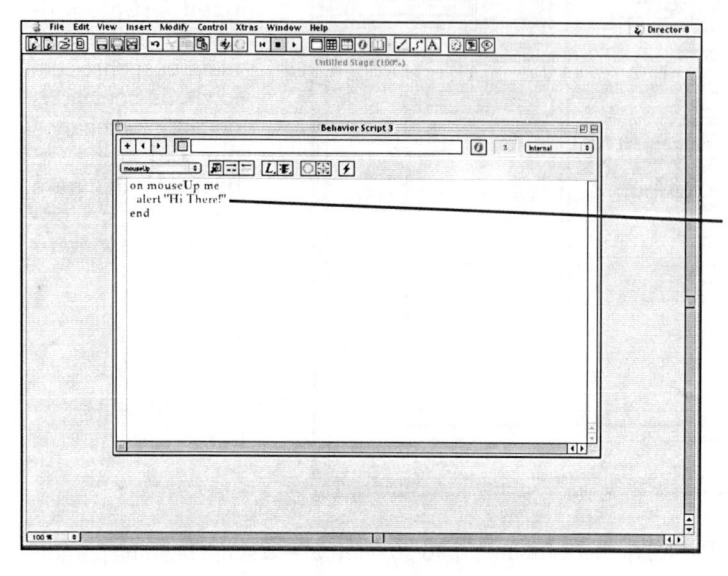

1. Se o cursor não estiver piscando entre as linhas já existentes na área branca, clique com o mouse entre as linhas.
2. Digite **alert** "Hi There!"
3. Feche a janela Script.
4. Exiba o filme.
5. Clique no botão e você verá uma caixa de alerta com a frase "Hi There!" na tela.
6. Clique em OK. 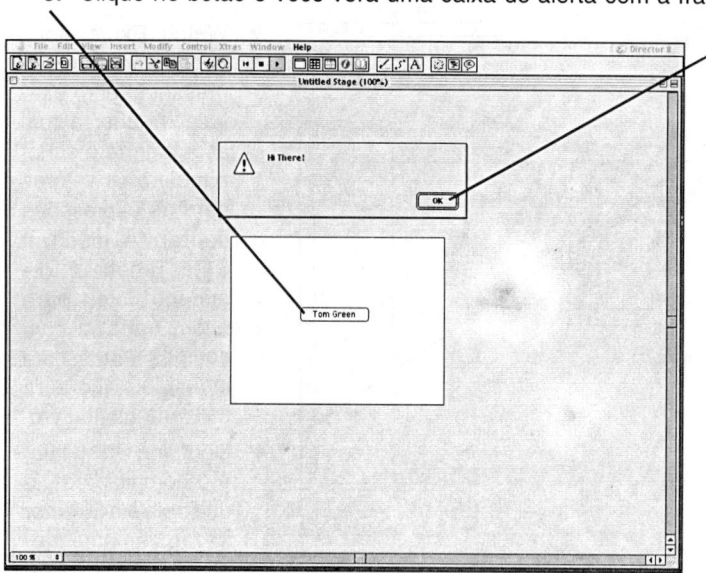
7. Pare o filme. Você acaba de criar um script.

Capítulo 4 - Conhecimentos básicos sobre Lingo

> **Observação**
>
> O script que você acabou de criar deu origem a um alerta para quando o botão for pressionado no palco. As três linhas de código são básicas no Lingo.
>
> A primeira linha — on mouseUp me — é o manipulador. Todos os manipuladores iniciam com a palavra "on". O evento consiste no botão do mouse ser liberado — mouseUp. A palavra "me" descreve apenas o objeto a ser afetado pelo script.
>
> A linha seguinte — alert "Hi There!" — é o comando ou a série de comandos que descrevem o que vai acontecer quando o botão do mouse é liberado. Na verdade, o comando nesta linha é a palavra "alert". Quando o Lingo reconhece esta palavra, informa ao Director para lançar uma caixa de alerta na tela. "Hi There!" é apenas um exemplo do que aparece na caixa. Substitua pelo seu nome no script e ele será exibido quando você clicar no botão.
>
> A linha final — end — informa ao Lingo que o script chegou ao fim. Todos os scripts ou manipuladores devem ser finalizados com a palavra "end".

> **Observação**
>
> Talvez você esteja se perguntando porque "mouseUP". Primeiramente, é uma palavra-chave que pode ser encontrada nos menus do Lingo Alphabetized ou Categorized. Quando há um espaço em um manipulador, o Director considera que há um valor para a palavra e procura por ele, sem encontrar e perguntará o que você deseja fazer. Colocando as palavras juntas, o Director presume que seja um manipulador. Você pode utilizar os manipuladores do Lingo ou criar outros. Para ilustrar, podemos substituir "mouseUp" por "tomGreen" em outro tipo de script e fazer com que o alerta apareça. Se as palavras forem separadas, seremos questionados sobre o "Green" e o motivo de não possuir valor.

Os elementos do Lingo

O que faz com que o Lingo seja relativamente fácil de entender é ser feito de palavras que formam quase uma sentença coerente; não há construções arcaicas. As palavras são críticas porque formam a base da interatividade e podem ser agrupadas, essencialmente, em um número de categorias.

- *Comandos* como "alert" informam ao filme o que fazer quando são "chamados".
- *Funções* retornam valores. Por exemplo, as batidas mostram quanto tempo, em 1/60 de incrementos de segundos, foi gasto entre as ações.
- *Palavras-chave* são palavras utilizadas pelo Lingo como mouseUp e mouseDown.

◆ *Propriedades* são os atributos de um objeto. São visualizados quando o Property Inspector é definido para List View.
◆ *Operadores* são as funções matemáticas como adicionar e subtrair.
◆ *Constantes* são elementos que não são alterados por serem absolutos. Por exemplo, podemos fazer com que algo aconteça apenas se o mouse for pressionado. Portanto, escreveríamos **"if the mouseDown = True"**. Neste caso, se o botão estiver liberado, o estado não é verdadeiro e nada acontece.

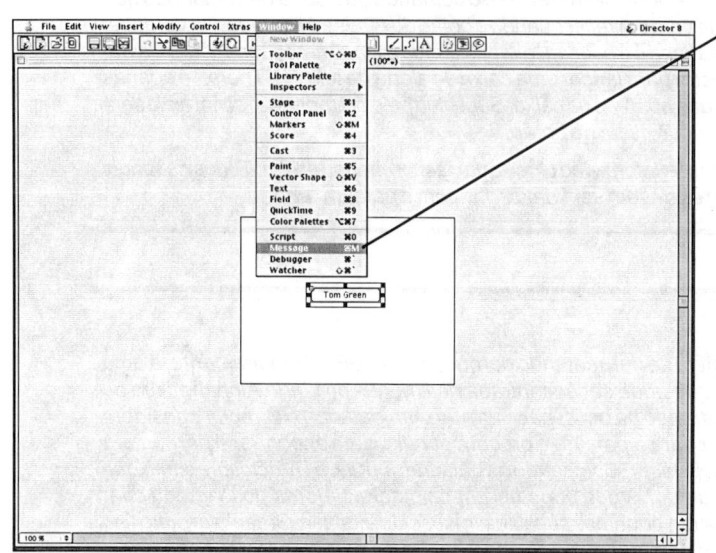

1. Selecione Window, Message para abrir a tela de boas-vindas do Director, a janela Message. As pessoas que trabalham com códigos utilizam-na para testarem valores antes de criá-los. Mostraremos o procedimento de utilização desta janela para testar um script já criado, posteriormente neste livro.

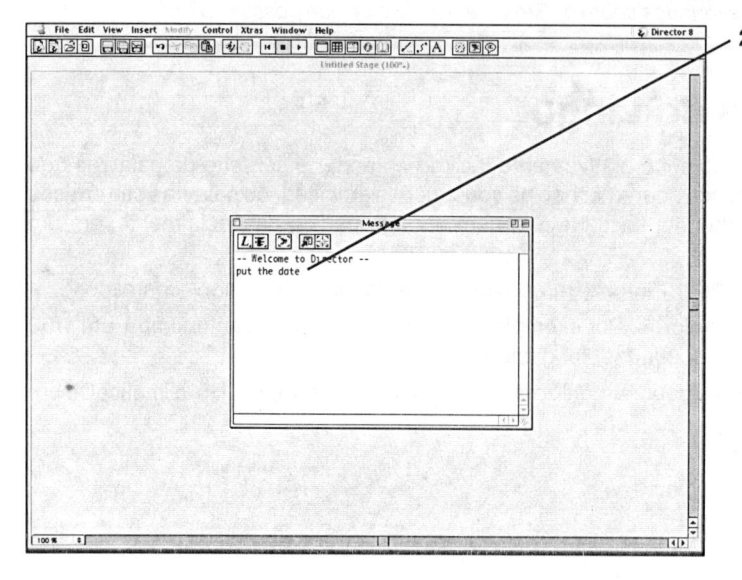

2. Digite **put the date**.

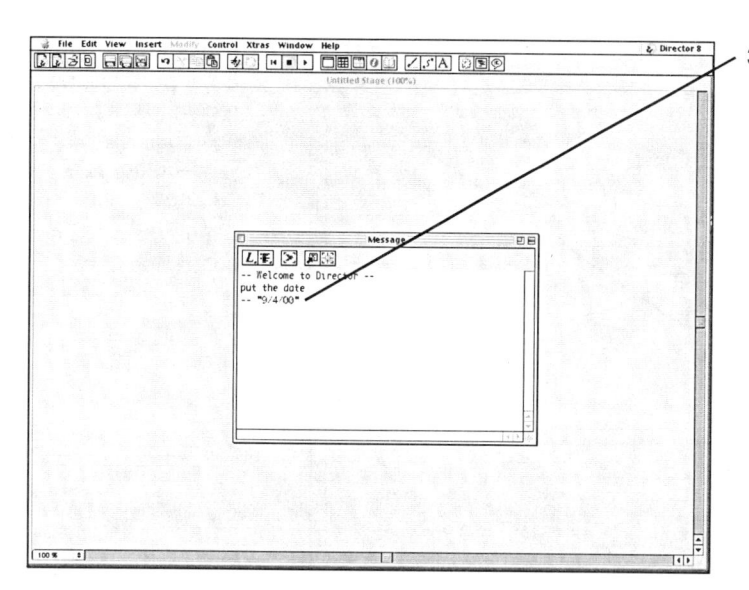

Capítulo 4 - Conhecimentos básicos sobre Lingo   **151**

3. Pressione Enter. A data atual aparecerá na janela. Data é uma função.

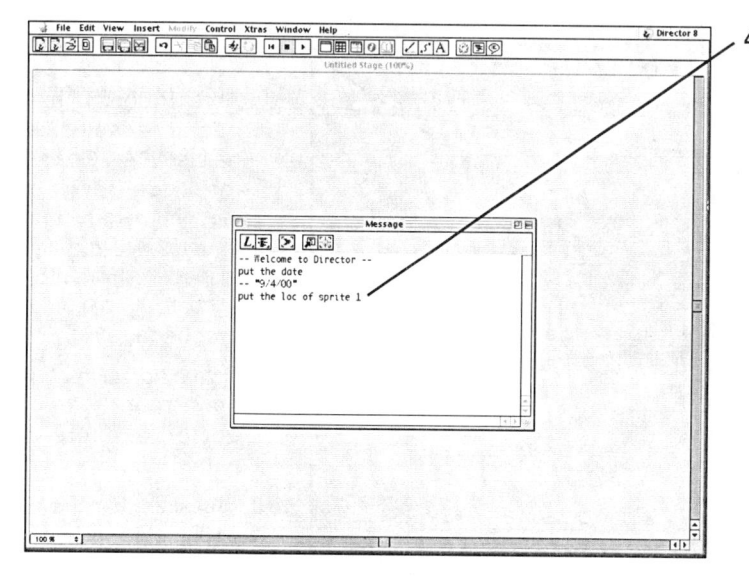

4. Digite **put the loc of sprite 1**.

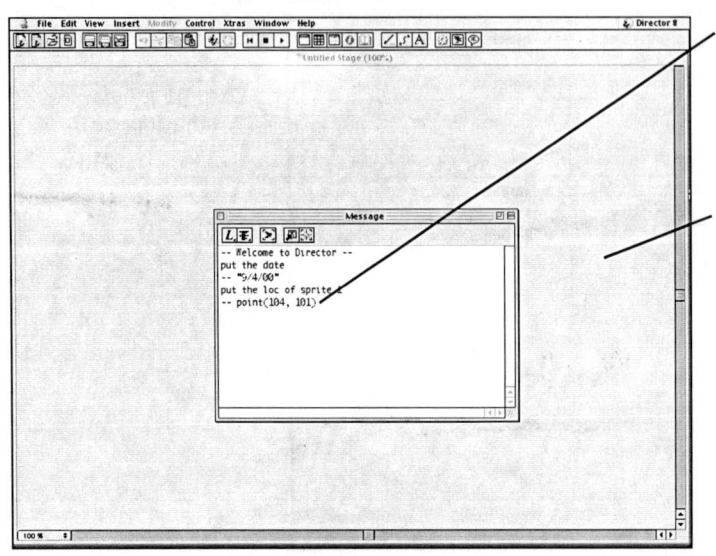

5. Pressione a tecla Enter para que apareçam os números das coordenadas x, y do botão selecionado no palco.
6. Clique no palco e o botão aparece.
7. Clique no botão para selecioná-lo. 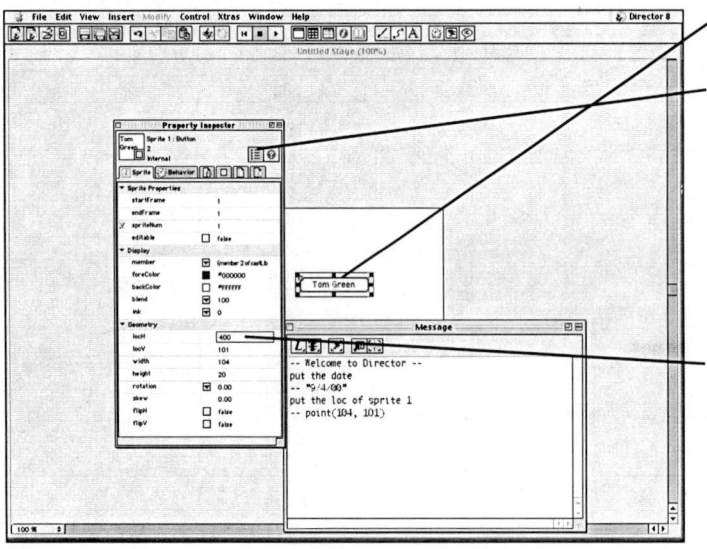
8. Abra Property Inspector e selecione List View. Os valores de locH e locV correspondem àqueles de Property Inspector. Portanto, a localização é uma propriedade.
9. Clique no valor locH em Property Inspector e altere-o para 400.
10. Pressione Enter e o botão será movido pelo palco.

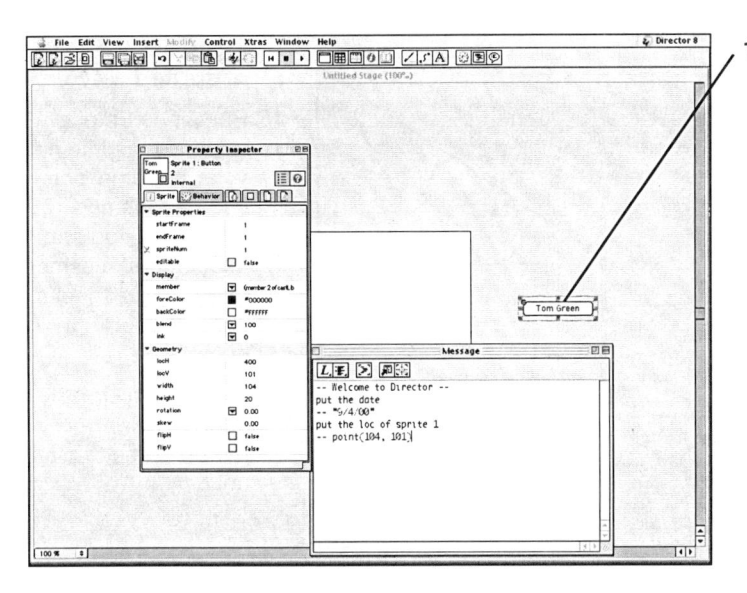

Capítulo 4 - Conhecimentos básicos sobre Lingo **153**

11. Selecione o botão no palco e abra Property Inspector caso não esteja aberto.

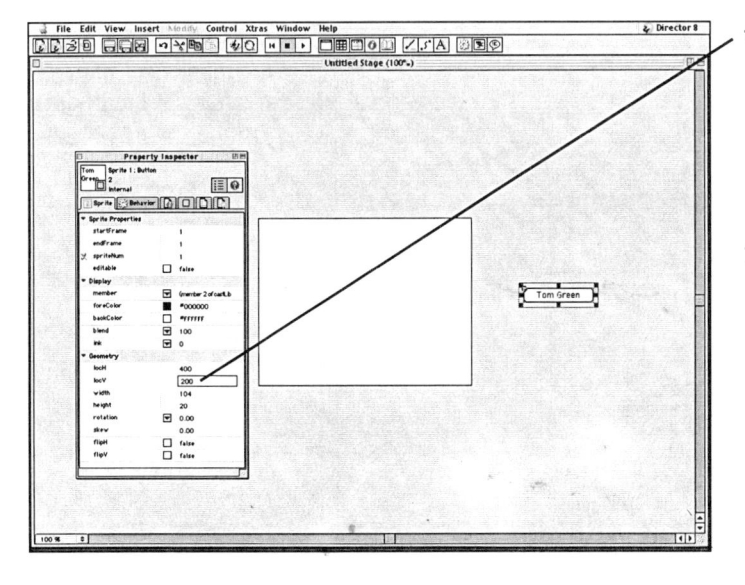

12. Defina locH como 200 e pressione Enter. O botão se move para um ponto de 200 pixels a partir da margem esquerda do palco.

13. Clique na janela Message para que fique no primeiro plano.

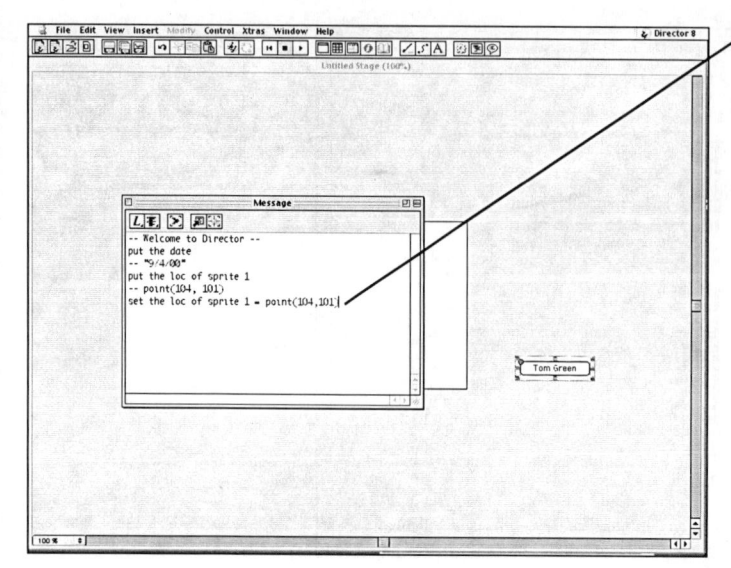

14. Digite **set the locH of sprite 1 = 400**.

15. Pressione Enter para mover o sprite de volta à última posição. Acabamos de utilizar o Lingo para executar a mesma tarefa como foi feito com Property Inspector.

16. Clique na janela Message para vir para o primeiro plano.

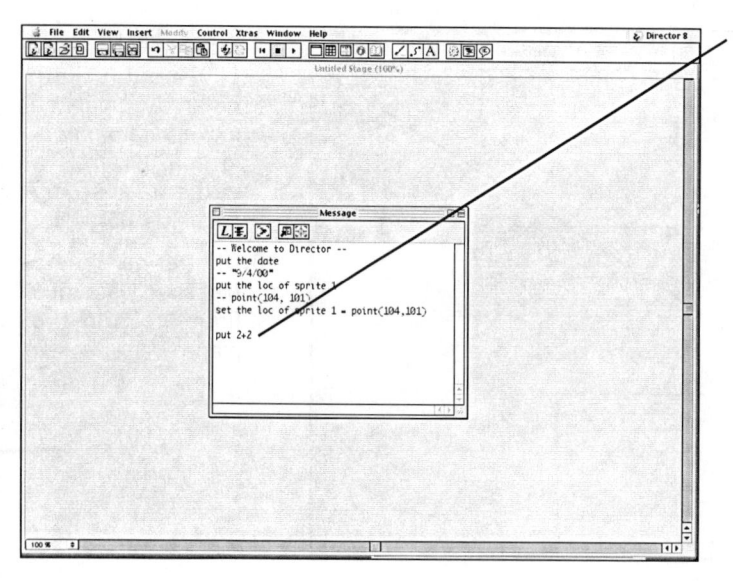

17. Digite **put 2 + 2**.

18. Pressione Enter. O sinal + é um operador.

Capítulo 4 - Conhecimentos básicos sobre Lingo

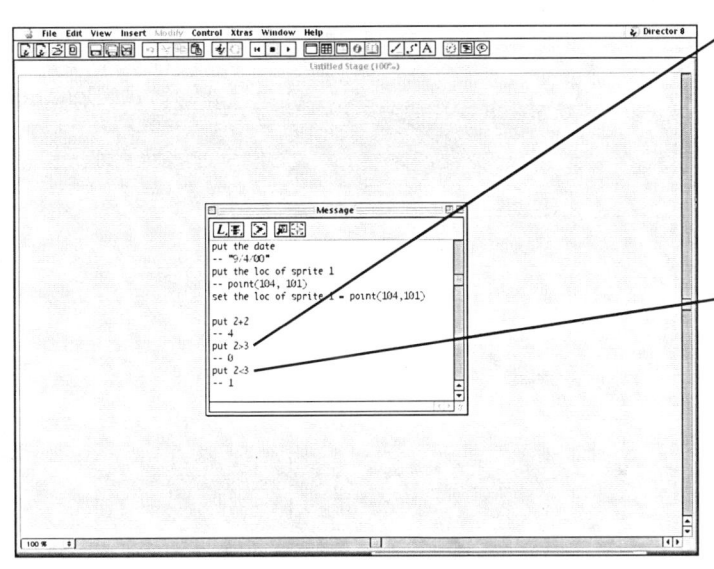

19. Digite **2>3**.
20. Pressione Enter e verá um 0. Zero e FALSE significam a mesma coisa. O resultado é uma constante, pois 2 nunca é maior que 3.
21. Substitua ">" por "<" e o resultado será 1. TRUE e 1 significam o mesmo no Lingo.

Observação

Neste exercício, utilizamos o comando put extensivamente. Esta palavra-chave informa ao Director que mostre qualquer resultado na janela Message. É uma ótima forma de testarmos os valores antes de serem adicionados a um script.

Utilizamos também o comando set para mover o botão no palco. Esta palavra informa ao Director o que fazer — neste caso, mover o botão para a posição de 400 pixels a partir da margem esquerda do palco.

Como funciona o Lingo

Quando você clica no botão no palco, muita coisa acontece nos bastidores. De acordo com o Director, um clique no mouse é um evento. Na verdade, são dois eventos: ao pressionar o botão, o evento é mouseDown; liberando, inicia-se o evento mouseUp.

Depois que o botão do mouse foi pressionado, o Director o considerou como uma ação. Em seguida, percorreu todos os scripts do sprite procurando por um manipulador mouseDown. Não encontrando, procurou no elenco por um manipulador que estivesse anexado ao botão membro do elenco. Sem sucesso, o Director buscou por um script de quadro que tivesse um evento mouseDown. Novamente, não encontrou e, como último recurso, procurou por um script de filme que contivesse este evento. Naturalmente, não encontrou e ignorou esta ação.

Conforme o botão foi liberado, o Director leu a ação mouseUp e recorreu aos scripts da mesma forma que com mouseDown. Desta vez, encontrou na primeira tentativa, pois há uma ação de mouseUp anexada ao sprite e o script foi executado.

Veja abaixo alguns exercícios que demonstram como funcionam os diversos tipos de scripts.

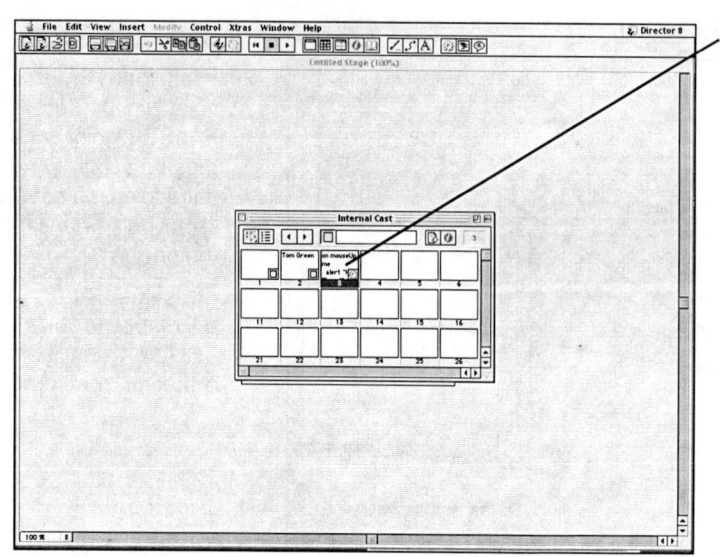

1. Clique duas vezes no script no elenco para abrir o Behavior Inspector.

2. Clique no botão Script Window.

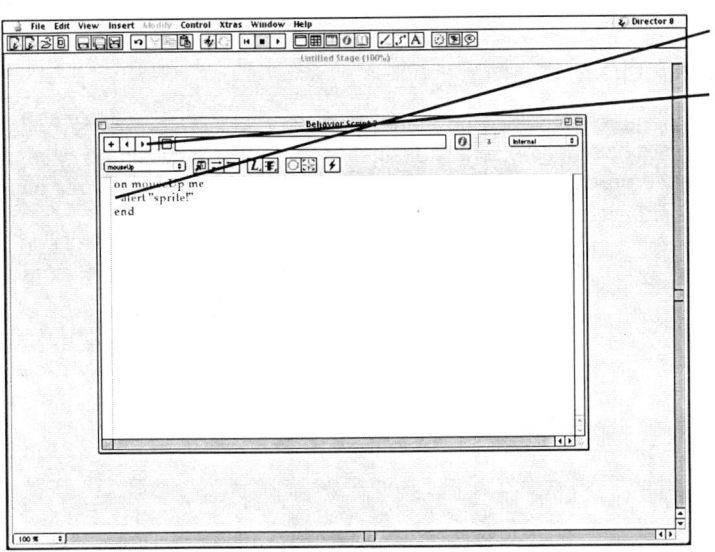

Capítulo 4 - Conhecimentos básicos sobre Lingo **157**

3. Substitua a frase "Hi There!" por "sprite".
4. Reproduza o filme e clique no botão.
5. Pare o filme — Control-ponto (PC) ou Command-ponto (Mac).

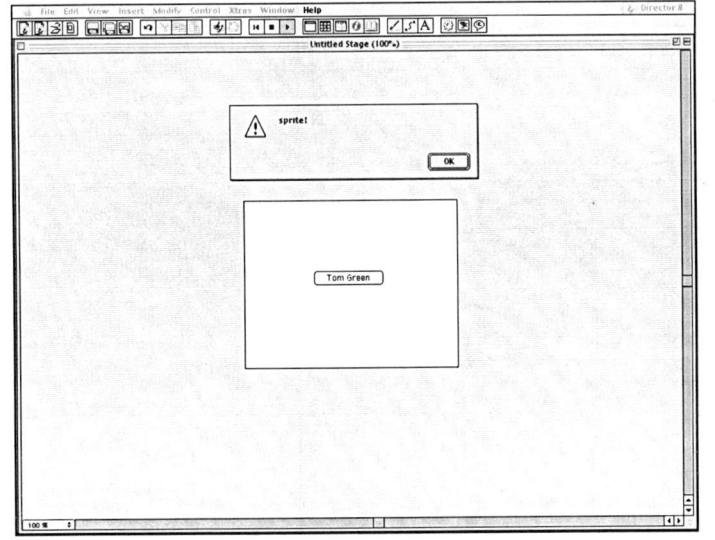

Como criar um
script de membro do elenco.

Os scripts anexados a um membro do elenco permanecem com ele sem considerar onde este aparece no filme. A importância destes scripts diminuiu com o passar do tempo e, com a versão 8, são raramente encontrados ou utilizados. Na verdade, esta será a única vez que você criará um.

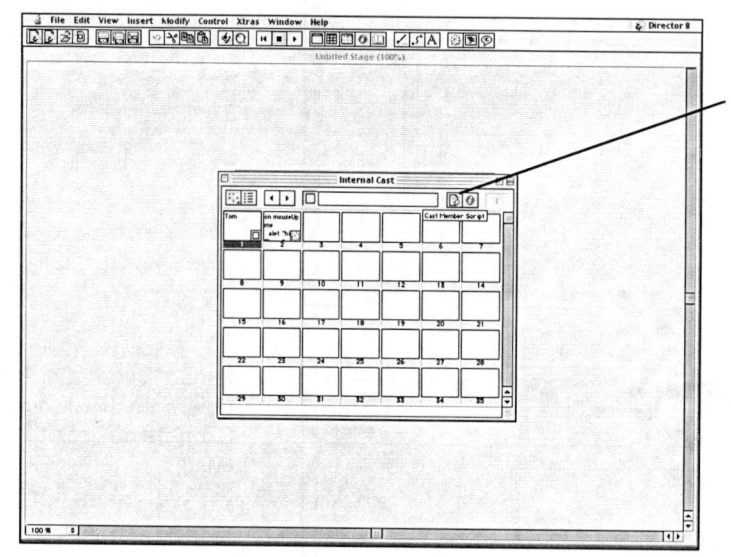

1. Selecione o botão no elenco.

2. Clique no botão Cast Member Script para abrir a janela Script.

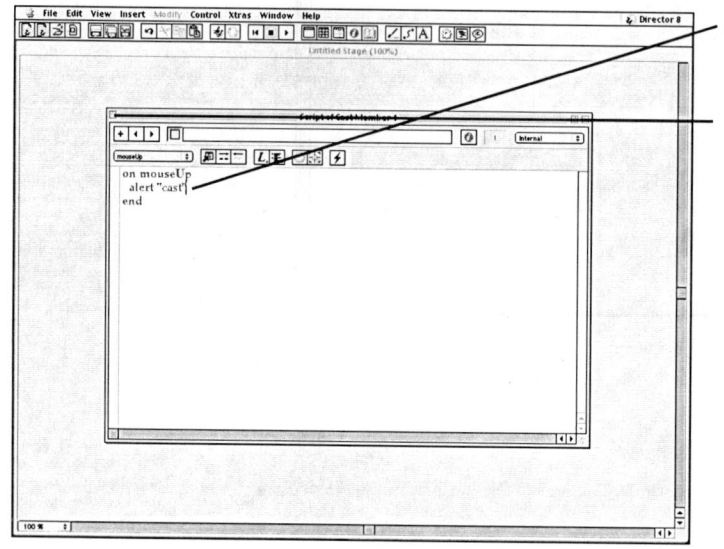

3. Digite **alert "cast"** no ponto de inserção.

4. Feche a janela Script.

Capítulo 4 - Conhecimentos básicos sobre Lingo **159**

Observe como a miniatura do botão no elenco apresenta dois ícones. O ícone à esquerda informa que este membro do elenco possui um script anexado.

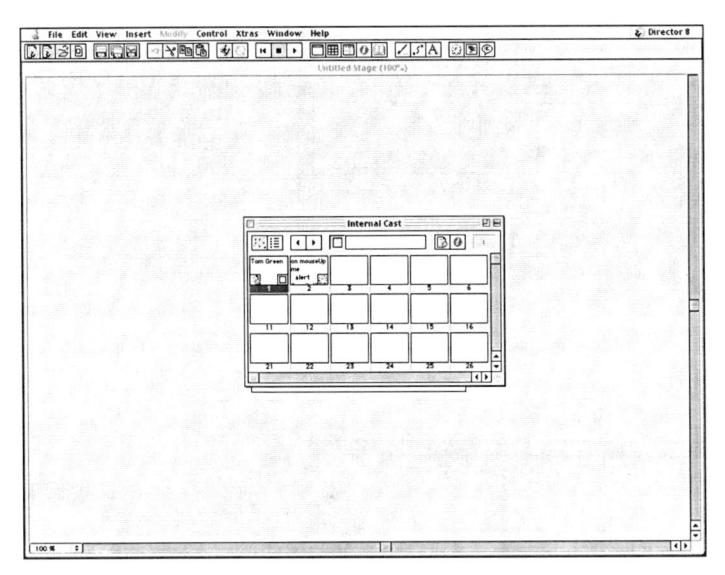

5. Exiba o filme.
6. Clique no botão e a mensagem do sprite aparece devido aos procedimentos executados anteriormente.
7. Pare o filme.
8. Selecione o botão no score.

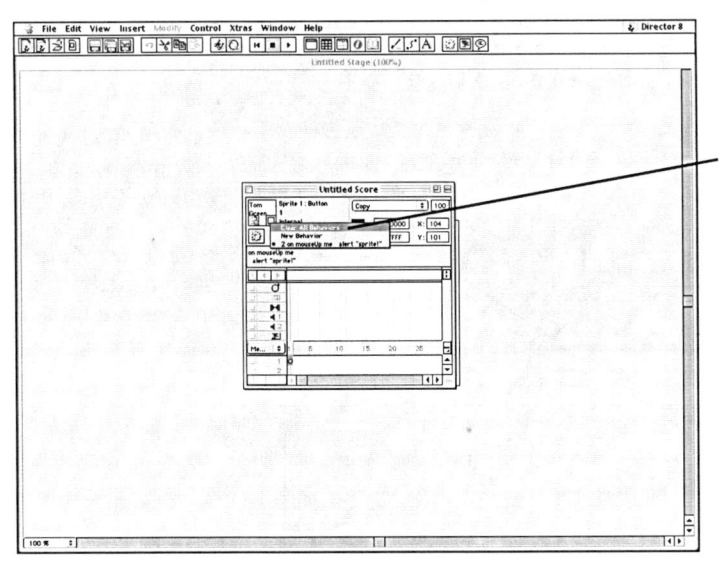

9. Clique no menu Script Well e mantenha o botão do mouse pressionado.
10. Selecione Clear All Behaviors (Excluir Todos os Comportamentos).
11. Exiba o filme.

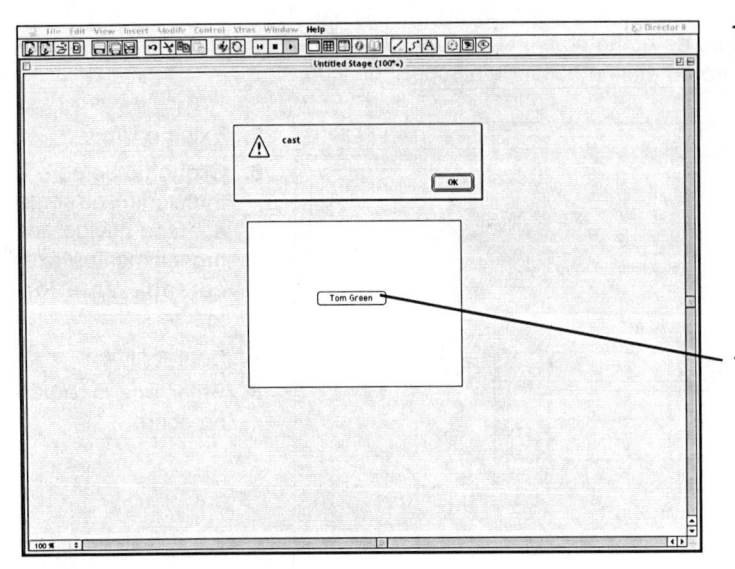

12. Clique no botão e a mensagem do elenco aparece. Como o Director não encontrou um manipulador mouseUp anexado ao sprite, verificou o membro do elenco, encontrou o script e executou o comando.
13. Pare o filme.

Como criar um script de quadro

Os scripts de quadro são um pouco diferentes por serem executados conforme o cabeçote sai do quadro através de um evento exitFrame. Neste exemplo, utilizaremos a caixa de alerta para demonstrar a ordem quando vem para o Lingo.

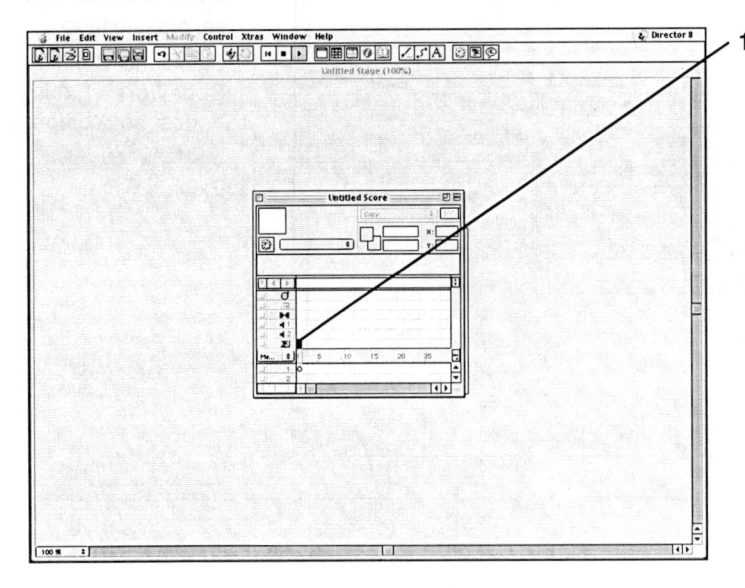

1. Clique duas vezes no quadro 1 do canal do script para abrir a janela Script. Observe como o script possui um manipulador exitFrame.

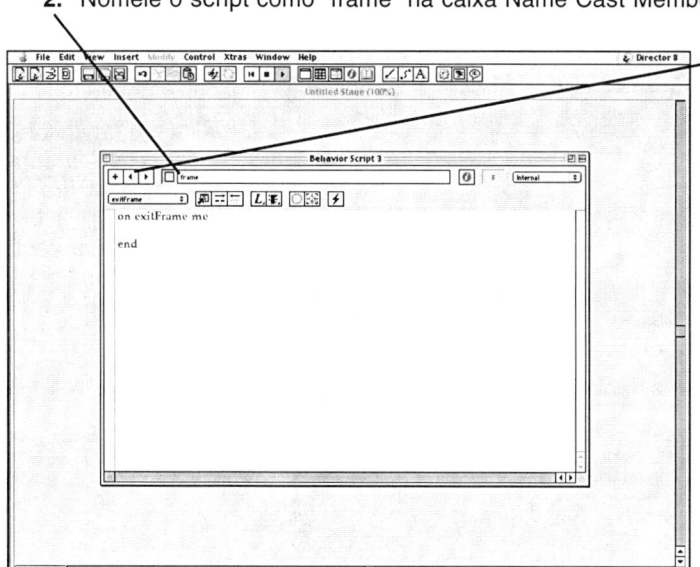

Capítulo 4 - Conhecimentos básicos sobre Lingo   **161**

2. Nomeie o script como "frame" na caixa Name Cast Member.

3. Clique no botão de seta para trás na janela Script para adicionar o manipulador mouseUp. Ele já foi criado, portanto você apenas vai copiar e colá-lo no script.
4. Selecione todo o script.
5. Selecione Edit, Copy Text. Caso você não tenha notado, o comando copiar é sensível ao meio. Se você clicar no bitmap no palco, lerá Copy Bitmap.

6. Clique no botão de seta para frente para retornar ao script Frame.
7. Selecione todo o texto — Control-A (PC) ou Command-A (Mac).

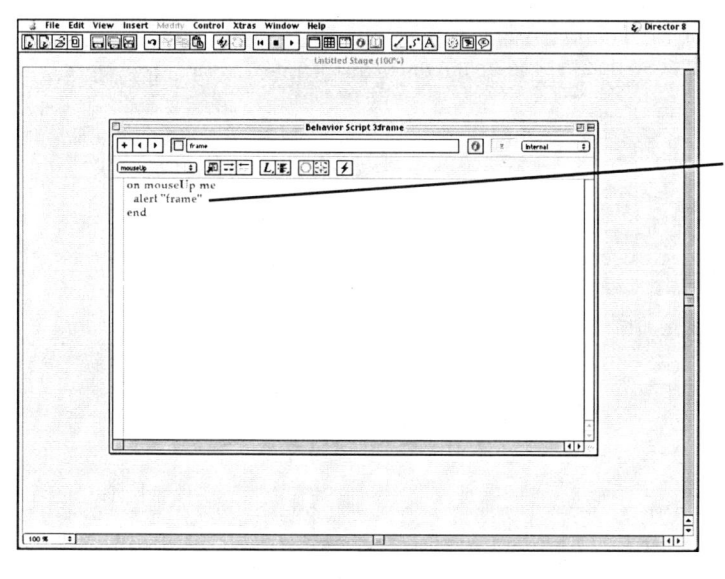

8. Cole o script no texto selecionado — Control-V (PC) ou Command-V (Mac).
9. Altere a palavra "sprite" para "frame".
10. Feche a janela Script.
11. Reproduza o filme.

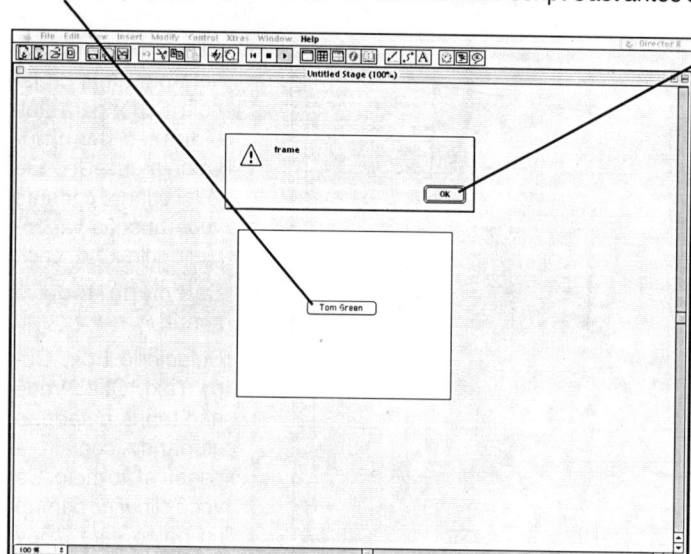

12. Clique no botão e o Director encontrará o script Cast antes de encontrar o script Frame.

13. Clique em OK na caixa de alerta.
14. Clique em qualquer local no palco para que o script Frame apareça. Isso acontece porque você não clicou no botão.
15. Pare o filme.

Como criar um script de filme

Os scripts de filme não são muito úteis, mas são extremamente potentes porque quaisquer manipuladores de um script de filme permanecem disponíveis em todo o filme. Utilizaremos um script de filme para controlar a ação de um filme de um único quadro posteriormente neste livro.

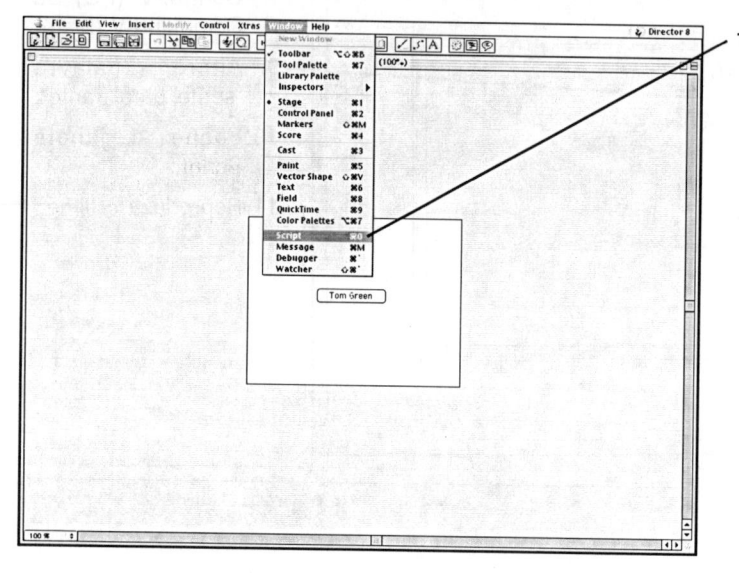

1. Abra a janela Script selecionando Window, Script.

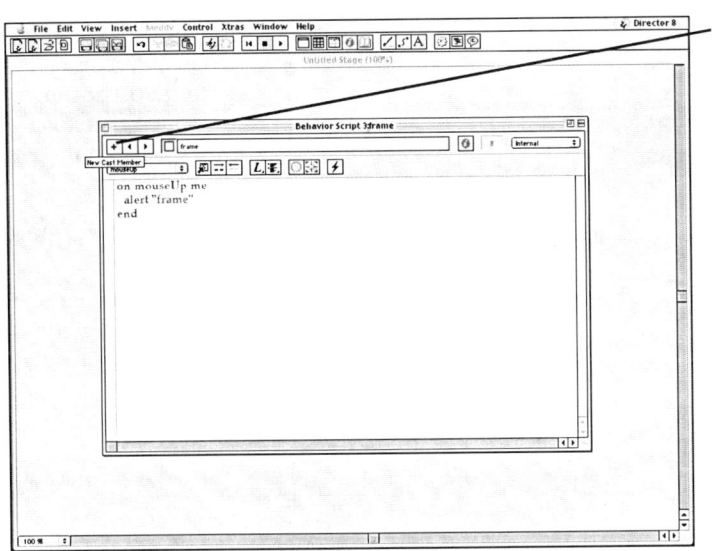

Capítulo 4 - Conhecimentos básicos sobre Lingo **163**

2. Clique no botão New Script para aparecer uma nova janela de script.

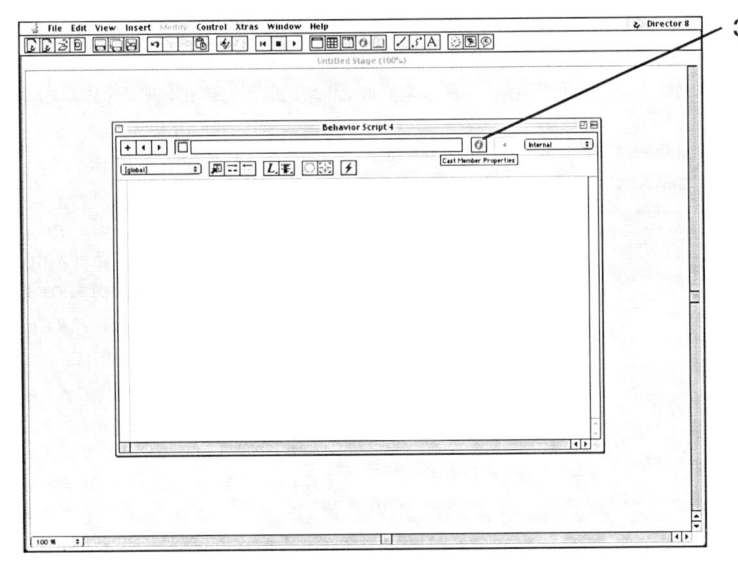

3. Clique no botão Info para abrir o Property Inspector com o indicador Script.

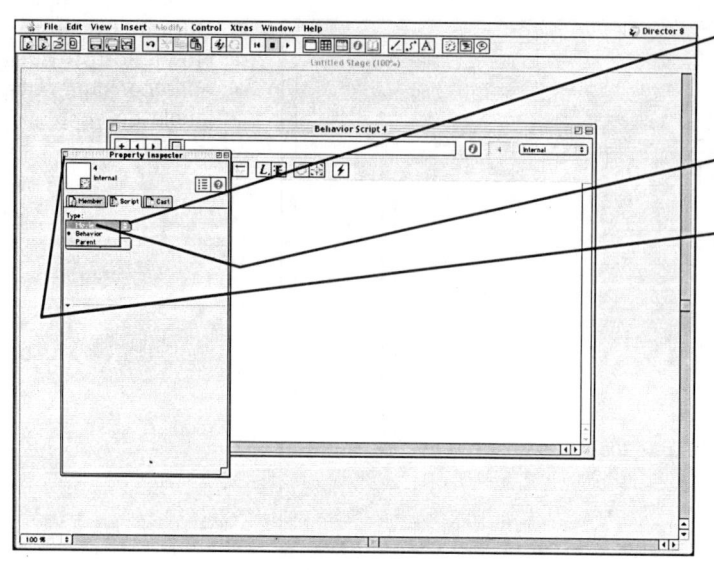

4. Clique no botão Script Type e mantenha o botão do mouse pressionado.
5. Selecione Movie no menu suspenso.
6. Feche o Property Inspector.
7. Clique dentro da área de entrada de texto.
8. Selecione Edit, Paste.
9. Mude a palavra "cast" para "movie".
10. Feche a janela Script. 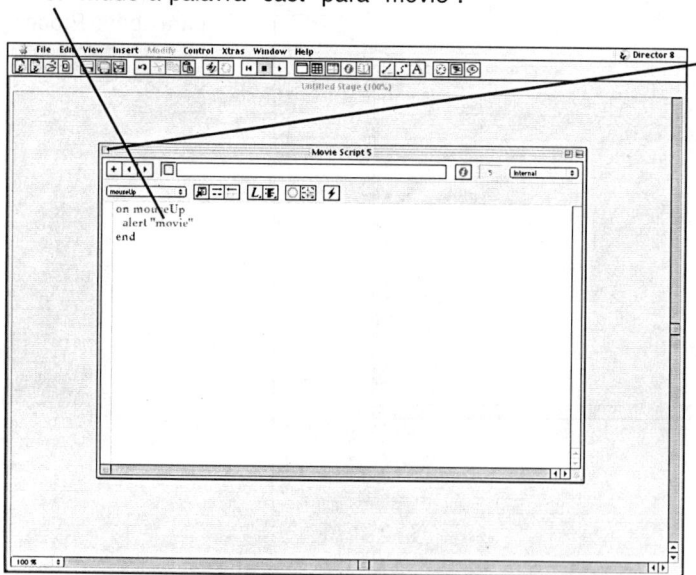
11. Exiba o filme.
12. Clique no botão e o Director encontrará um script Cast antes de um script Movie.
13. Clique em OK na caixa de alerta.
14. Clique em qualquer local no palco e o Director encontrará o script Frame antes de encontrar o script Movie.
15. Clique em OK na caixa de alerta.

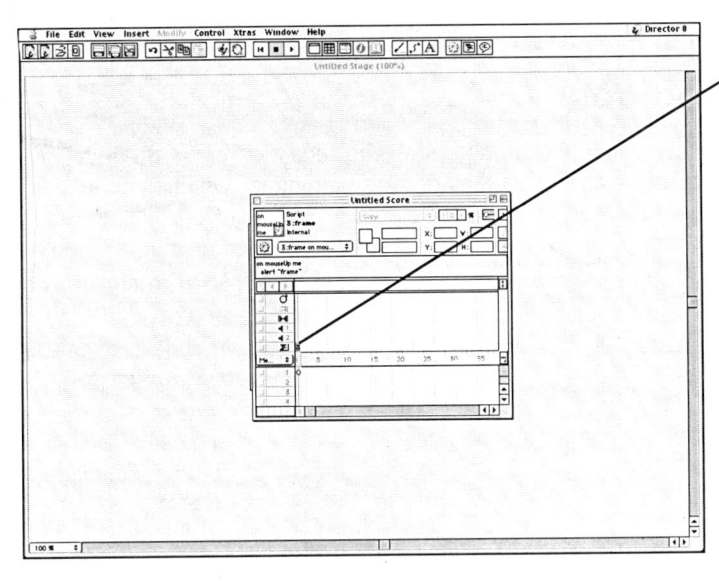

Capítulo 4 - Conhecimentos básicos sobre Lingo **165**

16. Pare o filme.
17. Selecione o script Frame no score.
18. Pressione a tecla delete para remover o script do quadro. Calma! Você não apagou o script do elenco, apenas removeu o comportamento do quadro.
19. Reproduza o filme. 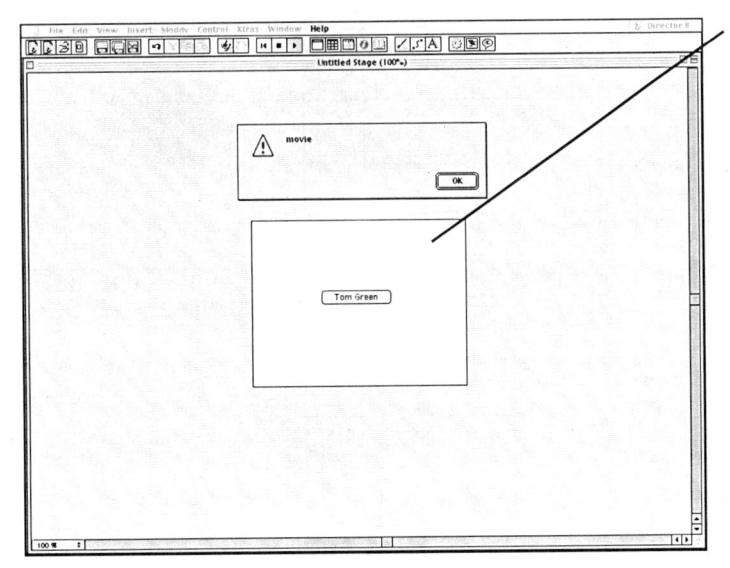
20. Clique em qualquer local do palco. Sem os scripts Score, Castmember ou Frame o Director seguiu para o script Movie e executou o primeiro manipulador "on mouseUp" encontrado.
21. Clique em OK.
22. Pare o filme.

Como solucionar problemas de erros nos códigos

Ninguém é perfeito e, inevitavelmente, você não obedecerá todas as regras de gramática do Lingo e o Director exibirá algumas mensagens de erro estranhas. Vejamos como lidar com algumas.

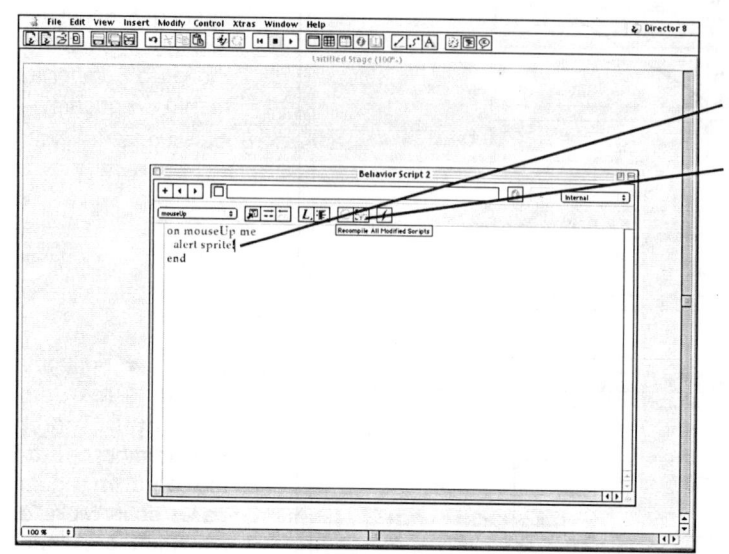

1. Abra o script do sprite.
2. Apague as aspas da palavra "sprite".
3. Clique no botão Compiler e aparecerá uma mensagem de erro.

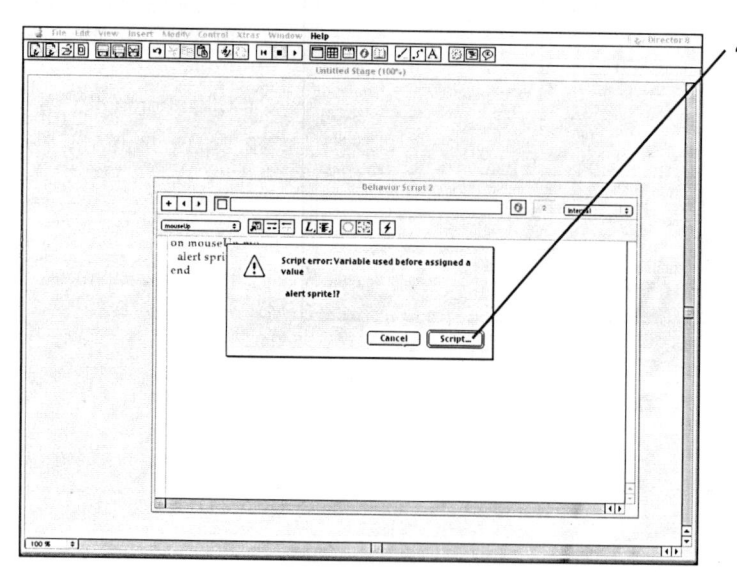

4. Clique no botão Script.

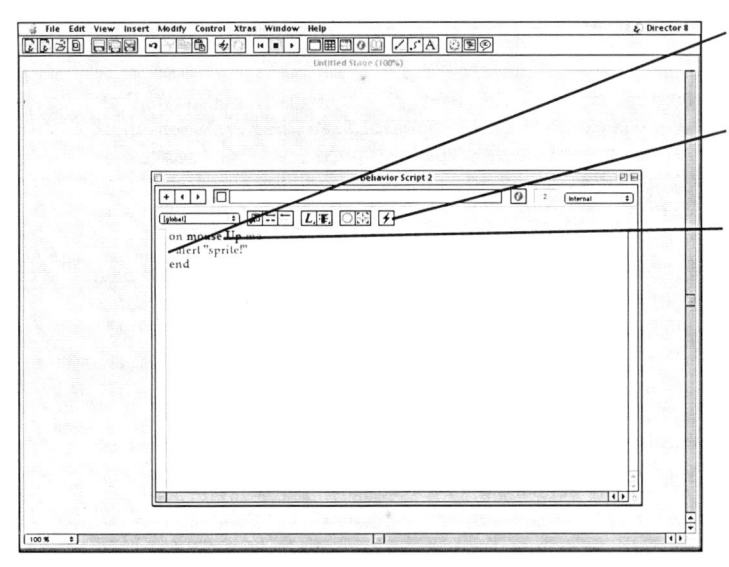

Capítulo 4 - Conhecimentos básicos sobre Lingo   **167**

5. Volte com as aspas para a palavra "sprite".
6. Clique no botão Compiler. Sem problemas.
7. Clique entre as palavras "mouse" e "up".
8. Pressione a barra de espaços para separá-las.

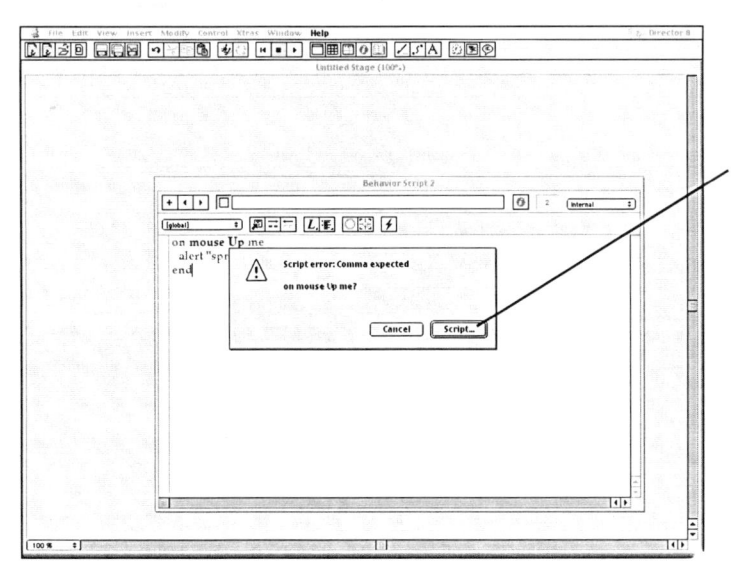

9. Clique no botão Compiler e aparecerá outra mensagem de erro.
10. Clique no botão Script.
11. Remova o espaço.
12. Clique no botão Compiler para solucionar o problema.

Observação

A primeira mensagem de erro — Variable used before assigned a value (Variável utilizada antes da atribuição de um valor) — significa que o Director detectou um erro de sintaxe. Ele encontra a palavra "sprite" e começa a procurar por aquele valor a ela atribuído. Sem encontrá-lo, solicita que você atribua um valor, como também, mostra onde ocorreu o erro. Neste caso, o Director esperava um valor de cadeia — uma palavra entre aspas.

Outra causa comum deste erro é uma falha na digitação. Suponhamos que você tenha uma variável denominada primaTech. O mesmo valor é utilizado em outra ocorrência no script, mas com erro. Verificando a digitação, você percebe que a mensagem de erro se deve à digitação de pramaTcch.

A segunda mensagem de erro se deve a outro erro de sintaxe. Neste caso, você criou um manipulador personalizado denominado "mouse Up". Para o Director, não há problemas com a palavra "mouse", mas com a palavra "Up". Quando exibe uma mensagem solicitando a inclusão de uma vírgula, o Director está dizendo que a palavra "Up" é uma propriedade e, como tal, é sempre separada do manipulador por uma vírgula. Neste caso, a palavra "Up" faz parte do manipulador. A solução é remover o espaço entre as duas palavras e uni-las em uma.

Capítulo 5

Como navegar no Director

É imprescindível saber se movimentar pelo Director, ou seja, navegar no Director. Há dois tipos de navegação: linear e não-linear. A primeira segue uma linha reta e a linha do tempo; a melhor representação é uma linha reta. A navegação não-linear é feita sem considerar a linha do tempo, isto é, pode fazer a movimentação para frente e para trás e de um filme do Director para outro.

O importante na navegação é: se o usuário deve se movimentar, certifique-se de que ele possa voltar para onde iniciou a navegação.

Neste capítulo, aprenda a:

- ◆ Utilizar comportamentos do Director para navegação
- ◆ Criar comportamentos para botões
- ◆ Utilizar marcadores para navegação
- ◆ Utilizar o Lingo para a movimentação entre os diversos quadros de um filme

Conhecimentos básicos

Neste capítulo, trabalharemos muito com a navegação. Execute as etapas abaixo antes de prosseguir.

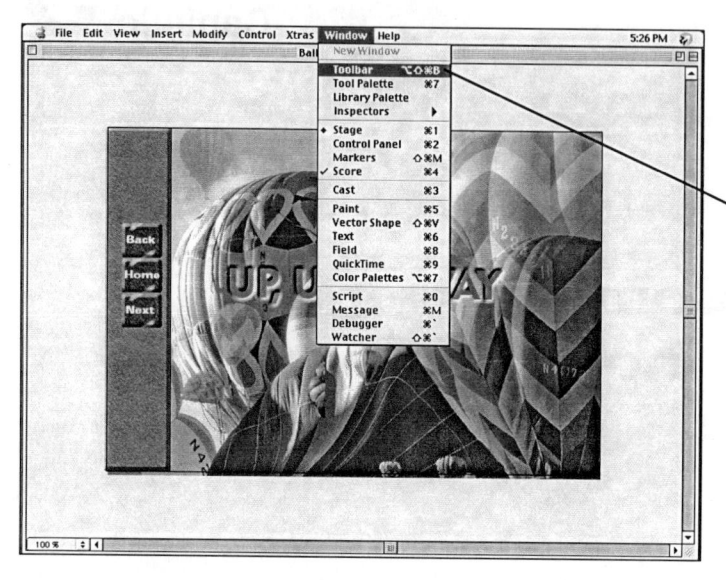

1. Copie a pasta Navigation do CD para o seu computador.
2. Abra Balloning.dir na pasta Exercises.
3. Selecione Window, Toolbar para abrir a barra de ferramentas do Director.
4. Selecione Window, Score para abrir o score.

Como utilizar marcadores para a navegação

O primeiro exercício utiliza marcadores (guias utilizados pelo Director) para a navegação. Caso você utilize marcadores, nomeie-os. Não utilize números, pois podem confundir. "One" ("Um") pode ser utilizado como nome, mas "1", não. Isso porque o Director utiliza números com muita freqüência e poderíamos causar uma tremenda confusão posteriormente.

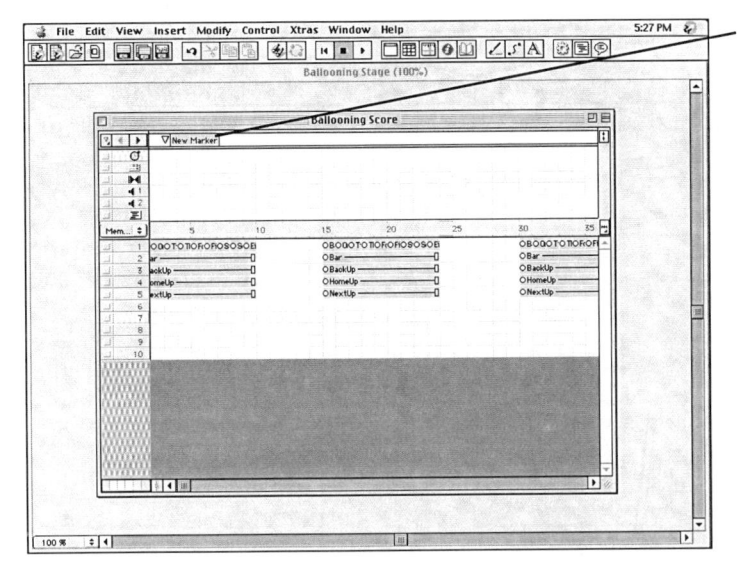

Capítulo 5 - Como navegar no Director **171**

1. Para adicionar um marcador, clique no canal Markers (Marcadores) para atribuir um nome padrão para o marcador, geralmente, "New Marker".
2. Para remover um marcador, arraste-o para fora do canal.
3. Para nomear um marcador, clique no mesmo para selecioná-lo.
4. Digite o nome **One**.

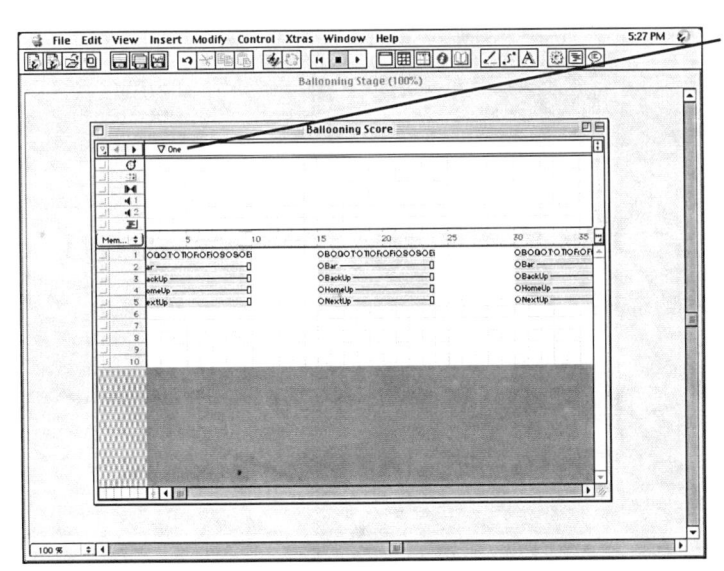

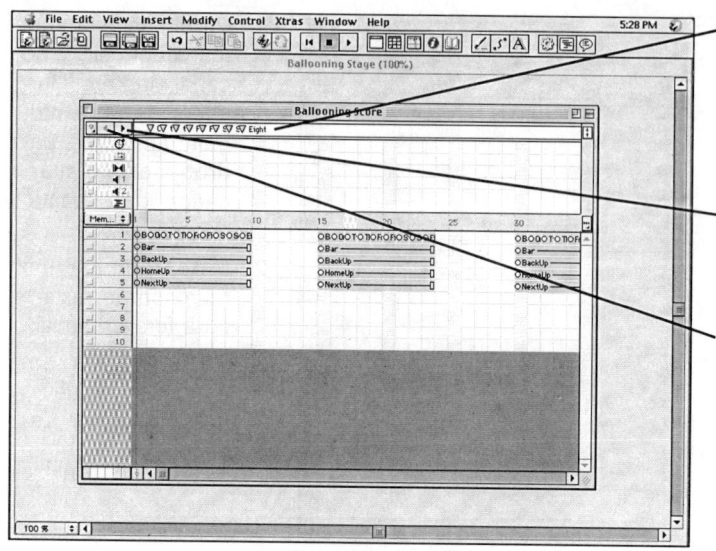

5. Adicione mais sete marcadores denominados "two", "three", "four", "five", "six", "seven" e "eight".
6. Clique no botão Next Marker para mover o cabeçote para frente.
7. Clique no botão Previous Marker para movê-lo para trás.
8. Clique no menu Markers para ver a listagem de todos os marcadores no menu.

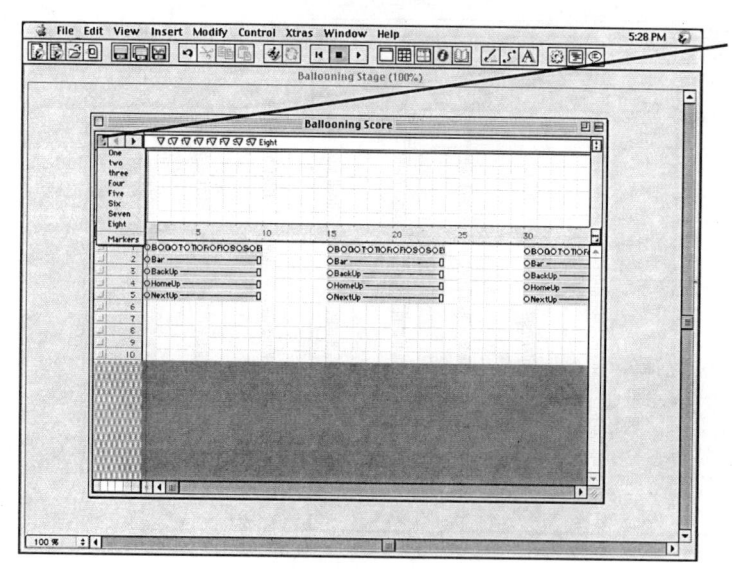

Capítulo 5 - Como navegar no Director **173**

Como utilizar Library Palette no Lingo

O Director possui uma biblioteca de códigos já criados que podem ser utilizados para diversas operações. Embora muitas pessoas que trabalham com desenvolvimento evitem a utilização da biblioteca, ela é útil para consultas caso você não saiba como codificar uma ação. Os comportamentos — as ações que fazem com que tudo aconteça — serão iniciados quando o usuário clicar em um dos três botões ao lado das imagens. Estes botões movem o cabeçote para o próximo marcador (o botão "Next"), para o anterior (botão "Back") ou para o primeiro quadro (botão "Home") e mantêm o cabeçote no local desejado.

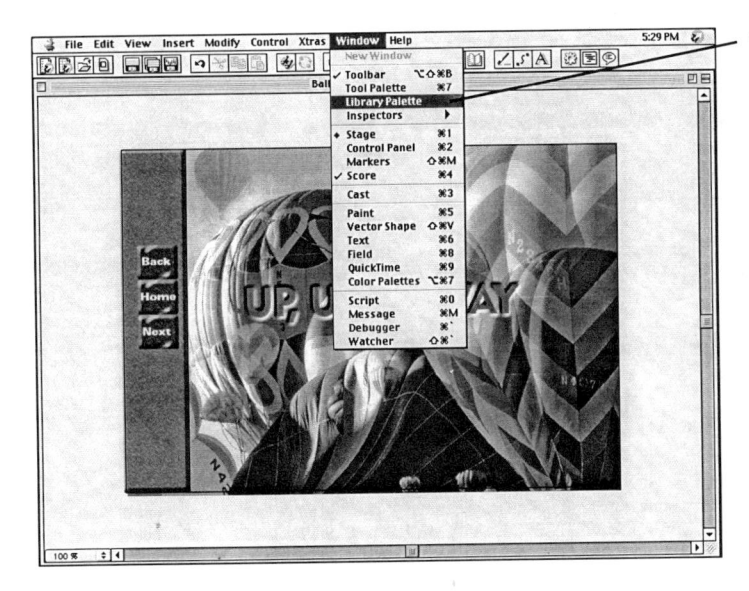

1. Selecione Window, Library Palette para abrir a biblioteca.

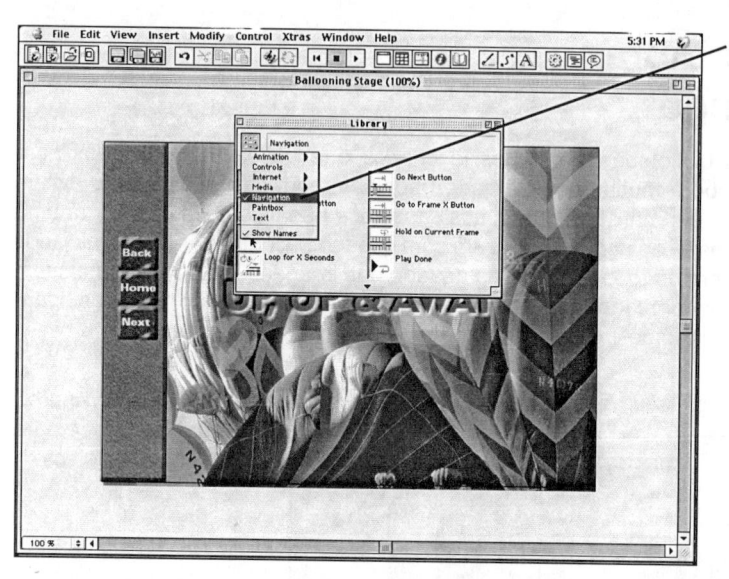

2. Caso não apareça a seção Navigation da biblioteca, selecione Navigation no menu suspenso.

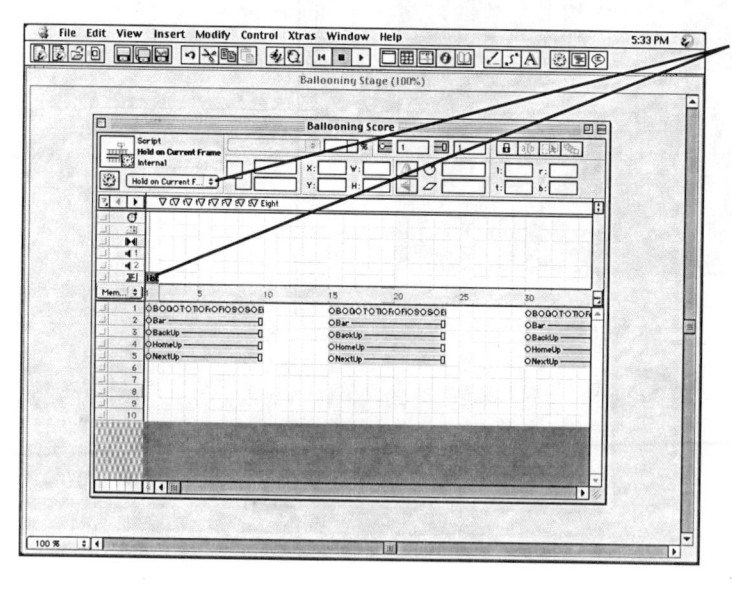

3. Arraste a ação Hold On Current Frame (Manter Quadro Atual) para o quadro 1 do canal do script.

Capítulo 5 - Como navegar no Director   **175**

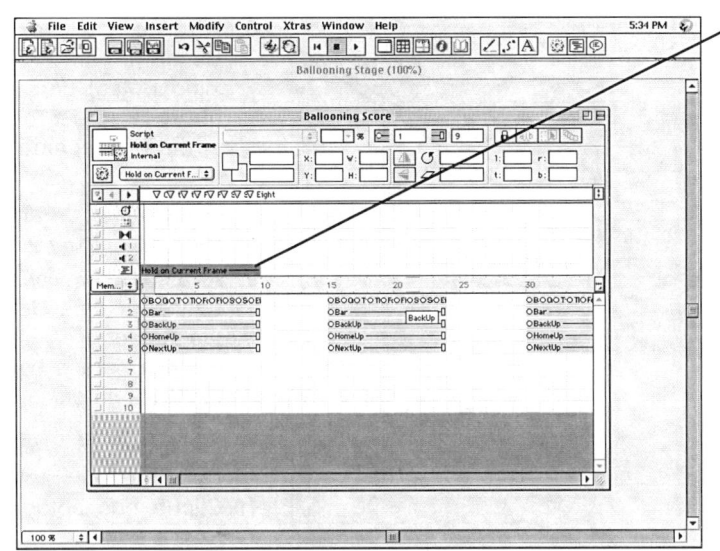

4. Amplie o script para o quadro 9 do canal do script.

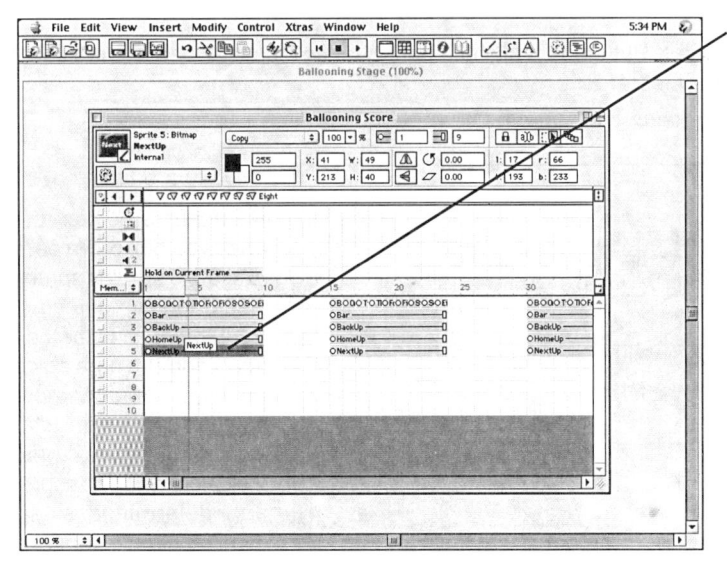

5. Clique nos sprites no canal 5 para selecionar o botão "NextUp" (Próximo Acima) no palco.

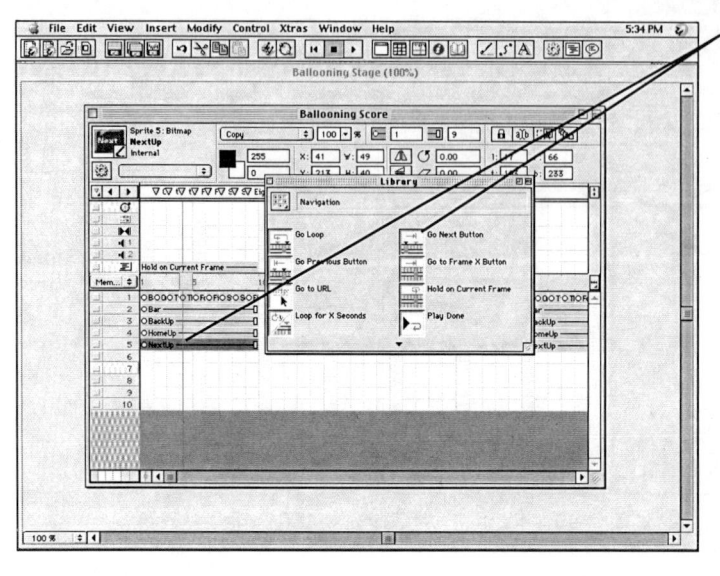

6. Arraste Go Next Button (Ir para Próximo Botão) da biblioteca para os sprites selecionados.
7. Selecione o botão Back no palco.
8. Arraste Go Previous Button (Ir para Botão Anterior) da biblioteca para o botão Back no palco.
9. Volte o filme e reproduza-o.
10. Clique nos botões Next e Back.
11. Pare o filme.
12. Arraste Go To Frame X Button da biblioteca para o botão Home no palco. Uma caixa de confirmação aparecerá.
13. Digite 1 na caixa de texto e clique em OK.

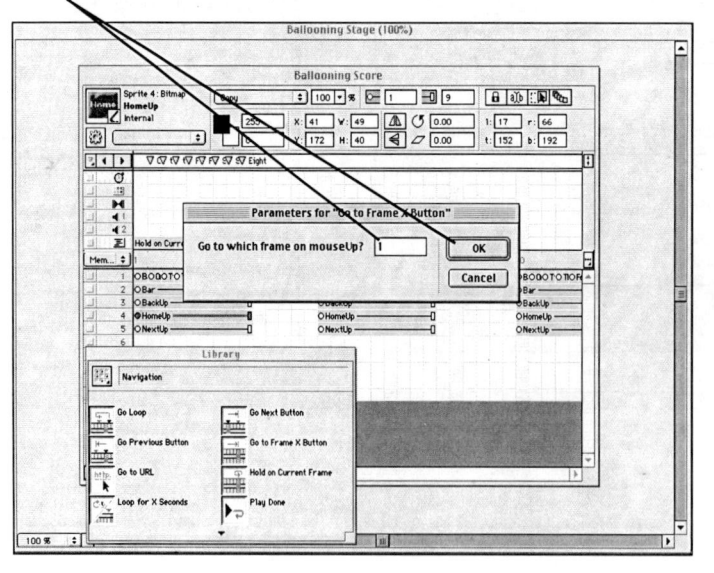

14. Exiba o filme.

As ações e botões retirados da biblioteca para o score e para os sprites são denominados *comportamentos*. O método mais comum para adicionar um comportamento a um sprite é arrastar e liberá-lo sobre o sprite no palco, e não no score. Em determinadas circunstâncias, quando a ação controla o cabeçote, seria necessário arrastar o item para o quadro no score.

Capítulo 5 - Como navegar no Director 177

Como criar comportamentos personalizados

As ações que permitiram a movimentação no Director são criadas no Lingo. Os comportamentos criados são denominados scripts, os quais são uma série de comandos do Lingo executados em seqüência para alcançar um resultado final, conforme vimos no Capítulo 4. Este exercício permite a criação de um comportamento mais conciso e elegante em comparação com o exercício anterior. O mais interessante é que executam a mesma ação.

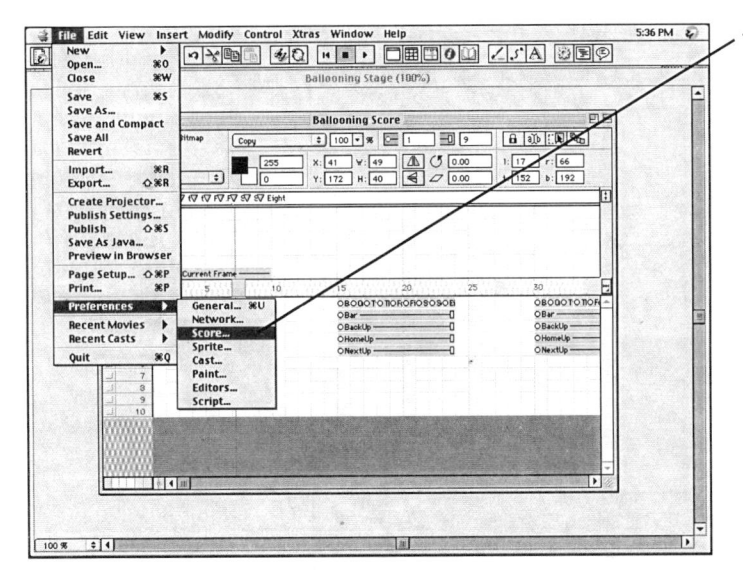

1. Selecione Arquivo, Preferences, Score para abrir a caixa Score Window Preferences.

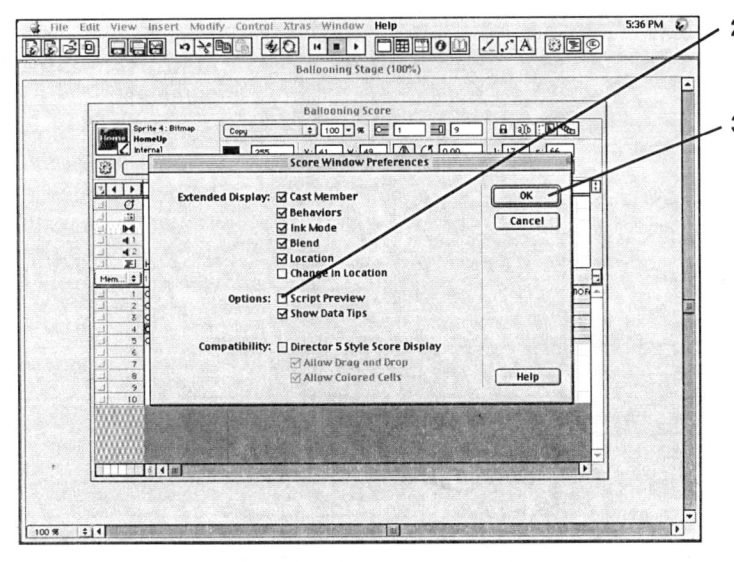

2. Marque a caixa de verificação Script Preview.

3. Clique em OK.

Um loop de quadro

Animação ou movimento podem ocorrer apenas se o cabeçote estiver se movendo. Este pequeno script pára o cabeçote sobre o quadro e informa "When you leave the frame, come back" (Quando você sair do quadro, retorne).

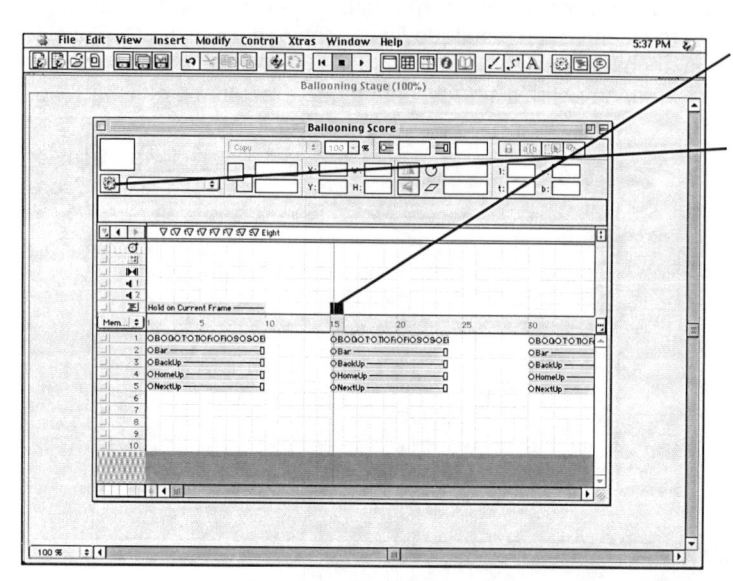

1. Selecione o quadro 15 do canal de comportamento.

2. Clique no botão Behavior Inspector no score para abrir o Behavior Inspector. Caso não apareça uma área com "Events" e "Actions", clique na primeira seta que aponta para a direita para abrir esta área.

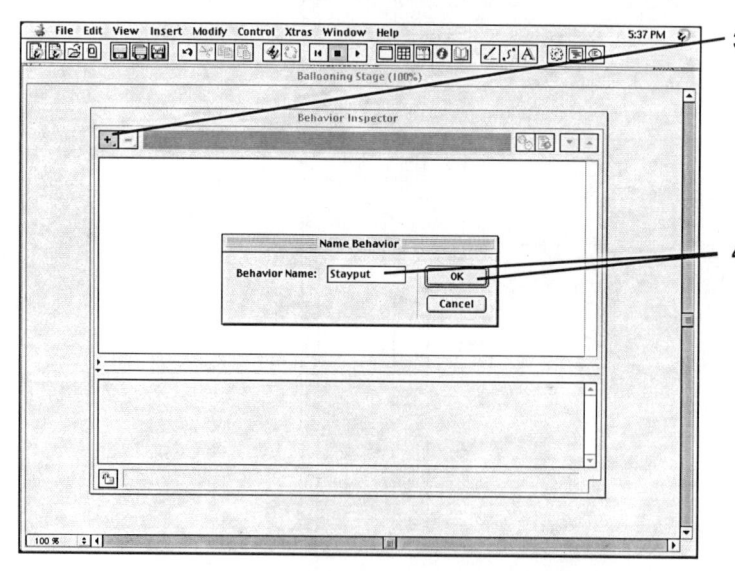

3. Clique no botão + para adicionar um novo comportamento. A caixa Name Behavior (Nomear comportamento) aparecerá.

4. Nomeie o comportamento como **Stayput** e clique em OK para que este apareça na parte superior do Behavior Inspector.

Capítulo 5 - Como navegar no Director **179**

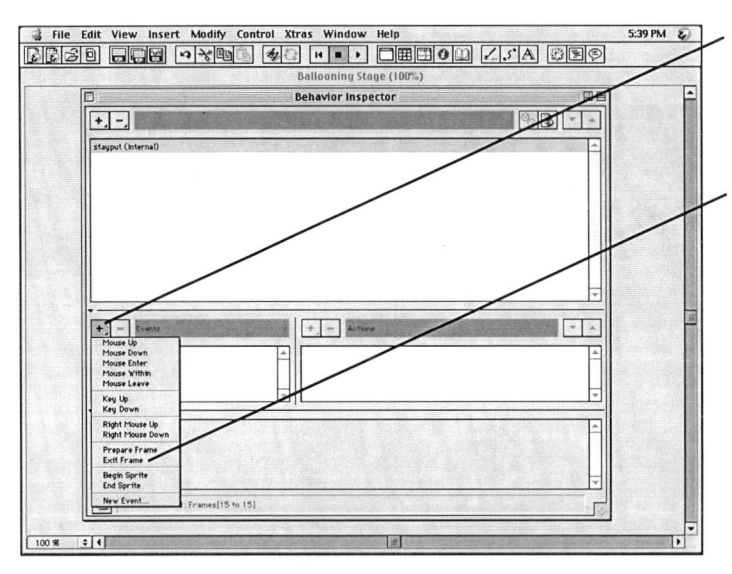

5. Clique na seta pequena para a direita no botão + para acessar o menu suspenso Events.

6. Selecione Exit Frame (Sair do Quadro) no menu para adicionar este evento.

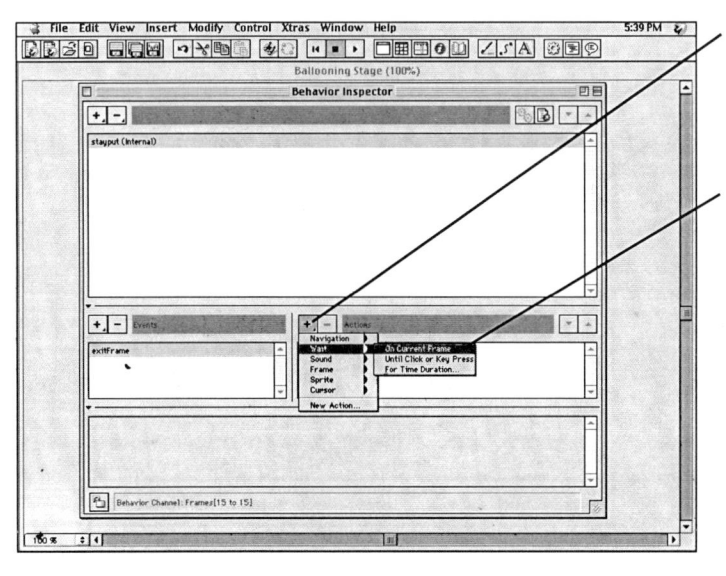

7. Clique na seta pequena para a esquerda no botão + para acessar o menu Actions.

8. Selecione Wait, On Current Frame (Esperar, No Quadro Atual) no menu suspenso para adicionar este evento.

9. Feche a janela Behavior Inspector.

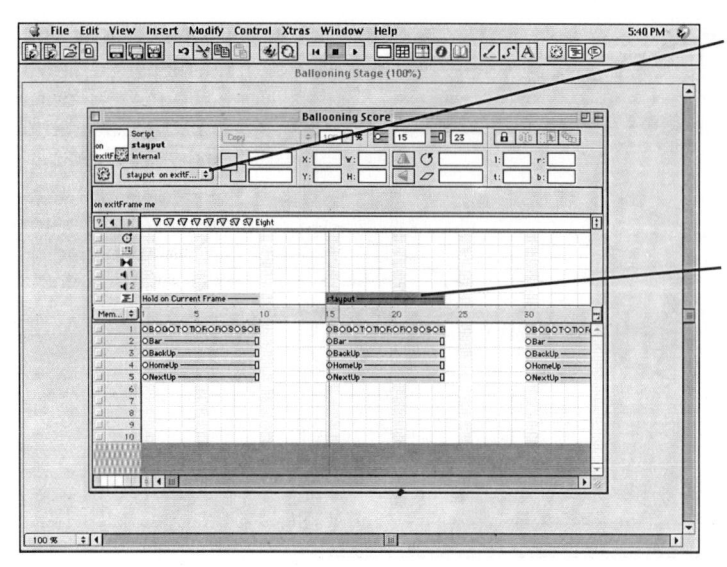

10. Clique e mantenha o menu suspenso Behaviors localizado ao lado do botão Behavior Inspector.
11. Selecione o script Stayput.
12. Amplie o script do quadro 15 para o quadro 23.
13. Exiba o filme.

Observação

Embora a lista suspensa seja denominada Behaviors, muitas pessoas que trabalham com desenvolvimento se referem a ela como Script Well. Cada script adicionado ao filme será listado aqui — é necessário criar um script apenas uma vez para poder reutilizá-lo em diversas ocasiões. Faremos outras referências a esta lista no livro como Script Well.

Observação

Vejamos a lógica do que foi executado. Criamos uma sala com duas portas, uma de "entrada" e outra de "saída". O comportamento informa: "Quando você deixar a sala pela saída, volte pela entrada". Haverá um ciclo constante pelas duas portas, o que é denominado loop.

Como fazer a movimentação para frente

O cabeçote, graças ao script anterior, é mantido no quadro. Esta seção mostra como utilizar o botão "Next" para fazer a movimentação para o próximo quadro do filme.

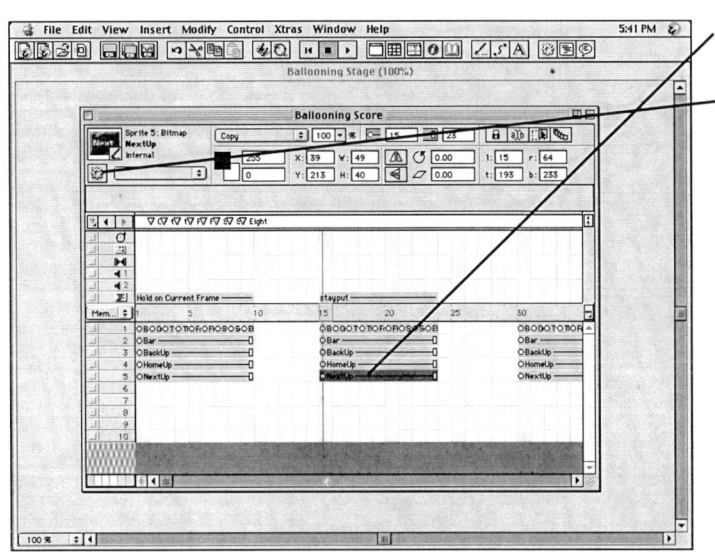

Capítulo 5 - Como navegar no Director **181**

1. Selecione o botão Next no score.
2. Clique no botão Behavior Inspector no score para abri-lo.
3. Clique no botão + para adicionar um novo comportamento. 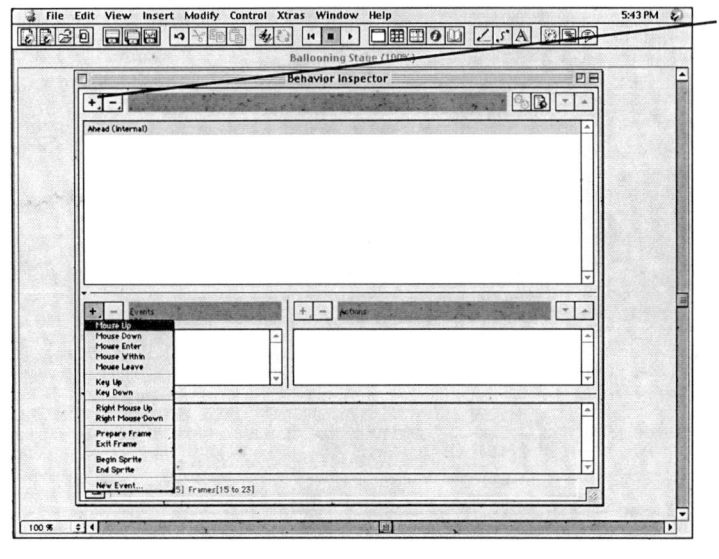
4. Nomeie o comportamento como **Ahead** (Para frente).
5. Clique no menu suspenso Events.
6. Selecione mouse Up no menu Events para adicionar este evento.

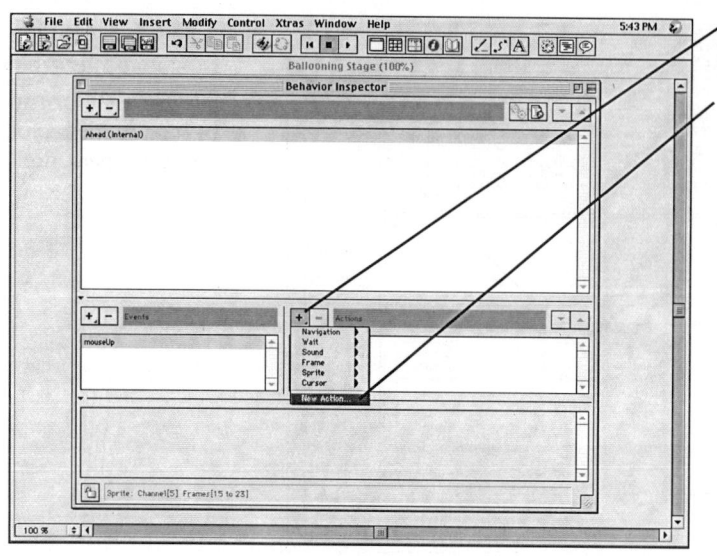

7. Clique no menu Actions.
8. Selecione New Action para que a caixa Specify Action (Especificar Ação) apareça.

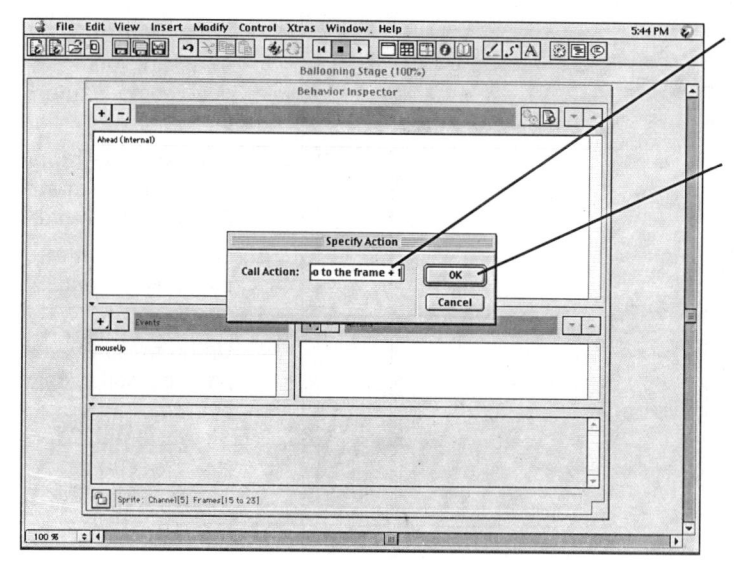

9. Digite **Go to the frame + 1** (Ir para o quadro + 1) na caixa de texto.
10. Clique em OK para adicionar a nova ação.
11. Exiba o filme.

Capítulo 5 - Como navegar no Director

Como fazer a movimentação para trás

Como já vimos, é possível manter um quadro e movê-lo para frente. E se o usuário desejar mover-se para trás? Veja como fazer.

1. Selecione o botão Back no score.
2. Clique no botão Behavior Inspector no score para abri-lo.
3. Clique no botão + para adicionar um novo comportamento.
4. Nomeie-o como Backup e o comportamento será adicionado.
5. Clique no menu Events.
6. Selecione Mouse Up no menu Events.
7. Clique no menu Actions.
8. Selecione New Action para que a caixa Specify Action apareça.
9. Digite **Go to the frame - 1** na caixa de texto.
10. Clique em OK para adicionar a nova ação.

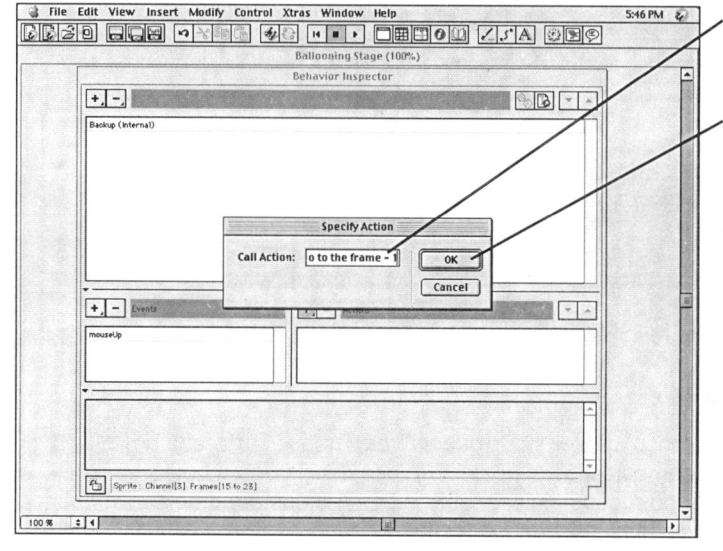

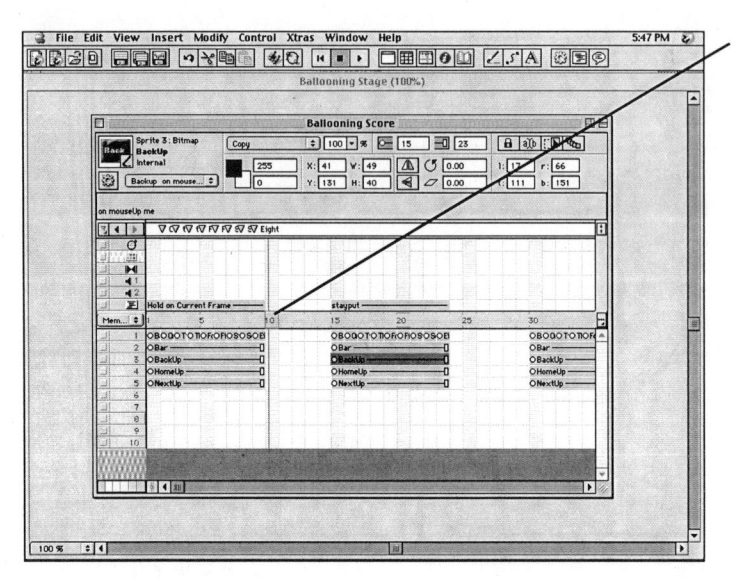

11. Arraste o cabeçote para o quadro 10.
12. Exiba o filme.

Observação

Ao fazer a movimentação para trás e para frente, não aplique o script para frente no último sprite da seqüência de botões para frente. Como também, não aplique o script para trás no primeiro quadro da seqüência do botão para trás. Desta forma, você evita que o usuário saia da seqüência acidentalmente.

Como trocar sprites e navegar

Observando os botões do elenco, percebemos que há três versões para cada um: Up, Over e Down. O estágio Up é o que está visível no palco. Você deseja que o botão no palco se torne Over quando o cursor do mouse estiver sobre o botão e que se torne Down quando o mouse for pressionado. Se o botão não for pressionado quando o mouse estiver sobre ele, volta a ser Up quando o cursor sai. Isso não é só, quando o botão for pressionado e liberado, o cabeçote se move para frente ou para trás dependendo do botão que for clicado.

O termo para estas alterações é *troca de sprite* ou *troca*.

Capítulo 5 - Como navegar no Director **185**

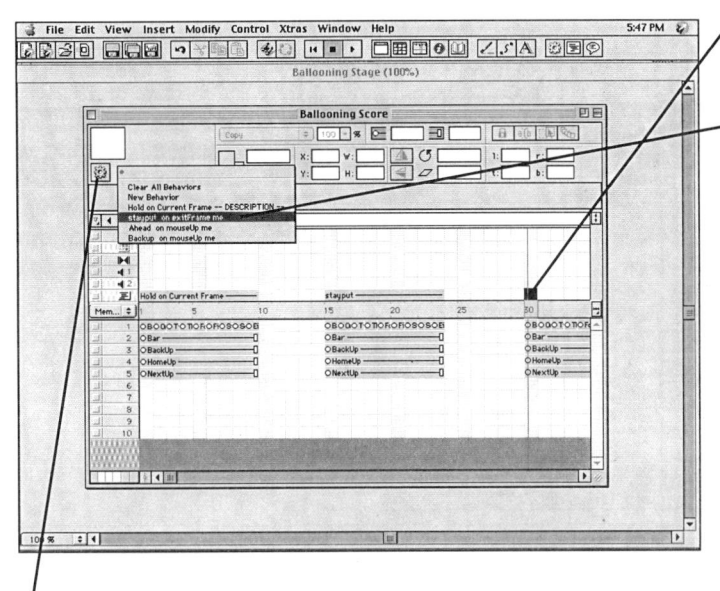

1. Selecione o quadro 30 no canal de comportamento.
2. Selecione Stayput em Script Well.
3. Amplie este script até o quadro 38.
4. Selecione o botão Next no quadro 30 do score.

5. Clique no botão Behavior Inspector no score para abri-lo.

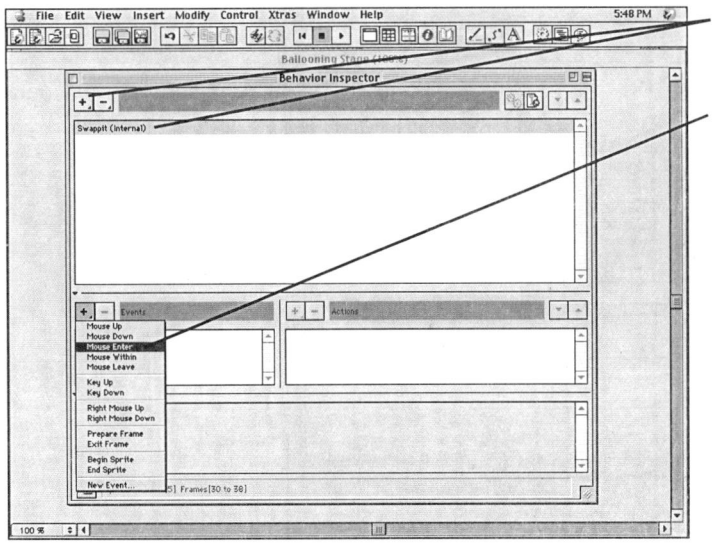

6. Adicione um novo comportamento denominado "Swappit".
7. Selecione Mouse Enter no menu Events para adicionar este evento.

Observação

A ordem de atribuição das ações neste exercício é importante. O computador irá executá-las na ordem de aparição no script, e não na ordem que parece mais sensata para uma pessoa.

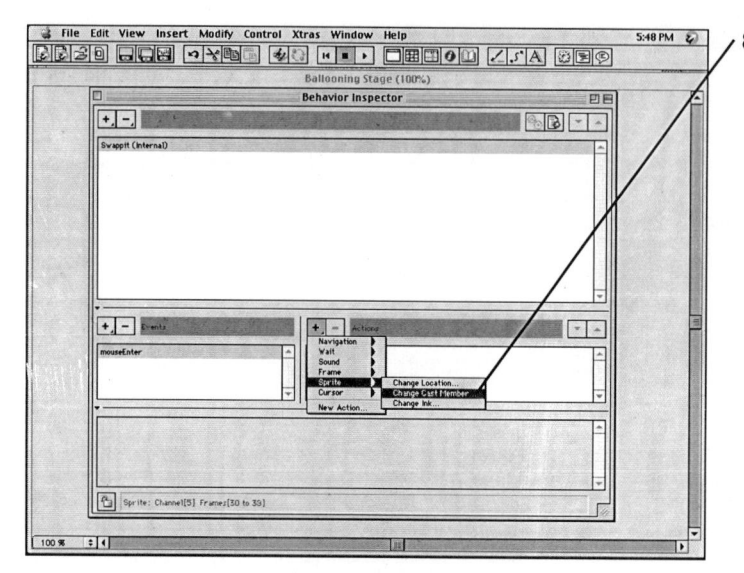

8. Selecione Sprite, Change Cast Member (Mudar Membro do Elenco) no menu Actions para que apareça a caixa Specify Cast Member (Especificar Membro do Elenco).

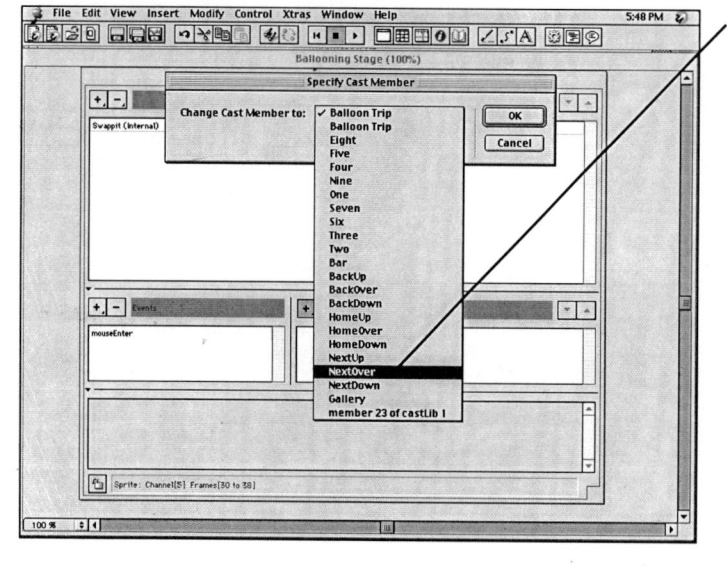

9. Selecione NextOver da lista de membros do elenco na caixa de diálogo.

10. Clique em OK para alterar a ação.

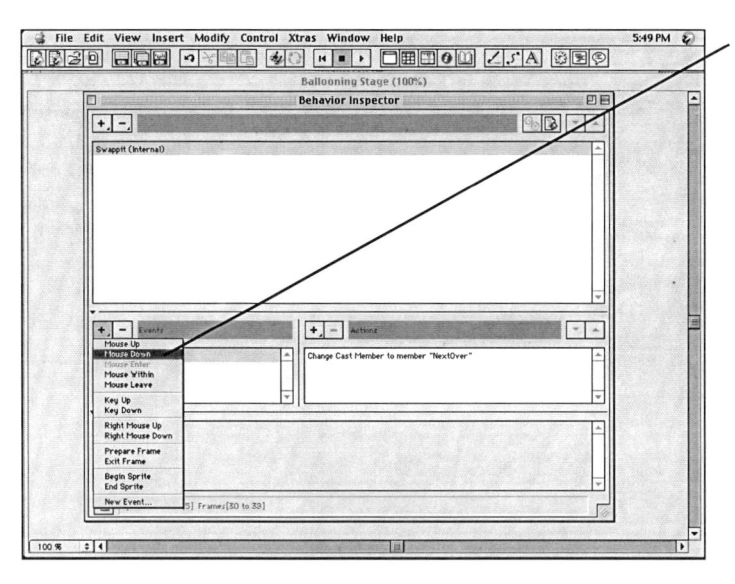

Capítulo 5 - Como navegar no Director **187**

11. Selecione Mouse Down no menu Events.

12. Selecione Sprite, Change Cast Member no menu Actions para abrir a caixa Specify Cast Member.

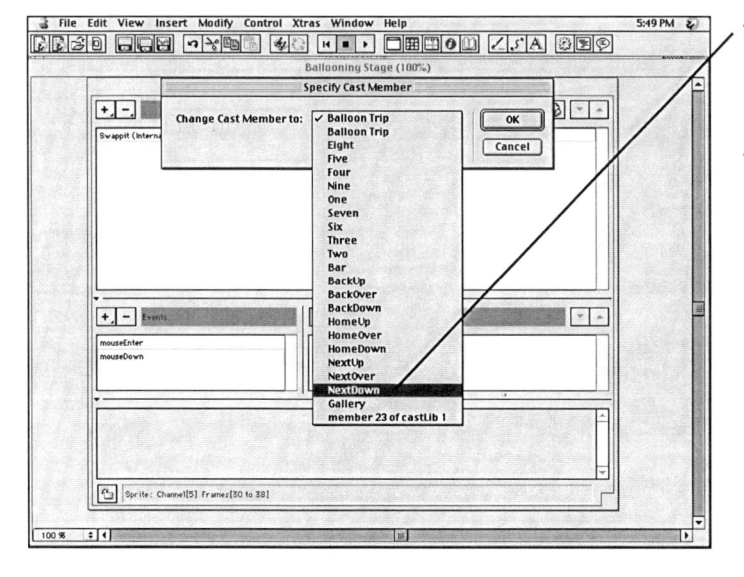

13. Selecione NextDown na lista de membros do elenco na caixa de diálogo.

14. Clique em OK para alterar a ação.

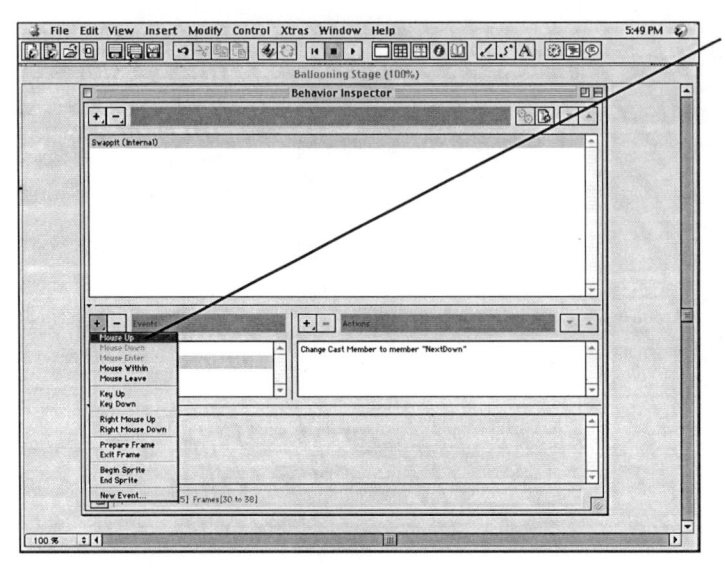

15. Selecione Mouse Up no menu Events.

16. Selecione Sprite, Change Cast Member no menu Actions para abrir a caixa Specify Cast Member.

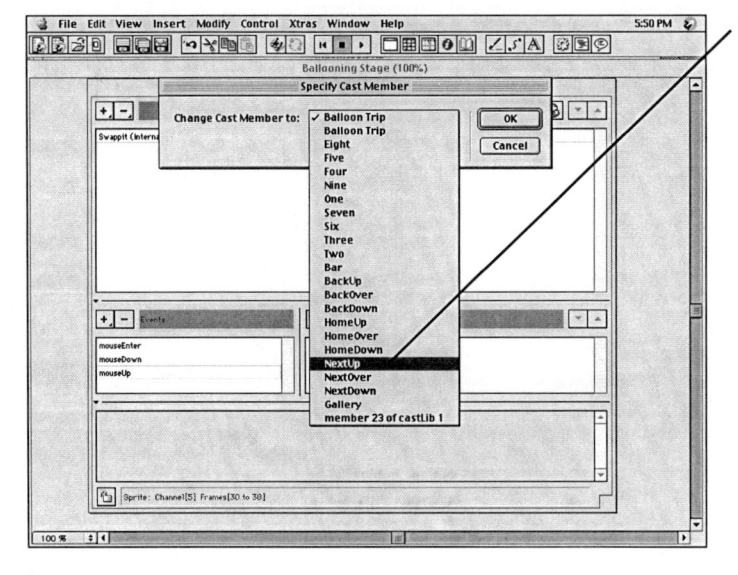

17. Selecione NextUp na lista de membros do elenco na caixa de diálogo.

18. Clique em OK para alterar a ação.

19. Selecione Navigation, Go To Frame no menu Events para abrir a caixa Specify Frame.

Capítulo 5 - Como navegar no Director **189**

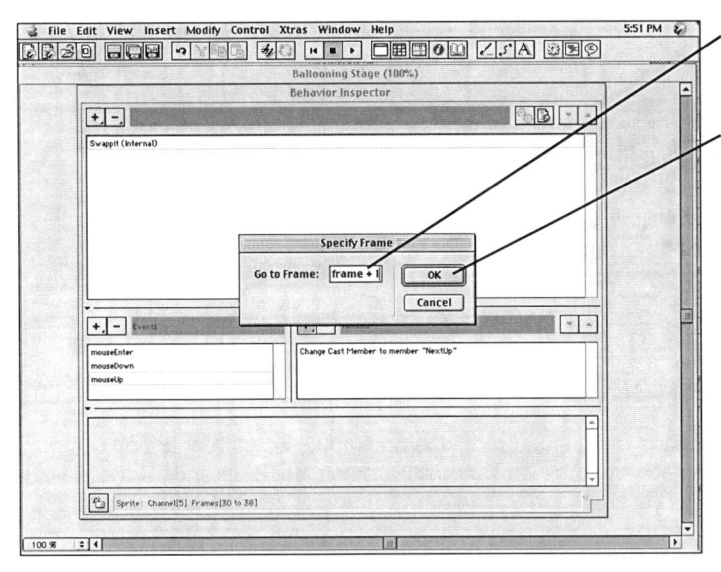

20. Digite **the frame + 1** na caixa de texto da caixa de diálogo.
21. Clique em OK e o quadro será especificado.
22. Repita as mesmas etapas para os botões Back e Home.
23. Na caixa de texto do menu Events para o botão Back, digite **Go to the frame – 1**.

24. Para o botão Home, digite **30**.

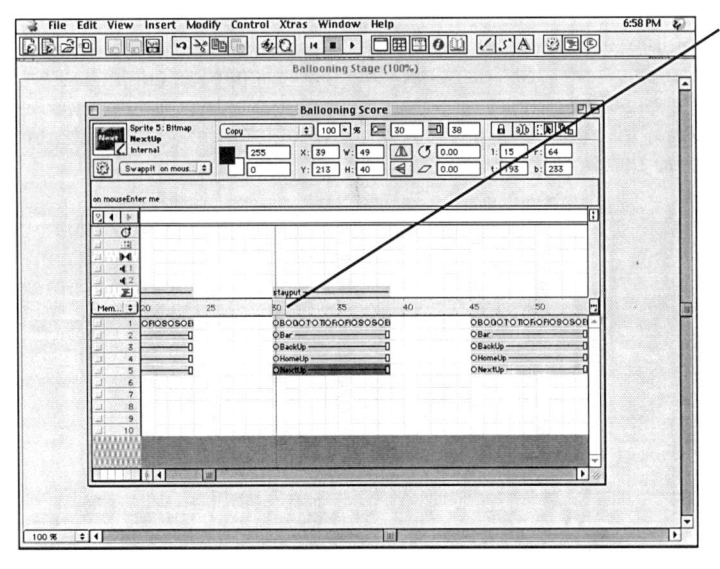

25. Arraste o cabeçote para o quadro 30.
26. Reproduza o filme.

> **Observação**
>
> O Behavior Inspector é um auxílio considerável para a interatividade da codificação. Conforme foi visto neste exercício, ele pode executar algumas tarefas de codificação bastante úteis, o que é uma boa notícia.
>
> A má notícia é que não pode manipular o trabalho mais complexo que apresentaremos posteriormente neste livro. Utilize o Behavior Inspector para as tarefas mais simples como trocas de sprites e navegação.

Como utilizar o Lingo para a movimentação

Utilizaremos as técnicas básicas de Lingo aprendidas no Capítulo 4 para criar códigos que permitem a movimentação pelos quadros do filme do Director. Você aprenderá a codificar um loop de quadro, uma troca de sprite, um botão para retorno e uma memória temporária.

Como codificar um loop de quadro

Existem diversas formas de parar o cabeçote sobre um quadro. As duas mais comuns são a utilização de um comando de pausa e a técnica de loop. Quem trabalha com desenvolvimento evita utilizar a pausa, pois ignora todos os sons, vídeos ou animações que estiverem sendo exibidas. Literalmente, as pausas fazem uma parada porque o cabeçote não mais se movimenta no quadro. Para manter o cabeçote se movendo enquanto espera por um quadro é necessário fazer um loop de quadro.

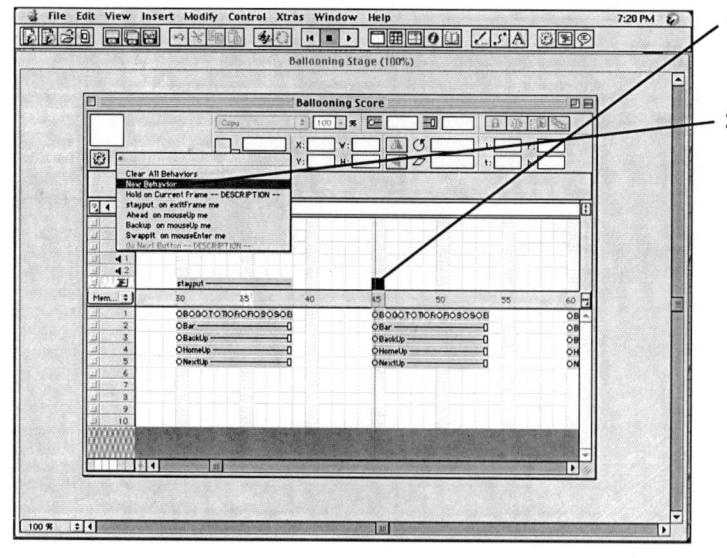

1. Selecione o quadro 45 do canal de comportamento.

2. Selecione New Behavior no menu Behavior para abrir a janela Script.

Capítulo 5 - Como navegar no Director	**191**

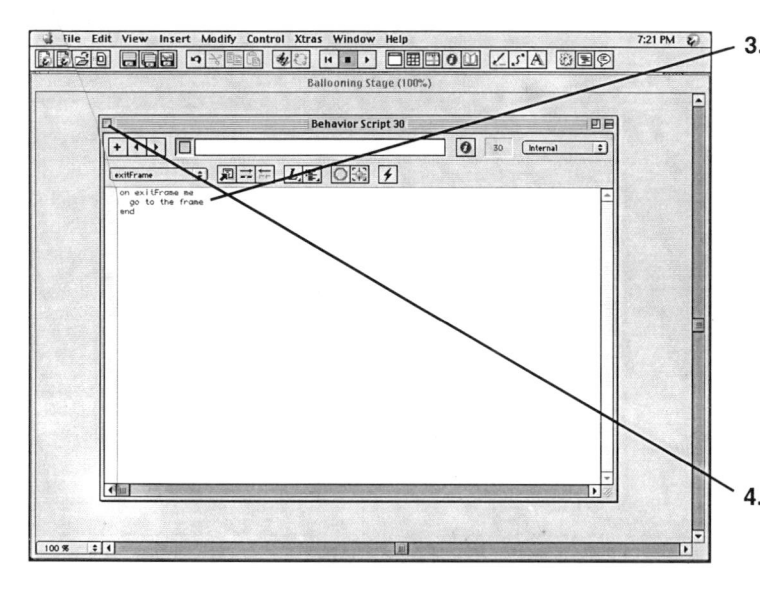

3. Digite **go to the frame** sob a linha "on exitFrame me". Esta linha de código simples forçará o cabeçote a entrar no quadro ao sair do mesmo. Este é um loop e, de acordo com o Director, o cabeçote ainda está em movimento e você não perde todos os recursos de mídia.

4. Feche a janela Script.

5. Exiba o filme.
6. Pare o filme.
7. Amplie o script para o quadro 53.

Explicação do código

```
on exitFrame me
```
Quando o cabeçote sair deste quadro,
```
go to the frame
```
Enviar o cabeçote para este quadro
```
end
```

Como codificar a troca de sprite e a navegação

Uma das regras de multimídia é: ao alterar alguma coisa, volte com ela para o devido lugar. Se você desejar que o sprite mude para o estado Down ao pressionar o botão do mouse e que retorne ao estado Up ao liberar o botão e depois mover para o quadro seguinte, é necessário prestar atenção em dois estados do mouse: mouseDown e mouseUp.

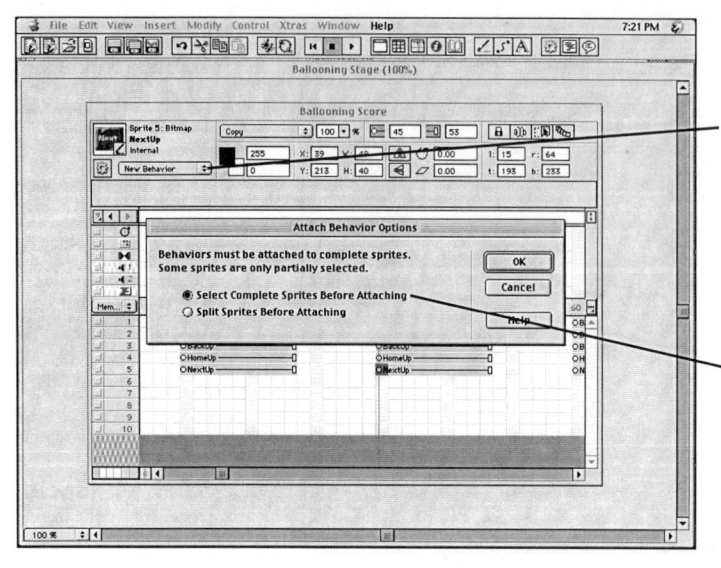

1. Selecione o botão Next no quadro 45 do canal 5 do score.
2. Selecione New Behavior no menu Behavior para abrir a caixa de diálogo Attach Behavior Options (Opções para Anexar Comportamentos).
3. Retire a seleção de Split Sprites Before Attaching (Separar Sprites Antes de Anexar) e clique em OK para abrir a janela Script.

Observação

A caixa de diálogo Attach Behavior Options será mostrada diversas vezes. Basicamente, ela pergunta se você deseja que o script seja anexado àquele sprite ou à ampliação do sprite no score. Você escolheu que seja anexado a toda a ampliação.

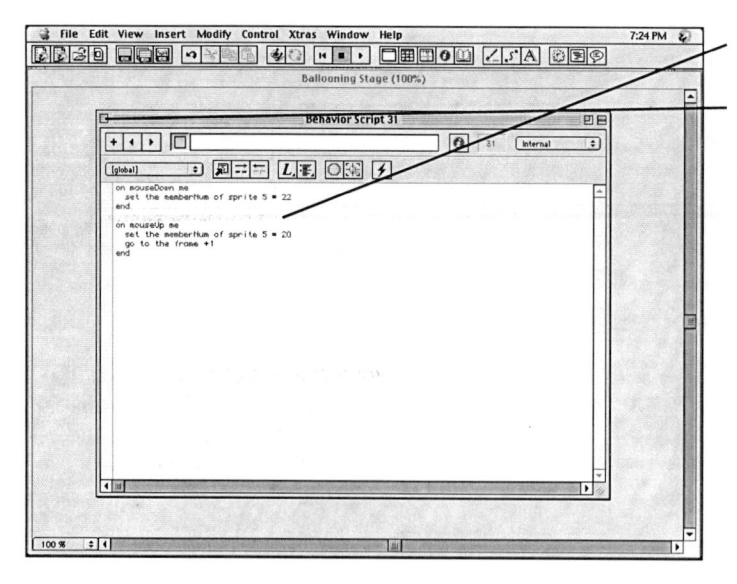

4. Digite o código mostrado.
5. Feche a caixa de diálogo.
6. Teste o filme.

Explicações sobre o código

```
on mouseDown me
```
Quando o mouse for pressionado,
```
set the memberNum of sprite 5 = 22
```
Mude o membro do elenco do sprite no canal 5 para 22. Lembre-se de que o Director trabalha com números e cada membro do elenco possui um número.
```
end
on mouseUp me
```
Quando o mouse for liberado.
```
set the memberNum of sprite 5 = 20
```
Mude o membro do elenco do sprite no canal 5 para 20. O sprite original é o membro do elenco número 20.
```
go to the frame +1
```
Ir para o próximo quadro. Habitue-se a utilizar esta linha de código em vez de um número específico de quadro. Este procedimento evita problemas caso você mova os sprites para outra seção do score.
```
end
```

Como codificar o botão Back

O que você menos deseja é digitar este script novamente. Observe como evitar trabalho extra utilizando um método rápido.

1. Selecione o botão Forward no quadro 45 do score.
2. Clique no Script Preview para abrir a janela Script.

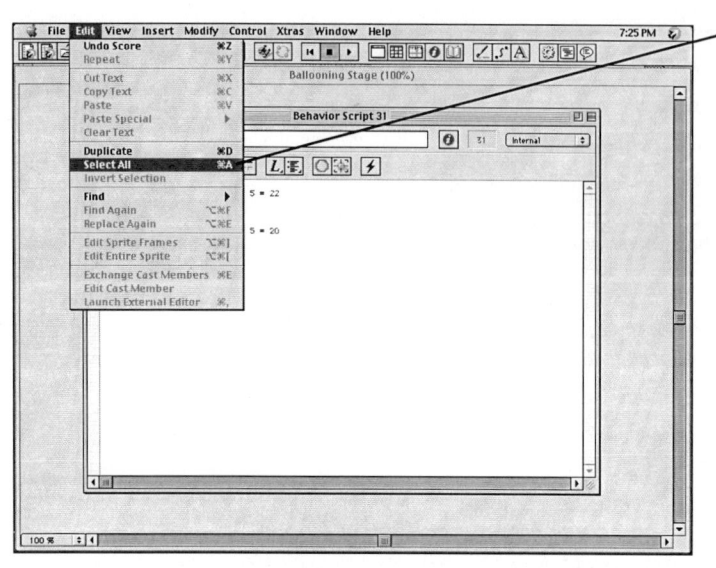

3. Selecione Edit, Select All (Control-A no PC ou Command-A no Mac).
4. Selecione Edit, Copy Text (Control-C no PC ou Command-C no Mac).
5. Clique no botão New Script.
6. Selecione Edit, Paste (Control-V no PC ou Command-V no Mac).
7. Nomeie o script.

8. Altere o número do membro do elenco na troca em mouseUp e mouseDown.

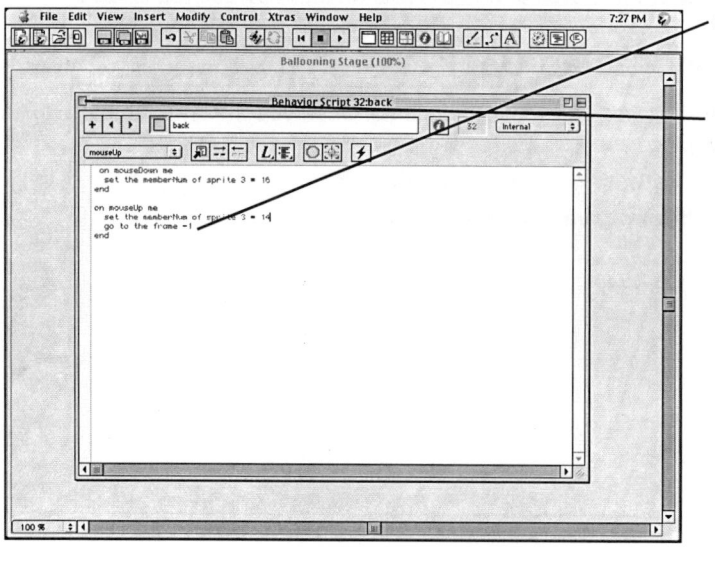

9. Altere +1 para −1 no manipulador mouseUp do script.
10. Feche a janela.
11. Teste o filme.

Capítulo 5 - Como navegar no Director **195**

Explicações sobre o código

```
Go to the frame - 1
```
Esta linha retorna o cabeçote para o quadro anterior.

Como codificar o botão Home

Quando os usuários navegam nos filmes do Director, inevitavelmente desejam retornar ao início do filme ou ao local de onde iniciaram. A maioria das apresentações em multimídia incluem um botão Home que faz com que o usuário retorne ao início.

1. Adicione um marcador sobre o quadro 45.
2. Nomeie este marcador como **Home**.
3. Clique no botão Back no score para selecioná-lo.
4. Clique em Script Preview para abrir a janela Script.
5. Adicione um novo script.
6. Nomeie-o.
7. Selecione Edit, Paste.
8. Mude o número do membro do elenco na troca em mouseUp e mouseDown.

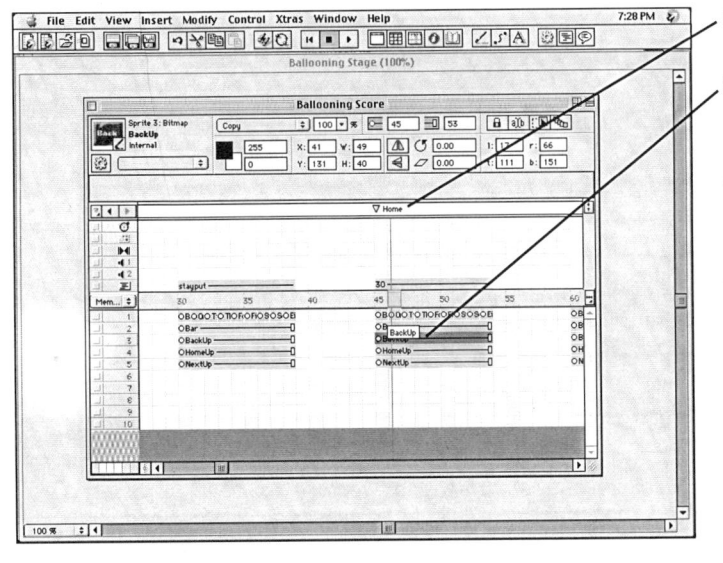

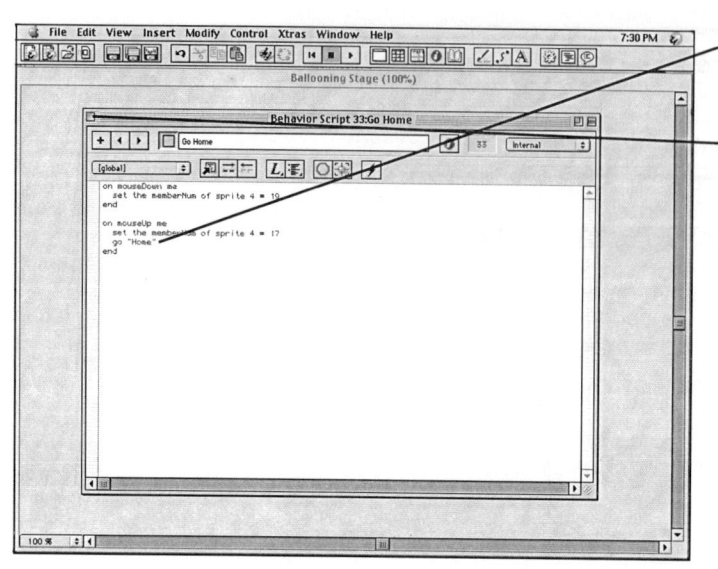

9. Mude +1 para "Home", incluindo as aspas.
10. Feche a janela.
11. Teste o filme.
12. Arraste o marcador Home para o quadro 30.
13. Teste o filme.
14. Arraste o marcador Home para o quadro 45.

Explicações sobre o código

```
Go to "Home"
```

Esta linha envia o cabeçote para o marcador denominado Home. Use sempre as aspas ao fazer referência a nomes.

Observação

Um dos piores procedimentos a serem feitos no Director é "codificar" um valor. No exercício anterior, poderíamos facilmente ter informado ao Director que seguisse para o quadro 35. O problema é o que acontece quando uma seqüência que inicia no quadro 35 é movida para outro local no score. Os marcadores evitam essa armadilha.

Como codificar uma memória temporária

O melhor da multimídia é o controle que temos sobre a experiência do usuário fornecendo um feedback. Este procedimento permite que o usuário saiba que o botão está "vivo", pois quando o cursor do mouse passa por cima dele, é alterado ou emite algum som. Quando um usuário vê algo parecido, não resiste e clica sobre ele.

Capítulo 5 - Como navegar no Director

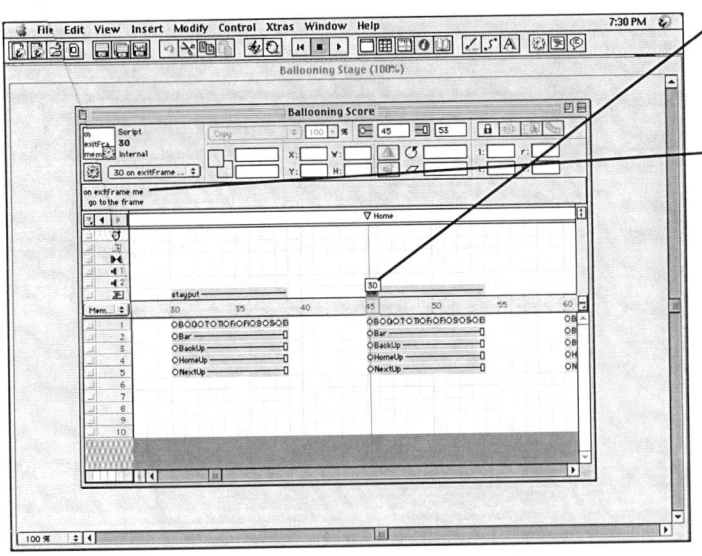

1. Clique no script Frame no quadro 45 para selecionar o script Frame.
2. Clique no botão Script Preview para abrir a janela Script.

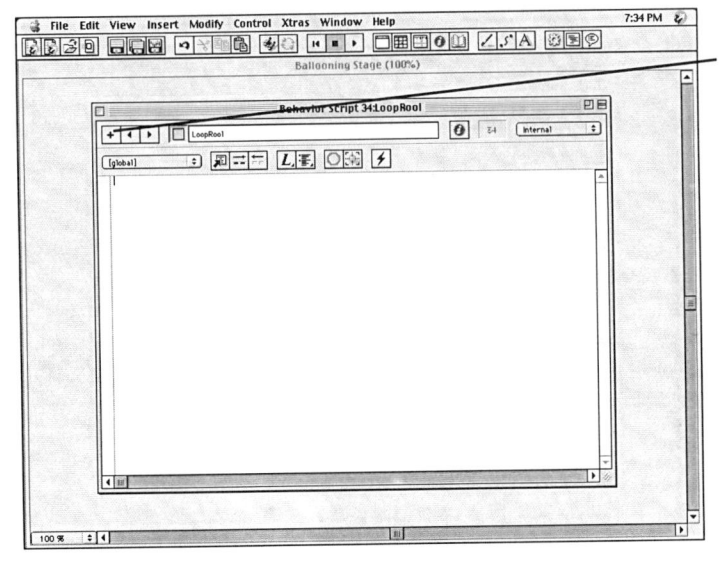

3. Copie o script.
4. Clique no botão New Script.
5. Nomeie o script como **LoopRoll**.

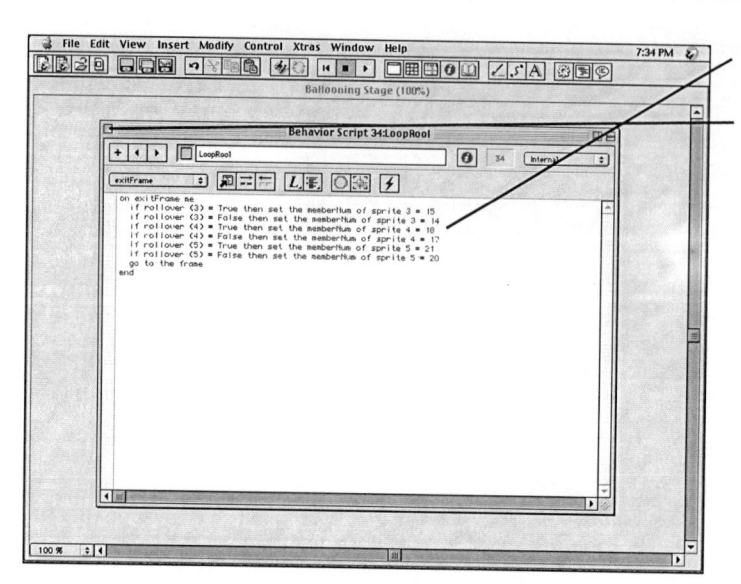

6. Digite o código conforme mostramos.
7. Feche a janela Script.
8. Teste o filme.

Explicações sobre o código

```
go to the frame - 1
```

Esta linha retorna o cabeçote para o quadro anterior.

```
on exitFrame me
```

Quando o cabeçote sair do quadro,

```
if rollover (3) = True then set the numberNum of sprite 3 = 15
```

e o mouse estiver sobre o sprite 3 – memória temporária (3) = Verdadeiro – alterar o botão Up para Over no elenco.

```
if rollover (3) = False then set the numberNum of sprite 3 = 14
```

Se o mouse não estiver sobre o sprite 3 – memória temporária (3) = Falso – alterar de volta para o membro do botão Up no elenco.

```
   if rollover (4) = True then set the numberNum of sprite 4 = 18
   if rollover (4) = False then set the numberNum of sprite 4 = 17
   if rollover (5) = True then set the numberNum of sprite 5 = 21
   if rollover (5) = False then set the numberNum of sprite 5 = 20
 go to the frame
Stay put.
End
```

> **Observação**
>
> A declaração "If...Then" é denominada declaração condicional. A condição é a memória temporária. O código, neste caso, será executado apenas quando o mouse estiver sobre o sprite especificado na declaração. Neste exercício, os sprites são os de números 3, 4 e 5. Deslize o cursor sobre qualquer outro elemento na tela e não será alterado. O melhor é o uso dos valores True e False. O cursor pode estar apenas sobre o botão (True) e não sobre o botão (False). Portanto, dependendo da localização do mouse, apenas um dos botões estará visível por vez.

Como navegar pelos filmes do Director

Quando você trabalhar com o Director, tente utilizar o menor espaço possível, inclusive com o número mínimo de quadros em qualquer filme. Neste exemplo, forneceremos ao usuário a possibilidade de verificar o filme Balloons ou Scout. Este procedimento é executado a partir de um filme separado do Director denominado Main.dir.

1. Abra Main.dir.
2. Selecione a figura do balão e abra o score.
3. Selecione New Behavior em Script Well para abrir a janela Script.

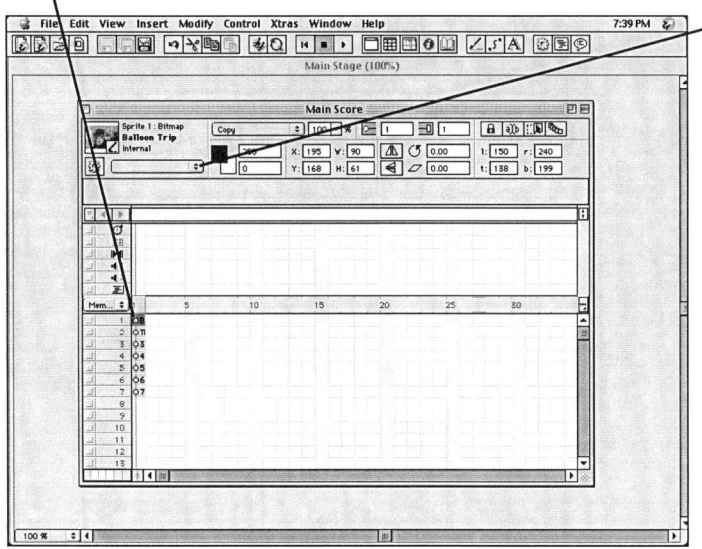

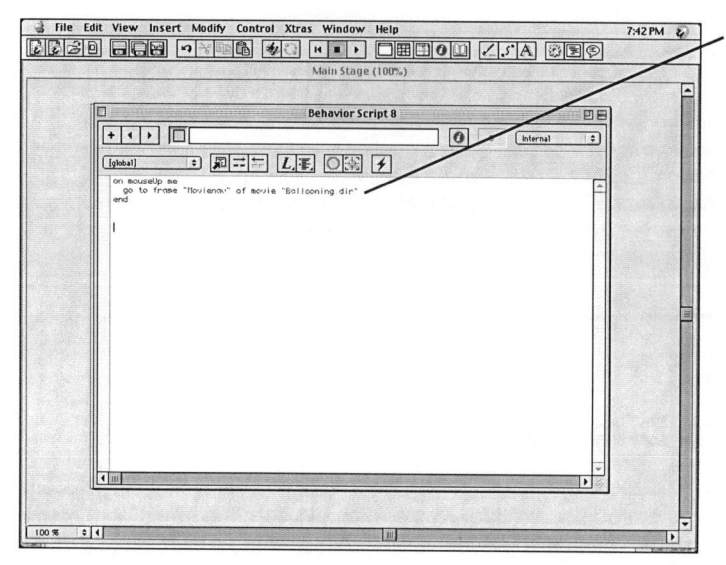

4. Digite o código mostrado.
5. Salve o filme.
6. Clique no botão Play na barra de ferramentas.
7. Clique na figura Balloon.
8. Pare o filme.
9. No filme Balloon, selecione o botão Home no score.
10. Selecione New Behavior em Script Well.
11. Digite o código mostrado. 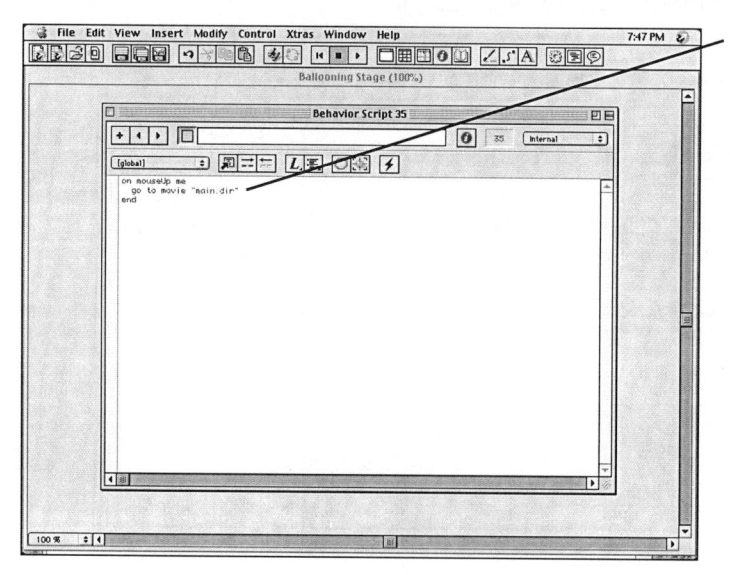
12. Salve o filme.
13. Clique no botão Play na barra ferramentas.
14. Clique no botão Home.
15. Pare o filme.

Capítulo 5 - Como navegar no Director **201**

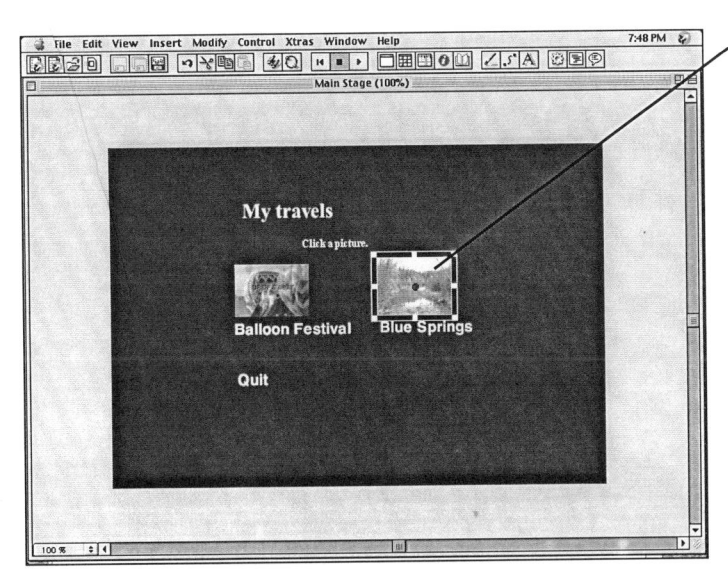

16. Clique na figura Blue Springs para selecioná-la.

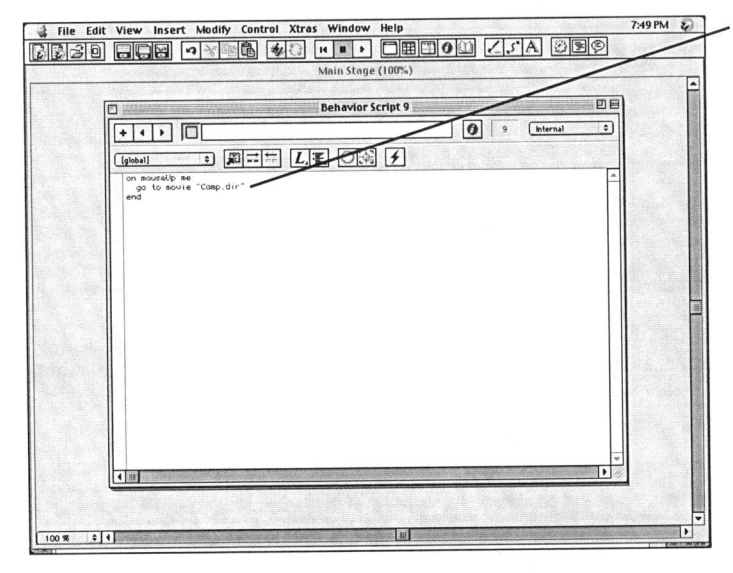

17. Digite o código mostrado.
18. Salve o filme.
19. Clique no botão Play na barra ferramentas.
20. Clique no botão Home no score.
21. Pare o filme.
22. Clique do botão Quit.

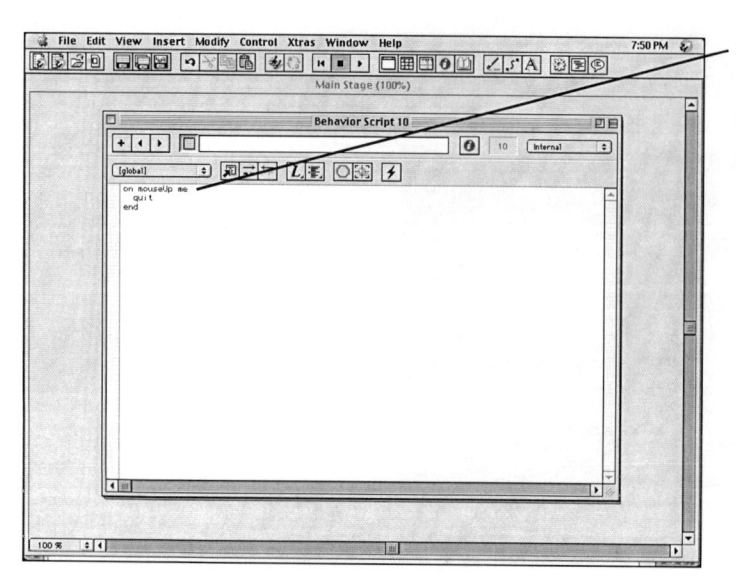

23. Digite o código mostrado.
24. Salve o filme.
25. Teste-o.

Explicações sobre o código

```
Go to movie "Movie name"
```
Esta linha retorna o cabeçote para o quadro anterior.

Como navegar a partir de um quadro

O exercício anterior pedia que o usuário clicasse em um botão para navegar para outro filme do Director. Neste exercício, a navegação acontece automaticamente quando o cabeçote sai do quadro. Esta técnica é útil para que o usuário volte ao filme principal quando uma seção tiver sido finalizada.

Capítulo 5 - Como navegar no Director **203**

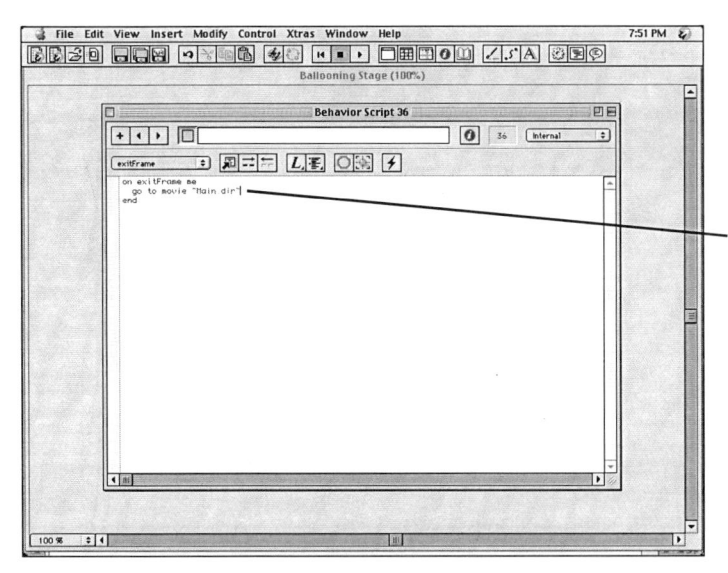

1. Abra Ballooning.dir.
2. Vá para o quadro 69.
3. Clique duas vezes sobre o canal de comportamento.
4. Digite o código mostrado.
5. Salve o filme.
6. Arraste o cabeçote para o quadro 60.
7. Reproduza o filme.

Observação

A capacidade de movimentação entre os filmes do Director é um dos recursos principais do aplicativo. Para que este procedimento aconteça de forma suave:

◆ Coloque todos os filmes na mesma pasta. Eles precisam "se ver".

◆ Certifique-se de que os filmes tenham o mesmo tamanho de palco e a mesma localização na tela.

◆ Certifique-se de que os filmes "chamados" por um script utilizem exatamente o mesmo nome no script que o filme que está sendo requisitado.

◆ Utilize nomes de marcadores, e não números de quadros, ao movimentar-se para seções ou quadros de filmes.

◆ Utilize a técnica de navegação de um quadro ao chegar ao fim da seção e desejar seguir para outro local.

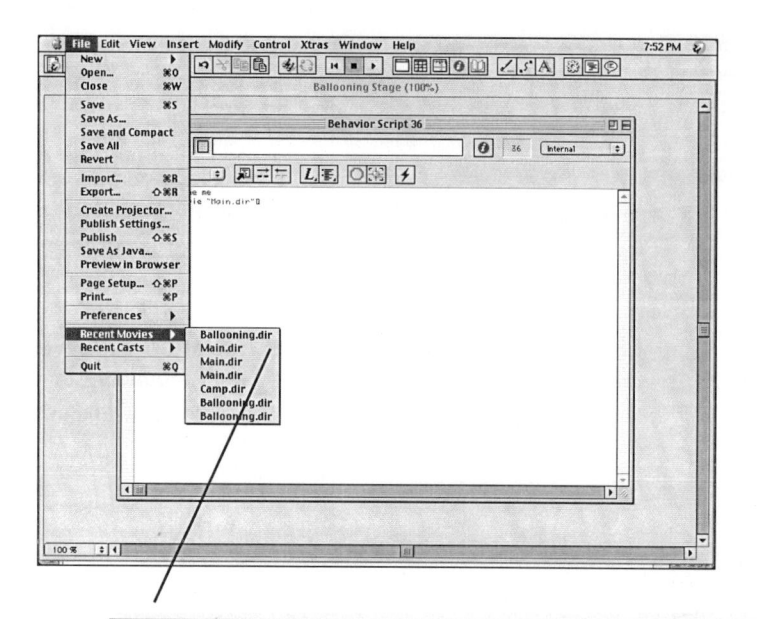

Dica

O menu File contém um item denominado Recent Movies (Filmes Recentes), o que é um menu com todos os filmes que já foram abertos. Procure o filme que você deseja editar e o Director irá abri-lo.

Como criar um "Hot Spot"

"Hot Spots" são botões invisíveis que o usuário pode utilizar para ir para outro local ou iniciar uma ação no palco. Possuem arquivos extremamente pequenos e podem ser úteis para a navegação a partir de imagens que cobrem o palco. Neste exercício, criaremos um hot spot que atua como atalho entre uma imagem composta de miniaturas e a imagem em tamanho real clicada pelo usuário.

Capítulo 5 - Como navegar no Director   **205**

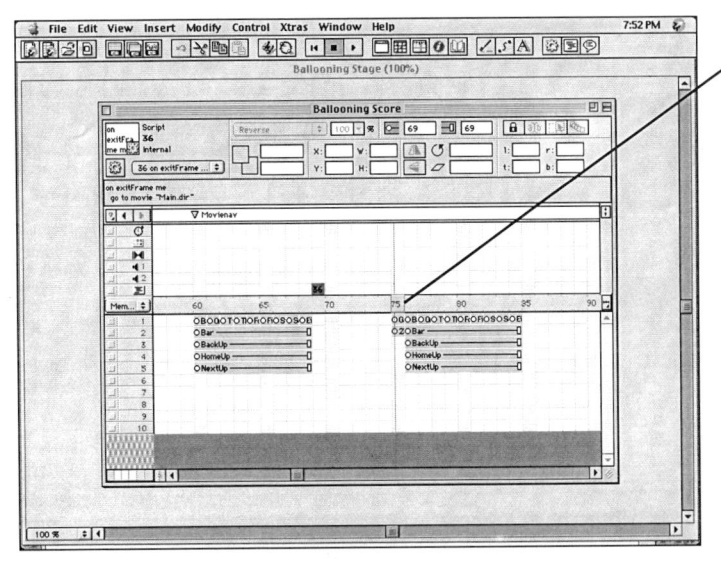

1. Abra Ballooning.dir.
2. Arraste o cabeçote para o quadro 75.
3. Abra a palheta Tools (Control-7 no PC e Command-7 no Mac).

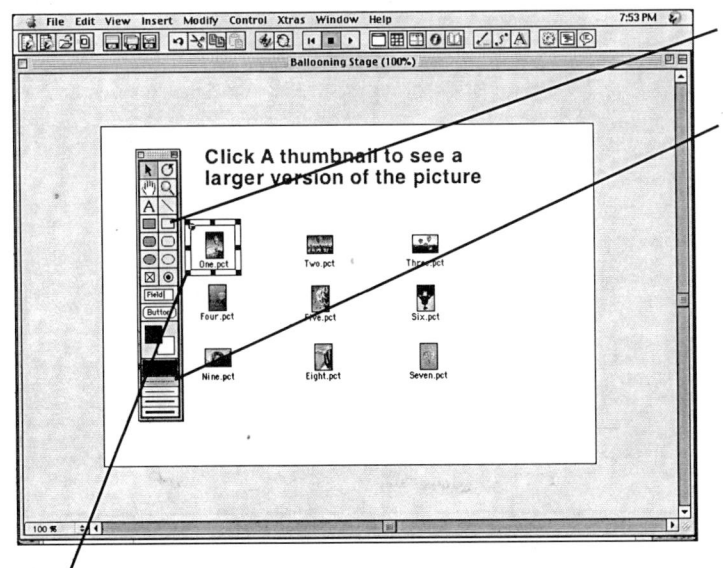

4. Selecione Hollow Rectangle na palheta.
5. Selecione o botão "No Line" na palheta.

6. Clique e arraste um quadrado ao redor da primeira figura em miniatura no palco.
7. Selecione o score.
8. Selecione New Behavior em Script Well.

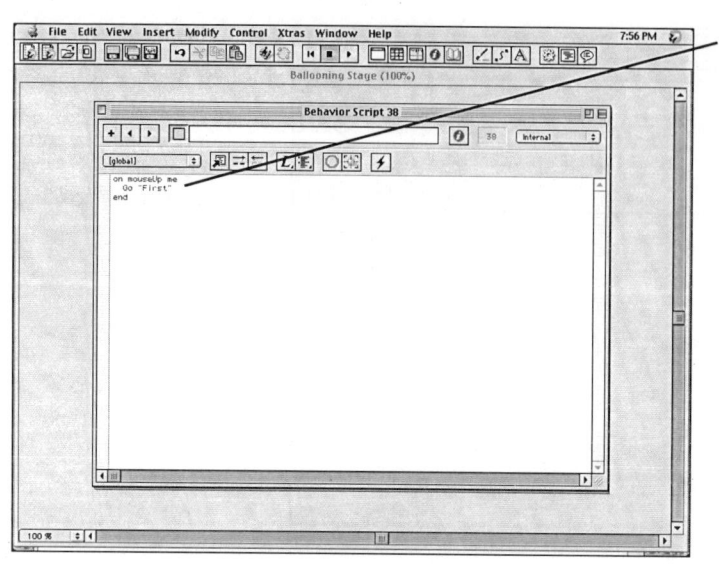

9. Digite o código mostrado.
10. Arraste o cabeçote para o quadro 77.
11. Selecione o botão Back no score.

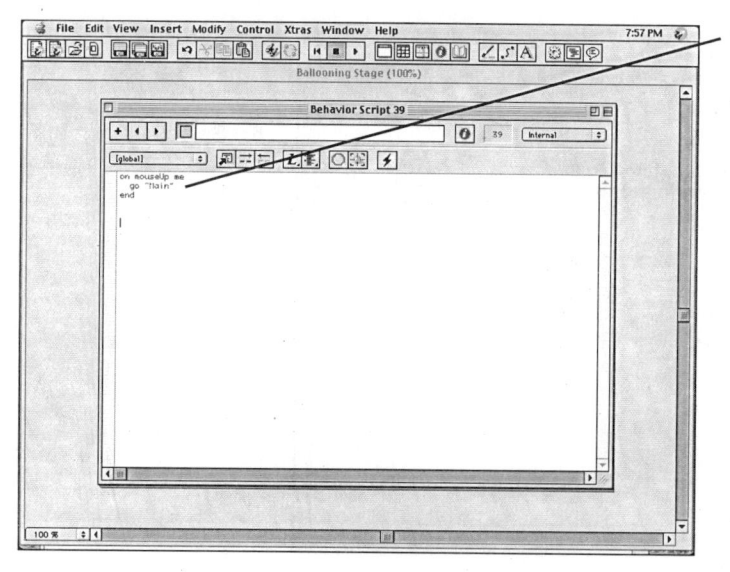

12. Digite o código mostrado.
13. Clique no botão Play na barra de ferramentas.

Como colocar na Web

A utilização da navegação não linear na Web não é tão difícil quanto parece. Não é necessário criar muitos filmes. Deixe que o filme do Shockwave "chame" os filmes do Director.

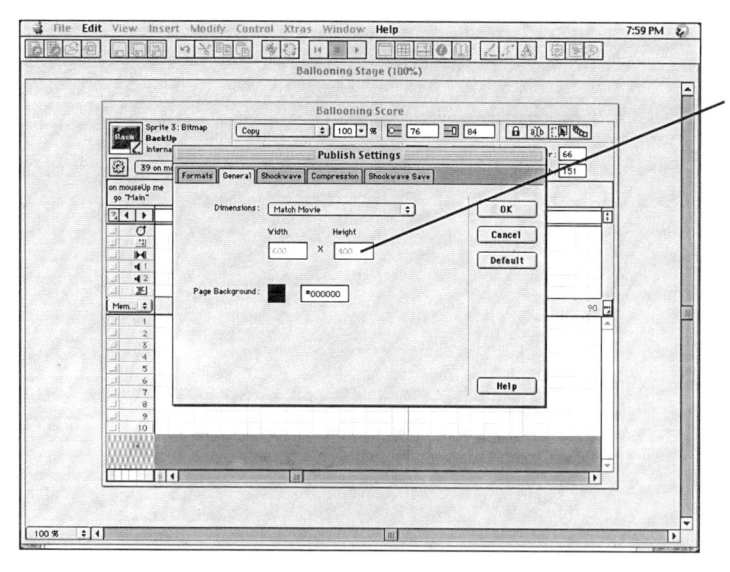

Capítulo 5 - Como navegar no Director

1. Abra Main.dir na pasta Net.
2. Selecione File, Publish Settings e certifique-se de que as dimensões do filme estejam corretas e que o som não esteja selecionado.
3. Selecione File, Publish. 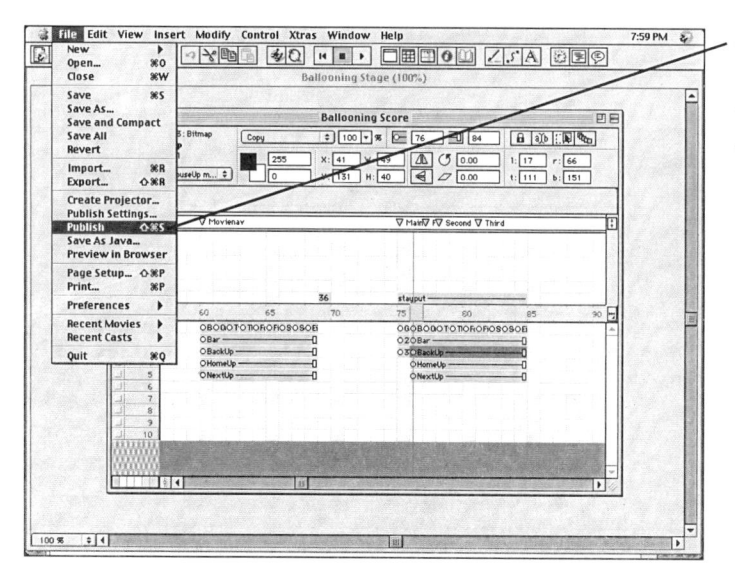
4. Saia do Director.
5. Abra o arquivo do HTML no browser.

Observação

Caso você esteja fazendo uma edição para a Web, o botão Quit é desnecessário. Não é possível sair do browser a partir do Shockwave. Utilize um botão Quit apenas se estiver criando um filme para CD ou para reprodução em um disco rígido.

Capítulo 6

Som

Neste capítulo, criaremos dois dispositivos de controle de som. O primeiro utiliza os comportamentos de sons já existentes na Sound Library (Biblioteca de Som). Criaremos um indicador que "balanceia" o som entre as caixas de som da esquerda e direita, como também um indicador para controle do volume.

O segundo dispositivo é um projeto do tipo "faça você mesmo". Embora o comportamento da biblioteca seja satisfatório, nunca é demais entender como criar um controlador personalizado. Neste exercício, você irá arrastar uma bola dourada pelo controlador e o som ficará mais alto ou baixo, dependendo da direção tomada. O volume é determinado pela posição da bola no controlador.

Neste capítulo, aprenda a:
- Acessar os comportamentos do som a partir da biblioteca do Director
- Utilizar técnicas "Drag and Drop" (Arrastar e Soltar) para acrescentar um comportamento a um sprite
- Utilizar Lingo para criar um controlador personalizado de som

Dispositivo um: controle de volume e balanço

Se você possui um par de caixas de som acoplados ao computador, esta técnica lhe permite que o som seja reproduzido apenas na caixa da direita ou da esquerda. Veremos como é relativamente fácil deixar que o Director, e não o computador, controle o volume do som, pois isso é importante em multimídia. Algumas vezes, o usuário não precisa ouvir a trilha sonora especial ou pensa que o som é uma distração. Ao fornecer ao usuário a oportunidade de diminuir o volume ou aumentá-lo, você cria mais um nível de interatividade.

Como preparar o som

Para conseguir a reprodução contínua, o som deve executar loops. Isso significa que deve ser repetido assim que termina. Todos os sons, desde pequenos cliques a trilhas musicais são lineares, isto é, possuem início e fim. Esta técnica mostra como fazer um loop de som.

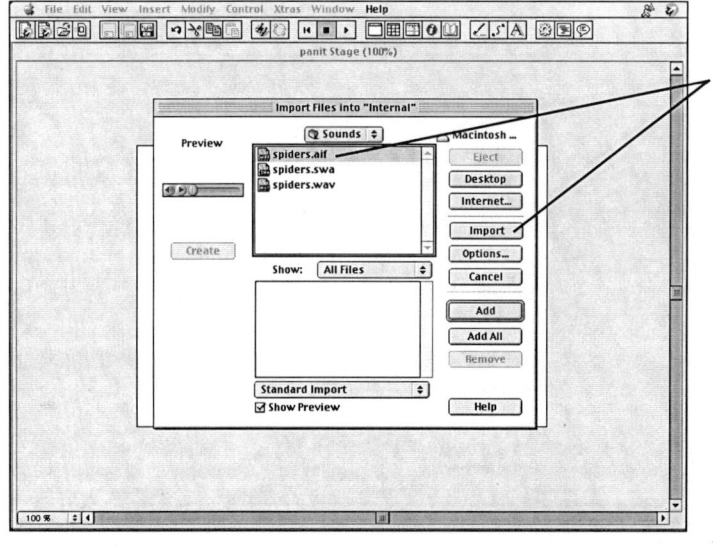

1. Abra panit.dir na pasta Exercise.
2. Importe spiders.wav (usuários do PC) ou spiders.aif (usuários do Mac) para o elenco.

Capítulo 6 - Som   **211**

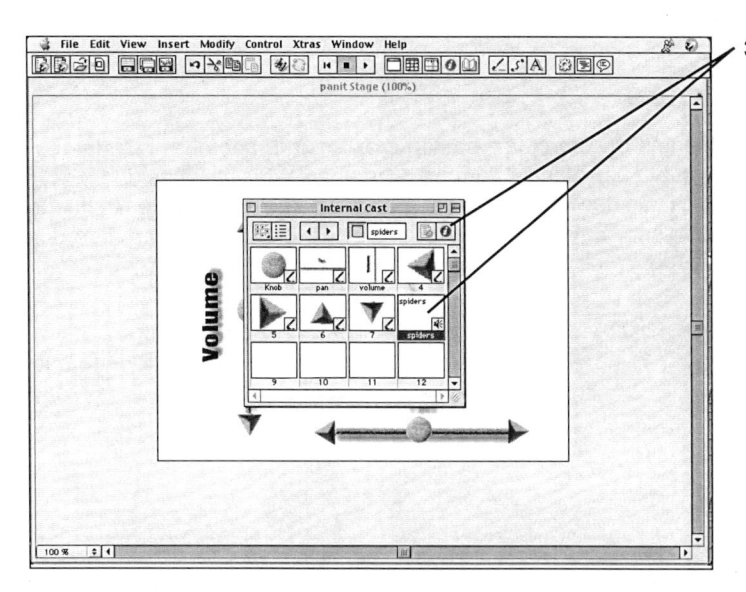

3. Selecione o som e clique no botão Property Inspector para abri-lo com o indicador de som incluído.

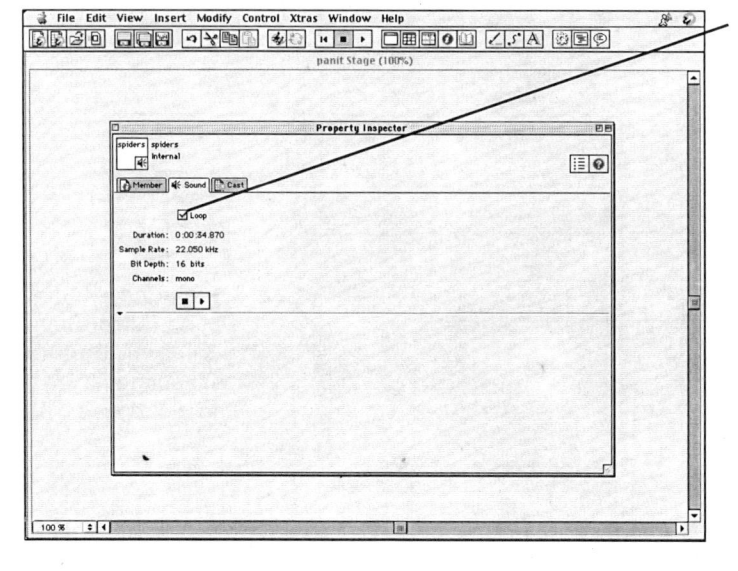

4. Clique na caixa de verificação Loop para selecioná-la.
5. Arraste o som do elenco para o canal de som 1.

Como adicionar
os comportamentos

A biblioteca de comportamentos do Director é bastante extensa. Embora os puristas que utilizam o Director pensem que a biblioteca está um pouco abaixo das técnicas do Lingo, a biblioteca de comportamentos não deve ser ignorada. A coleção é bem mais extensa do que poderíamos inicialmente imaginar. Este exercício é um ótimo exemplo. Utilizaremos dois comportamentos pré-codificados para controlar o balanço e o volume do som.

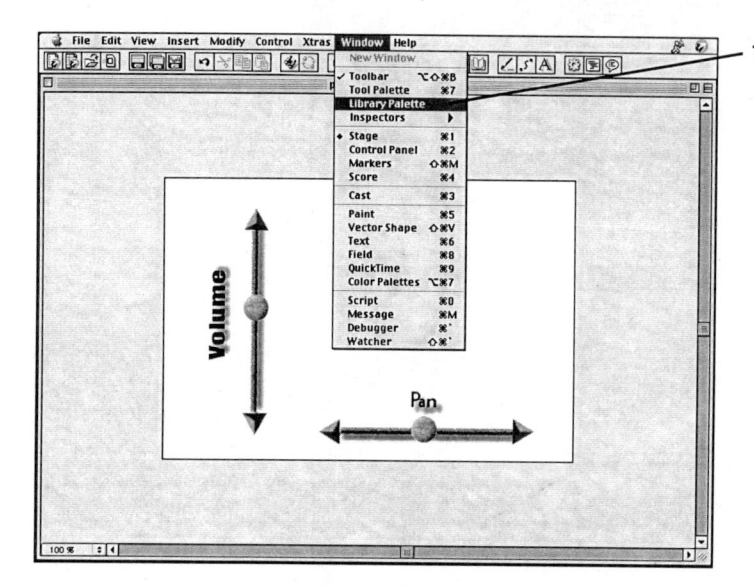

1. Selecione Window, Library Palette para abri-la.

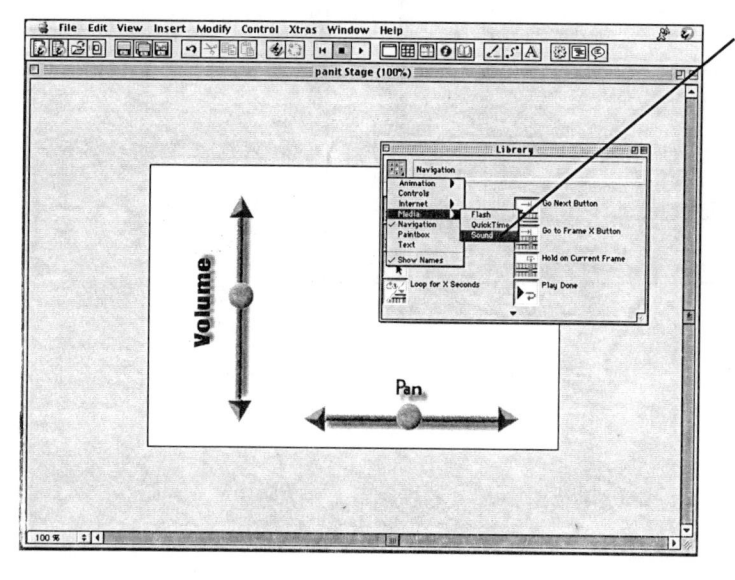

2. Selecione Media, Sound (Meio, Som) no menu Palette para abrir uma coleção de opções de sons.

Capítulo 6 - Som **213**

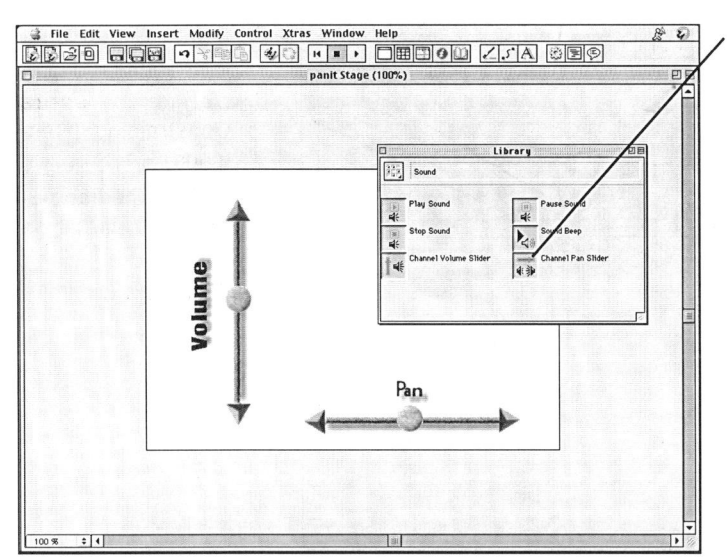

3. Selecione Channel Pan Slider (Controlador do Balanço).

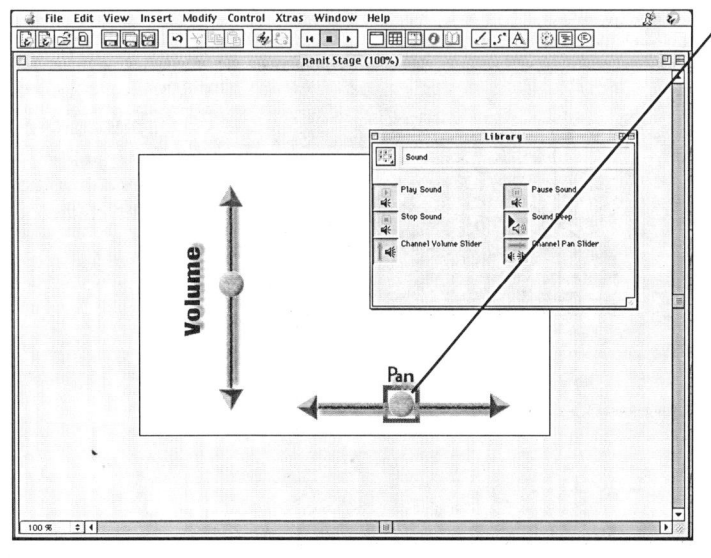

4. Arraste o comportamento para o botão Pan (Balanço) no palco para abrir uma janela Parameters (Parâmetros).

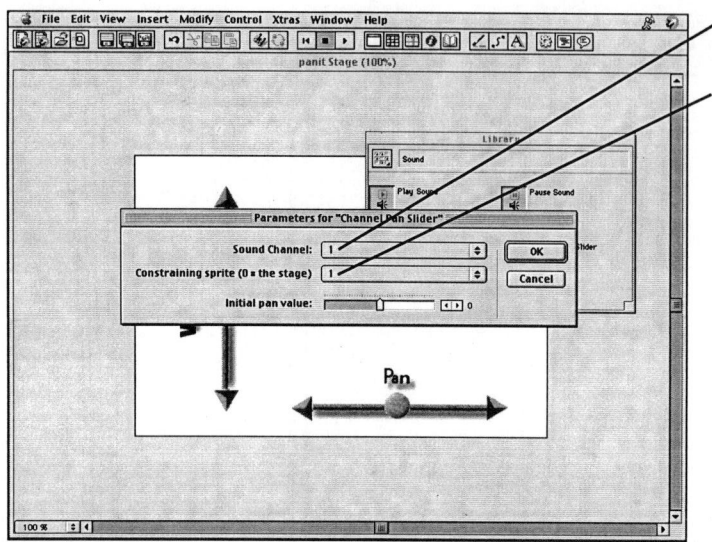

5. Defina Sound Channel como 1.
6. Defina o sprite Constraining (Restringir) = 1.
7. Utilize o padrão para o valor inicial do balanço.
8. Clique em OK.

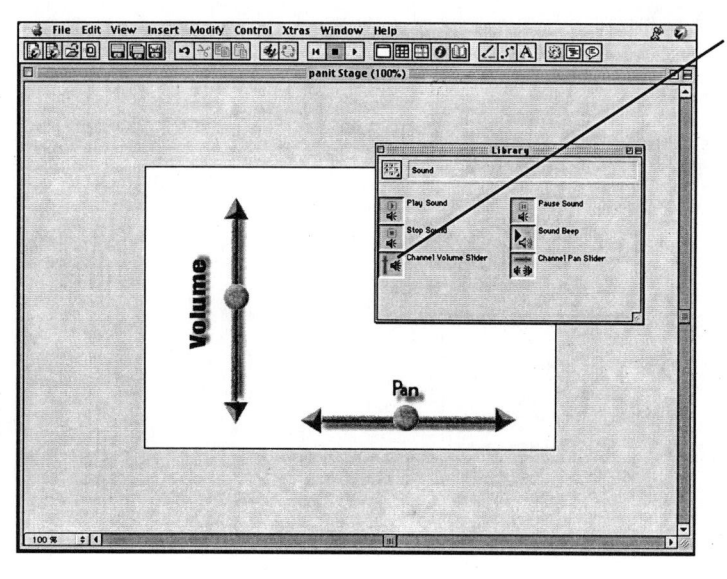

9. Selecione Channel Volume Slider (Controlador do Volume) em Library.
10. Arraste o comportamento para o botão Volume no palco.

Capítulo 6 - Som **215**

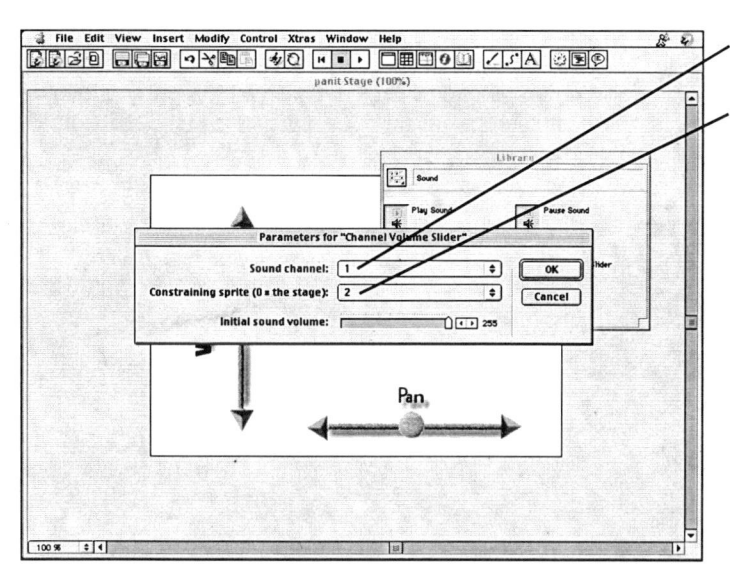

11. Defina Sound Channel como 1.
12. Defina o sprite Constraining = 2.
13. Utilize o padrão para o volume de som inicial.
14. Clique em OK
15. Volte e reproduza.
16. Salve o projeto para usá-lo posteriormente.

Observação

Caso você esteja utilizando estes dois comportamentos da biblioteca em seu projeto, saiba que o sprite de restrição deve ser mantido em um canal abaixo do botão do indicador que desliza.

Como criar um indicador personalizado

A conclusão para este exercício é a movimentação de um indicador para aumentar ou diminuir o volume, dependendo da direção em que ele é arrastado. Este exemplo simples foi criado para demonstrar como os valores são passados no Lingo. Algumas variáveis são utilizadas. O diagrama à esquerda deve ajudá-lo a entender o significado das mesmas.

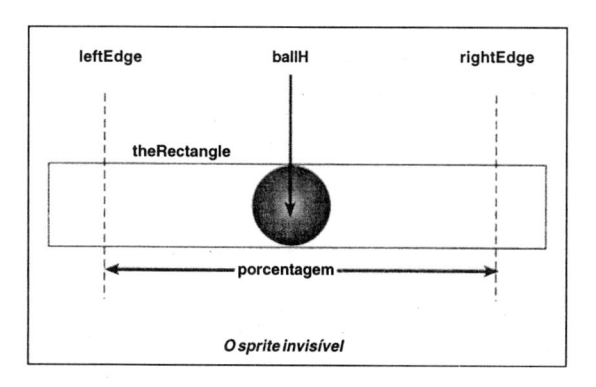

Como começar

Este exercício apenas posiciona os elementos da interface no palco e adiciona um loop de quadro. Este loop é crítico, pois o som não será reproduzido a menos que o cabeçote esteja em movimento.

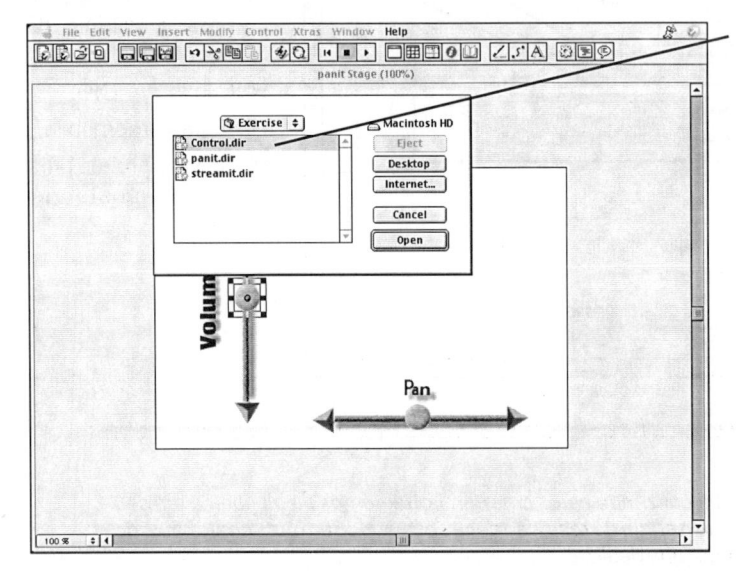

1. Abra Control.dir.

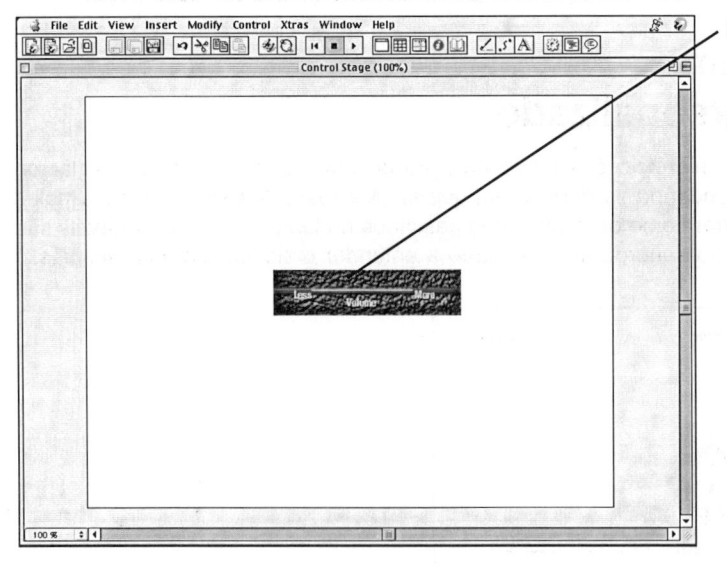

2. Arraste o membro do elenco da interface para o palco.

3. Arraste a bola do membro do elenco no espaço 2 para o palco no canal 3 do score.

Capítulo 6 - Som **217**

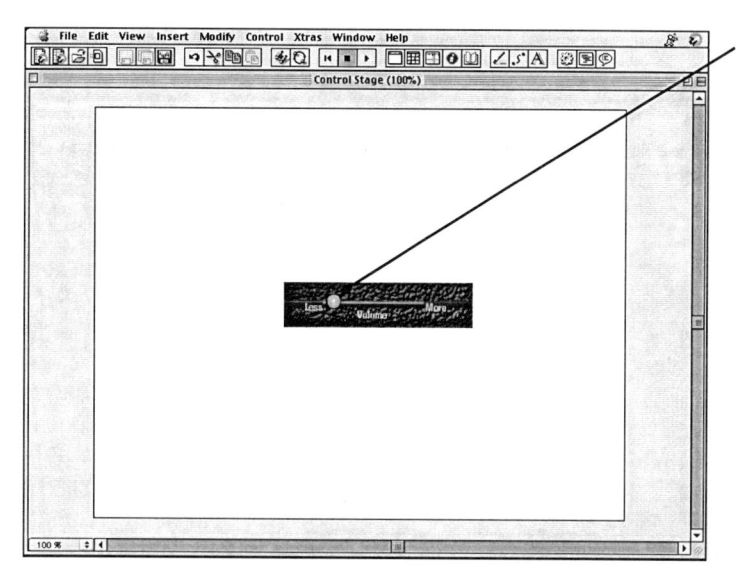

4. Posicione a bola para que seu ponto central seja sobre a linha cinza na interface.

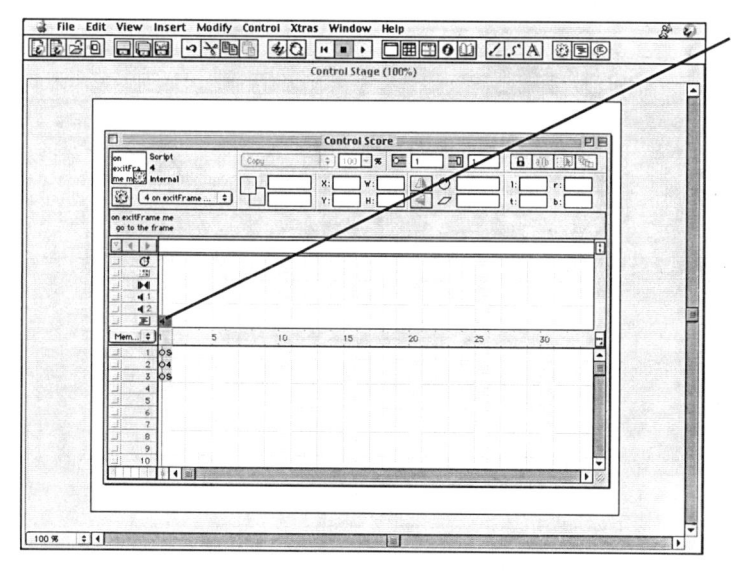

5. Adicione uma ação "go to the frame" no quadro 1 do canal de comportamento.

Como criar
um sprite invisível

Agora é necessário definir os parâmetros para o movimento lateral da bola e o volume do som. A forma mais simples de fazê-lo é utilizar um sprite "invisível". O usuário nunca o vê, mas ele possui um papel importante para o sucesso deste projeto.

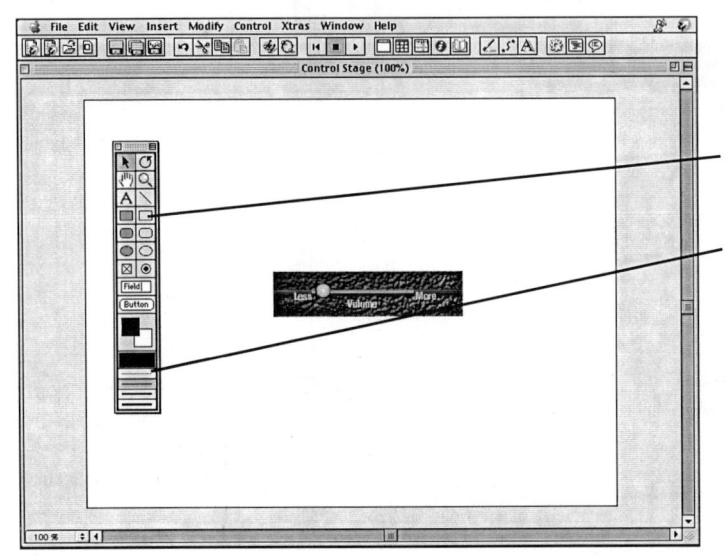

1. Abra a palheta Tools (Command-7 no Mac ou Control-7 no PC).
2. Selecione a ferramenta Hollow Square.
3. Selecione a linha pontilhada na parte inferior da palheta para remover o traçado do quadrado.
4. Selecione o canal 2 do score.

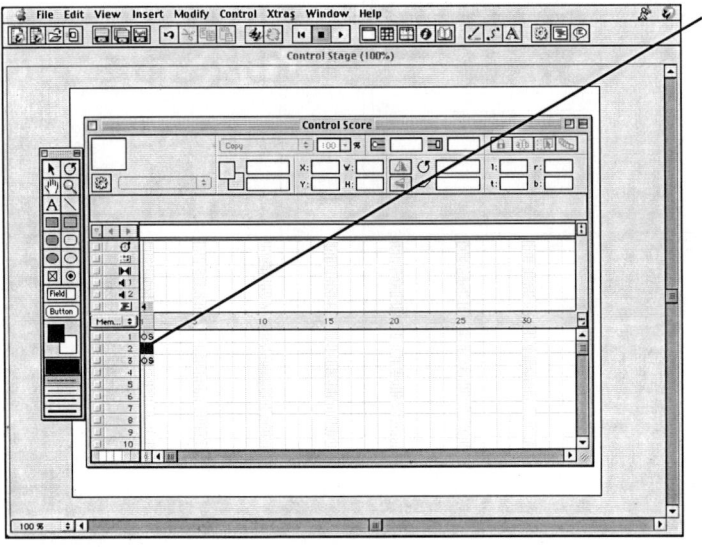

Capítulo 6 - Som

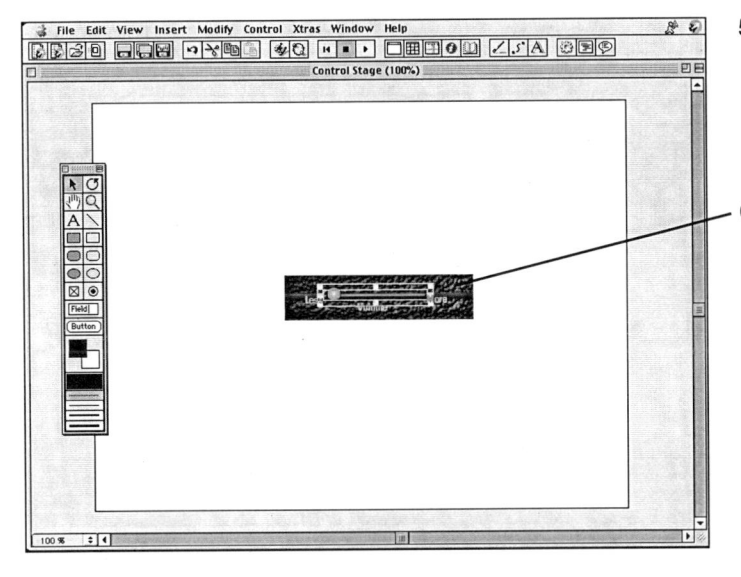

5. Posicione o cursor de modo que sua parte inferior permaneça na margem esquerda da linha cinza na interface.

6. Clique e arraste para baixo e para a direita até que a parte superior do cursor toque a margem direita da linha cinza na interface.

Como acrescentar o som

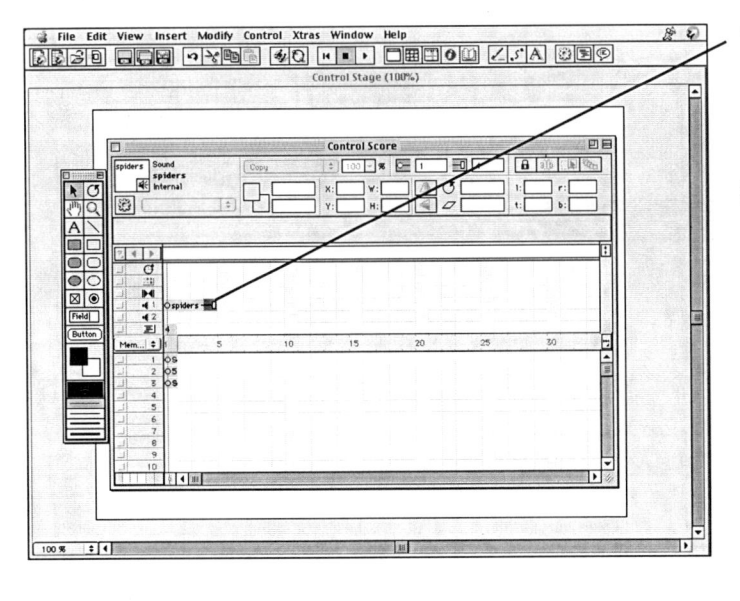

1. Arraste o som, spiders.aif (Mac) ou spiders.wav (PC) para o canal de som 1.

2. Reduza a amplitude do som para um quadro.

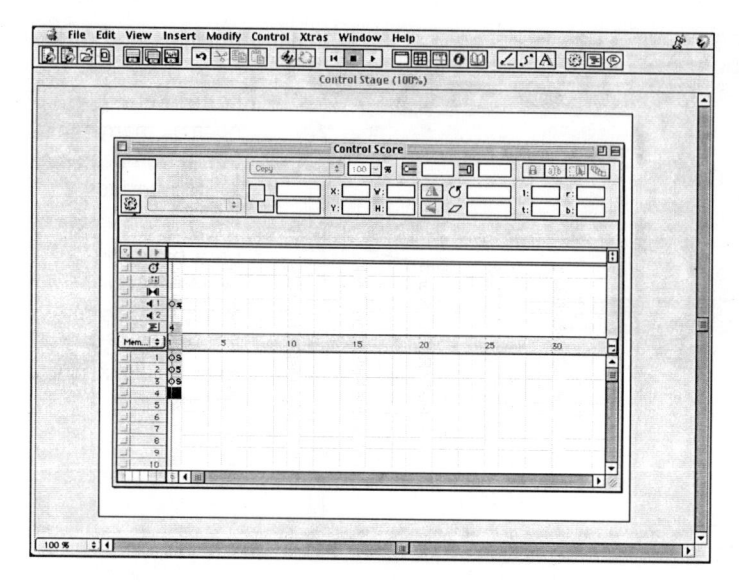

Antes de prosseguirmos, seu score se parece com este?

A ordem dos sprites é importante. A bola deve permanecer acima do sprite invisível, a qual deve estar acima da interface.

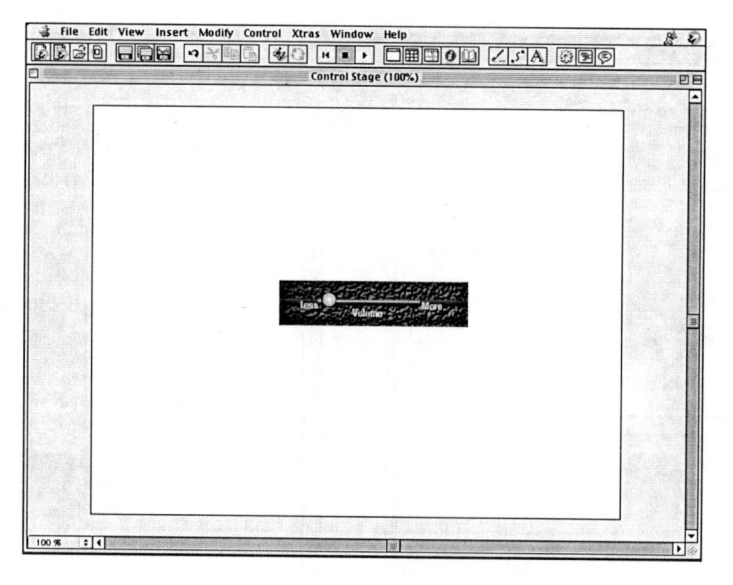

O palco está desta forma?

A posição inicial da bola é importante. Você a posicionou na localização máxima de volume na interface? Observe como não vemos o sprite invisível.

Como codificar um indicador

A próxima codificação cria um manipulador que será denominado slide e tem as seguintes características:

◆ Assegura que a bola seja o único objeto a ser clicado

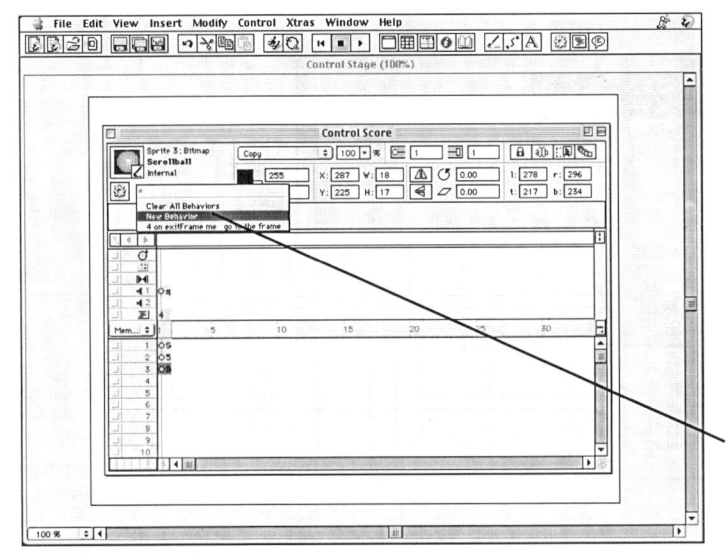

◆ Verifica constantemente a posição da bola no sprite invisível

◆ Transforma a posição em uma porcentagem de distância no indicador

◆ Relaciona a porcentagem com o volume do som

1. Selecione a bola no canal 2 do score.
2. Selecione New Behavior em Script Well.
3. Digite o código mostrado. 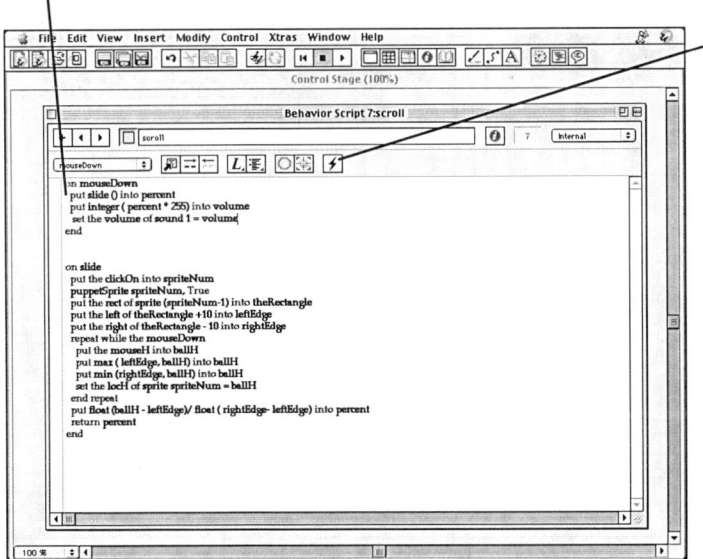
4. Clique o botão Compiler (Compilador) para que o código seja compilado e erros de sintaxe sejam verificados.

```
on mouseDown
  put slide () into percent
  put integer ( percent * 255) into volume
  set the volume of sound 1 = volume
end

on slide
  put the clickOn into spriteNum
  puppetSprite spriteNum, True
  put the rect of sprite (spriteNum-1) into theRectangle
  put the left of theRectangle +10 into leftEdge
  put the right of theRectangle - 10 into rightEdge
  repeat while the mouseDown
    put the mouseH into ballH
    put max ( leftEdge, ballH) into ballH
    put min (rightEdge, ballH) into ballH
    set the locH of sprite spriteNum = ballH
  end repeat
  put float (ballH - leftEdge)/ float ( rightEdge- leftEdge) into percent
  return percent
end
```

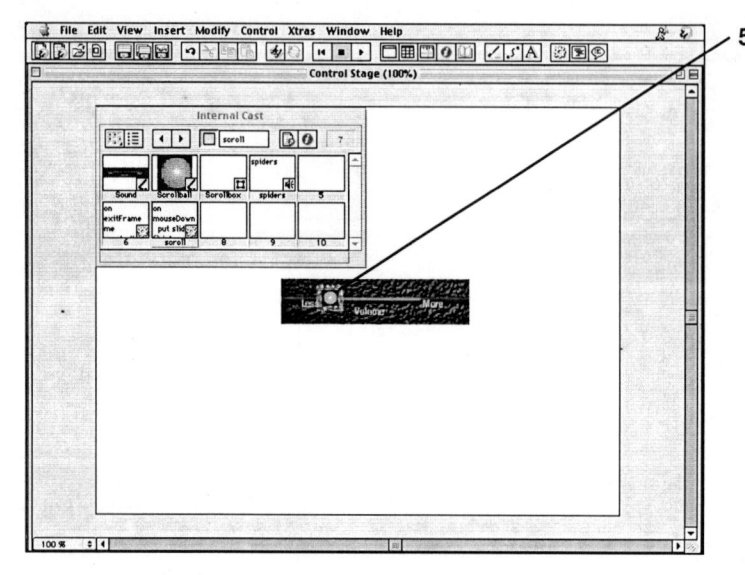

5. Arraste o script do elenco para a bola. Quando o quadrado delimitador ao redor da bola se tornar cinza, libere o botão do mouse.

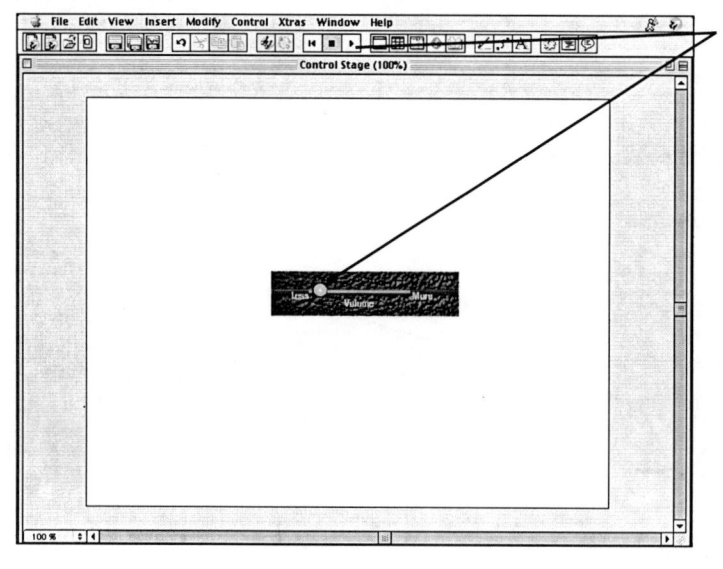

6. Clique no botão Play na barra de ferramentas para fazer um teste. Mova a bola dourada e o som será alterado com a liberação do botão do mouse.

7. Salve o filme. Iremos lançá-lo na Web no próximo exercício.

Explicações sobre o código

A explicação para o que acabamos de fazer está no manipulador do slide. Vejamos esta explicação antes de lidarmos com o evento do mouse.

```
on slide
```

O manipulador possui um nome "slide". Poderia ser qualquer outro nome.

```
put the clickOn into spriteNum
```

clickOn assegura que apenas a bola fará o movimento.

```
puppetSprite spriteNum, True
```

Se a bola se move, deve ser um puppet.

```
put the rect of sprite (spriteNum-1) into theRectangle
```

"rect of sprite" é uma propriedade que utiliza quatro números para determinar onde o sprite invisível está localizado a partir da parte superior e do lado esquerdo do palco. Eles não são alterados, portanto, é possível atribuir um nome à propriedade — theRectangle — e os valores não serão facilmente acessados.

```
put the left of theRectangle +10 into leftEdge
```

Esta linha apenas informa que o mais longe que a bola pode ser movimentada é 10 pixels a partir da margem esquerda do sprite invisível. O ponto é denominado "leftEdge". Se ignorássemos este fato, a bola poderia ser movida por todo o palco ou cobrir a palavra "less" (menos).

```
put the left of theRectangle -10 into rightEdge
```

Esta linha apenas informa que o movimento máximo da bola é de 10 pixels a partir da margem direita do sprite invisível. O ponto é denominado "rightEdge". Se ignorássemos este fato, a bola poderia ser movida por todo o palco ou cobrir a palavra "more" (mais).

Agora que todos os parâmetros foram nomeados, precisamos saber onde está a bola enquanto o mouse estiver pressionado.

```
repeat while the mouseDown
```

Este é um loop de repetição. O código dentro deste loop será executado até que o botão do mouse seja liberado.

```
put the mouseH into ballH
```

Esta é a forma que a bola se movimenta para cima e para baixo. Apenas informamos que a bola pode ser movida na posição horizontal do mouse.

```
put max (leftEdge, ballH) into ballH
```

Esta linha evita que a bola seja movida além da margem esquerda (leftEdge). Solicita o número que é o maior (max) de leftEdge ou a posição horizontal do mouse. Seria possível arrastar a bola por toda a tela. Ela será parada em leftEdge porque o número horizontal é maior que o do mouse.

```
put min (rightEdge, ballH) into ballH
```

Vê uma tendência aqui? Este é o menor número (min).

```
set the locH of sprite spriteNum = ballH
```

Posiciona a bola onde o mouse estiver entre leftEdge e rightEdge.

```
end repeat
```

O usuário libera o mouse.

```
put float (ballH — leftEdge) and float (rightEdge — leftEdge) into percent
```

Esta linha informa a distância em porcentagem na linha. A movimentação resulta em um número de quatro casas decimais. Consideraremos que a bola esteja a 150 pixels do ponto de leftEdge. O ponto de leftEdge é de 100 pixels a partir da margem do palco. O ponto de rightEdge é de 200 pixels a partir da margem do palco. Matematicamente — (150-100) e (200-100) -, teremos um valor de .5. Este número é um percentual. Por que um número de quatro casas decimais? A bola é movida constantemente na tela, portanto, também mudará constantemente, daí a necessidade da precisão.

```
return percent
```

Eleva o valor até o manipulador mouseDown.

```
end

on mouseDown me
```

Este evento faz com que os procedimentos sejam executados. O mouse precisa estar pressionado para mover a bola.

```
put slide () into percent
```

Informa ao Director que dê ao valor do manipulador do indicador - .5 — o nome "percent".

```
    put integer (percent * 255) into volume
```

Multiplica este número (percentual) pelo volume máximo do som (255), arredonda para o número mais próximo (inteiro) e nomeia o número "volume".

```
set the volume of sound 1 = volume
```

Aumenta ou diminui o volume do som no canal de som 1 para o número denominado "volume". Neste caso, o nível do volume seria 128, que é metade (50%) do volume total.

```
end
```

Como utilizar a janela Message

Um recurso do Director lhe permite ver como os valores ou números se movem ou são alterados em um script. Muitas pessoas que trabalham com desenvolvimento utilizam-no para verificar como funciona o código. Por exemplo, se o com está no máximo quando deveria ser inaudível, é possível verificar rapidamente como isso aconteceu e alterar o código. Tudo isso é feito na janela Message (Mensagem).

Capítulo 6 - Som

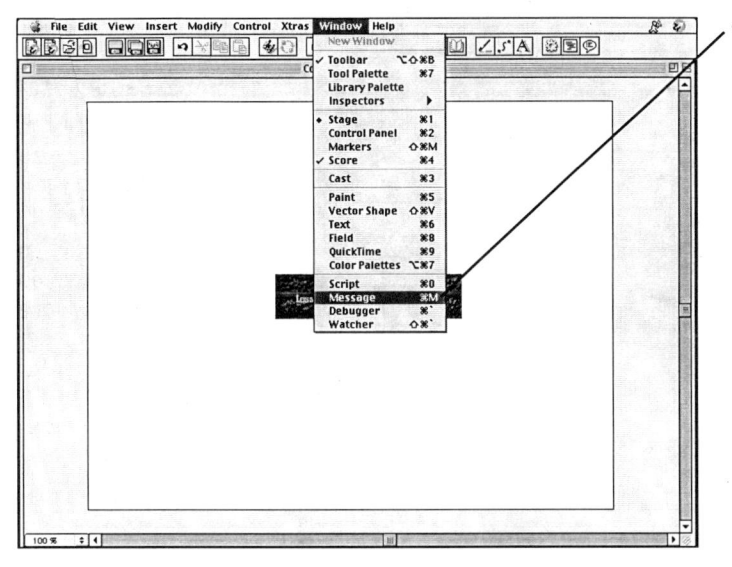

1. Selecione Window, Message (Command-M no Mac ou Control-M no PC) para abrir a janela Message.

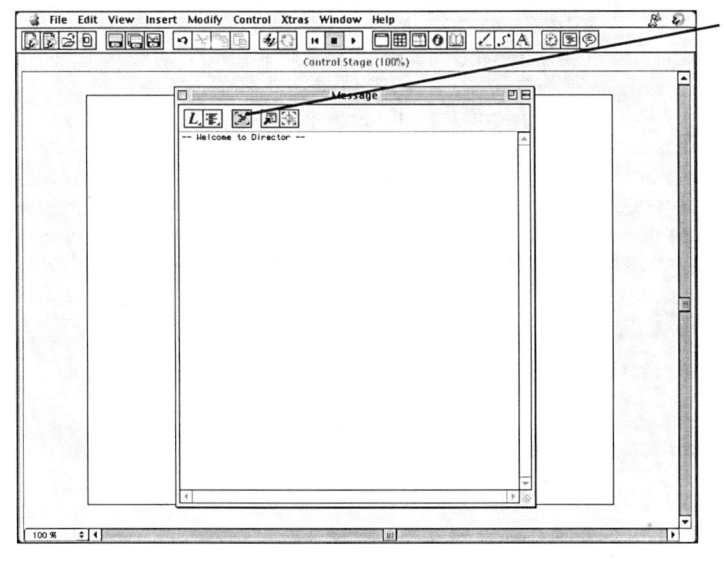

2. Clique no botão Trace (Traçar).
3. Exiba o filme e mova a bola.
4. Pare o filme.

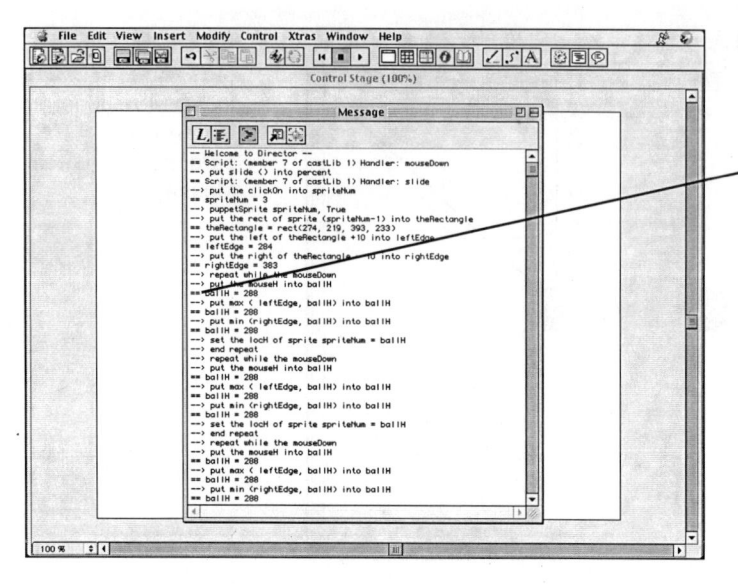

5. Na janela Message, procure por um manipulador mouseDown.

◆ Os traços duplos mostram o valor das variáveis.

◆ Observe como o valor do volume do som se move do manipulador do indicador para o manipulador do mouseDown.

Um controlador da web

A utilização de um arquivo grande com extensão .aif ou .wav não é uma opção para sons na Internet. SWA é o melhor formato, mas também, apresenta um problema. O controlador de sons utiliza um som embutido no canal de sons 1, e arquivos do SWA são melhor utilizados a partir do elenco com o Lingo. Lembre-se de que Shockwave Audio (SWA) não é uma parte da suite do Shockwave. Considere-o um padrão de compressão apenas para sons utilizado para otimizar sons para reproduções longas na Internet. Alguns sons menores, quando embutidos no elenco, podem ser convertidos para a reprodução longa. O problema é que não funcionam muito bem quando reproduzidos a partir de um canal de sons. Vejamos como lidar com esta limitação.

Como preparar o palco

O objetivo é criar um pequeno controlador de sons que possa ser embutido na página da Web. O controlador precisará de algumas alterações importantes.

Capítulo 6 - Som

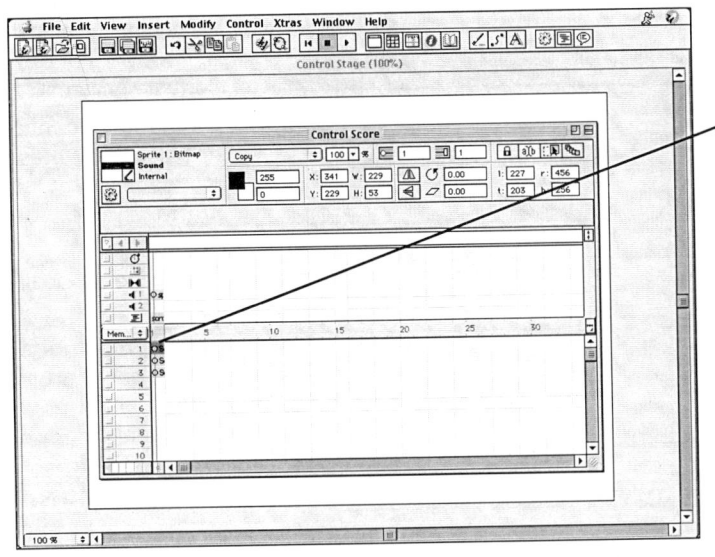

1. Abra o controlador de som.
2. Abra o elenco.
3. Selecione o plano de fundo para o controlador.

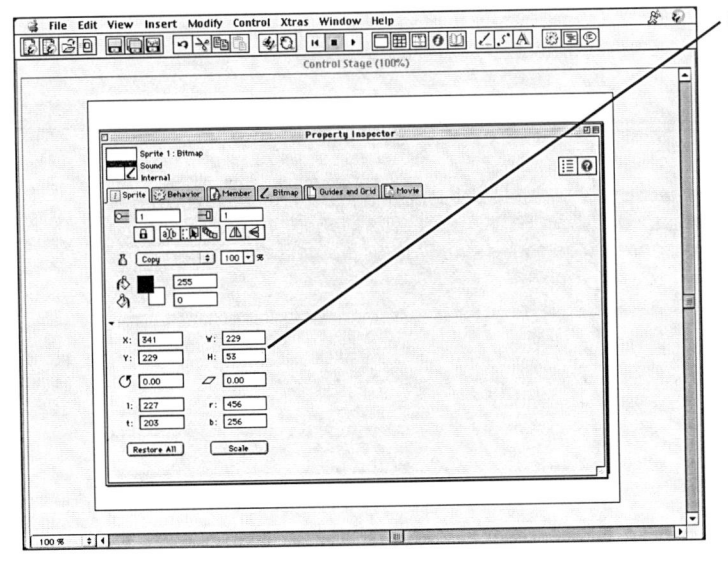

4. Selecione o indicador Sprite no Property Inspector. Observe as propriedades de largura e altura.
5. Clique no palco.

6. Selecione o indicador Movie no Property Inspector.
7. Defina o tamanho do palco com o mesmo da imagem do plano de fundo (229x53).
8. Centralize a localização.
9. Reduza Score Channels para 4 e não para o padrão de 150 canais.
10. Feche Property Inspector.
11. Selecione o som no elenco.
12. Apague o membro do elenco de som.

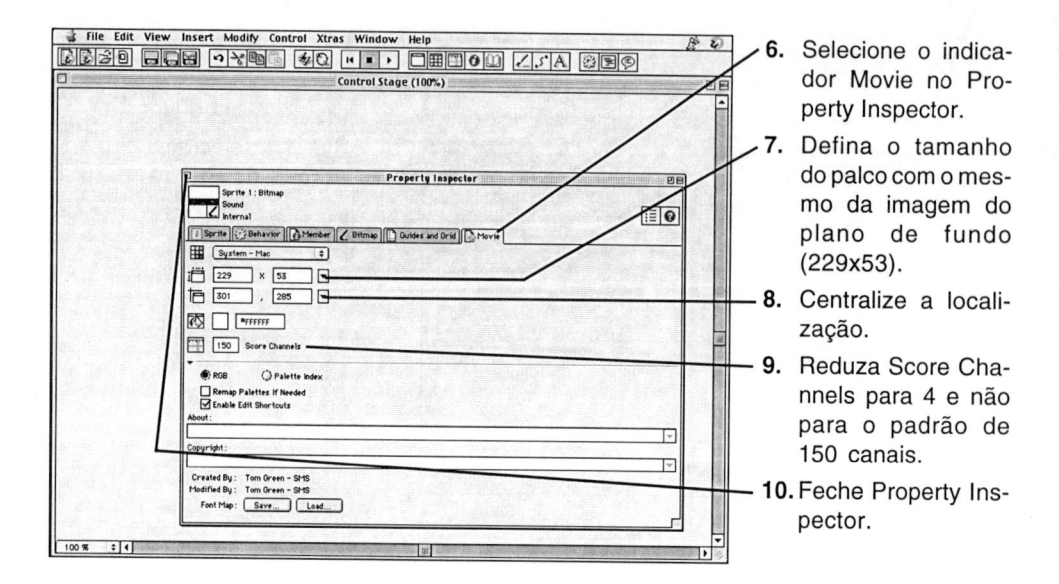

Observação

Este membro do elenco que foi apagado é bastante grande. O melhor para a Web são os arquivos pequenos, como .SWA. Para reduzir os códigos extras do filme, remova os arquivos grandes de som e substitua-os por uma versão compacta do mesmo som.

Capítulo 6 - Som

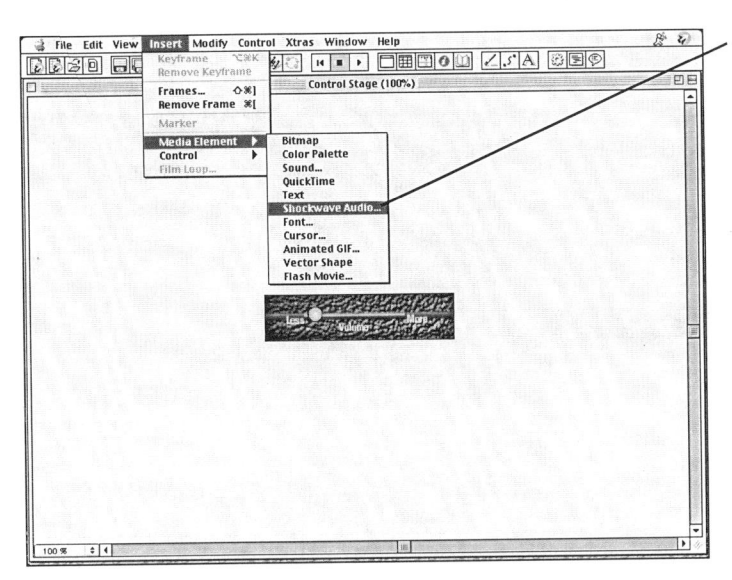

13. Selecione Insert, Media Element, Shockwave Audio.

Observação

O som poderia ser adicionado ao elenco selecionando File, Import. Nesta circunstância, o procedimento seria um pouco diferente. A inserção de elementos de mídia lhe permite aproveitar as vantagens da coleção Xtra do Director. Desta forma, você utilizará SWA Xtra que acompanha o Director. Xtras são pequenos dispositivos que estendem a funcionalidade do aplicativo. Neste caso, Xtra será utilizado para determinar o canal através do qual o som será reproduzido.

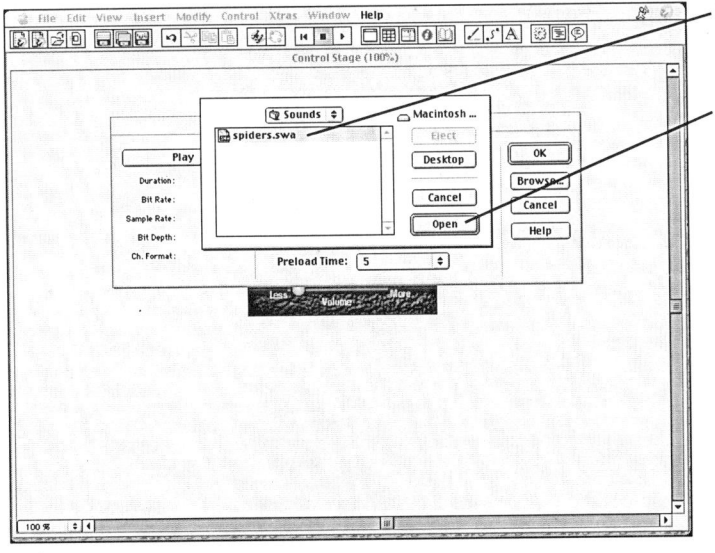

14. Clique no Browse para encontrar o arquivo spiders.swa.
15. Clique em Open.

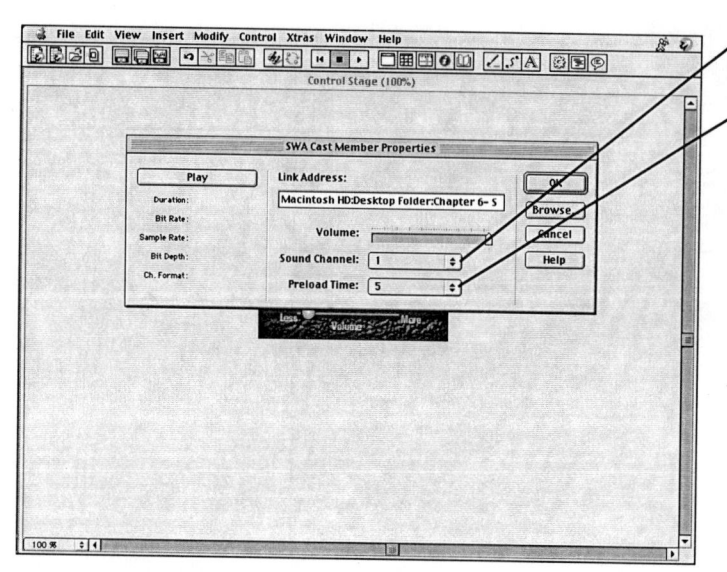

16. Defina Sound Channel como 1.
17. Utilize o padrão Preload Time (Tempo de Pré-carregamento).
18. Clique em OK.

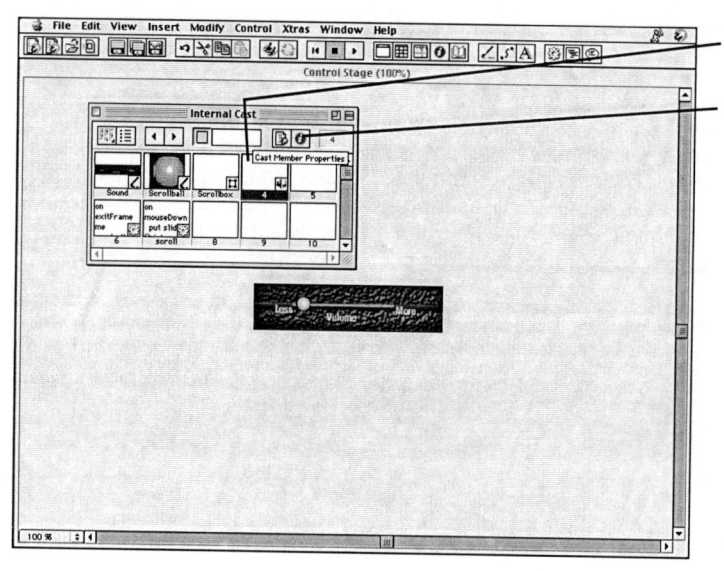

19. Selecione o som no elenco.
20. Clique no botão Property Inspector para ver as propriedades dos membros do elenco.

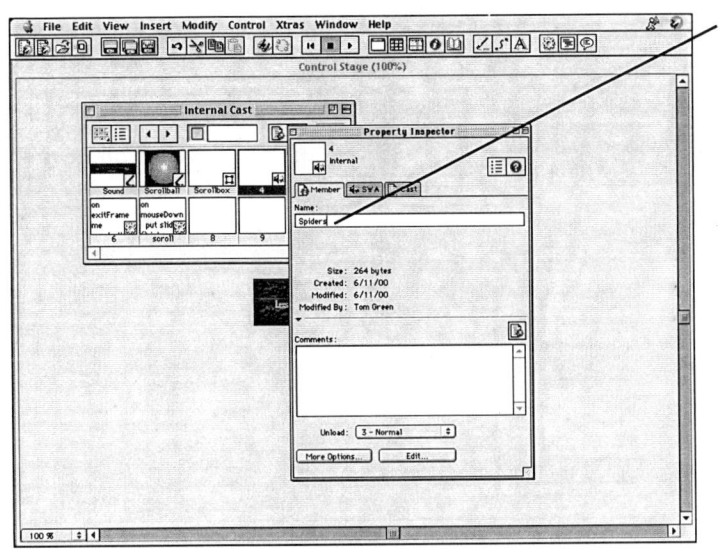

21. Nomeie o som "Spiders".

Como preparar a Web para a reprodução do som[DR1].

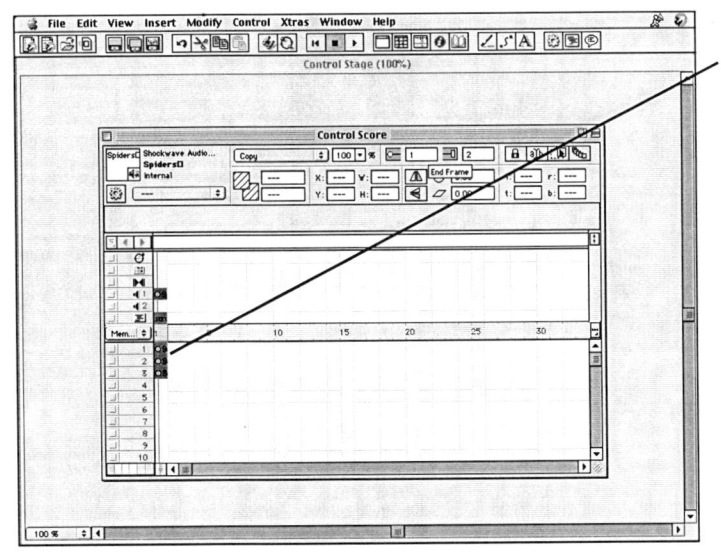

1. Abra o score.
2. Selecione Edit, Select All para selecionar tudo que está no score.
3. Amplie os sprites para dois quadros na barra de ferramentas Sprite.
4. Apague o script Frame no canal de comportamento 1.

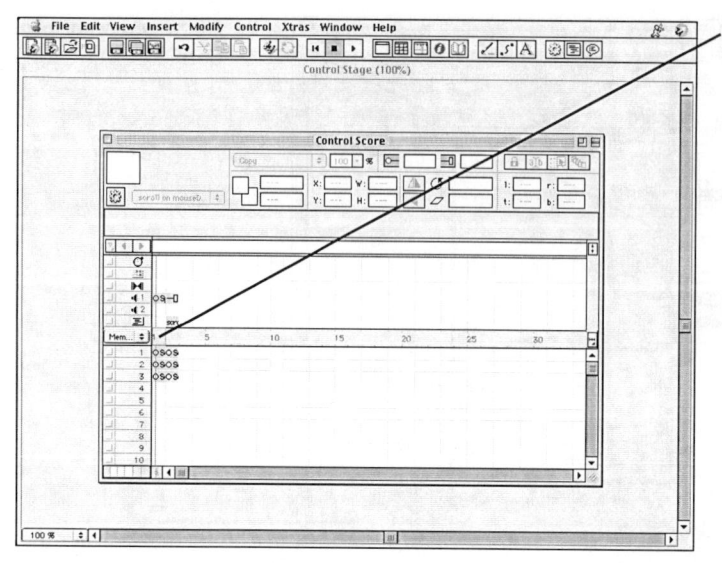

5. Selecione o quadro 1 do canal de comportamento.
6. Selecione New Behavior em Script Well para abrir a janela Behavior Script.

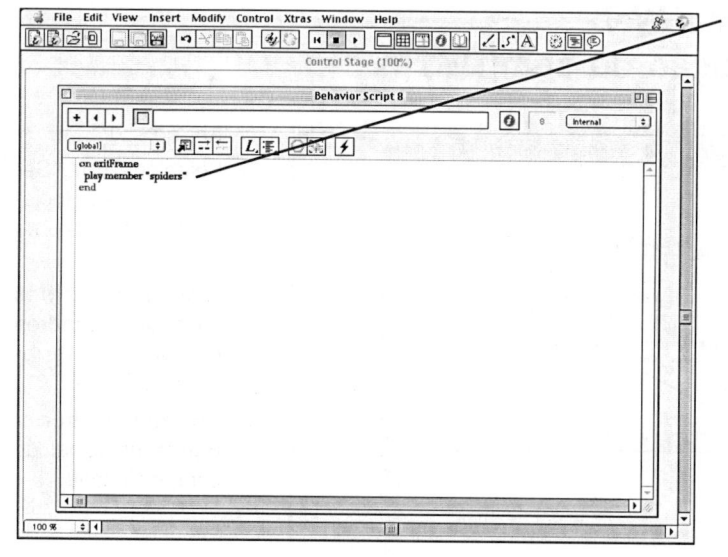

7. Digite o código mostrado.
8. Feche o script.

```
on exitFrame
  play member "spiders"
end
```

Capítulo 6 - Som

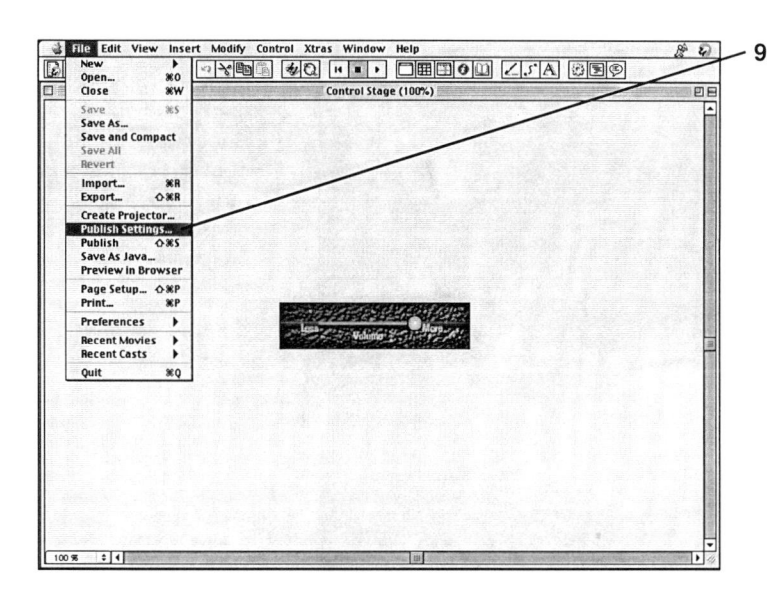

9. Selecione File, Publish Settings para abrir a caixa de diálogo Publish Settings (Definições de Edição).

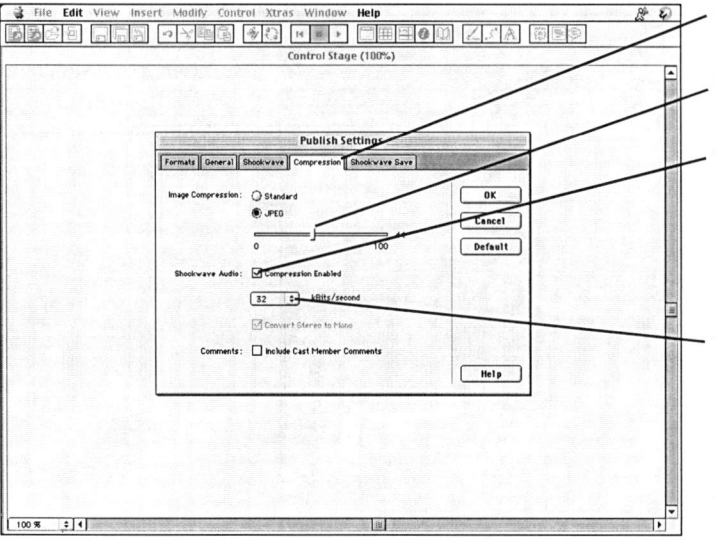

10. Clique no indicador Compression.
11. Arraste o indicador .jpg para 44.
12. Marque a caixa de verificação Compression Enabled (Compressão Habilitada) na seção do Shockwave Audio.
13. Atribua 16 kBits/second para o fluxo do som, não o padrão de 32 kBits/second.
14. Clique em OK.

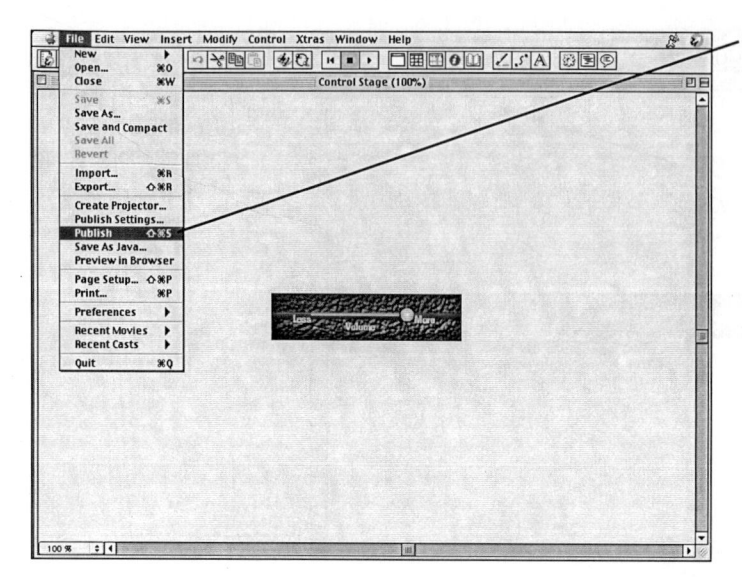

15. Selecione File, Publish. O Director irá criar o arquivo do Shockwave e também o HTML. Desta forma, você verá alguns arquivos novos na pasta de projetos.

16. Saia do Director.

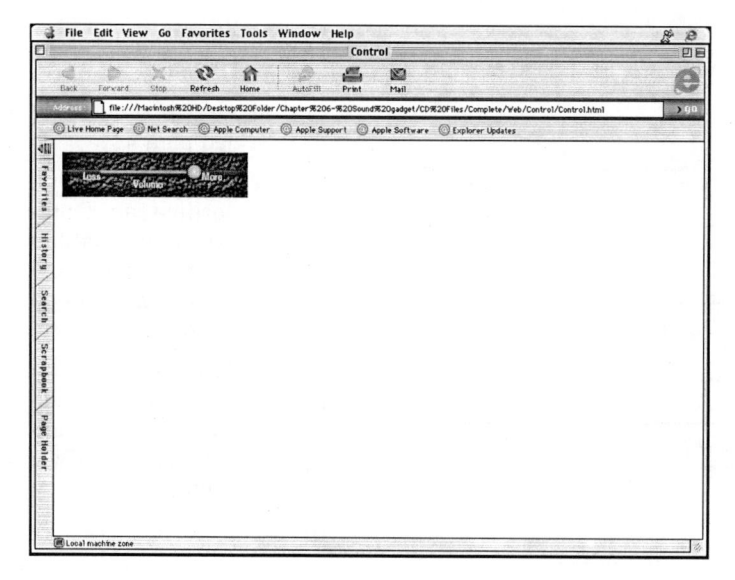

17. Teste o controlador de som no browser abrindo o arquivo do HTML tanto do Explorer como no Netscape.

Capítulo 6 - Som **235**

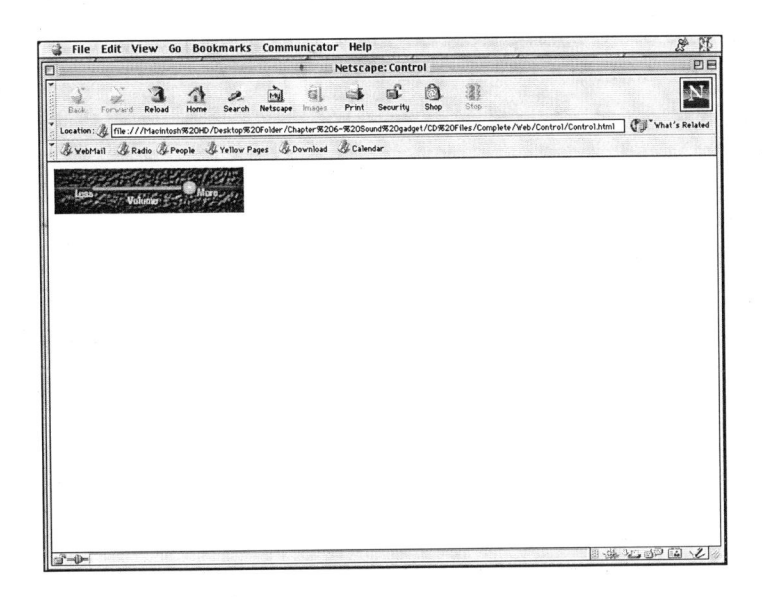

Como evitar "gargalos"

As informações podem ficar "atoladas" na Web. Além disso, não é uma boa idéia utilizar som em todo o fluxo do filme. Os dois tipos de mídia do Shockwave competem pelo download de sistemas limitados e recursos de processamento. A técnica a seguir testa se o áudio foi carregado no último quadro do filme antes de ser exibido.

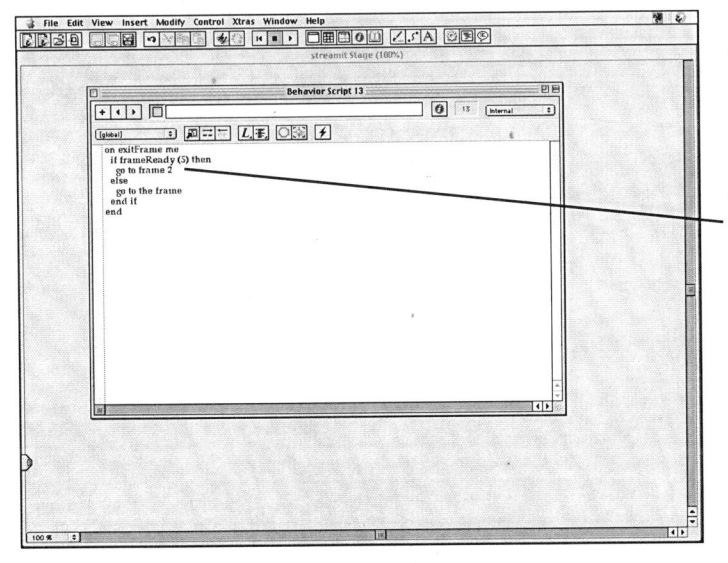

1. Abra streamit.dir.
2. Selecione o quadro 1 do canal de comportamento.
3. Selecione New Behavior de Script Well.
4. Digite o script mostrado.

Explicações sobre o código

```
on exitFrame me
```
Quando o cabeçote sair do quadro,
```
    if frameReady (5) then
```
verificar o quadro 5 para saber se tudo foi carregado.
```
        go to frame 2
```
Caso tenha sido, ir para o quadro 2.
```
    Else
```
Se o quadro 5 não estiver pronto,
   go to the frame
permanecer no local.
   end if
```
end
```

Como fazer o pré-carregamento

O som é, na verdade, carregado até o quadro 5. Neste exemplo, definiremos a duração do pré-carregamento necessária ao áudio e o pré-carregamento real nos dados no buffer.

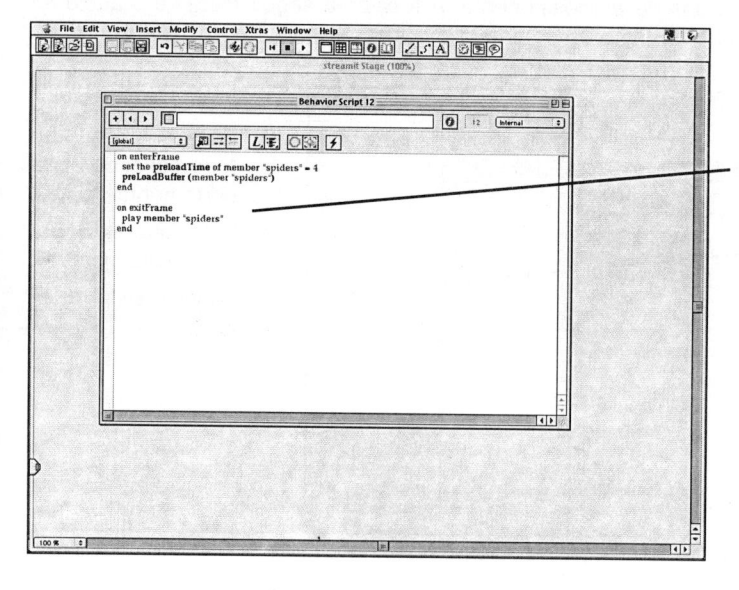

1. Adicione um novo comportamento no quadro 4 do canal de comportamento.

2. Adicione o código mostrado.

```
on enterFrame
  set the preloadTime of member "spiders" = 4
  preLoadBuffer (member "spiders")
end

on exitFrame
  play member "spiders"
end
```

Explicações sobre o código

on enterFrame

Quando o cabeçote entra no quadro,

set the preloadTime of member "spiders" = 4

carregar 4 segundos do som das aranhas que está no elenco.

preLoadBuffer (member "spiders")

Colocar os 4 segundos de som no buffer de exibição para que esteja pronto durante o fluxo.

end

on exitFrame

Depois de terminar o que foi feito acima, o cabeçote sai do quadro,

play member "spiders"

e executa o som das aranhas no elenco.

End

Observação

Quando o som é importado para o elenco, o Director define automaticamente o tempo de pré-carregamento em 5 segundos. As duas linhas de código irão ignorar estas definições.

Como testar o som

Caso você queira que a reprodução de um arquivo SWA seja finalizada antes da movimentação para outra seção do score, não é possível utilizar o comando "soundBusy" do Lingo para testar a finalização. Lembre-se de que os arquivos SWA não são tratados como arquivos regulares de som pelo Director, o que significa que comandos regulares "Sound Lingo" não podem ser utilizados. Veja como lidar com este problema:

1. Selecione o quadro 5 do canal de comportamento.

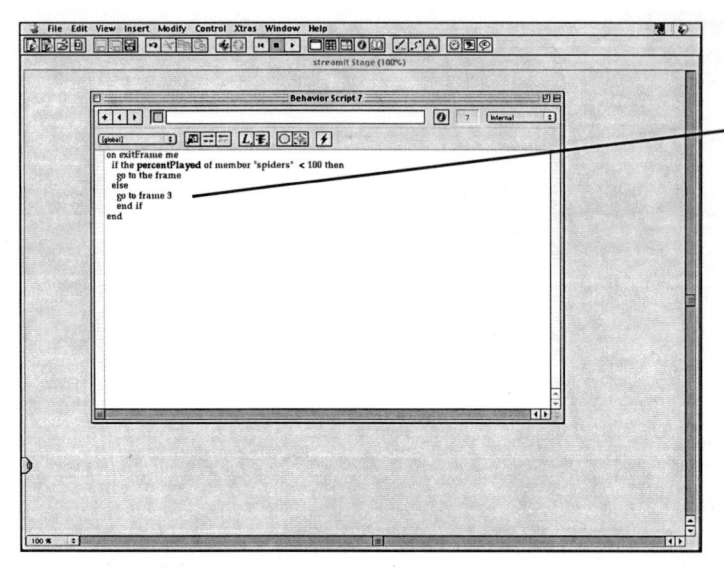

2. Adicione um novo comportamento ao quadro.
3. Digite o código mostrado.
4. Feche a janela Script.
5. Teste o filme e observe o cabeçote no score.
6. Edite o filme (File, Publish).
7. Teste-o no browser.

Explicações sobre o código

```
on exitFrame me
```
Quando o cabeçote sair do quadro,
```
    if the percentPlayed of member "spiders" < 100 then
```
se menos de 100% do som das aranhas tiver sido executado,
```
        go to the frame
```
permanecer no local.
```
    Else
```
Se o som tiver sido finalizado,
```
        go to frame 3
```
voltar para o quadro 3 e iniciar a exibição do filme.
```
end
```

Observação

Inserimos o loop de volta no quadro 3 para que você observe como o código trabalhou. Isso significa que todo o pré-carregamento e o buffer foram iniciados novamente no quadro 4, o que não é uma boa idéia. Lance o cabeçote para frente nos seus projetos, e não para trás.

Capítulo 7

Vídeo

Este projeto envolve a construção de um controlador do QuickTime acoplado a uma televisão. O objetivo é fornecer ao usuário uma oportunidade de avançar ou voltar um vídeo, parar durante a exibição e aumentá-lo para o dobro. Se for visto como um projeto contínuo, pode representar uma tarefa ameaçadora. Em vez disso, revise cuidadosamente as técnicas apresentadas e aplique as que forem mais pertinentes ao seu projeto. Este capítulo mostra como preparar um vídeo para um disco rígido ou para reprodução em CD.

Neste capítulo, aprenda a:
- Definir propriedades de vídeo
- Criar um controle para o vídeo
- Adicionar Global Variables (Variáveis Globais) aos botões
- Diminuir, aumentar e exibir vídeos em tela cheia
- Criar um dispositivo de rolagem

Como importar vídeo digital

Os arquivos de vídeo digital são enormes. Assim, o Director nunca move o arquivo completo para o elenco. Em vez disso, "indica" o arquivo e utiliza um Xtra para exibi-lo. É possível fazer uma importação direta. Esta técnica faz com que o vídeo possa ser mais manipulável com o Lingo. Observe como colocar um vídeo digital no filme do Director.

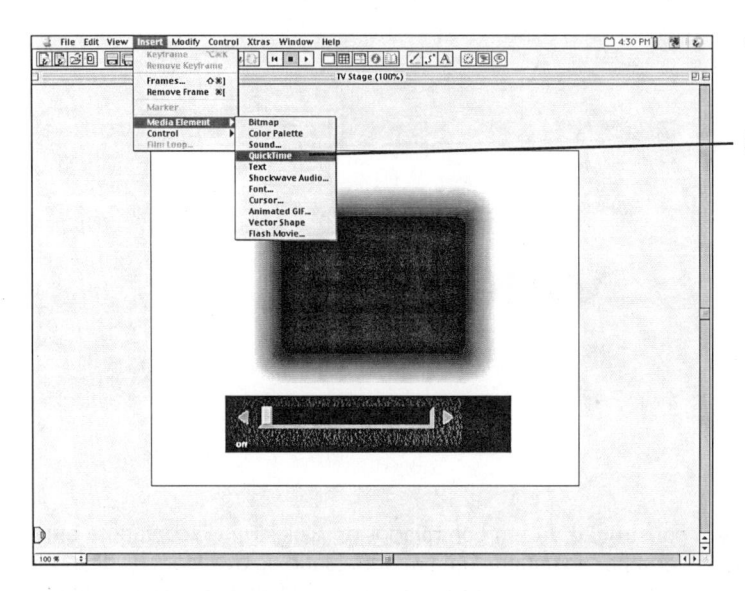

1. Abra o arquivo TV.dir na pasta deste capítulo no CD-ROM.

2. Selecione Insert, Media Element, QuickTime para abrir a janela QuickTime.

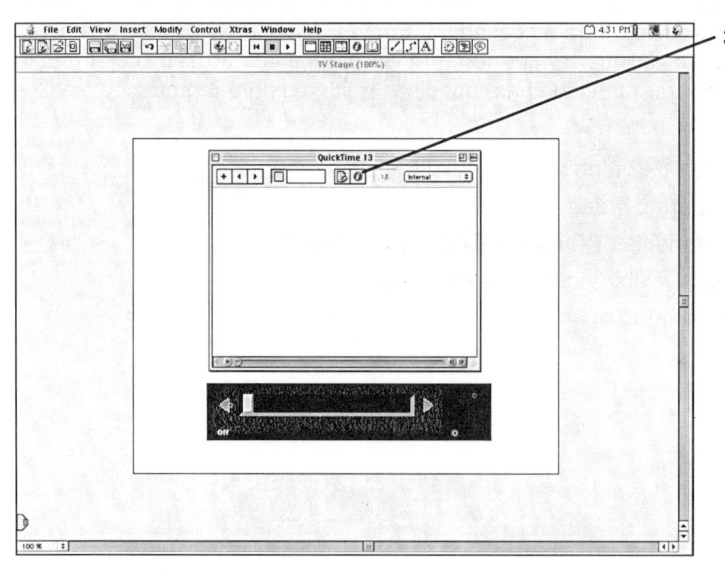

3. Clique no botão Info para abrir o Property Inspector.

Capítulo 7 - Vídeo

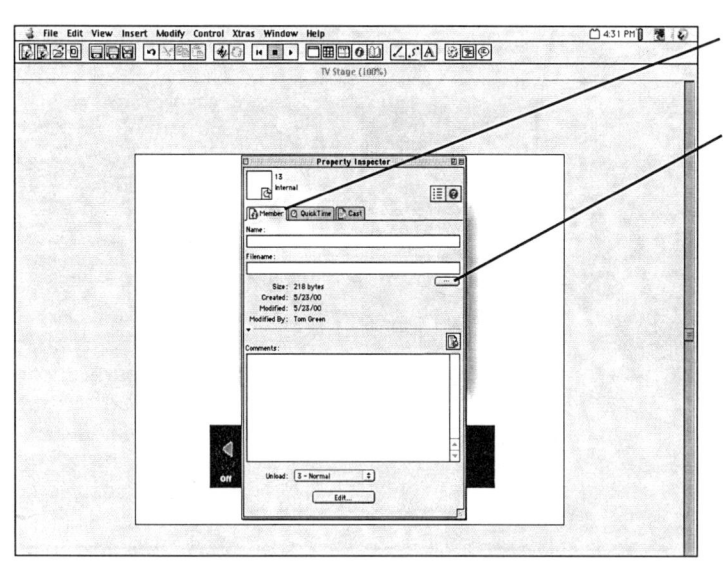

4. Selecione o indicador Member no Property Inspector.
5. Clique no botão Browser.
6. Navegue para a pasta Exercise e abra Rabbit.mov.

> *Observação*
>
> *Embora o QuickTime seja o padrão para vídeo digital, vários arquivos AVI ainda são usados. O Director manipula-os de forma um pouco diferente em cada plataforma. Caso você tenha um Macintosh e importe um arquivo AVI, ele será automaticamente convertido em um filme do QuickTime. No PC é um pouco diferente. Você terá a escolha de converter para um filme do QuickTime ou importar o AVI.*

Como definir as propriedades de vídeo

Com o vídeo no elenco, é possível começar a definir como vai funcionar através da manipulação das propriedades do próprio vídeo.

1. Arraste o filme do QuickTime, membro do elenco 7, para o palco no canal 3, quadro 1.
2. Posicione o filme dentro do quadro com a dispositivo de sombreamento.
3. Selecione o sprite do vídeo no elenco.
4. Escolha o indicador QuickTime no Property Inspector.
5. Selecione a opção Sync to Sound (Sincronizar com o Som) no menu Playback para fazer a sincronia do som com o vídeo.

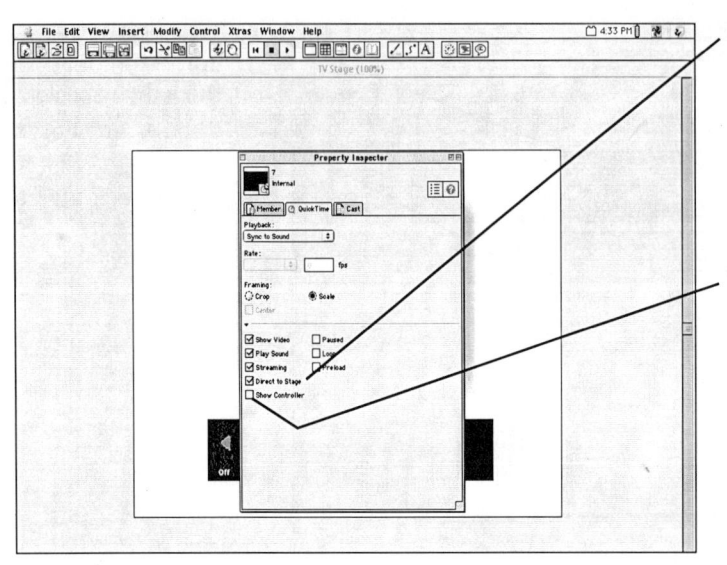

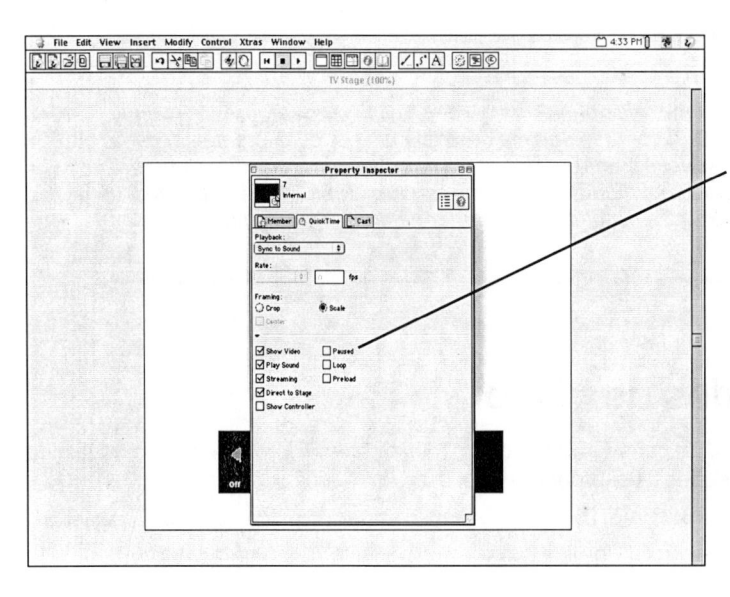

6. Marque as caixas de verificação Show Video, Play Sound e Streaming (Mostrar Vídeo, Reproduzir Som e Fluxo) que são auto-explicativas.

7. Marque a caixa de verificação Direct to Stage (Direto para o Palco), para que o vídeo fique em primeiro lugar na hierarquia, independente da posição no score. Isso significa que tem prioridade de reprodução. A má notícia é que tudo que estiver à sua frente é ocultado.

8. Selecione a caixa de verificação Paused para mostrar apenas o primeiro quadro do filme. Não haverá continuidade até que você forneça o código.

9. Clique no score.

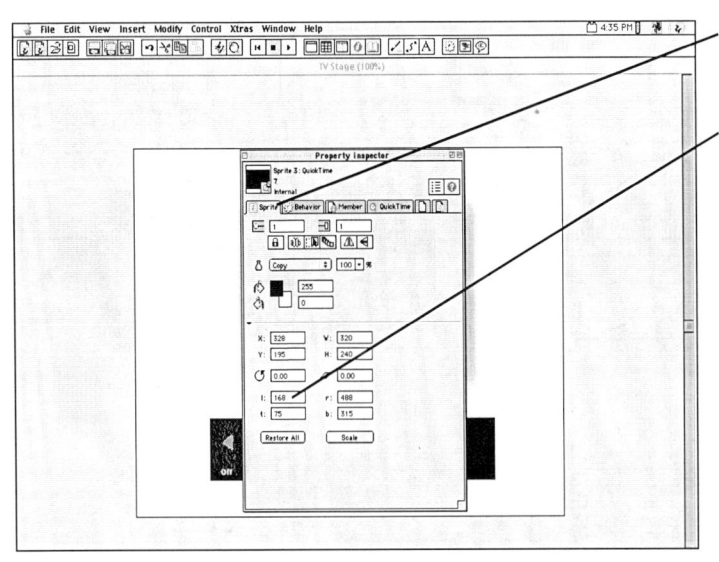

Capítulo 7 - Vídeo **243**

10. Clique no indicador Sprite no Property Inspector.
11. Observe a localização à esquerda no filme. Para a melhor performance de um vídeo do QuickTime no Director, a coordenada da esquerda deve ser um múltiplo de 4. A localização em 70 não é recomendável, mas 72 seria bom. Desta forma, 168, que é divisível por 4, é uma ótima localização.
12. Amplie o filme para o quadro 5.

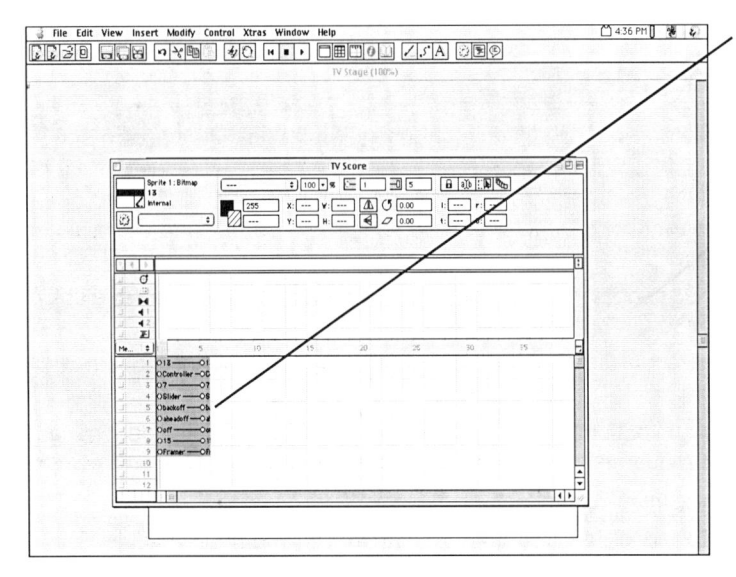

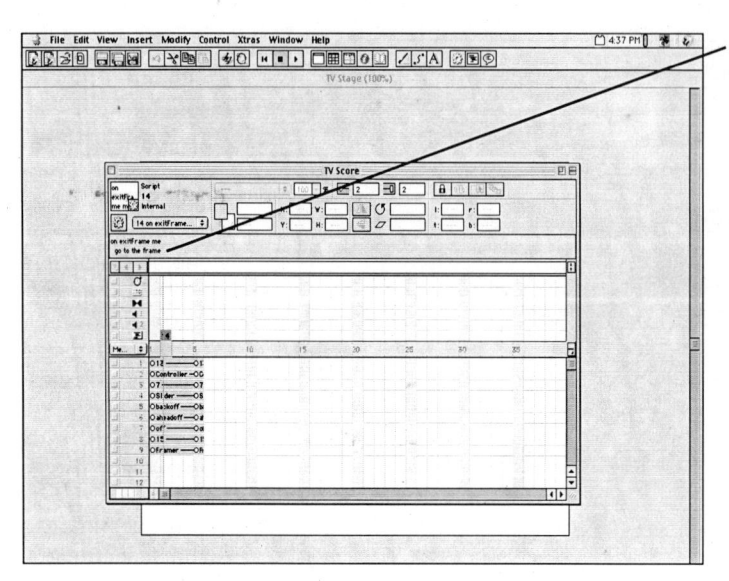

13. No quadro 2, crie um script de quadro que mantenha o cabeçote se movendo no quadro (**go to the frame**).
14. Salve o filme do Director.

Como criar um controle para o vídeo

Esta parte do exercício envolve a criação de um controle que reproduza, pare ou faça uma pausa no filme. É necessário utilizar Lingo porque três coisas devem estar disponíveis para quem estiver exibindo o filme:

- ♦ Quando o controle é clicado, o Director precisa reconhecer se um vídeo está sendo exibido ou em pausa.
- ♦ Se estiver em pausa, o controle precisa fazer com que o vídeo continue a ser exibido. Se estiver sendo exibido, o oposto.
- ♦ A chave palco que regula estas ações deve ser alterada para indicar que algo aconteceu.

Os primeiros dois estados são verificados utilizando uma propriedade de sprite denominada movieRate (taxa do filme), a qual define a velocidade de exibição do vídeo e a direção.

A propriedade utiliza os seguintes números:

- ♦ movieRate = -2 ... Exibição do vídeo para trás em velocidade duplicada
- ♦ movieRate = -1 ... Exibição do vídeo para trás em velocidade normal
- ♦ movieRate = 0 ... Pausa
- ♦ movieRate = 1 ... Exibição do vídeo para frente em velocidade normal
- ♦ movieRate = 2 ... Exibição do vídeo para frente em velocidade duplicada

Capítulo 7 - Vídeo **245**

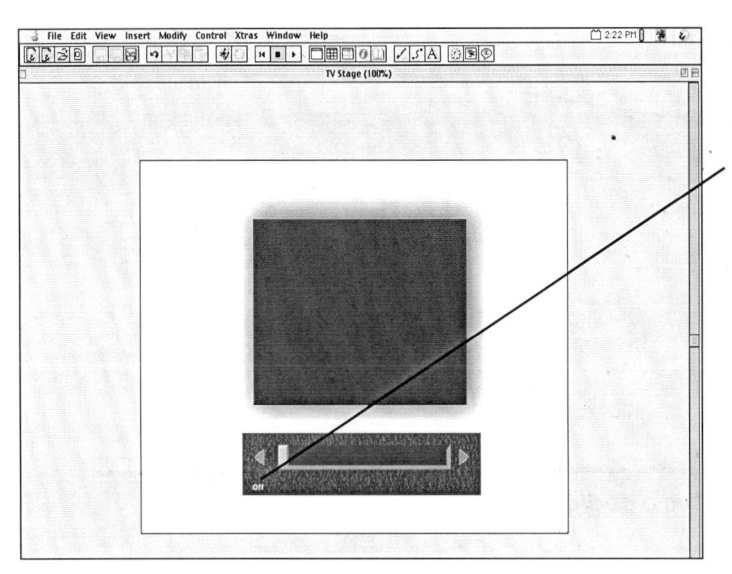

Conhecendo estes detalhes, os primeiros acontecimentos estão sob controle.

1. Clique na chave Off (Desligar) no palco.
2. Abra o score.

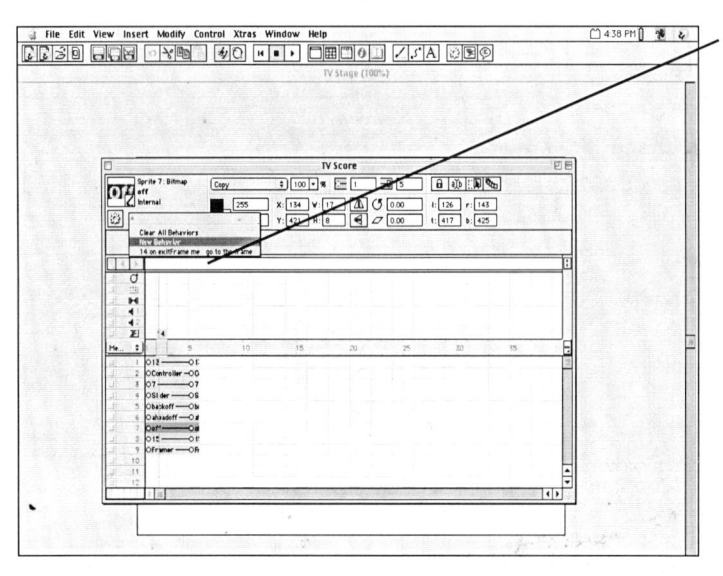

3. Selecione New Behavior em Script Well para abrir a janela Behavior.

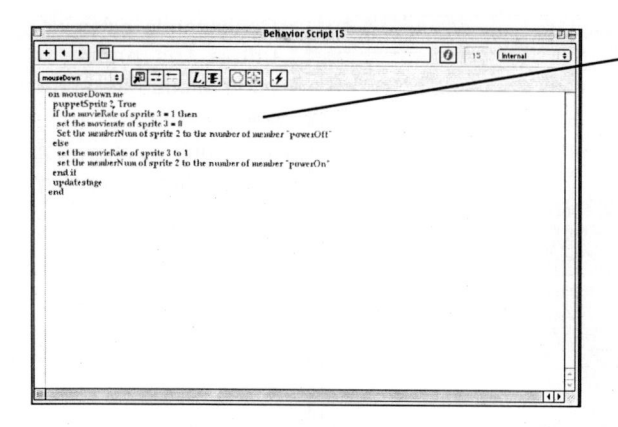

4. Digite o script mostrado.

```
on mouseDown me
  puppetSprite 2, True
  if the movieRate of sprite 3 = 1 then
    set the movieRate of sprite 3 = 0
    Set the memberNum of sprite 2 to the number of member "powerOff"
  else
    set the movieRate of sprite 3 to 1
    set the memberNum of sprite 2 to the number of member "powerOn"
  end if
  updatestage
end
```

Explicações sobre o código

```
go to movie "Movie name"
```
Esta linha retorna o cabeçote para o quadro anterior.

```
on mouseDown
   puppetsprite 2, true
```
A chave se torna um puppet.

```
   if the movieRate of sprite 3 = 1 then
```
Se o vídeo estiver sendo exibido, então

```
   set the movieRate of sprite 3 to 0
```
fazer uma pausa e

```
   set the memberNum of sprite 2 to the number of member
   "powerOff" change the switch to the cast member named
   "powerOff"
   else
   set the movieRate of sprite 3 to 1
```
Iniciar a exibição do filme e

```
   set the memberNum of sprite 2 to the number of member
   "powerOn"
```
mudar a chave para o membro do elenco "powerOn"

```
   end if
   updatestage
```
```
Do the swap and start playing the video by "redrawing" the
stage.
   end
```

Capítulo 7 - Vídeo **247**

Como criar
um botão Rewind

O que é um vídeo sem a possibilidade de ser assistido novamente? Para criar este script, é necessário, primeiramente, entender o que deve ser feito:
1. Quando o botão Rewind é clicado, o vídeo volta para o início. Então...
2. Se o filme estiver sendo exibido quando o botão Rewind for clicado, deve começar a ser exibido novamente. Ou...
3. Se o filme for interrompido quando o botão for clicado, deve permanecer parado.

Estes procedimentos são criados através de outra propriedade do sprite pertinente ao vídeo: movieTime (tempo do filme) do sprite. O tempo no Director é medido em instantes e você deve ser capaz de utilizar a propriedade movieTime para levar o vídeo ao ponto de partida — o instante zero — não importando onde esteja.

A melhor forma de conseguir executar esta tarefa é fazendo uma pausa no vídeo antes de voltá-lo ou de fazer qualquer outra coisa. Depois disso, você pode reiniciar a exibição. Na linguagem Lingo:

```
set the movieRate of sprite 3 to 0 — Pause the video
set the movieTime of sprite 3 to 0 — Rewind the video
set the movieRate of sprite 3 to 1 — Play the video
```

Outro comando é necessário para parar o vídeo sem tremer, que é o updatestage. O código seria:

```
set the movieRate of sprite 3 to 0 — Pause the video
updatestage — Do it
set the movieTime of sprite 3 to 0 — Rewind the video
updatestage — Do it
set the movieRate of sprite 3 to 1 — Play the video
updatestage — Do it
```

Este procedimento lhe permite voltar o filme sem problemas.

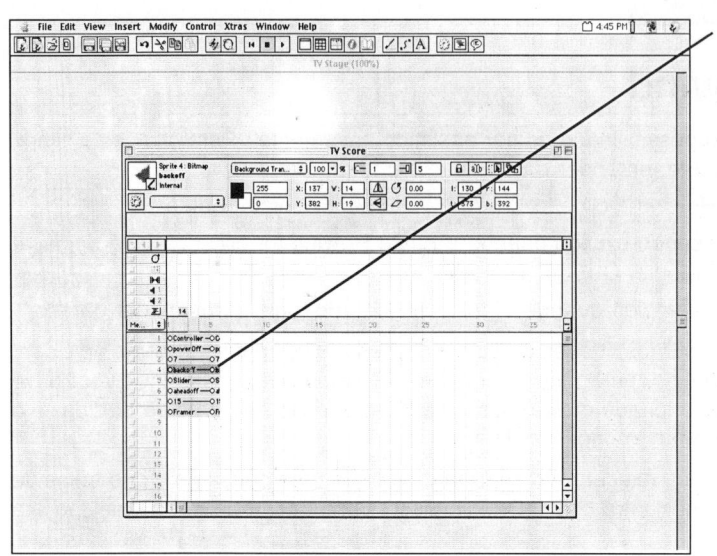

1. Selecione o sprite no canal 4.
2. Selecione New Behavior em Script Well.

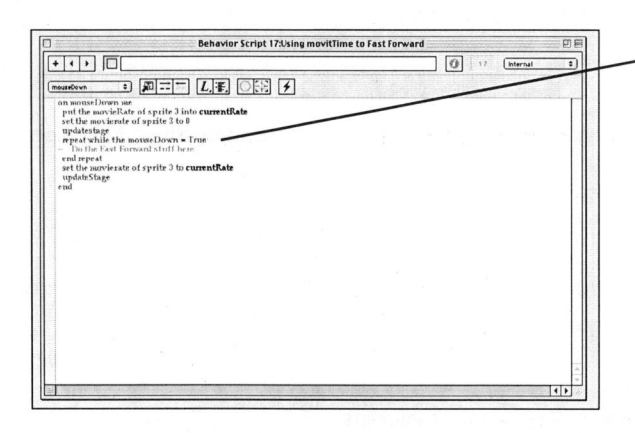

3. Digite o código mostrado.

Observação

A última parte do código adiciona uma linha — put the movieRate of sprite 3 into currentState. currentState é uma variável e variáveis podem ser utilizadas para nomear valores que mudam constantemente. Neste caso, a variável é uma "captura instantânea". Você deseja saber apenas se o filme está sendo exibido — 1 — ou se foi pausado — 0 — atribuindo um nome para o valor. Depois de terminar o código, informe ao vídeo que continue o que estava fazendo — em exibição ou em pausa — definindo movieRate para currentState.

Capítulo 7 - Vídeo

Como criar um botão Fast Forward

Basicamente, um botão de avanço é pressionado e o filme é acelerado em alguns segundos. Este procedimento continua até que o usuário libere o botão do mouse.

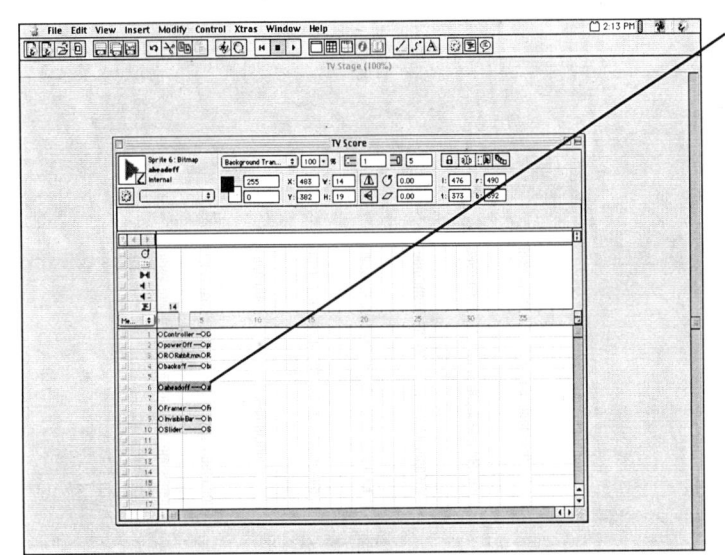

1. Selecione o botão Fast Forward (Avanço Rápido) no score.

2. Selecione New Behavior em Script Well.

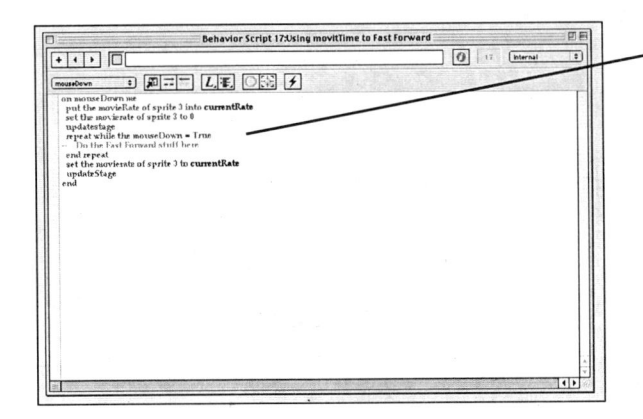

3. Digite o código mostrado.

   Agora vem a parte difícil. Como fazer o avanço rápido?

   Apresentamos três métodos.

Método um: aumentar a velocidade de movieRate

Esta técnica força o Director a permitir que o QuickTime execute suas tarefas.

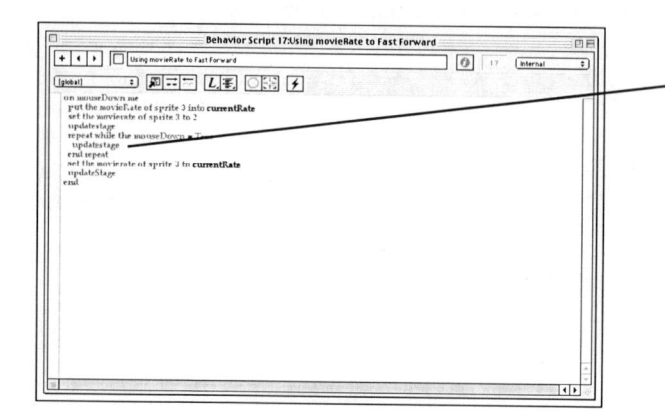

```
Behavior Script 17:Using movieRate to Fast Forward
Using movieRate to Fast Forward        17  internal
[global]

on mouseDown me
  put the movieRate of sprite 3 into currentRate
  set the movieRate of sprite 3 to 2
  updatestage
  repeat while the mouseDown
    updatestage
  end repeat
  set the movieRate of sprite 3 to currentRate
  updateStage
end
```

1. Abra o script.
2. Faça as alterações mostradas.

Observação

Esta parece ser uma forma lógica de fazê-lo. Infelizmente, você está para cair num mundo de tristeza executando esses procedimentos caso seu vídeo digital esteja sendo reproduzido através de um CD. Na verdade, você está pedindo ao computador que leia os dados de forma mais rápida que o normal. Se o filme foi compactado para ser lido a uma velocidade de 250 K/seg., você está solicitando ao computador que leia a uma velocidade de 500 K/seg. a partir do CD. Se o usuário possui um drive de 2X, o computador pode ler apenas 280 K/seg. A performance será horrível. Utilize esta técnica apenas se o vídeo digital estiver localizado no disco rígido.

Para que o "updatestage" no loop de repetição? Se ele não estivesse ali, o Director e o QuickTime travariam uma luta. Não há melhoria na velocidade a menos que o Director permita que o QuickTime faça seu trabalho. Com um loop de repetição vazio, o Director entra num loop sem fim e não responde a qualquer instrução. O QuickTime "se irrita" e congela o filme. (Isto não é exatamente o que acontece com o Windows 95, mas para que se arriscar?)

Capítulo 7 - Vídeo

Método dois: definição de movieTime

Em vez de aumentar a velocidade do fluxo de dados, é possível exibir o filme em "saltos". Por exemplo, podemos exibir o filme em incrementos de dois segundos, criando uma variável para o tempo atual no vídeo, adicionando dois segundos à variável e informando ao vídeo que salte para aquele ponto no tempo.

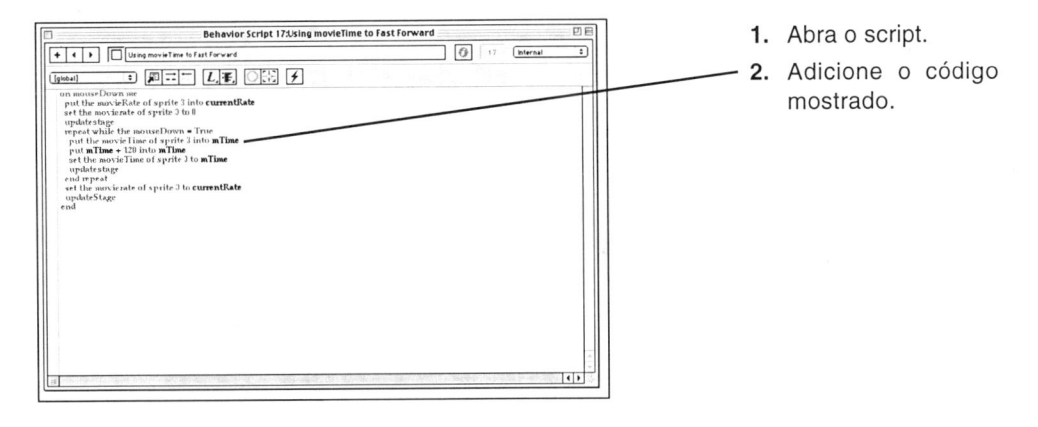

```
on mouseDown me
  put the movieRate of sprite 3 into currentRate
  set the movieate of sprite 3 to 0
  updateStage
  repeat while the mouseDown = True
    put the movieTime of sprite 3 into mTime
    put mTime + 120 into mTime
    set the movieTime of sprite 3 to mTime
    updatestage
  end repeat
  set the movierate of sprite 3 to currentRate
  updateStage
end
```

1. Abra o script.
2. Adicione o código mostrado.

> **Observação**
>
> Tenha cuidado. Se o filme utilizar a codificação Cinepak, talvez você tenha problemas. Este script faz a movimentação aleatória pelo vídeo, mostrando tanto os quadros-chave como os quadros de diferença. Se o QuickTime alcança um quadro de diferença, precisa continuar voltando até encontrar um quadro-chave a partir do qual possa criar a imagem. O resultado poderia ser a reprodução lenta do filme.

Método três: utilização de quadros-chave

Caso você utilize quadros-chave, porque não passar apenas por eles? O vídeo apresenta um a cada 15 quadros. É possível utilizar a função trackNextKeyTime do Lingo, mas é necessário informá-lo onde está o sprite e qual a trilha do filme a ser seguida a fim de encontrar os quadros-chave. A sintaxe para este código do Lingo é:

```
put trackNextKeyTime (sprite 3, 1) into mtime
```

Traduzindo: quando houver a variável mtime, ir para o sprite 3 e encontrar todos os quadros-chave na trilha 1 do vídeo. Em vídeo digital, a Trilha 1 contém as imagens. A Trilha 2 corresponde à trilha sonora do vídeo.

Este é um procedimento elegante, pois todas as informações necessárias para a exibição do quadro estão presentes. Ao contrário do script anterior, não há risco de haver a exibição de um quadro de diferença e ser necessário esperar até que o QuickTime encontre um quadro-chave e recrie as informações ausentes no quadro de diferença.

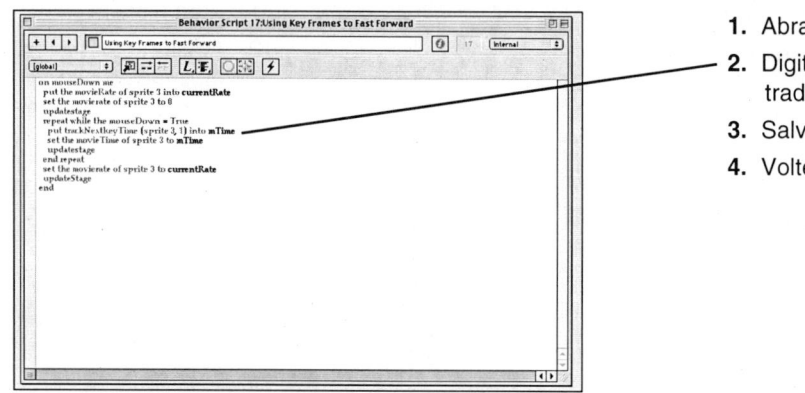

1. Abra o script.
2. Digite o código mostrado.
3. Salve o filme.
4. Volte e exiba o filme.

Explicações sobre o código

```
on mouseDown
    put the movieRate of sprite 3 into currentRate
```
Faz a captura instantânea do que o vídeo estiver exibindo
```
    set the movieRate of sprite 3 to 0
```
e faz uma pausa no vídeo.
```
    Updatestage
```
Executa.
```
    repeat while the mouseDown= True
```
Verifica se o mouse está pressionado e
```
        put trackNextkeyTime (sprite 3,1) into mtime
```
nomeia a localização de cada quadro-chave em mtime do vídeo e
```
        set the movieTime of sprite 3 to mtime
```
segue para cada quadro-chave.
```
        Updatestage
```
Executa.
```
    end repeat
```

> **Explicações sobre o código (Continuação)**
>
> Se o mouse for liberado,
> ```
> set the movieRate of sprite 3 to currentRate
> ```
> exibe ou faz uma pausa no vídeo.
> ```
> Updatestage
> ```
> Executa.
> ```
> end
> ```

Variáveis globais

Todo script criado até aqui envolve a utilização de uma variável local. O problema é que tão logo elas sejam executadas, o Director as ignora e segue em frente. Algumas vezes, é necessário que os dados persistam. Por exemplo, neste filme, temos um sprite do QuickTime "rondando" o canal 3 com uma grande quantidade de linguagem em Lingo indicando este sprite. Imaginemos que você decida mover o vídeo do canal 3 para o 7. Temos um grande problema, pois cada bit de Lingo referente a este sprite está, na verdade, se referindo ao sprite do canal 3 e não ao vídeo. O resultado final é que você terá que pesquisar cada script para mudar a referência do canal 3 para o canal 7.

Se você precisa que os dados sejam repetidos em todo o filme, como o vídeo, o Lingo oferece a oportunidade de criar uma variável global, que persiste até que você saia do filme. Estas variáveis devem ser declaradas como tais e é possível utilizar uma declaração especial do Lingo que informa a disponibilidade da variável independente da localização do cabeçote.

Para que uma variável seja global, é necessário declará-la como tal com a palavra-chave global. Quando você fizer referência a global, é necessário utilizar esta declaração ou o Director entenderá que você está utilizando uma variável local, produzindo resultados imprevisíveis.

Algumas regras sobre variáveis globais:

1. É necessário nomeá-las através da utilização da palavra "global" — por exemplo, global gMexpert.

2. É necessário informar o que fazem. É o que denominamos "inicializar" a variável. Por exemplo:

   ```
   put the text of member "Name" into "gMexpert"
   ```

3. Elas devem estar listadas na parte superior do manipulador:

   ```
   on mouseUp
        global gMexpert
        put the text of member "Name" into gMexpert
   end
   ```

4. Elas podem ser posicionadas em qualquer script: filme, sprite, score ou membro do elenco. Lembre-se: uma vez declarada, uma variável global está disponível todo o tempo e pode ser chamada de qualquer script no filme.
5. É possível declarar diversas globais ao mesmo tempo. Veja como:

```
on startMovie
    global gMexpert
    global gRookie
    global gRocketscientist
    put the text of member "Name" into gMexpert
end
```

E também:

```
on startMovie
    global gMexpert,gRookie,gRocketscientist
    put the text of member "Name" into gMexpert
    etc., etc,
end
```

6. Embora não seja uma exigência, adquira o hábito de utilizar um "g" como primeira letra da variável global para evitar confusões.
7. Uma variável global contém um valor. Este poderia se referir a um canal — put 3 into cVideo –, a um número de pixels para movimentação — set gMove=6 — ou a texto — put the text of member "Name" into gMexpert.

Como adicionar variáveis globais aos botões

Esta técnica cria variáveis globais para todos os botões do filme. Desta forma, se um botão for trocado de lugar no score, é necessário apenas alterar um número em um local. Não é necessário pesquisar em todos os códigos para fazer a alteração.

O primeiro passo é transformar o filme em global:

Capítulo 7 - Vídeo

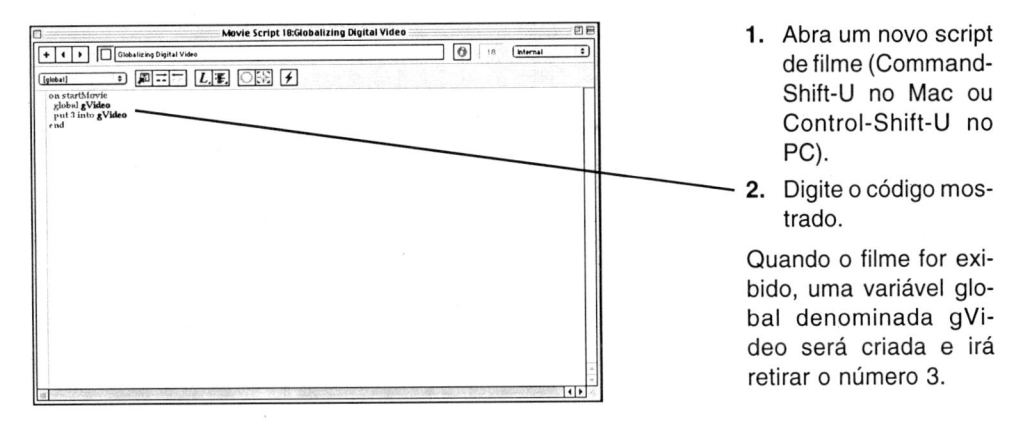

1. Abra um novo script de filme (Command-Shift-U no Mac ou Control-Shift-U no PC).
2. Digite o código mostrado.

Quando o filme for exibido, uma variável global denominada gVideo será criada e irá retirar o número 3.

Como globalizar o controle do vídeo

Esta seção substitui os números 3 pela variável global – gVideo — nas referência do sprite.

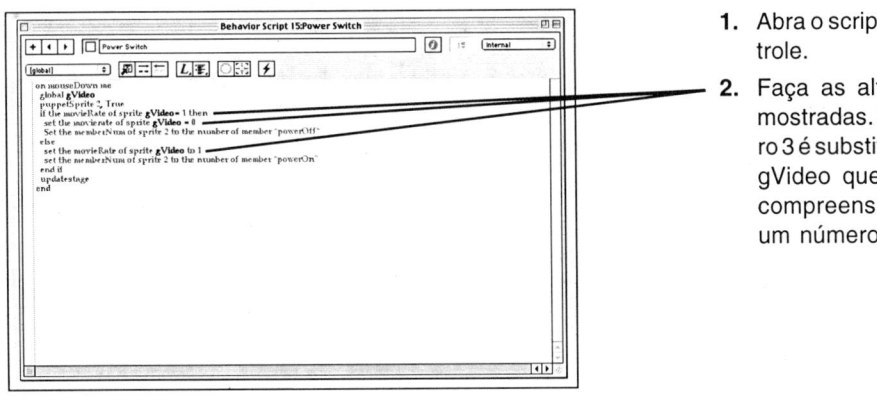

1. Abra o script do controle.
2. Faça as alterações mostradas. O número 3 é substituído por gVideo que é mais compreensível que um número.

Como globalizar o botão Rewind

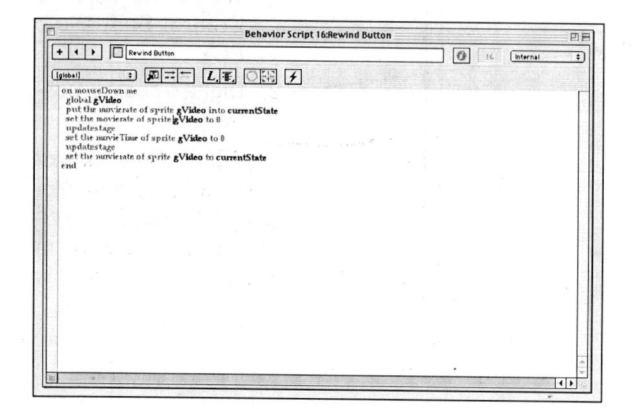

1. Abra o script de retorno.
2. Faça as alterações mostradas. O controle possui um nome e não um número.

Como globalizar o botão Fast Forward

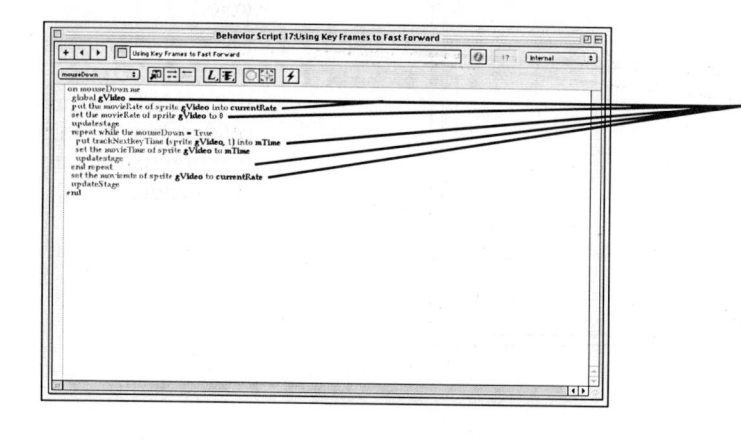

1. Abra o script de avanço rápido.
2. Faça as alterações mostradas. O botão possui um nome agora.

Como reproduzir
o vídeo em tela cheia

Algumas vezes é necessário utilizar toda a tela para a exibição do filme. Esta é uma técnica difícil para o QuickTime, portanto, muitos profissionais de multimídia irão enganá-lo para esta tarefa. A técnica é relativamente simples: os praticantes da multimídia a chamam de expandir o vídeo "duplicando os pixels".

Tome cuidado. Apenas duplique o tamanho, pois se ficar maior que 640x480, o resultado será horrível. Complicaremos um pouco adicionando um indício que o usuário pode visualizar uma versão maior clicando no vídeo. Este procedimento é realizado por uma memória temporária que age da seguinte forma:

1. Altera o cursor para uma seta para cima (elenco número 55) quando o vídeo passa para a memória temporária.
2. Aumenta o vídeo para a tela cheia quando o mouse é clicado.
3. Altera o cursor para uma seta para baixo (elenco número 53), no modo de tela cheia, quando o vídeo passa para a memória temporária.
4. Diminui o vídeo quando o mouse é clicado.

Como criar
a seta para cima

Como o usuário sabe que o vídeo pode ser expandido? Com um indício visual na tela informando que houve alguma alteração. Neste caso, quando o usuário passar o mouse sobre o vídeo, o cursor mudará para uma seta para cima.

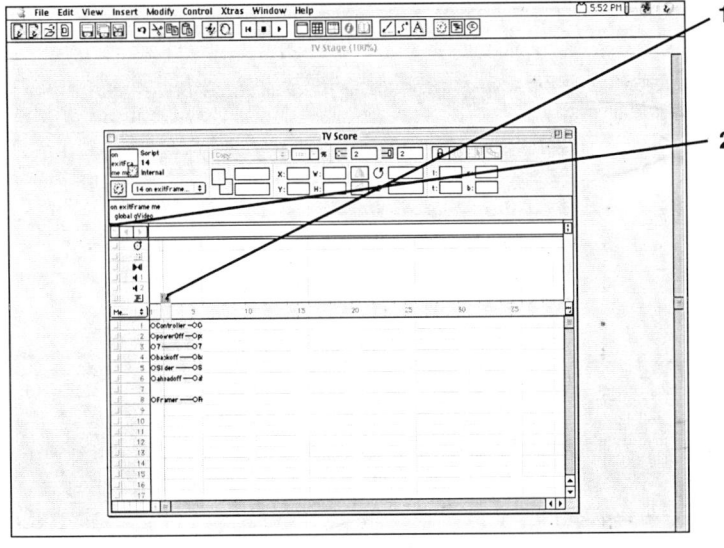

1. Selecione o script no quadro 2 do canal de comportamento.
2. Clique na visualização do script no score.

```
                    Behavior Script 14
exitFrame
on exitFrame me
  global gVideo
  put the number of member "uparrow" into mnum
  set the cursor of sprite gVideo to [mnum]
end
```

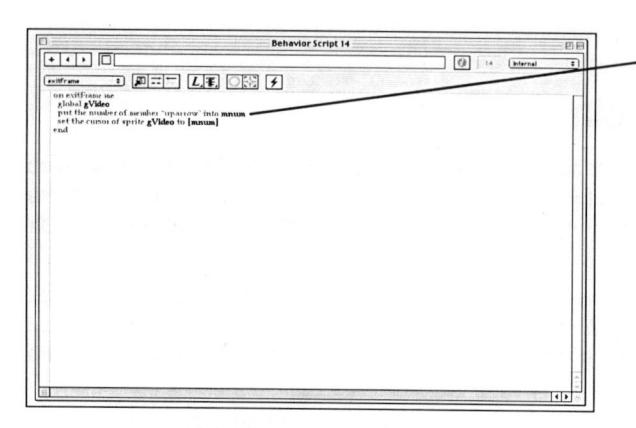

3. Faça as alterações no script como é mostrado.
4. Volte o filme e reproduza-o.

Explicações sobre o código

```
on exitFrame
  global gVideo
  put the number of member "uparrow" into mnum
```
Fornece ao número do membro do elenco da seta para cima o nome mnum.
```
  set the cursor of sprite gVideo to [mnum]
```
Quando o cursor estiver dentro do vídeo, será alterado para o membro do elenco mnum.
```
end
```

Observação

Observe os colchetes envolvendo a variável mnum. O nome do cursor deve estar sempre entre colchetes.

Capítulo 7 - Vídeo

Como expandir o vídeo

Não podemos apenas "pular" para uma versão maior de um vídeo, pois corremos o risco de termos erros. Veja abaixo uma forma segura de expandir o vídeo.

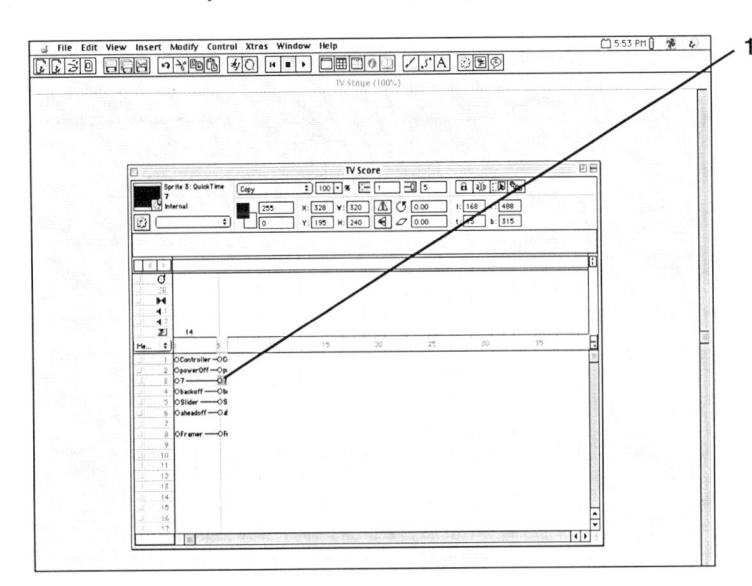

1. Selecione o vídeo no quadro 5 do canal 3 no score e copie o quadro.

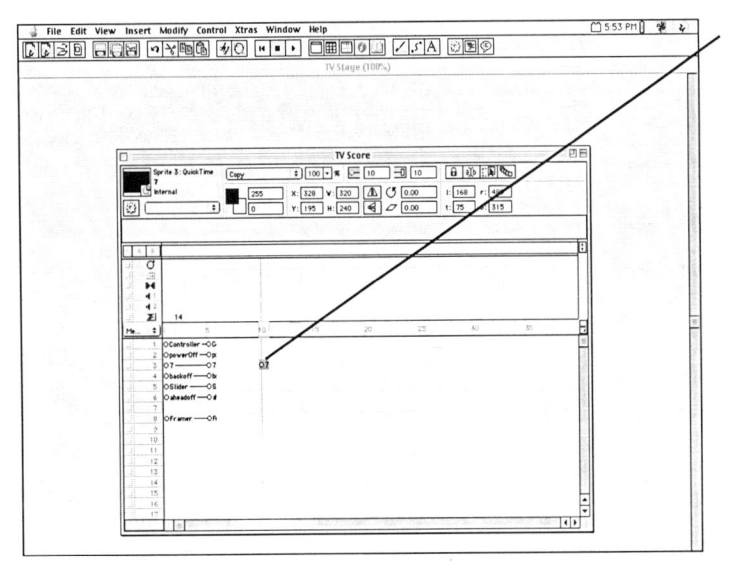

2. Selecione o quadro 10 do canal 3.
3. Cole o vídeo no quadro.
4. Posicione um marcador sobre o novo quadro.

Observação

Por que no canal 3? Se você mudar para o canal 1, o vídeo será ignorado, o que significa que será voltado e estará com pausa. Mantendo-o no canal 3, movieTime vigente e movieRate do vídeo permanecerão constantes.

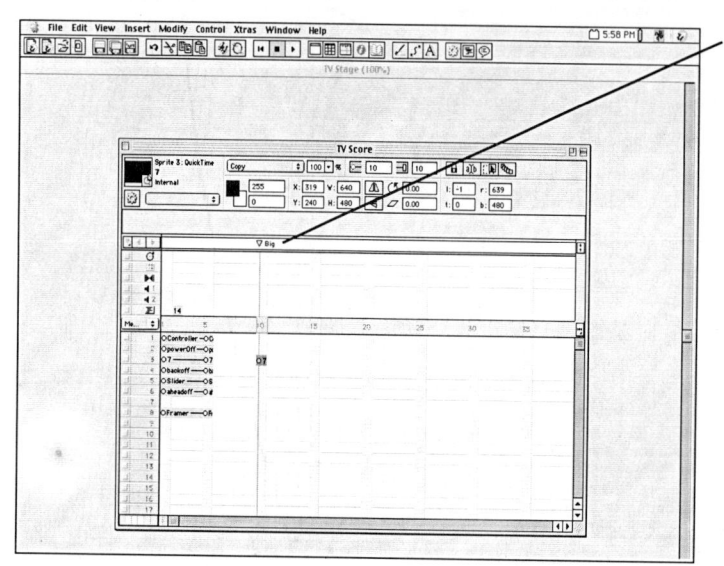

5. Nomeie-o como **Big** (Grande).
6. Posicione um marcador sobre o quadro 3.

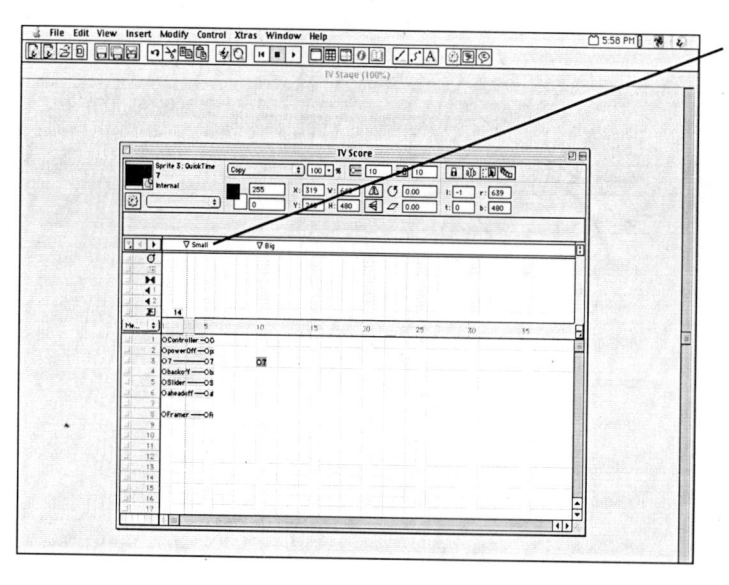

7. Nomeie este marcador como **Small** (Pequeno).
8. Selecione o vídeo em 10.
9. Abra o indicador Sprite Properties no Property Inspector.

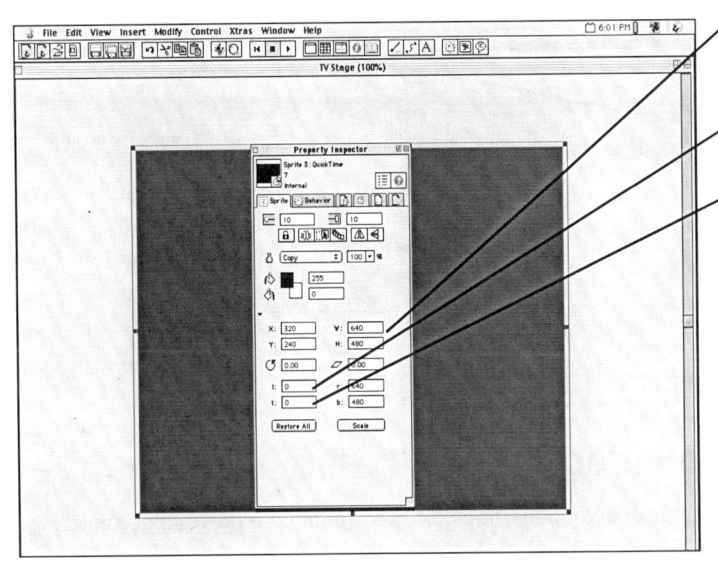

Capítulo 7 - Vídeo

10. Defina a largura como 640 e a altura como 480.
11. Defina a localização à esquerda como 0.
12. Defina a localização superior como 0.
13. Insira um loop de quadro sobre o quadro 10.

Depois de completar todas as tarefas, é hora de manipular a memória temporária. Faça isso utilizando um script mouseDown anexado ao vídeo no canal 3. Este script irá levá-lo para o quadro 10; altere o cursor e observe a realidade. Realidade? Se o vídeo estiver sendo exibido e você, inesperadamente, aumenta-o para o dobro do tamanho e espera que continue sendo exibido, o QuickTime começa a "brigar" com o Director.

14. Selecione o vídeo no quadro 2 do canal 3 no score.

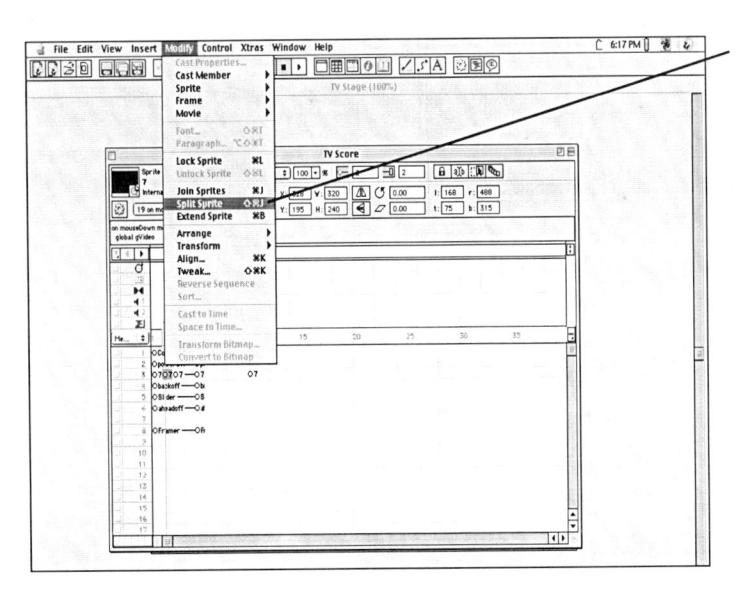

15. Selecione Modify, Split Sprite (Modificar, Ignorar Sprite) para permitir que você trabalhe com o vídeo dos quadros 2 a 5 sem afetá-lo no quadro 1.

16. Digite o script mostrado.

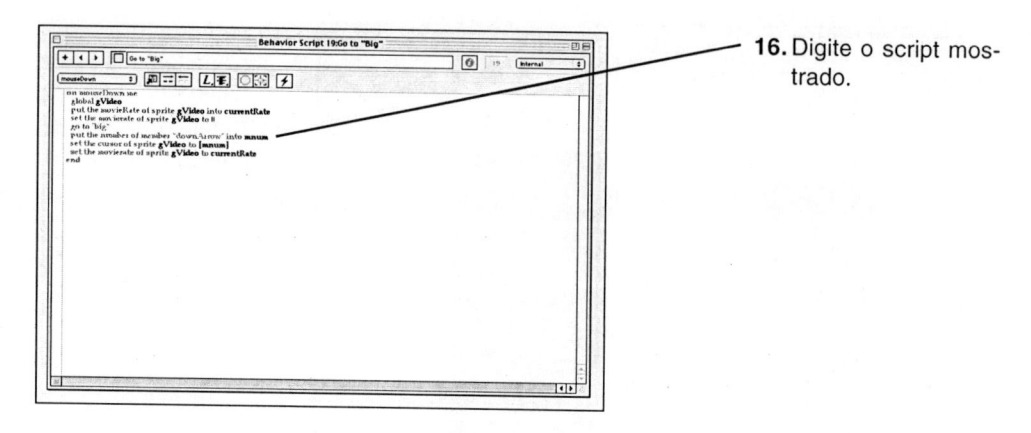

Como reduzir o vídeo

Faça exatamente o que fez para expandi-lo, mas coloque o cabeçote de volta no marcador Small no quadro 3.

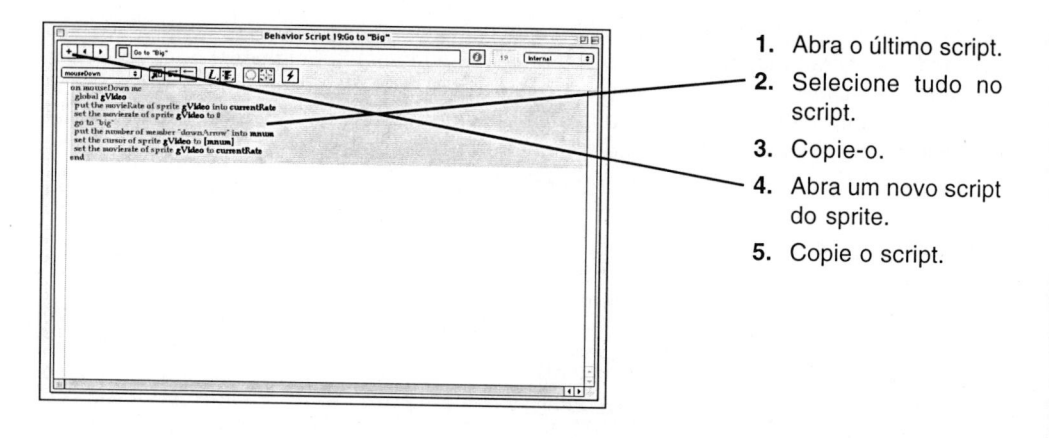

1. Abra o último script.
2. Selecione tudo no script.
3. Copie-o.
4. Abra um novo script do sprite.
5. Copie o script.

Capítulo 7 - Vídeo

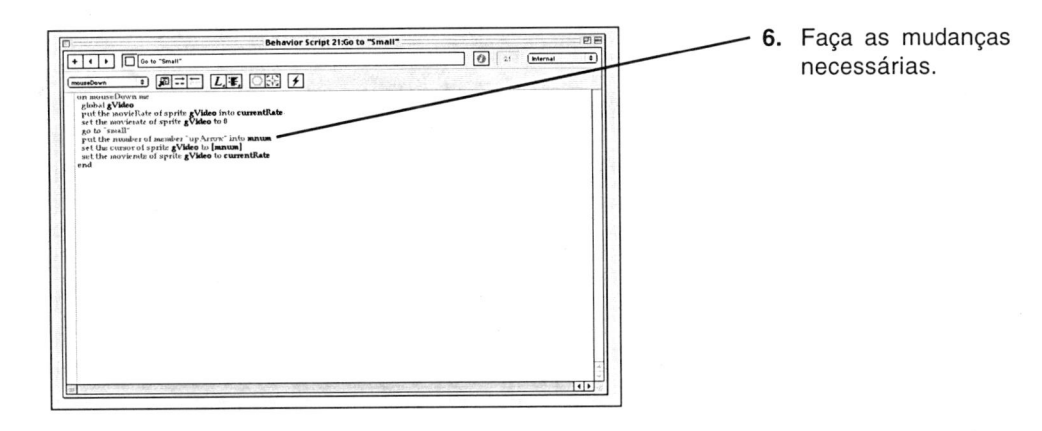

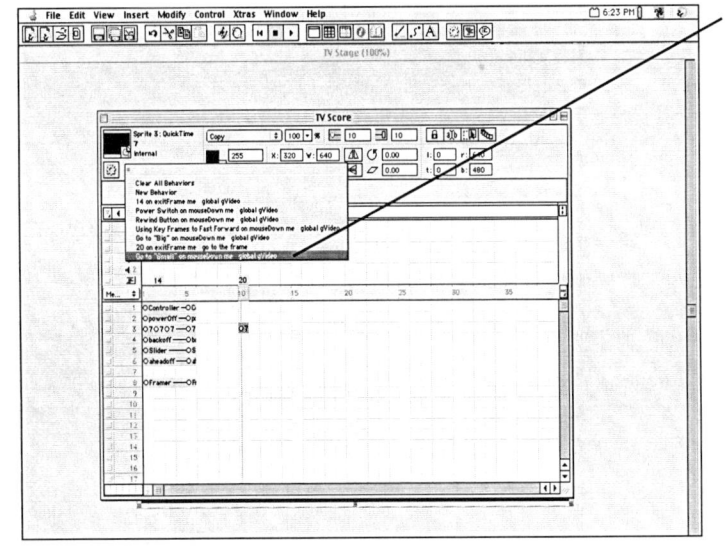

6. Faça as mudanças necessárias.

7. Anexe este script ao sprite do vídeo.
8. Compile o script.
9. Adicione um loop de quadro no quadro 5.
10. Salve, volte e exiba o vídeo.

Como exorcizar um fantasma

Algumas vezes, o vídeo deixa uma imagem depois da movimentação do cursor em direção a outro quadro. Neste caso, todo o plano de fundo no quadro 2 pode parecer que está preenchido com o vídeo expandido. Esta imagem é chamada de fantasma. Aprenda a exorcizá-lo.

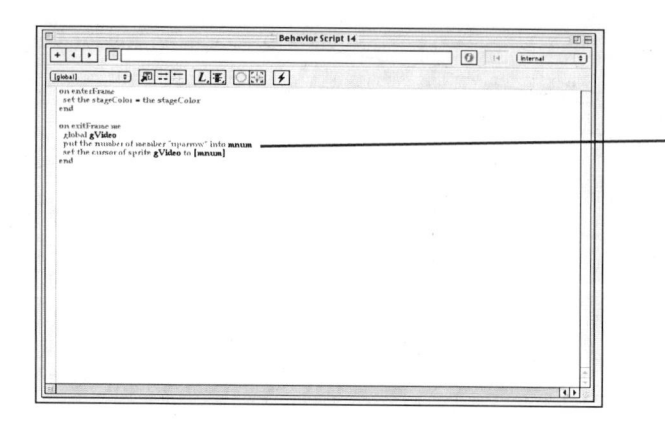

1. Abra o script do quadro no quadro 2 do Script Channel.
2. Faça a alteração mostrada. Informando ao Director que insira novas cores no palco, estamos, na verdade, forçando a reorganização do mesmo. Desta forma, retiramos os fantasmas.

Como criar um dispositivo de rolagem

Abaixo da TV há um dispositivo amarelo que será utilizado para dois procedimentos: movimentação na mesma proporção do vídeo e permissão para o usuário arrastá-lo para que o filme seja voltado ou avançado. Antes de falarmos sobre o dispositivo, é necessário que você saiba claramente quais as relações entre ele e o vídeo.

1. A largura da barra representa a extensão do filme.
2. Conforme é movimentado, o dispositivo amarelo representa movieTime atual do vídeo. 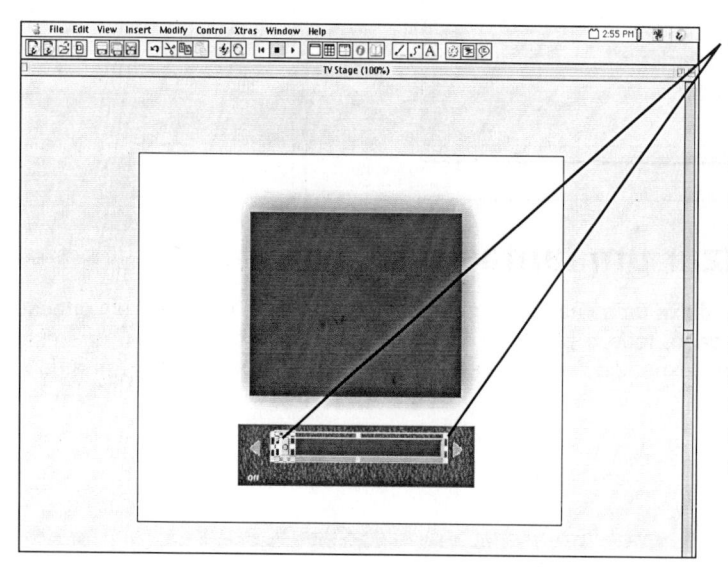
3. A localização do dispositivo deve ser proporcional a movieTime.

Este último ponto é crítico. Você precisa saber a média entre movieTime e a extensão total do filme. Este procedimento será executado com a utilização de dois sprites: o dispositivo de rolagem no canal 9 e uma barra invisível no canal 10.

Capítulo 7 - Vídeo

A equação matemática que determina a média é:

```
(slider position/bar width) = (movieTime/length of video)
```

A única variável desconhecida é a posição do dispositivo de rolagem:

```
Bar Width= the width of sprite 9 (the width of sprite is na actual Lingo
property)

movieTime= the movieTime of  sprite gVideo

Video length= the duration of member Video.mov
```

Portanto, o cálculo deve ser feito da seguinte forma:

```
slider position = (the movieTime of sprite gVideo/ the duration of member
Video.mov) * the width of sprite 9.
```

Neste caso, será difícil apenas informar ao Director que mova a barra amarela com os valores em alteração. Isso porque o Director é meio estranho ao lidar com matemática.

Um bom exemplo seria informar ao Director que calculasse 5/2. A resposta é 2.5, mas de acordo com o Director, seria 2. Isso porque o Lingo mostra os números de duas formas: em inteiros ou em números flutuantes que contenham o decimal. Precisamos do flutuante, pois a posição da barra amarela deve ser precisa para que não haja confusão ao movê-la pelo sprite no canal 9 e para que a sincronia com o vídeo seja mantida.

A função do Lingo a ser utilizada é Float( ). Mudando o resultado para um número decimal com ponto flutuante, a barra amarela refletirá sempre a localização exata no vídeo.

Como fazer com que a barra movimente o vídeo

Inicie com a utilização de duas variáveis globais para o dispositivo amarelo (gSlider) e a barra invisível no canal 9 (gBar) onde o dispositivo desliza.

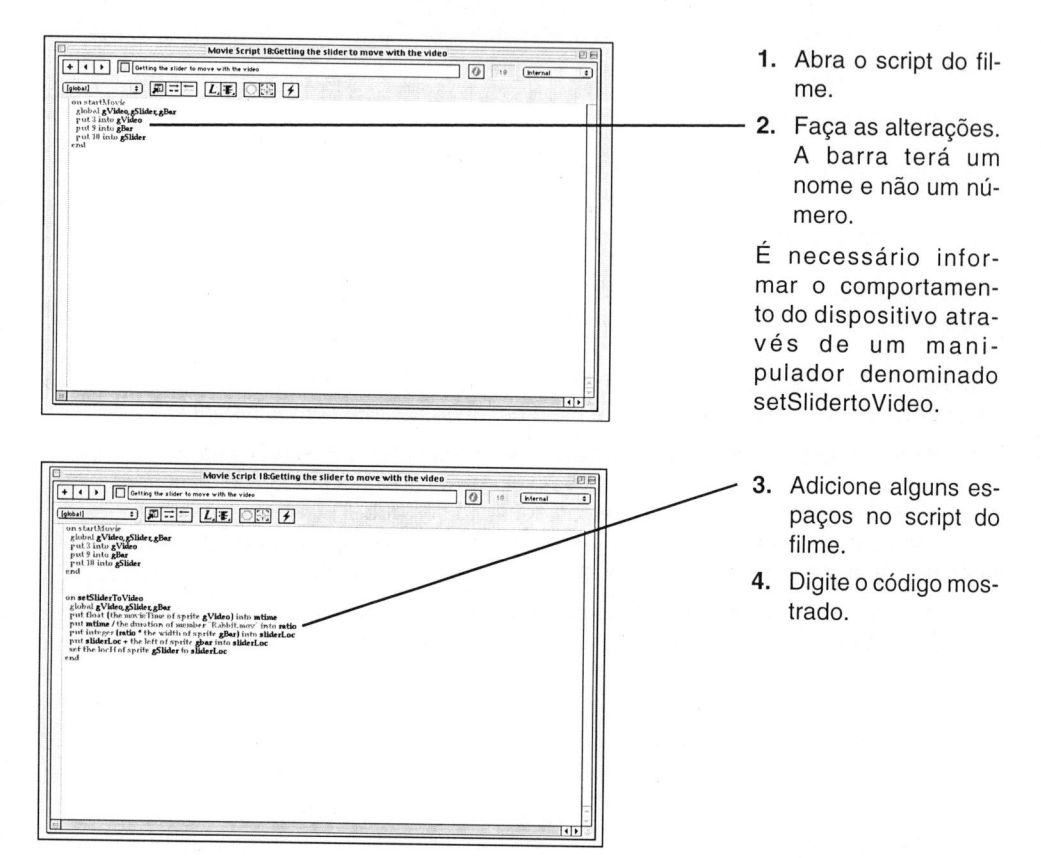

1. Abra o script do filme.
2. Faça as alterações. A barra terá um nome e não um número.

   É necessário informar o comportamento do dispositivo através de um manipulador denominado setSlidertoVideo.

3. Adicione alguns espaços no script do filme.
4. Digite o código mostrado.

Capítulo 7 - Vídeo

Explicações sobre o código

```
On setSlidertoVideo
    global gVideo, gBar, gSlider
```
O vídeo, a barra e o dispositivo são globalizados.
```
    put float (the movieTime of sprite gVideo) into mtime
```
Registra o tempo exato, em milisegundos, do vídeo e denomina-o mtime
```
    put mtime/ the duration of member "Rabbit.mov" into ratio
```
Calcula quanto tempo do filme já foi exibido e dá o nome de ratio.
```
    put integer (ratio * the width of sprite gBar) into sliderLoc
```
Movimenta o dispositivo, em números inteiros, para indicar o tempo do filme que já foi exibido.
```
    put sliderLoc+ the left of sprite gBar into sliderLoc
```
Inicia o número anterior no ponto correspondente ao percorrido pelo dispositivo a partir da margem esquerda do palco e a posição do mesmo na barra.
```
    set the locH of sprite gSlider to sliderLoc
```
Movimenta o dispositivo para a posição no sliderLoc.
```
end
```

Observação

O número retornado pelo inteiro determina onde o dispositivo se move, porque este valor é transformado em uma nova variável denominada sliderLoc. Infelizmente, isso não é fácil. Temos um número que informa onde a barra deveria estar, mas não é onde deveria estar no palco. É necessário transformar sliderLoc em uma representação precisa do número de pixels referentes à distância, em pixels, entre o dispositivo e a margem esquerda do palco. Não é tão complicado, pois o Director sempre sabe onde estão os elementos a partir da margem esquerda do palco e é possível transformar essa informação em um número utilizando uma nova propriedade do sprite denominada esquerda do sprite.

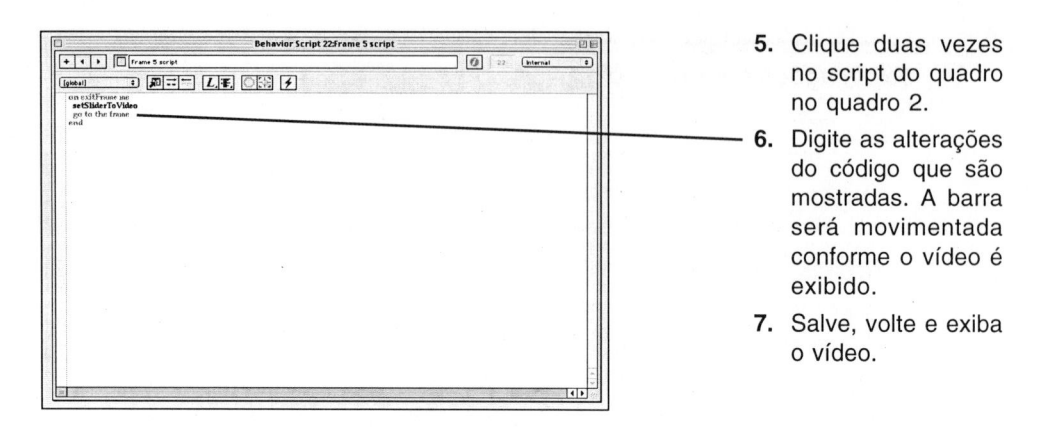

5. Clique duas vezes no script do quadro no quadro 2.
6. Digite as alterações do código que são mostradas. A barra será movimentada conforme o vídeo é exibido.
7. Salve, volte e exiba o vídeo.

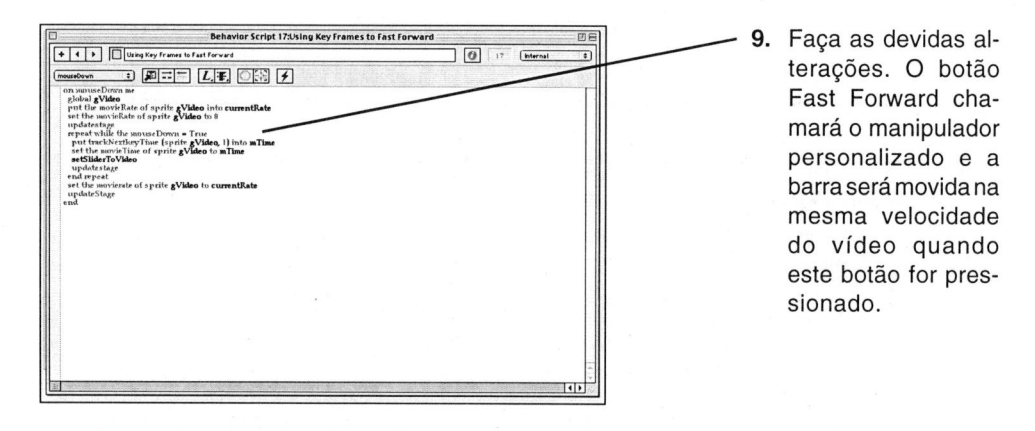

A barra se move. Tente usar o botão Fast Forward. Observe como o vídeo é acelerado, mas a barra permanece parada. É necessário fazer com que o manipulador de aceleração chame setSlidertoVideo.
8. Abra o script Fast Forward.
9. Faça as devidas alterações. O botão Fast Forward chamará o manipulador personalizado e a barra será movida na mesma velocidade do vídeo quando este botão for pressionado.

Capítulo 7 - Vídeo

Como arrastar

Podemos arrastar o dispositivo e fazer com que o filme seja reproduzido em quadros. Duas coisas devem acontecer:

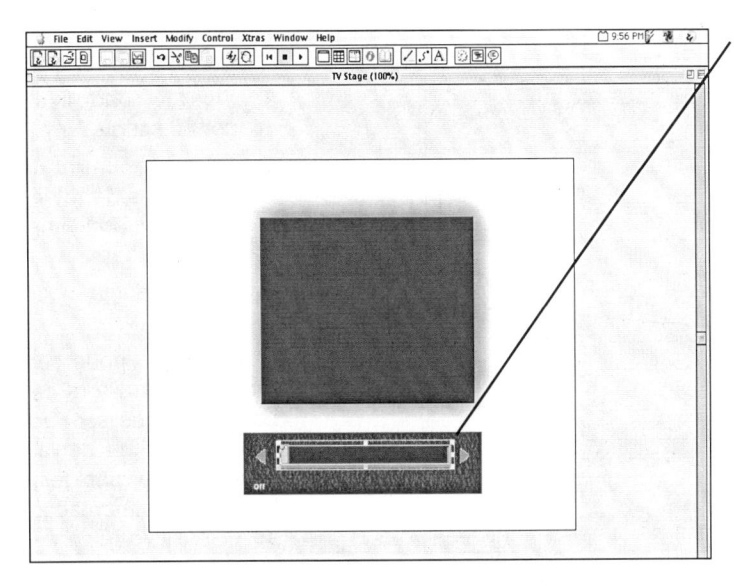

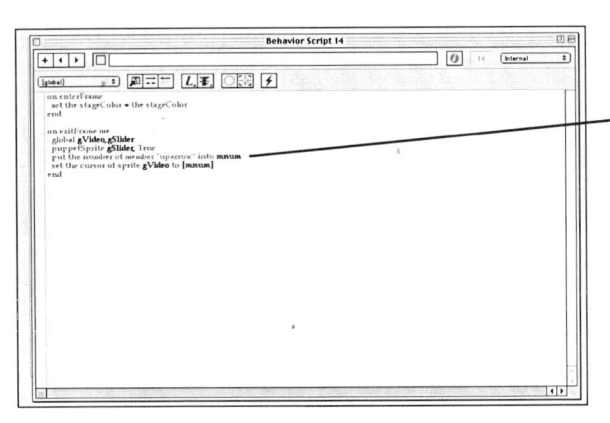

- ◆ A barra pode ser arrastada horizontalmente para fora dos limites do canal 9.
- ◆ A propriedade movieTime do vídeo deve ser alterada para refletir a movimentação.

Arrastar horizontalmente não é difícil. O mais complicado é executar a segunda tarefa, que é o oposto do problema anterior. Para isso, transforme o slider em puppet, pois ele será movimentado utilizando o Lingo.

1. Abra o script do quadro 2.
2. Digite as mudanças. Observe como puppetSprite utiliza "gSlider" em vez do número do sprite.

Para que o vídeo avance, é necessário saber o movieTime correto em relação à posição da barra. Matematicamente, utilize a equação anterior:

movieTime= (slider position/ Bar width) * the length of the video

3. Abra o script do filme.

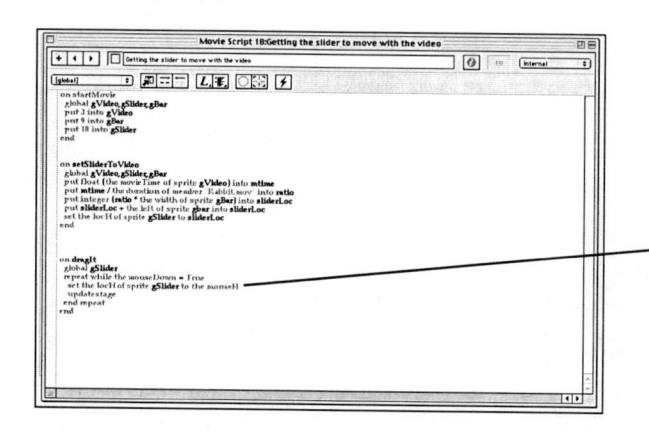

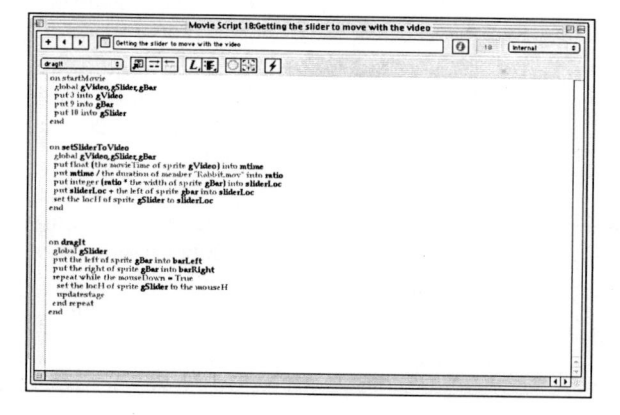

4. Siga até a parte inferior do script.

5. Adicione alguns caracteres de retorno depois do último manipulador.

6. Digite o script mostrado.

O dispositivo pode ser arrastado para fora da barra. Para que isso não aconteça, utilize declarações if...then para restringir a movimentação do dispositivo. Crie algumas variáveis denominadas barLeft e barRight controladas pelas propriedades esquerda do sprite e direita do sprite.

7. Digite as linhas alteradas para o manipulador dragIt. Tudo será globalizado e a barra será movimentada apenas na direção horizontal.

É necessário modificar a repetição para reforçar as condições de limite. Certifique-se de que o mouse esteja limitado ao comprimento da barra invisível, utilizando a variável local corralMouse.

Capítulo 7 - Vídeo   **271**

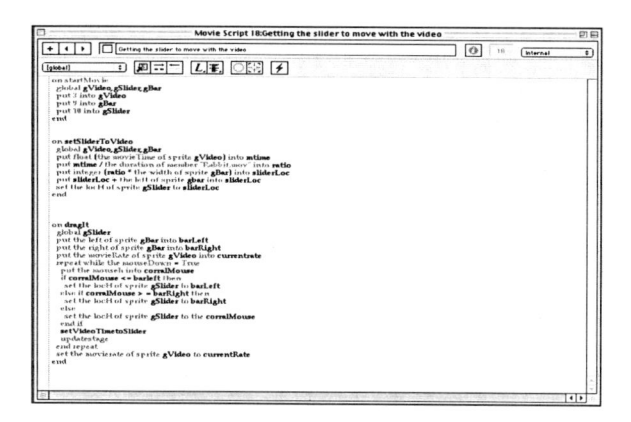

```
Movie Script 18:Getting the slider to move with the video
Getting the slider to move with the video                    18   Internal
[global]
on startMovie
  global gVideo,gSlider,gBar
  put 7 into gVideo
  put 9 into gBar
  put 10 into gSlider
end

on setSliderToVideo
  global gVideo,gSlider,gBar
  put float (the movieTime of sprite gVideo) into mtime
  put mtime / the duration of member "Rabbit.mov" into ratio
  put integer (ratio * the width of sprite gBar) into sliderLoc
  put sliderLoc + the left of sprite gBar into sliderLoc
  set the locH of sprite gSlider to sliderLoc
end

on dragIt
  global gSlider
  put the left of sprite gBar into barLeft
  put the right of sprite gBar into barRight
  put the movieRate of sprite gVideo into currentrate
  repeat while the mouseDown = True
    put the mouseH into corralMouse
    if corralMouse <= barLeft then
      set the locH of sprite gSlider to barLeft
    else if corralMouse >= barRight then
      set the locH of sprite gSlider to barRight
    else
      set the locH of sprite gSlider to the corralMouse
    end if
    setVideoTimetoSlider
    updatestage
  end repeat
  set the movierate of sprite gVideo to currentRate
end
```

8. Digite as alterações mostradas no script dragIt.

Explicações sobre o código

```
put the mouseH into corralMouse
```

Onde o mouse estiver, a posição horizontal será denominada corralMouse.

```
If corralMouse <= barLeft then
  set the locH of sprite gSlider to barLeft
else
  set the locH of sprite gSlider to corralMouse
end if
```

Se a localização do mouse for menor ou igual à margem esquerda da barra, o dispositivo de rolagem ficará bloqueado na margem esquerda da barra. Caso contrário, estará onde o mouse estiver.

O mesmo para o lado direito:

```
If corralMouse <= barLeft then
  set the locH of sprite gSlider to barLeft
else if corralMouse >= barRight then
  set the locH of sprite gSlider to barRight
else
  set the locH of sprite gSlider to corralMouse
else
  set the locH of sprite gSlider to corralMouse
end if
```

Agora que o dispositivo funciona, o vídeo deve ser movimentado em lockstep. O que temos a fazer é traduzir a equação de movieTime anterior para o Lingo, fazer alguns ajustes e fazê-lo funcionar.

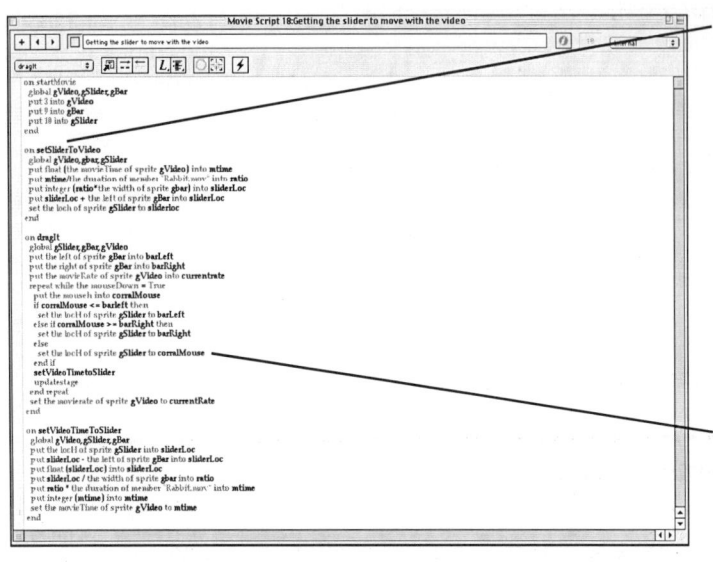

9. Siga até o script setVideoTimeToSlider.
10. Digite as alterações mostradas.

O que falta é conectar os manipuladores responsáveis pela ação de arrastar com o restante do filme do Director. O primeiro passo é conectar os dois manipuladores para arrastar.

11. Desça até o manipulador dragIt.

12. Faça as alterações mostradas para definir a localização do dispositivo de rolagem para um ponto entre barLeft e barRight.
13. Feche o script.
14. Selecione o dispositivo no score.
15. Selecione New Behavior em Script Well.

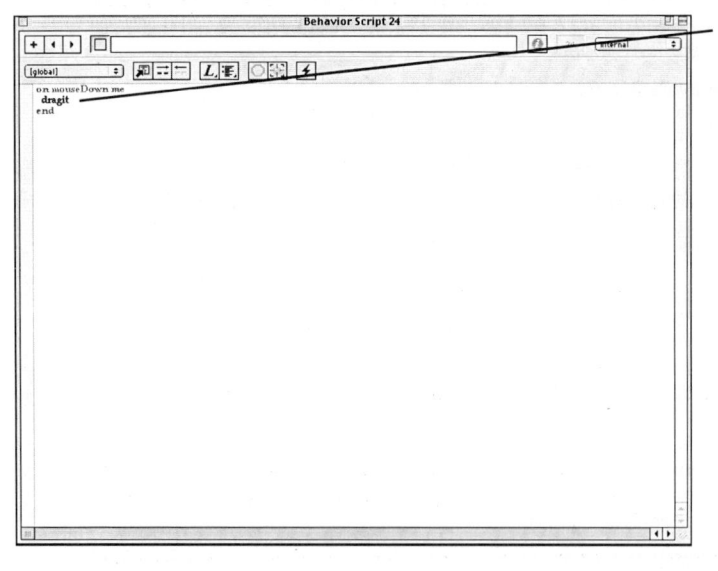

16. Digite o script mostrado.
17. Volte o filme e reproduza-o. Tente usar os botões e o dispositivo de rolagem.
18. Salve o filme.

Capítulo **8**

Filmes do Shockwave e a Web

Tudo que fizemos até aqui ficou concentrado em enviar informações para a Web. Este exercício segue na direção oposta, pois ensina como acessar um browser a partir de um filme do Shockwave a fim de fazer a conexão com a Web e obter informações.

Neste capítulo, aprenda a:
- Criar um filme do Shockwave
- Definir um browser padrão para o Director
- Acessar um browser da Web a partir de um filme do Director
- Navegar em um site da Web a partir do filme do Director
- Utilizar campos para exibir o status do projeto

Como criar um filme do Shockwave

O Shockwave se tornou uma ferramenta importante no processo de desenvolvimento para a Web. Um filme do Shockwave é um filme do Director altamente compactado criado apenas para reprodução na Web. Um filme comprimido é considerado como "shocked". A extensão do arquivo compactado é .dcr e não .dir. Os filmes do Shockwave podem ser criados para serem reproduzidos quase que imediatamente na Web, mas não serão exibidos em um browser que não possua uma conexão com o Shockwave.

Algumas regras:

- Se um membro do elenco não for utilizado, apague-o.
- Tenha um bom relacionamento com o usuário, e não com a tecnologia. Nunca use um palco em tela cheia — 640 x 480 – pois nem todos os browsers possuem esse tipo de exibição.
- Utilize membros do elenco de 8 bits ou menos. Uma palheta segura para a Web utiliza apenas 217 cores.
- Mantenha o tamanho físico mínimo dos membros do elenco.
- Utilize a barra de ferramentas para criar formas primitivas e não a janela Paint. Fugimos às regras neste exercício apenas porque desejamos que você se familiarize com a janela Paint.
- Deixe que o Director cuide da parte intermediária quando possível.
- Mantenha as transições no nível mínimo; quanto menos, melhor.
- Diminua as amostras de som. Não é necessário um som estéreo de 16-bit 44 Khz se vai ser reproduzido em caixas de som simples conectadas ao computador do usuário.

Capítulo 8 - Filmes do Shockwave e a Web **275**

A preparação para a compactação

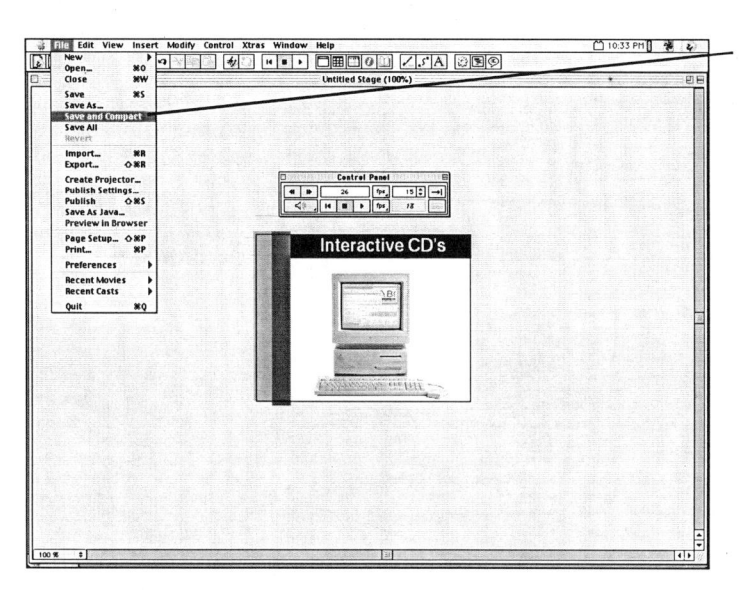

1. Selecione File, Save and Compact.

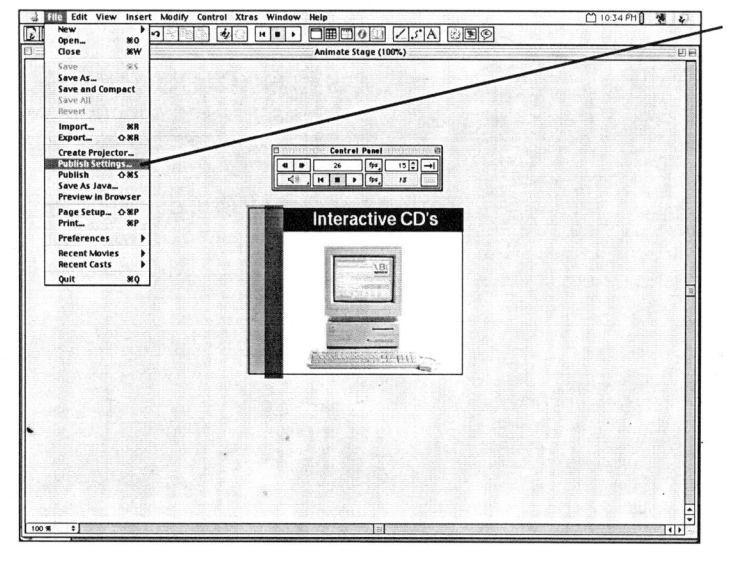

2. Selecione File, Publish Settings.
3. Clique no indicador Formats.

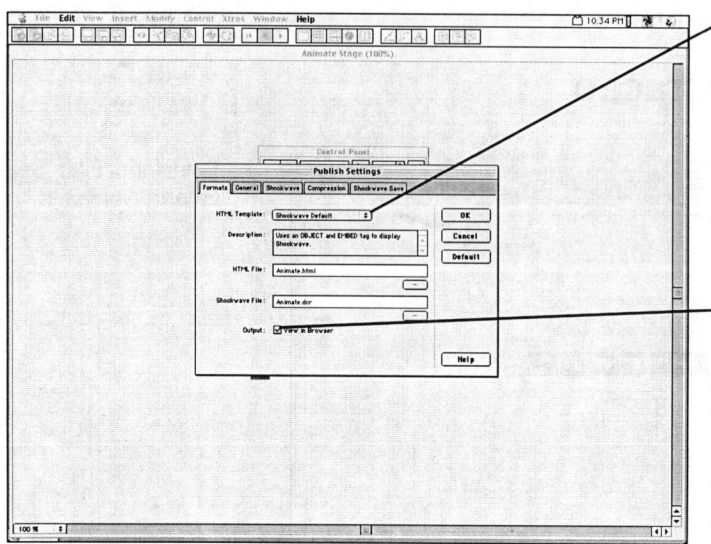

4. Deixe o padrão do Shockwave.
5. Certifique-se de que o arquivo do HTML tenha a extensão .html.
6. Certifique-se de que o arquivo tenha a extensão .dcr.
7. Selecione View In Browser (Visualizar no Browser).

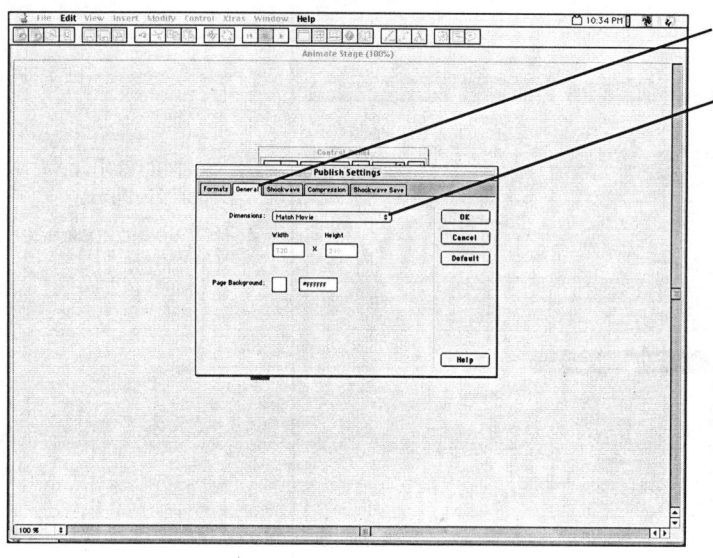

8. Clique no indicador General.
9. Selecione Match Movie (Combinar Filme) no menu suspenso.
10. Certifique-se de que a cor do plano de fundo corresponda à do filme.
11. Clique no indicador Shockwave.

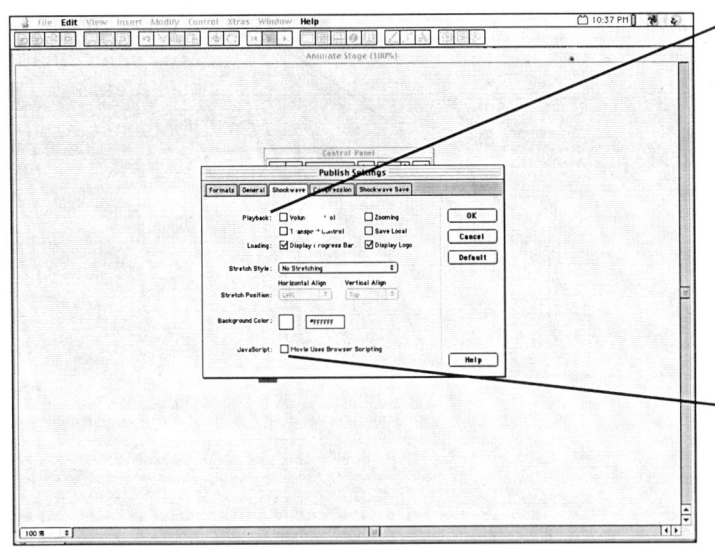

Capítulo 8 - Filmes do Shockwave e a Web   277

12. Verifique se não há nada selecionado na área Playback.
13. Selecione No Stretching (Sem Ampliar) no menu Stretch Style (Estilo de Ampliação).
14. Certifique-se de que a cor do plano de fundo corresponda à do filme.
15. Verifique se não há nada selecionado na área JavaScript.
16. Clique no indicador Compression. 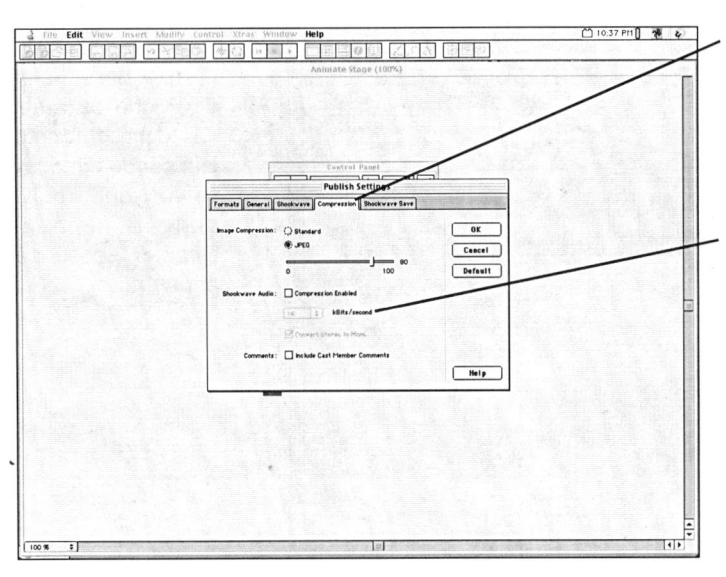
17. Utilize a compressão JPEG para as imagens. 80% funciona melhor.
18. Verifique se não há nada selecionado na área Shockwave Audio.
19. Clique no indicador Shockwave Save.

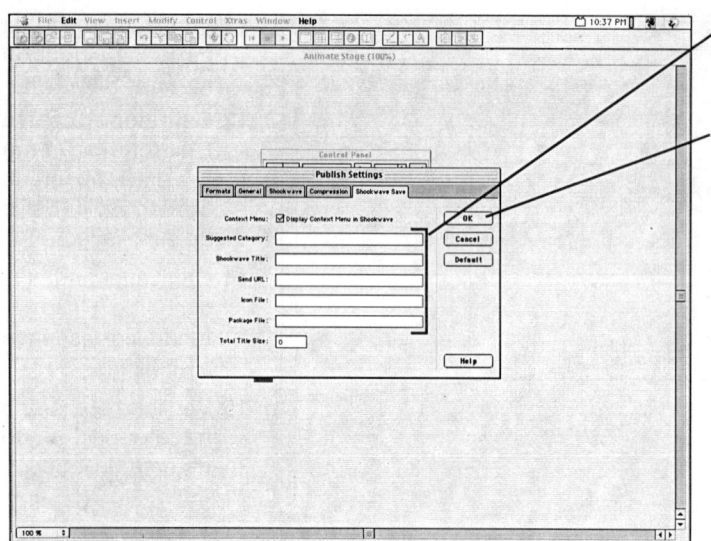

20. Verifique se não há nada selecionado nesta área.
21. Clique em OK.

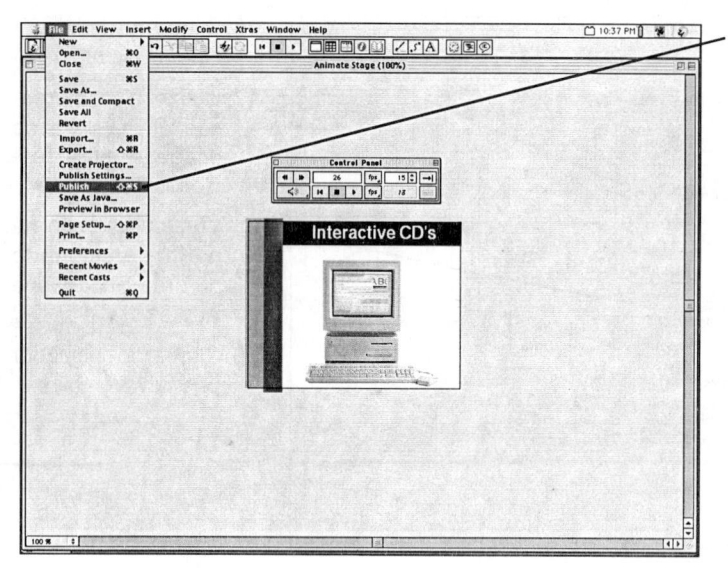

22. Selecione File, Publish. A barra irá indicar que os arquivos .dcr e .html estejam sendo criados e salvos no arquivo onde o filme do Director possa ser encontrado.

Capítulo 8 - Filmes do Shockwave e a Web

Como visualizar no browser

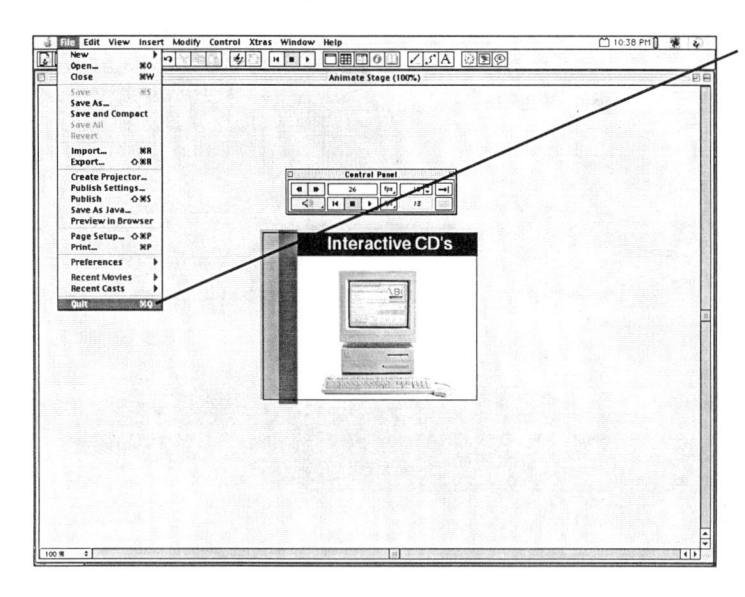

1. Saia do Director.
2. Abra o browser.
3. Selecione File, Open Page (Arquivo, Abrir Página) no Navigator ou File, Open File (Arquivo, Abrir Arquivo) no Explorer.
4. Navegue na pasta Showtime.
5. Abra o arquivo Showtime.html.

Parabéns!

Como finalizar para disponibilizar para o browser

Neste exercício, você irá criar um pequeno filme do Director que inicializa o browser e abre uma página da Web. Você também considerará a experiência do usuário fornecendo-lhe mensagens que informem o status do carregamento. Este é um dos menores exercícios deste livro, mas um dos mais importantes. A capacidade de acessar uma página da Web ou um site a partir de um filme do Shockwave é uma técnica primordial a ser aprendida. Você terá a possibilidade de controlar a experiência do usuário com a Web. Como também, se você utilizar páginas da Web com base em quadros, o Lingo pode ser rapidamente alterado para utilizar o Shockwave para a navegação em sites.

Em vez de criar uma interface a partir do zero, incluímos uma no CD-ROM que acompanha o livro. É necessário que você tenha instalado em seu computador o Internet Explorer ou o Netscape Communicator. Esta seção também exige que você saiba a exata localização destes no disco rígido, pois precisará informar ao Director que utilize um dos dois como browser padrão para testes.

1. Copie o arquivo Exercise do CD para seu disco rígido.
2. Abra o arquivo ToPrima.dir.

Como selecionar um browser da Web

Os dois browsers principais são o Netscape Communicator e o Internet Explorer. A maioria das pessoas que trabalha com desenvolvimento possui os dois para testes e têm acendido velas e rezado aos deuses da Web para nos enviarem um browser que exiba todo o conteúdo de forma consistente. Embora não haja grandes problemas com o Shockwave, quem cria sites para a Web já aprendeu a não ficar chocado quando o resultado difere de um browser para outro. O texto apresenta quebras de parágrafo diferentes. Os quadros ou tabelas se movem de forma diferente e assim por diante. Ainda existem estas frustrações e os deuses da Web ainda não atenderam nossos pedidos.

Capítulo 8 - Filmes do Shockwave e a Web

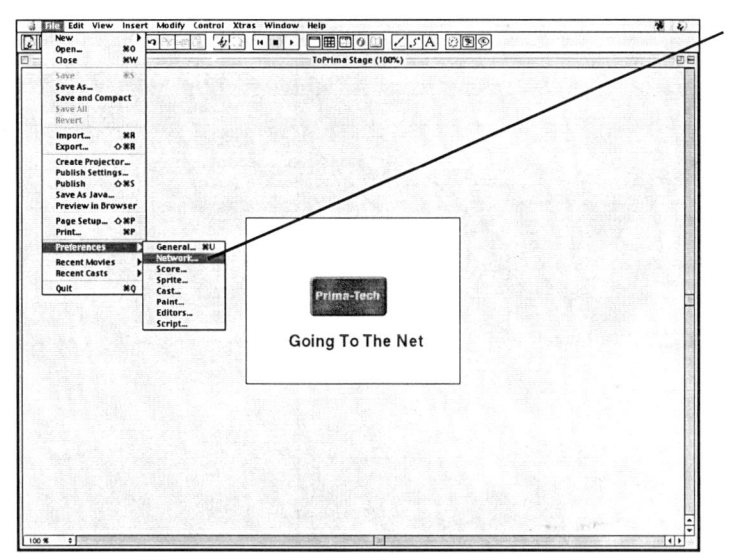

1. Selecione File, Preferences, Network para abrir a caixa de diálogo Network Preferences.

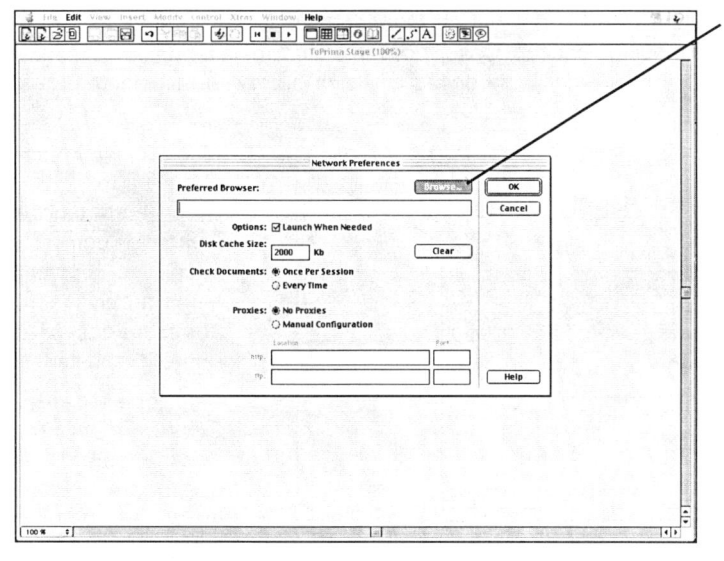

2. Clique no botão Browse.
3. Navegue para a pasta que contém o browser de sua escolha.

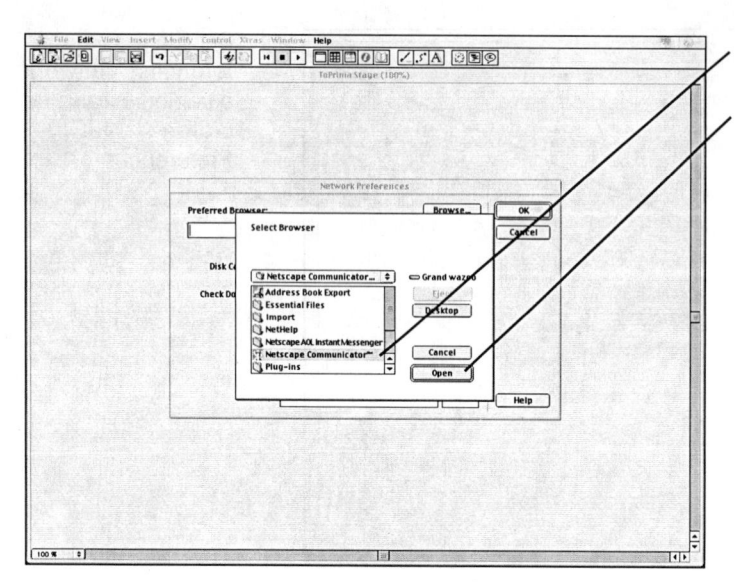

4. Clique no browser para selecioná-lo.
5. Clique em Open.

6. Clique em Lauch When Needed (Ini-cializar Quando Necessário). Esta escolha irá funcionar apenas no modo de criação. Caso você teste um filme e tenha um comando do Lingo que chame um browser, esta opção inicializa o browser escolhido.

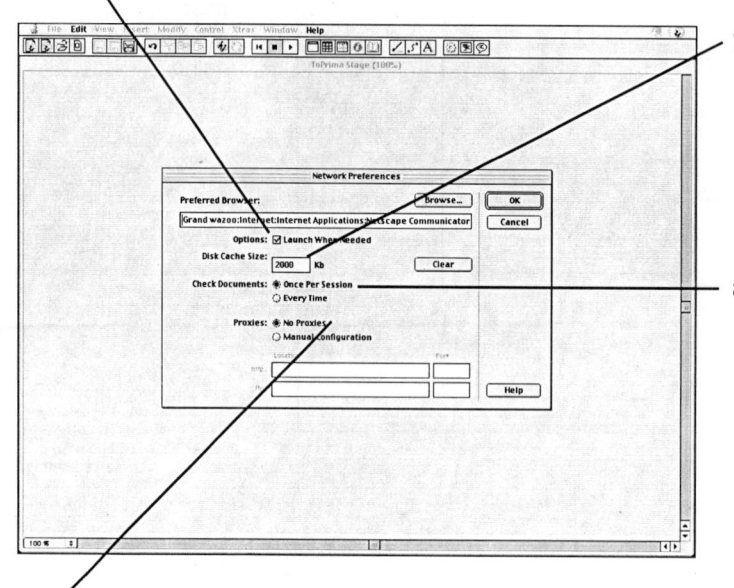

7. Mantenha o tamanho padrão para o cache. Esta função é parecida com a do cache no browser — os arquivos são armazenados para referência posterior.

8. Selecione One Per Session (Um Por Sessão) para evitar a abertura acidental de uma versão mais antiga do arquivo caso você tenha retornado à página.

9. Não utilize proxies, a menos que seu computador esteja atrás de uma firewall. Mesmo assim, isso deve ser feito apenas mediante consulta ao administrador de rede.
10. Clique em OK para definir o browser.

Capítulo 8 - Filmes do Shockwave e a Web 283

Observação

Se você utiliza o Macromedia Dreamweaver pode definir um browser primário e um secundário nas opções. Desta forma, é possível verificar as páginas de ambos sem muito "contorcionismo". Mas isso não é possível no Director.

Como inicializar um browser

Esta técnica inicializa um browser e segue para uma página específica da Web. É um pequeno truque, pois o usuário apenas clica em um botão para acessar a página. O interessante é que um botão do Director pode ter a função parecida com a de um hyperlink em uma página da Web. Os botões do Director podem ser utilizados para navegação em layouts baseados em quadros ou para acessar as regras de um jogo do Shockwave. Se você puder abrir uma página da Web, poderá fazer tudo que um hyperlink faz, mas com um pouco mais de discernimento.

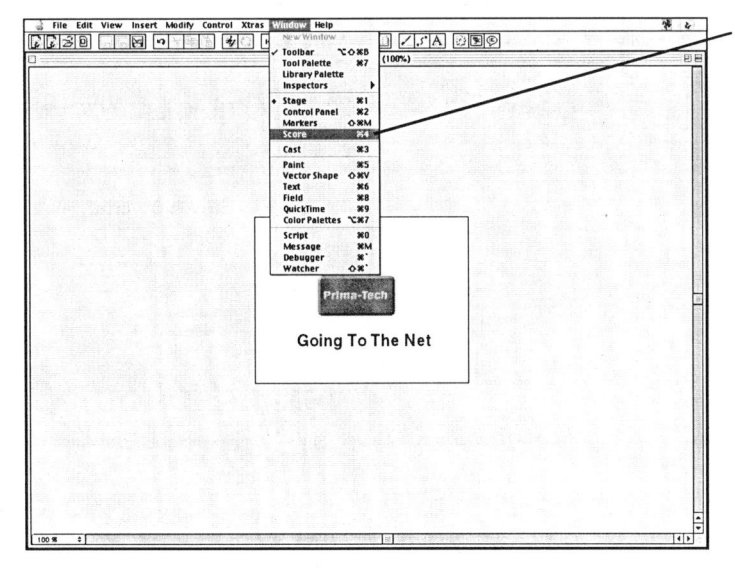

1. Selecione Window, Score para abrir o score.
2. Selecione o botão Prima-Tech.
3. Selecione New Behavior em Script Well para abrir a janela Behavior Script.

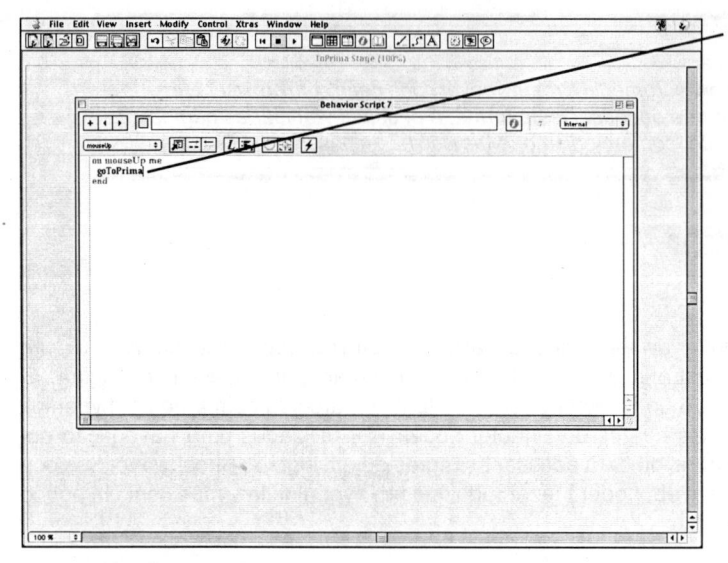

4. Digite o código mostrado.
5. Abra um novo script de filme (Command-O no Mac ou Control-O no PC).
6. Digite o código mostrado. 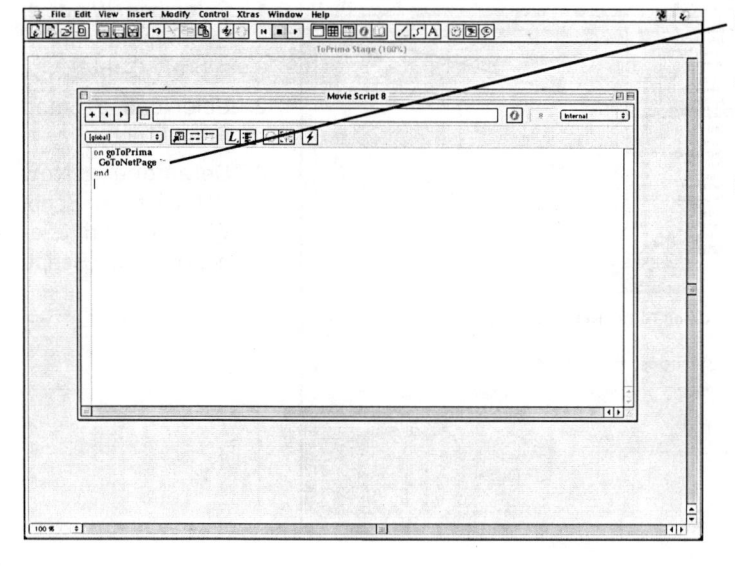
7. Nomeie o script do filme como "Go Prima".
8. Salve o filme. Não teste.

> **Observação**
>
> A linha de código da etapa 6 é a chave para todo o exercício. O comando GoToNetPage inicializa o browser. As palavras entre aspas serão a URL verdadeira. Caso você tenha um layout com base em quadros, chame o conteúdo para o quadro a partir do comando GoToNetPage. Neste caso, a sintaxe seria GoToNetPage (URL, Target Frame).

Como testar o link do browser no Director

Na pasta Exercise há um arquivo denominado Test.htm que será utilizado para definir o caminho para o browser. Tome cuidado para não conduzir o usuário à página errada. Isso acontece porque os links podem ser relativos ou absolutos. Um link absoluto é o caminho completo mostrado no browser. Esta seção mostra como adicionar corretamente a URL absoluta (caminho completo) ao comando GoToNetPage.

1. Saia do Director.
2. Abra o browser.
3. Utilizando o comando Open do browser, navegue para a página Test.htm localizada na pasta Exercise. Netscape e Explorer abrem documentos do HTML de formas um pouco diferentes, portanto, o que você verá na tela pode não ser o mesmo que está apresentado no livro.

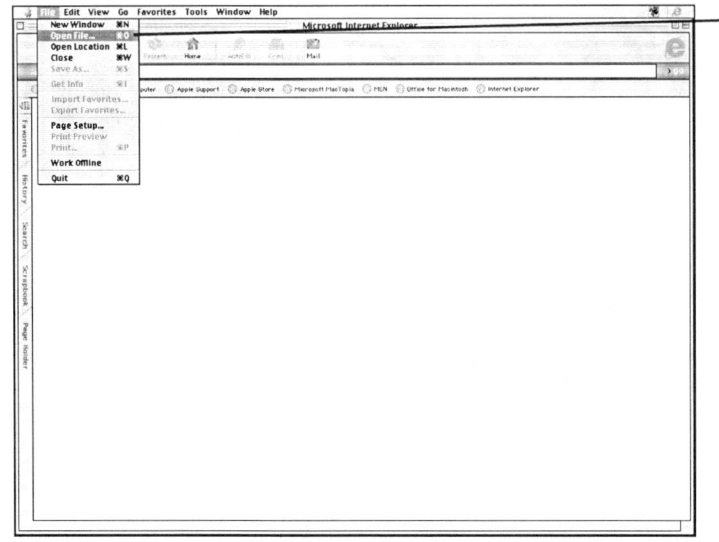

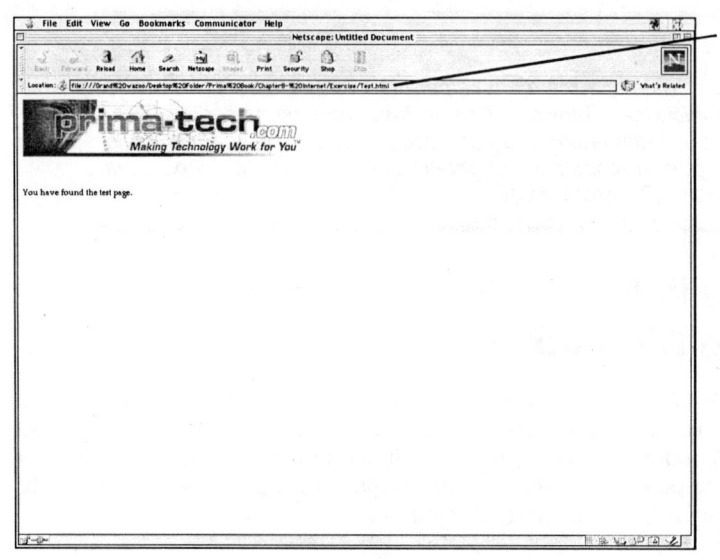

4. Selecione a URL.
5. Copie a URL completa na área de transferência, incluindo "http://...".
6. Abra o arquivo do Director.
7. Abra o script do filme.
8. Clique entre as aspas.
9. Selecione Edit, Paste para colar a URL no script entre as aspas. 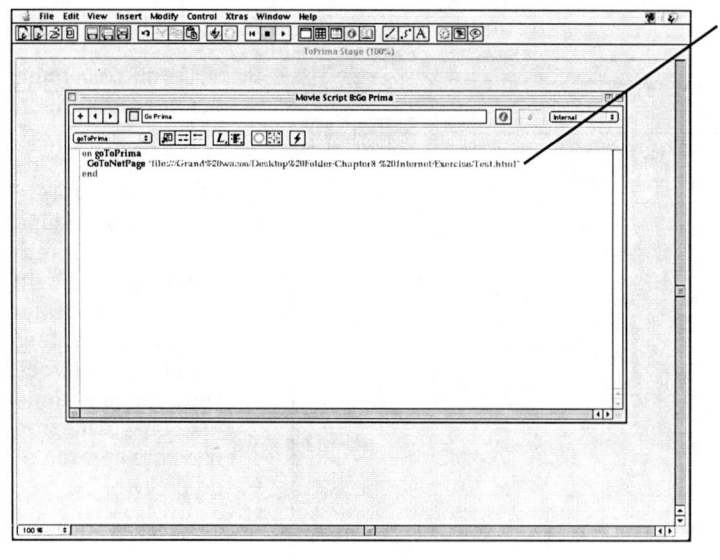
10. Feche a janela do script do filme.
11. Volte o filme e reproduza-o.
12. Saia do browser.

Capítulo 8 - Filmes do Shockwave e a Web

Como navegar na Net

Agora que você entendeu a importância da precisão dos links, utilizaremos um filme para acessar um site da Web. Lembre-se de que esta técnica também pode ser utilizada em sites baseados em quadros onde o arquivo do Shockwave estiver sendo utilizado para navegação.

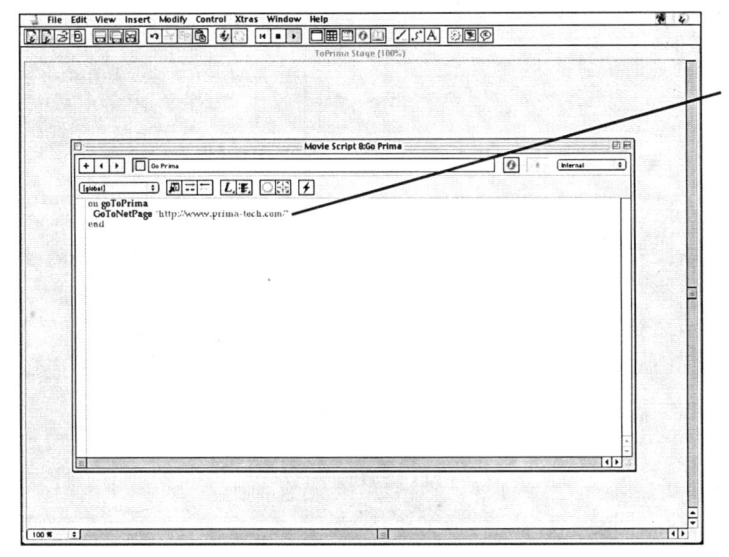

1. Abra o script do filme.
2. Faça as alterações na URL.
3. Exiba o filme. 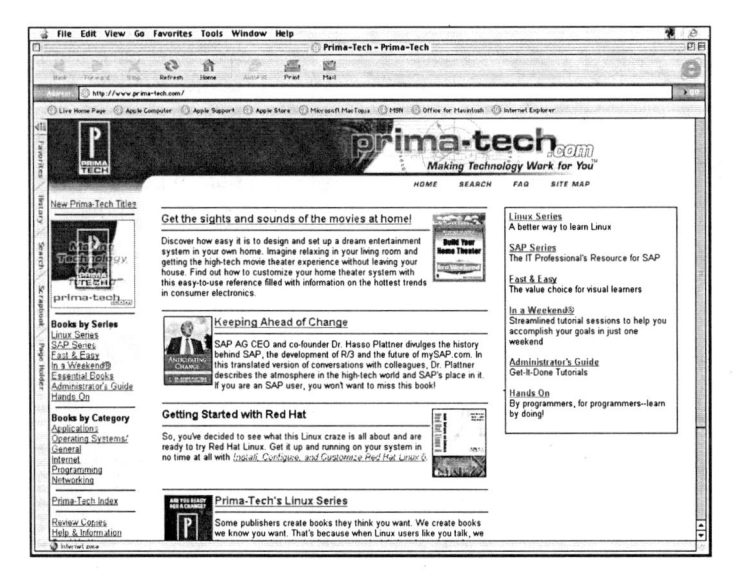
4. Salve o filme na pasta. A seqüência seguinte é mais complexa que apenas abrir um site.

Como fornecer
um feedback ao usuário

Nestes exercícios, os campos apareceram de várias formas e foram utilizados para conter texto e funcionar como cronômetros. Nestas circunstâncias, um campo será utilizado para permitir que o usuário saiba o que está acontecendo.

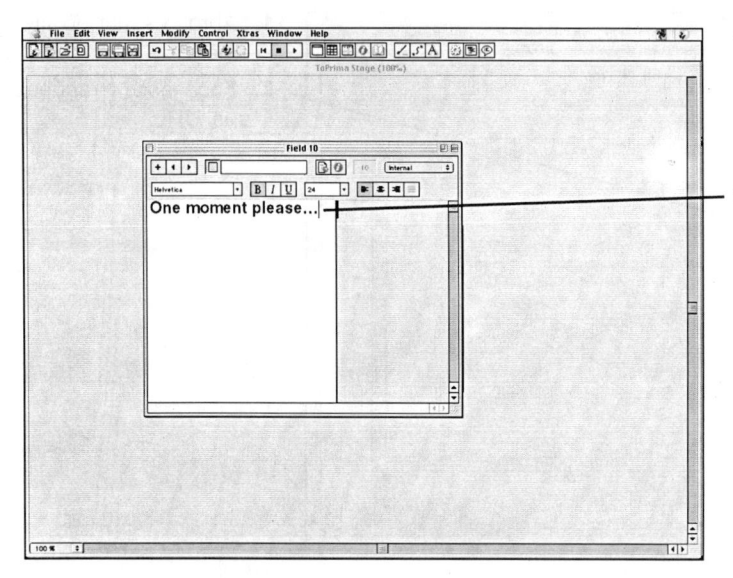

1. Selecione Window, Field (Command-8 no Mac ou Control-8 no PC) para abrir um novo campo.
2. Digite **One moment please...** (Um momento por favor...) na área de texto.
3. Nomeie o campo como Holder (Portador). 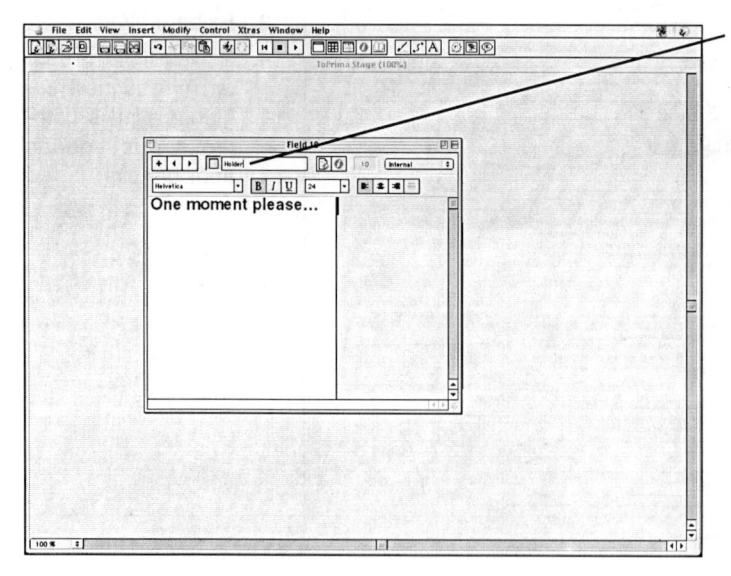
4. Arraste o campo para o palco abaixo do botão Prima.
5. Abra o script do filme.

Capítulo 8 - Filmes do Shockwave e a Web

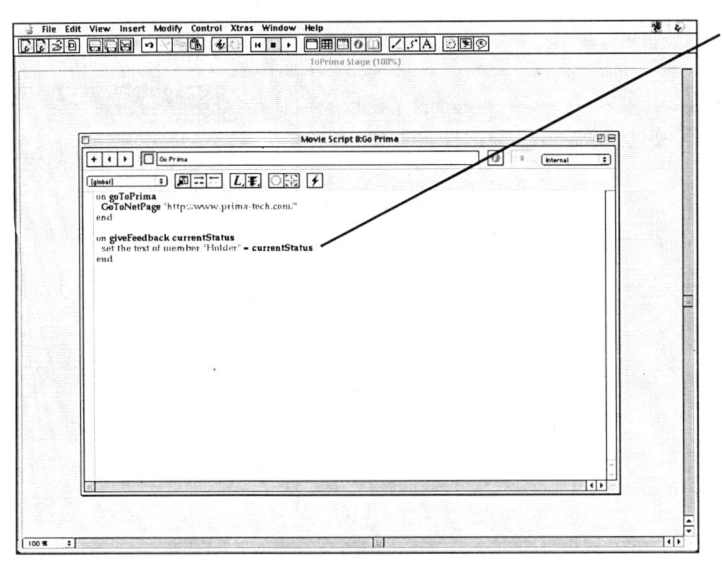

6. Adicione o manipulador mostrado.

Explicações sobre o código

```
On giveFeedback currentStatus
```

giveFeedback é o nome do manipulador. currentStatus é o parâmetro para o manipulador.

```
Set the text of member "Holder" = currentStatus
```

Coloca o texto de currentStatus no campo denominado Holder

```
end
```

Observação

No código anterior, temos um manipulador seguido de um parâmetro denominado currentStatus. Quando o manipulador é chamado, o texto em currentStatus é apenas o texto que pode ser exibido no campo Holder. Os parâmetros são blocos de criação para cálculos e dados.

Algumas vezes, os parâmetros são furtivos. Ao utilizar os comportamentos da biblioteca de comportamentos, as informações que você deveria fornecer na caixa de diálogo de resultado eram iniciadas por uma pergunta do Director "What are the parameters for this code?" (Quais os parâmetros para este código?).

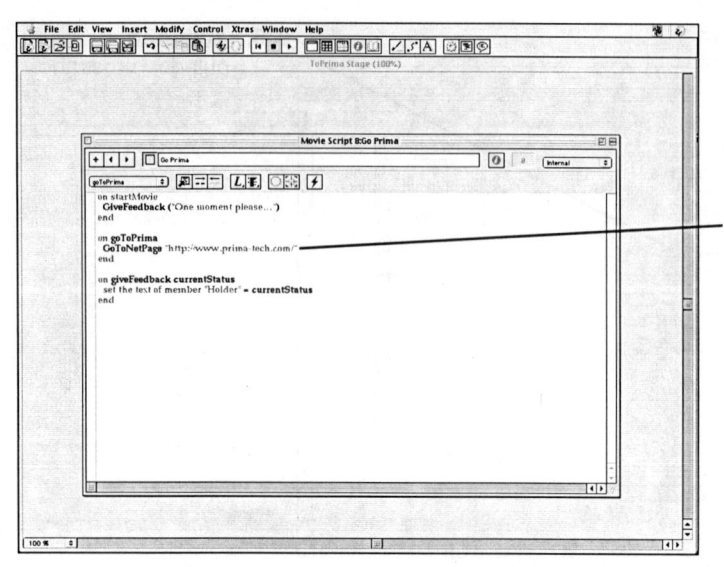

7. Clique com o mouse depois da última declaração no script do filme.
8. Adicione alguns retornos.
9. Digite o código mostrado.
10. Feche o script do filme.

Explicações sobre o código

```
On goToPrima
```

Este manipulador será chamado pelo botão.

```
GiveFeedback ("Looking for Prima.")
```

Insere o texto "Looking for Prima" no campo Holder. Este texto se torna o parâmetro denominado currentStatus.

```
GoToNetPage   "http://www.prima-tech.com"
end
```

Como voltar com a mensagem para o estado original

O texto sob o botão é alterado para "Looking for Prima...". Tudo bem, mas não deve permanecer assim. Vamos voltar com o nome original.

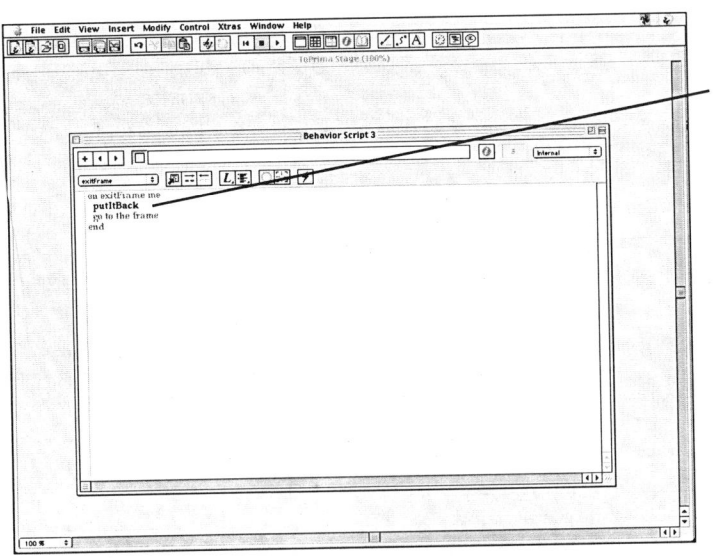

Capítulo 8 - Filmes do Shockwave e a Web **291**

1. Abra o script do filme.
2. Digite o código mostrado.
3. Abra o script do quadro.
4. Digite o código mostrado. 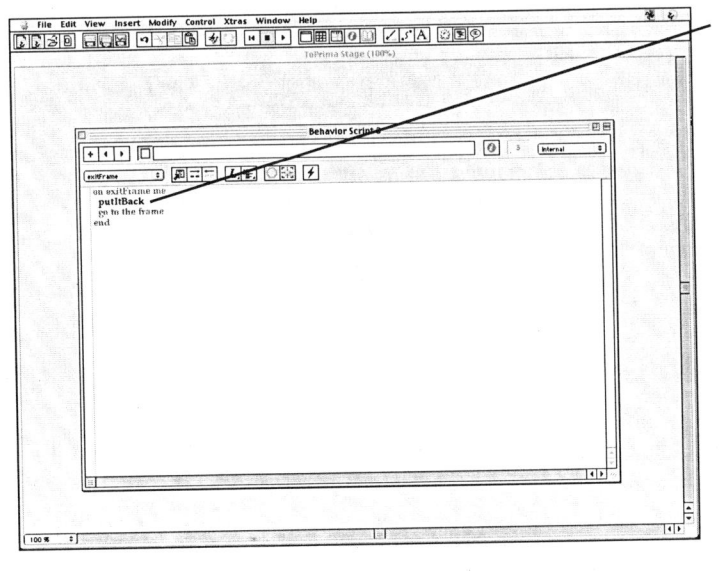
5. Selecione o botão no score.

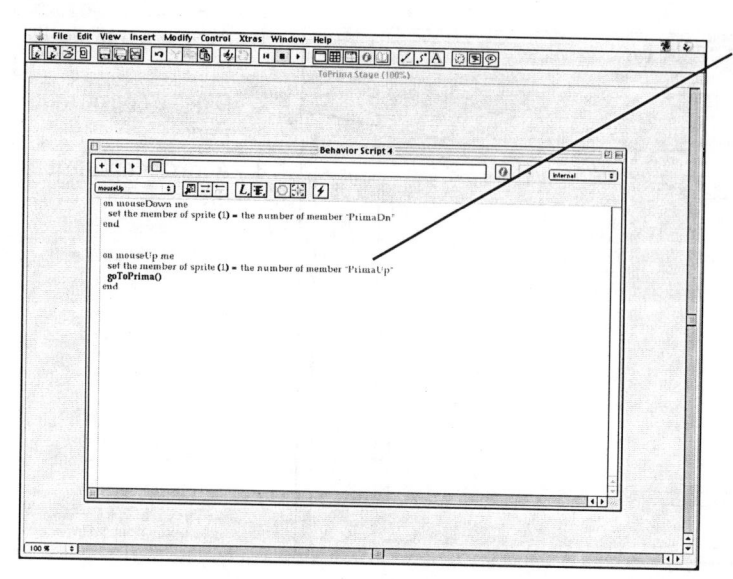

6. Mude o script para o que está sendo mostrado.
7. Salve e teste o filme.

Explicações sobre o código

Movie Script:

```
If the timer > 300 then giveFeedback("Going to the Web.")
```

O Director controla o tempo em instantes. Um instante = 1/60 segundos. Você acabou de informar ao Director que observe o relógio (o cronômetro) e, quando chegar em 5 segundos (5*60=300), utilize as palavras contidas no parâmetro para o manipulador giveFeedback.

Button Script:

```
goToPrima()
```

Os parênteses vazios indicam um campo em branco. Desta forma, quando o código for executado, as palavras que corresponderem ao campo serão colocadas entre os parênteses.

Capítulo 9

Como criar um filme em um quadro

Depois de aprender o básico sobre o Director e Lingo, é hora de descobrir mais sobre a linguagem de script usando a criatividade ao mesmo tempo.

O objetivo deste capítulo é criar uma variedade de scripts que abranjam diversas opções a serem oferecidas ao usuário. Você também verá como é vantajoso manter os scripts em um tamanho pequeno. Cada técnica apresentada ocorre em um quadro, o que significa um impulso na velocidade no tempo de execução. Neste capítulo, aprenda a:

- ♦ Criar um loop de filme para iniciar a animação
- ♦ Utilizar a função rollOver para iniciar diversos eventos
- ♦ Criar um script de filme utilizando manipuladores personalizados utilizados no score e no elenco
- ♦ Utilizar um loop de repetição para aplicar um script a uma seqüência de sprites
- ♦ Utilizar if/then/else, case e otherwise para indicar condições

Como criar
um loop de filme

Uma animação nada mais é que uma série de imagens imóveis em uma linha de tempo. Pense nos desenhos animados para ter idéia do que falamos. Poderíamos ter seis sprites em quadros diferentes, mas o objetivo é mantê-los em um quadro. Mais uma vez, temos um ditado: "Deixe que o software faça o trabalho!"

Como preparar os sprites

A criação de um "filme em um quadro" requer um pouco de planejamento avançado. O processo geralmente é iniciado com um desenho e uma explicação sobre o que está acontecendo no palco. É o que chamamos de "resumo da história". Embora você não tenha um à sua frente, o plano é ter três desenhos de dançarinos no palco. Eles serão posicionados sobre uma barra no palco. Quando o usuário "se movimentar" sobre cada dançarino e no palco, algo acontece.

A primeira seção mostra como criar o dançarino. Em vez de utilizarmos seis quadros para completar a animação, ela será colocada em um só.

1. Abra o filme Dancing.dir.
2. Abra o elenco.

Capítulo 9 - Como criar um filme em um quadro **295**

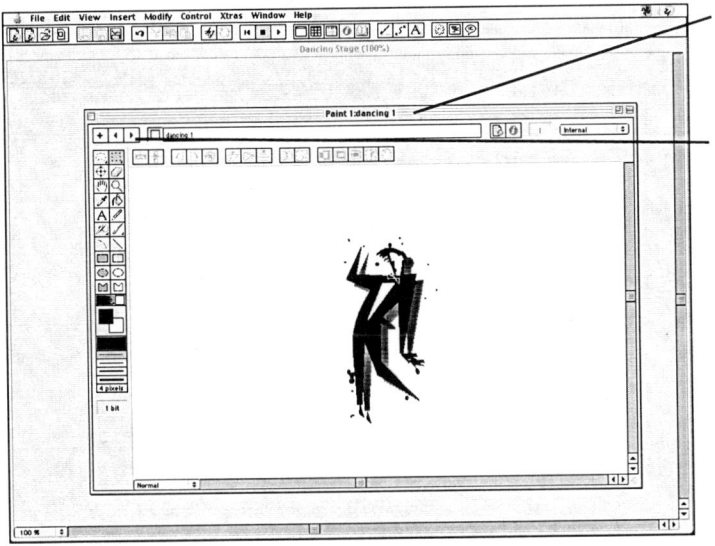

3. Clique duas vezes no primeiro dançarino para abrir a janela Paint.
4. Clique no botão Next Cast Member para passar sobre a animação.
5. Feche a janela Paint.

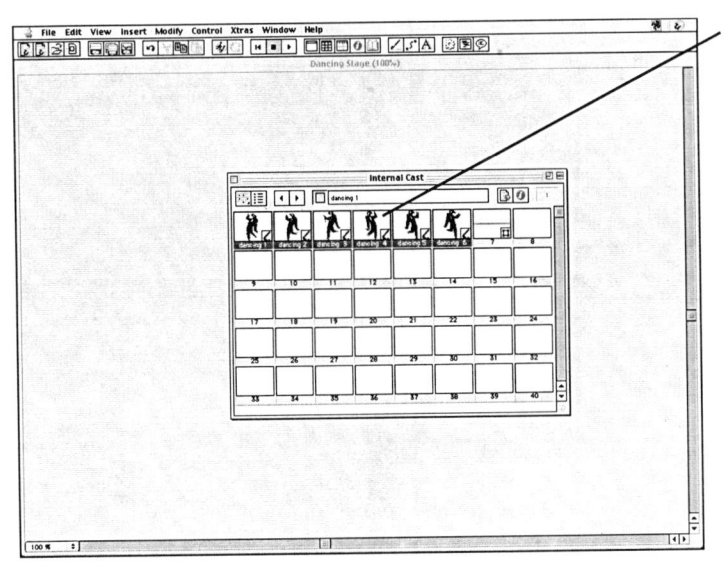

6. Clique mantendo Shift pressionado nos seis dançarinos do elenco.

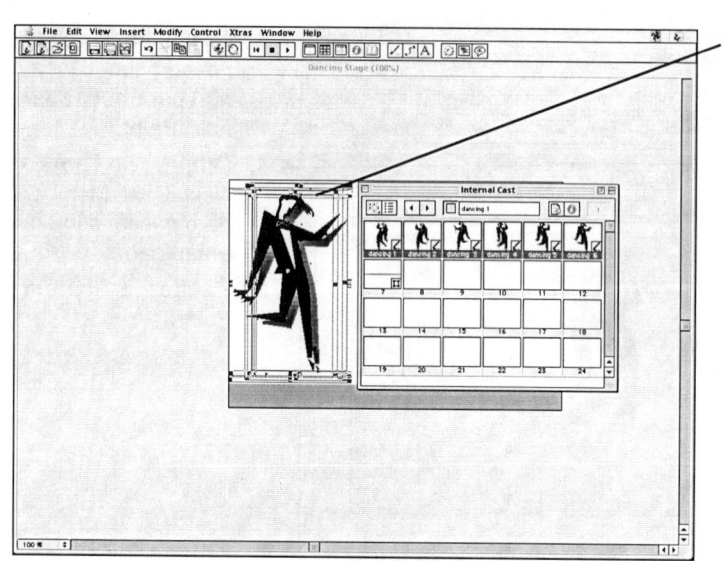

7. Arraste-os para o palco.

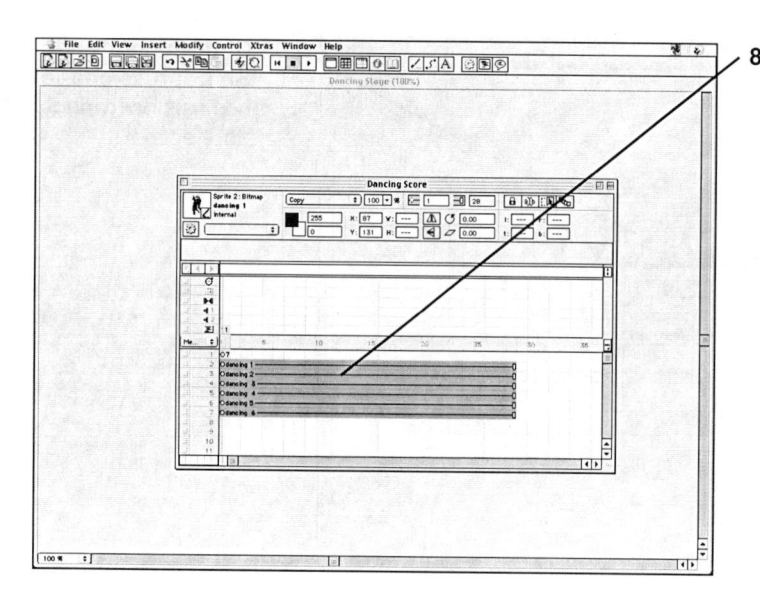

8. Abra o score.

Como utilizar "Space to Time"

Os sprites são encontrados nos canais 2 a 7. O problema é que deveriam estar no quadro 2 e serem estendidos em seis quadros.

1. Certifique-se de que os seis sprites estejam selecionados.

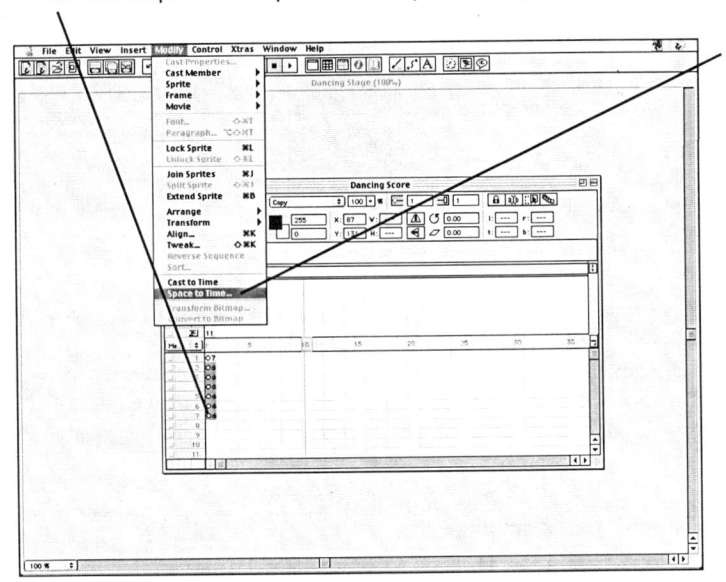

2. Selecione Modify, Space to Time (Modificar, Espaço para Tempo) para abrir a caixa de diálogo Space to Time.

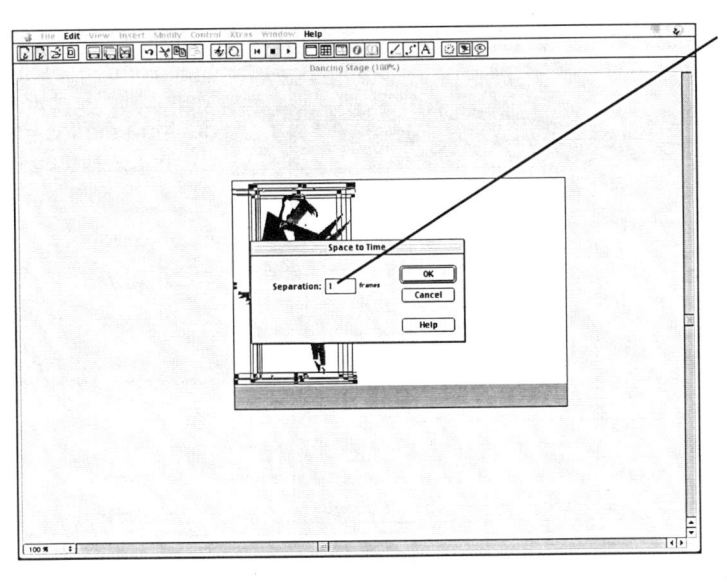

3. Na caixa de diálogo, digite **1** e clique em OK.

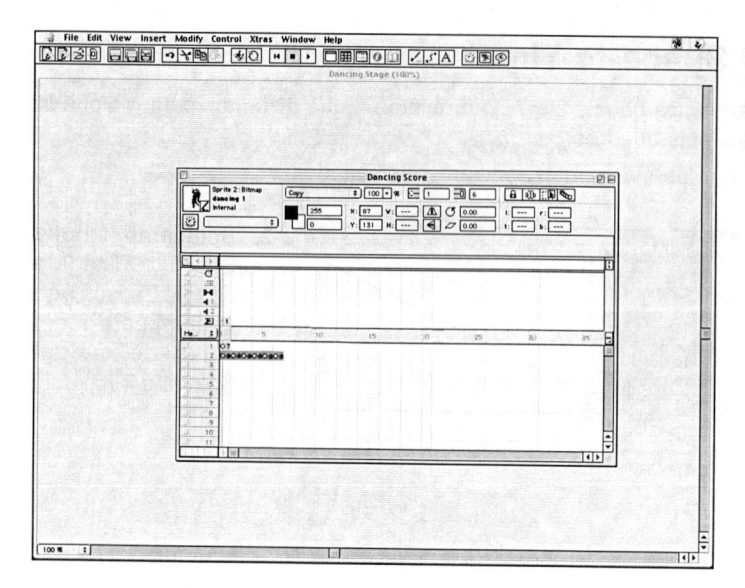

Esta escolha permite que você tenha cada sprite em um quadro. Não apenas isso, eles estarão no registro ou alinhados no ponto de registro azul.

Como criar o loop de filme

Com a animação alinhada, é hora de diminuí-la

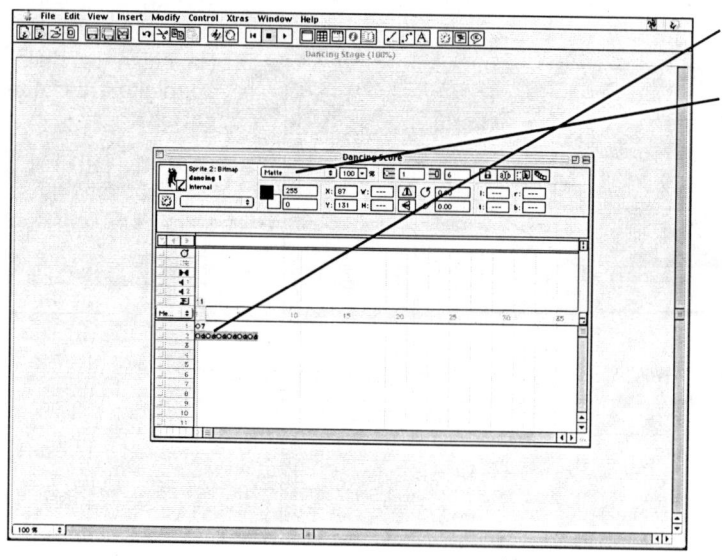

1. Selecione os seis sprites no score.
2. Selecione o efeito Matte Ink na barra de ferramentas do sprite. Os sprites ficarão opacos.

Capítulo 9 - Como criar um filme em um quadro

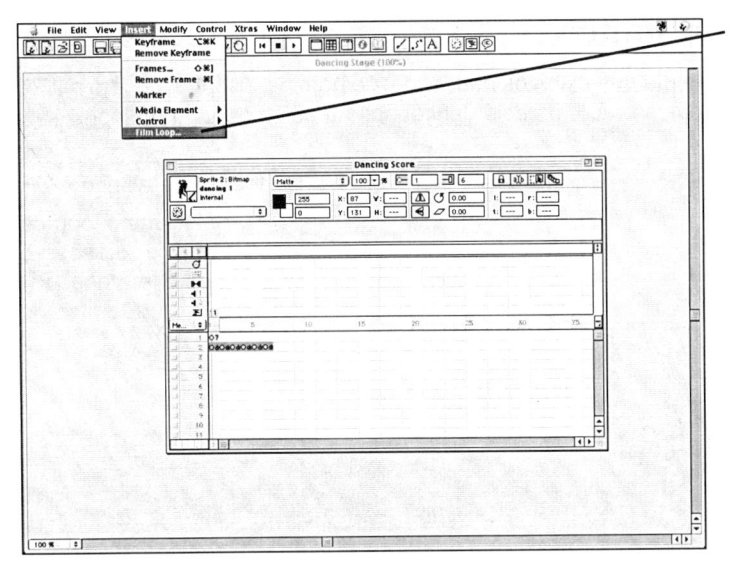

3. Selecione Insert, Film Loop (Inserir, Loop de Filme) para abrir a caixa de diálogo Create Film Loop (Criar Loop de Filme).

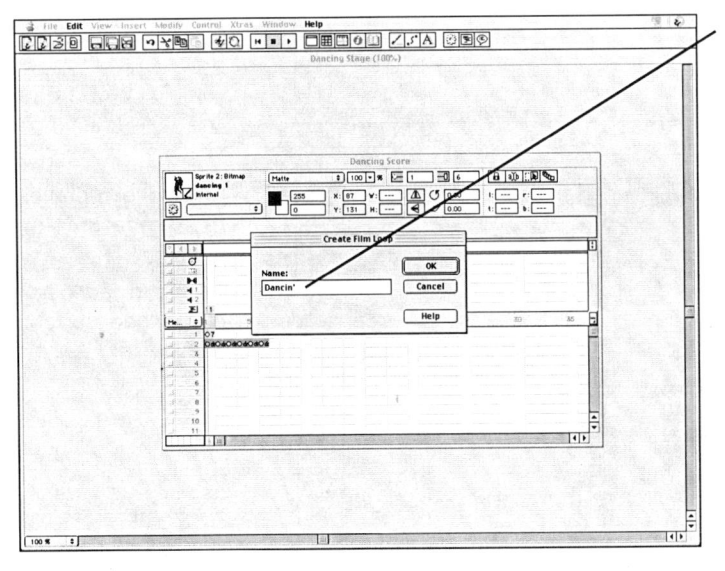

4. Nomeie-o e clique em OK.

5. Apague os seis sprites do canal 12 que estão contidos no loop de filme e não são mais necessários no palco.

Como colocá-los juntos

Depois de criar um loop de filme que exibe os dançarinos, é hora de inserir o loop no palco. Ao mesmo tempo, colocaremos os outros dois dançarinos no palco ao lado do loop.

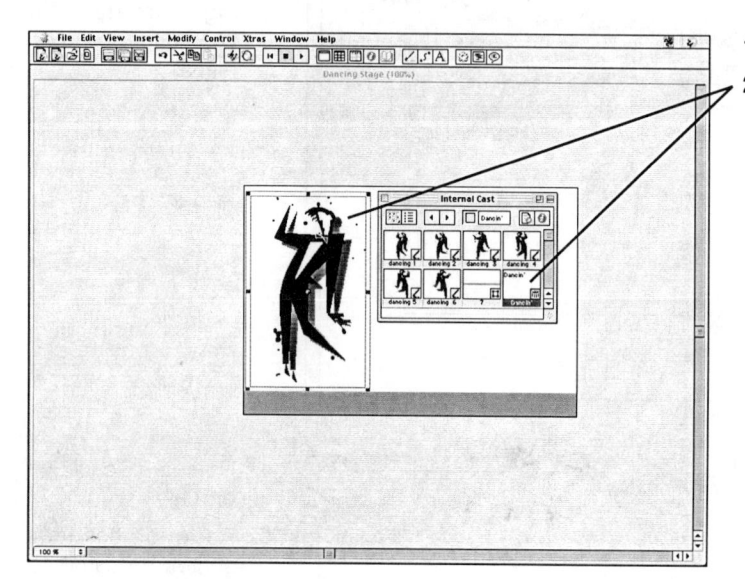

1. Abra o elenco.
2. Selecione o loop de filme e arraste-o para a margem esquerda do palco.

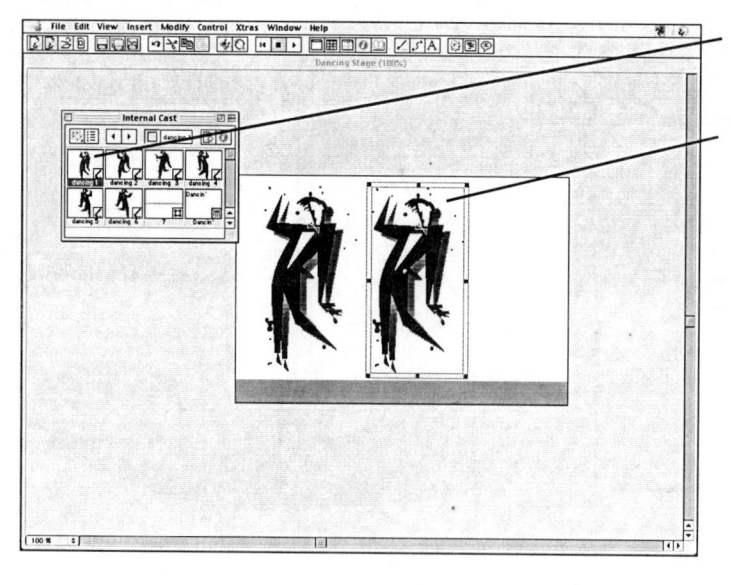

3. Selecione o primeiro dançarino no elenco.
4. Arraste-o para o palco ao lado do loop de filme.

Capítulo 9 - Como criar um filme em um quadro **301**

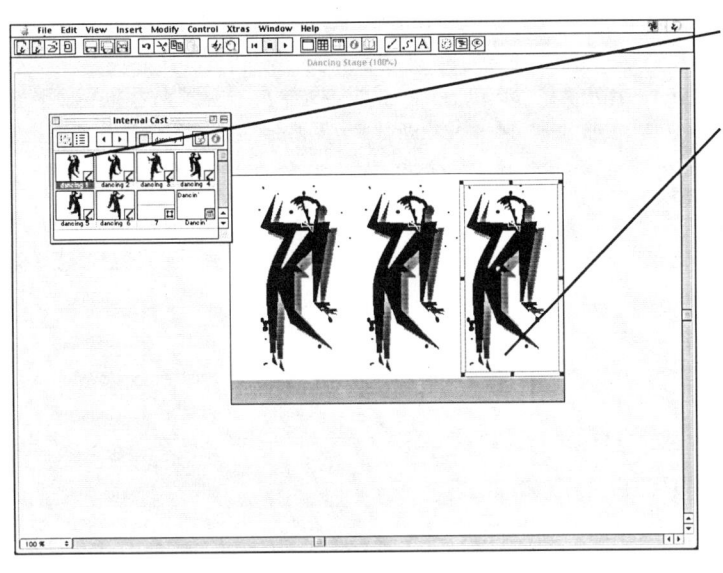

5. Selecione o primeiro dançarino no elenco.
6. Arraste-o para o palco.

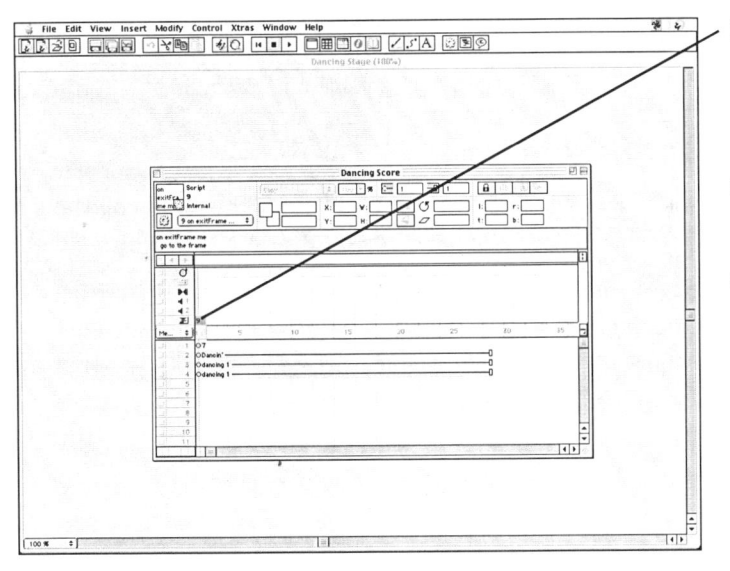

7. Adicione um loop de quadro — go to the frame — no quadro 1 do canal de comportamento.
8. Reproduza o filme e observe o dançarino.
9. Pare o filme.

> **Observação**
>
> Regras para o loop de filme
>
> 1. Nunca apague um membro do elenco contido em um loop de filme.
> 2. Um loop de filme não será exibido a menos que o cabeçote esteja se movendo. O loop de quadro — go to the frame — é realmente importante.
> 3. Nunca movimente os membros do elenco em um loop de filme para uma posição diferente no elenco.
> 4. Nunca modifique um membro do elenco contido em um loop de filme.
> 5. Aplique qualquer efeito de cor nos sprites, não no loop.

Como utilizar manipuladores e variáveis personalizados

O importante neste exercício é permitir que o Lingo chame as cenas. Faça isso em um quadro, precisamos utilizar um script de filme que fica no elenco e contém manipuladores que direcionam a ação para o palco. Desta forma, é possível criar uma série completa de pequenos scripts em um local para facilitar a alteração dos mesmos. Não temos uma lista sem fim de scripts em Script Well e você acrescentou um grau de eficiência ao filme.

Como criar um script de filme

Os scripts de filme são inicializados junto com o filme e contêm todos os scripts que podem ser ""chamados"" enquanto o filme estiver sendo exibido. O script que você está criando é denominado doIt e foi inicializado no quadro 1 do score. Para afetar cada um dos quatro personagens em apenas um quadro, precisaremos de um script que:

- Transforme o sprite em puppet.
- Determine as ações que ocorrem na memória temporária.
- Organize tudo de volta ao estado original.

Capítulo 9 - Como criar um filme em um quadro **303**

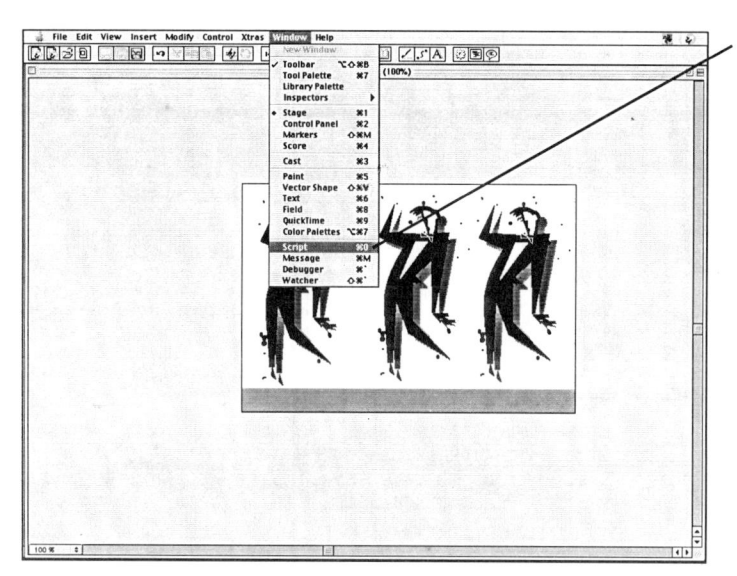

1. Selecione Window, Script (Command-0 no Mac ou Control-0 no PC) para abrir a janela Movie Script.

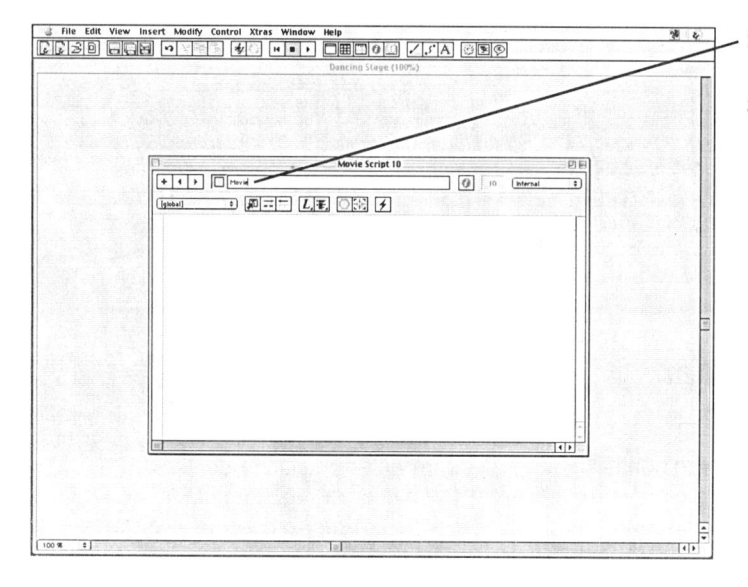

2. Nomeie o script. Utilizamos "Movie".

3. Clique no botão Script Properties para abrir o Property Inspector.

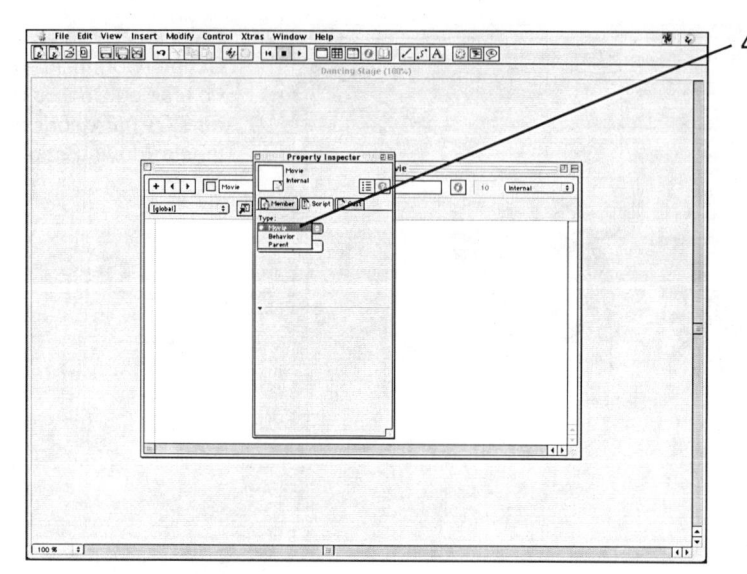

4. Selecione Movie no menu Type no Property Inspector.

Observação

Quando você clica em um botão durante a exibição do filme, o Director procura pelo manipulador que é requisitado. Primeiramente, verifica se o manipulador está contido em um script de sprite. Caso não esteja, verifica se um script está anexado ao membro do elenco do sprite. Se não encontrá-lo neste local, verifica no script anexado ao quadro no canal de comportamento. Então, verifica o manipulador no script do filme. O primeiro script com o manipulador é executado. Pode parecer um longo processo, mas é o procedimento de um software no computador.

Como transformar diversos sprites em puppets

Este filme irá utilizar três memórias temporárias para que as coisas aconteçam. Se você movimentar o mouse sobre o primeiro dançarino, ele dança; o segundo, salta; e o terceiro, é dobrado. Se o mouse for movimentado sobre o "palco" marrom sobre o qual eles se encontram, ele muda de cor, assim como o palco do filme do Director. Para que isso aconteça, o Lingo deverá controlar os sprites, e não o cabeçote, o que significa que estes devem ser puppets.

Capítulo 9 - Como criar um filme em um quadro   **305**

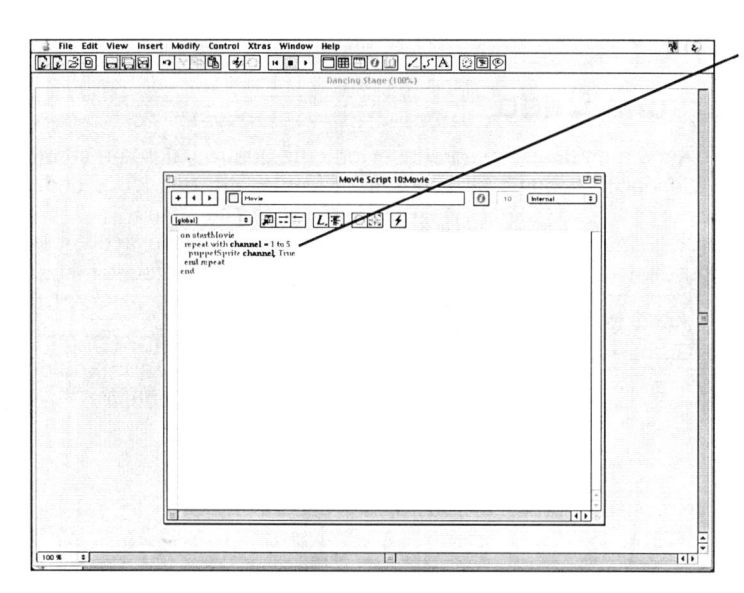

1. Digite o script mostrado.

Explicações sobre o código

```
On startMovie
```
Quando o filme é iniciado,
```
Repeat with channel = 1 to 5
```
give channels 1 to 5 the name "channel".
```
puppetSprite channel, true
```
Quaisquer sprites contidos no canal são puppets.
```
end repeat
```
end the repeat loop
```
end
```

Observação

A repetição com [elemento]= [valor] para [valor] é bastante simples de entender. Neste caso, o elemento é um canal e os valores são os números do canal. Como você pode observar, este procedimento automatiza uma operação repetitiva. Ao declarar o elemento — o canal — como puppetSprite, não é necessário criar cinco scripts de puppets diferentes.

Como criar um manipulador personalizado

Criaremos o script doIt utilizando memórias temporárias. Como há quatro valores a serem considerados, é necessário especificar quais as ações que acontecem, quando e onde. Neste caso, deve haver uma construção if...then...else. Por exemplo, se o cursor passar sobre o primeiro sprite, então altere o número do membro do elenco. Se isso não acontecer, verifique a posição do cursor em relação aos outros sprites e execute outro procedimento.

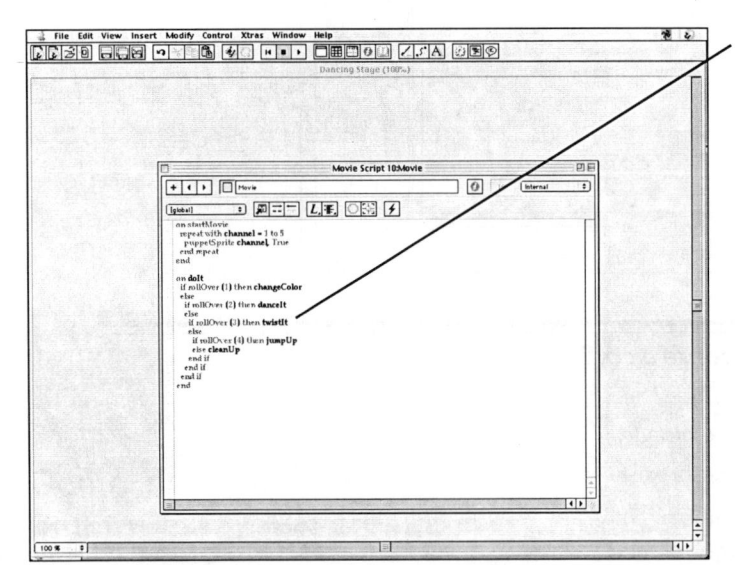

1. Digite o script mostrado abaixo do script anterior.

Observação

Todas as declarações "if" devem ter uma correspondente "end if". A forma mais rápida de verificar se o número está correto é observar o script e sua endentação na margem esquerda. Caso existam dois na parte inferior, um logo acima do outro, remova o último.

Explicações sobre o código

```
on doIt
```
Este é o manipulador personalizado. Sempre use um nome relevante.

```
if rollOver (1) then changeColor
```
Se o cursor passar sobre o sprite no canal 1, execute o manipulador denominado changeColor.

```
else
```
Se não passar sobre o sprite no canal 1,

```
if rollOver (2) then danceIt
```
Se o cursor passar sobre o sprite no canal 2, execute o manipulador denominado danceIt.

```
else
if rollOver (3) then twistIt
```
Se o cursor passar sobre o sprite no canal 3, execute o manipulador denominado twistIt.

```
else
if rollOver (4) then jumpUp
```
Se o cursor passar sobre o sprite no canal 1, execute o manipulador denominado jumpUp.

```
else cleanUp
```
Se o cursor não passar em nada, execute um manipulador denominado cleanUp.

```
end if
end if
end if
end doIt
```

Como adicionar ações utilizando manipuladores personalizados

Existem cinco manipuladores personalizados: changeColor, twistIt, jumpUp, danceIt e cleanUp. Eles são adicionados ao script do filme. O primeiro procedimento a ser feito é alterar a cor do sprite e do palco.

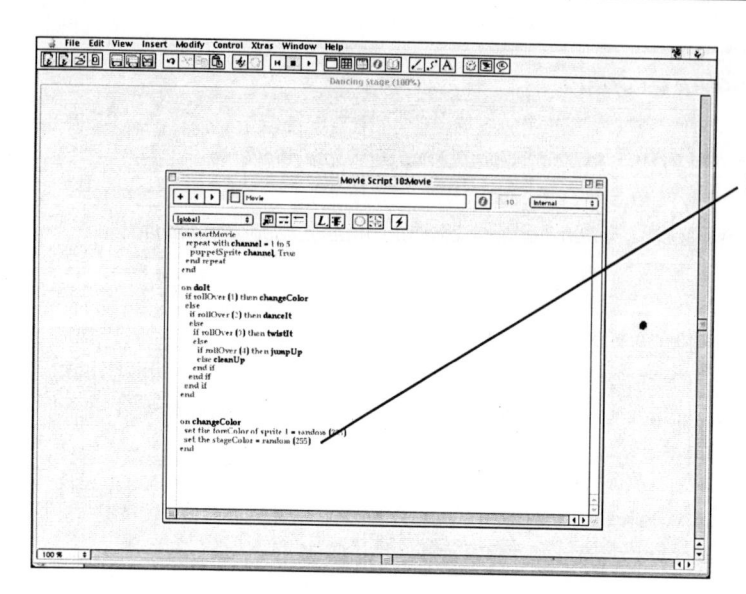

1. Adicione algumas quebras de linha depois da declaração doIt.
2. Na janela Script, adicione o script changeColor.

Explicações sobre o código

```
on changeColor
```

```
set the foreColor of sprite 1 = random (255)
```

Alterar a cor do palco para uma das 255 cores, aleatoriamente. Utilize esta linha para alterar a cor de qualquer sprite no palco. A função aleatória gera um número com variação entre parênteses.

```
set the stageColor = random (255)
```

Altera a cor do plano de fundo do palco para qualquer uma das 255 cores. Utilize esta linha para alterar o plano de fundo do palco.

```
end
```

Capítulo 9 - Como criar um filme em um quadro

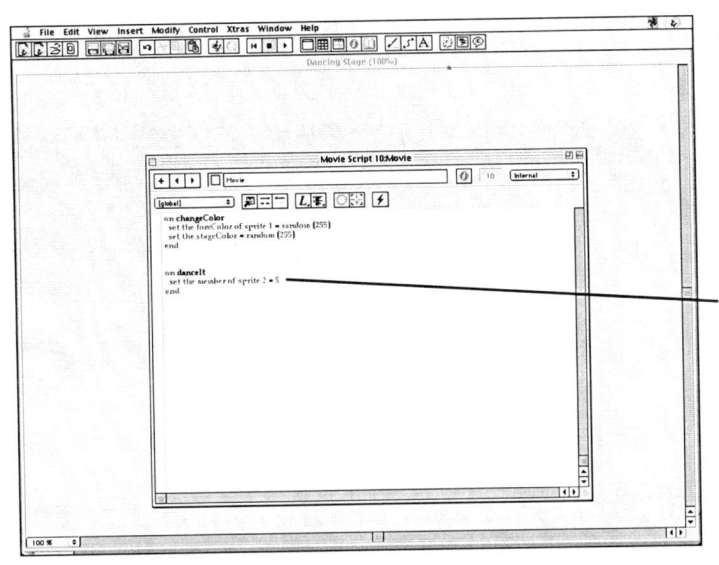

3. Depois de fazer as alterações de cores, crie o manipulador que faz a troca do primeiro dançarino com o loop 3 do filme. Adicione alguns espaços ao final da declaração.
4. Digite o script dancelt conforme é mostrado.

Explicações sobre o código

```
on danceIt
set the member of sprite 2 = 7
```
Troca o sprite do dançarino no palco pelo loop do filme no elenco.
```
end
```

Um sprite dança, outro muda de cor e o último, muda de forma. Este procedimento é feito através de uma propriedade do dançarino denominada "quadra". Os quatro cantos da "quadra" onde está o dançarino serão unidos em diferentes posições no palco.

5. Adicione alguns espaços de Return/Enter após a declaração final.

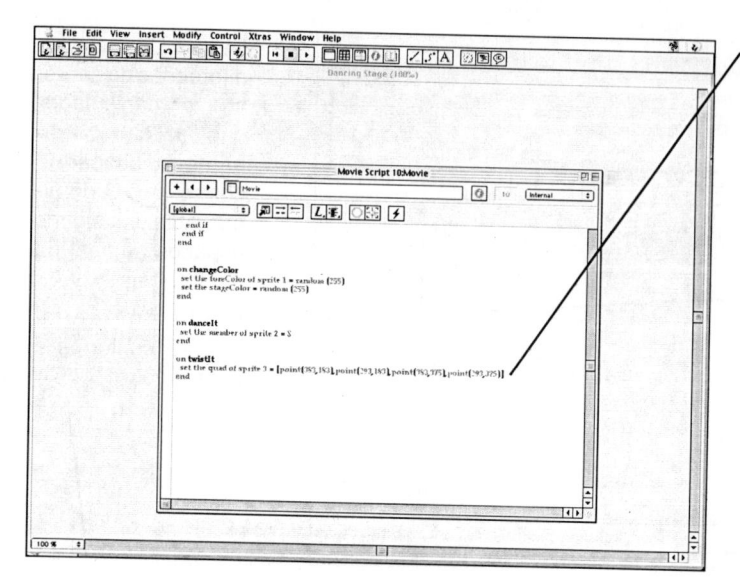

6. Digite o script twistIt.

Explicações sobre o código

```
on twistIt
    set the quad of sprite 3 = [point(383, 183), point (293,
    183), point (383, 375), point (293, 375)]
```

Quando você clicar em um sprite no palco, ele tem quatro cantos que representam a "quadra" do sprite. Este comando, iniciando no ponto superior esquerdo e movendo em sentido horário, movimenta os pontos para as posições X, Y mostradas nos parênteses.

```
end twistHim
```

Observação

A declaração final do último manipulador contém o nome do manipulador — twistHim. Lingo considera mais a palavra "end" do que o nome do manipulador. A utilização do nome na declaração final do script é opcional.

Capítulo 9 - Como criar um filme em um quadro **311**

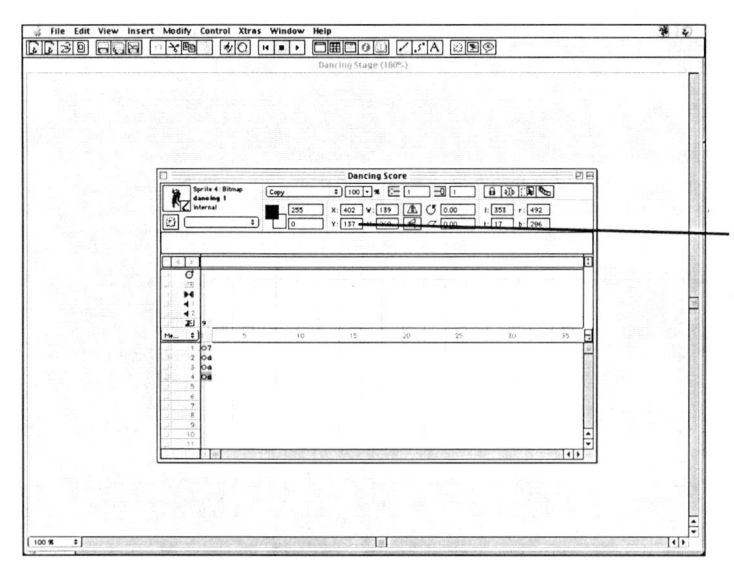

Depois de virar o sprite, iremos movê-lo para outra posição no palco.

7. Adicione espaços depois do script twistIt.

Observe a posição Y (localização horizontal) no sprite do canal 4.

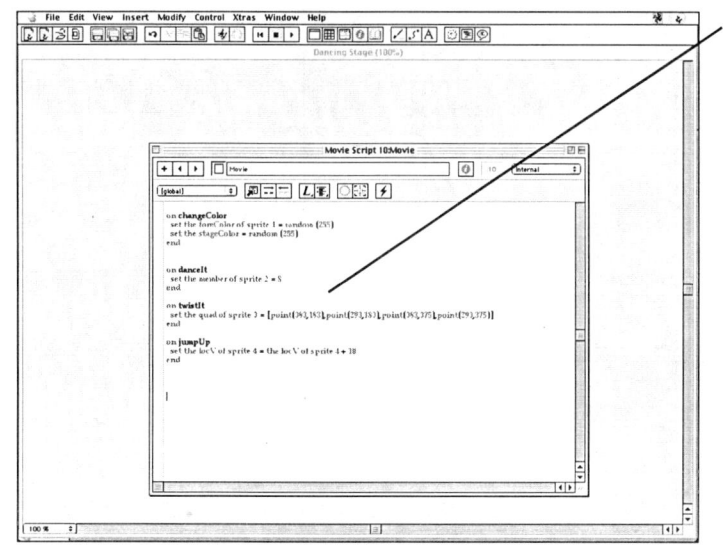

8. Digite o código mostrado.

Explicações sobre o código

```
on jumpUp
set the locV of sprite 4 = the locV of sprite 4 + 10
```
Todos os sprites possuem uma posição horizontal e uma vertical no palco. A posição horizontal — y no Property Inspector — é locH do sprite. Quando o cursor passa sobre o sprite no canal 4, ele salta 10 pixels.
```
end jumpUp
```

O script doIt é definido para que, se não houver a utilização da memória temporária em um determinado sprite, os sprites sejam colocados de volta às posições ou estados originais.

9. Adicione espaços após o script jumpUp.

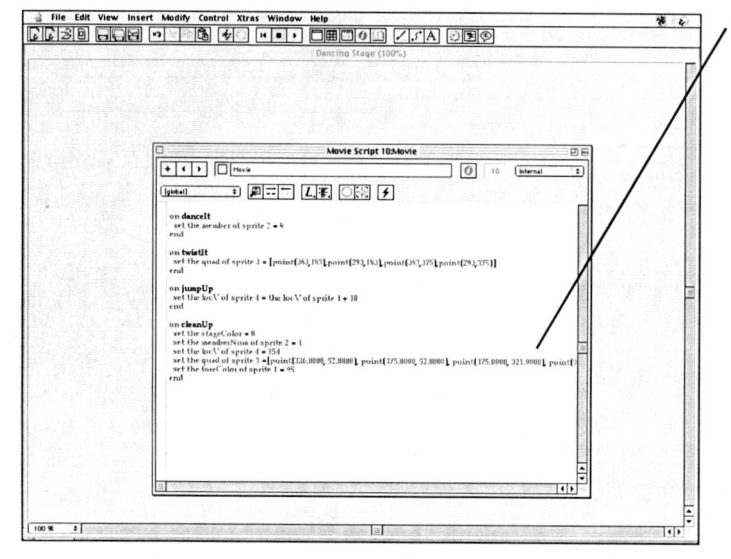

10. Digite o código mostrado.

Explicações para o código

```
on cleanUp
set the stageColor = 0
```
A cor para branco é 0.
```
set the memberNum of sprite 2 = 1
```
Coloque-o de volta ao primeiro bitmap no elenco.
```
set the locH of sprite 4 = 154
```
Este é o valor de Y observado anteriormente.
```
set the quad of sprite 4 = [point(188.0000, 34.0000),
point (327.0000, 34.0000), point (327.0000, 303.0000),
point (188.0000, 303.0000)]
set the foreColor of sprite 1 = 95
```
Property Inspector fornece a localização no menu suspenso. Abra Window, Color Palettes e localize a cor. Clique sobre ela para encontrar o valor na palheta.
```
end cleanUp
```

11. Feche o script, salve o filme, volte-o e reproduza-o.

Como criar um cronômetro

Todo script criado neste livro encoraja o usuário a executar alguma ação. Agora, você lidará com a possibilidade de o usuário não fazer nada, através do uso de um evento de intervalo.

Intervalos são mais complicados do que se pode imaginar, pois lidam com eventos que, na verdade, possuem uma variável a ser definida. É necessário informar o que acontece durante um intervalo e certificar-se que seja requisitado no momento do intervalo ainda por outro script. Um intervalo apresenta diversas propriedades associadas a ele:

- timeoutLength: — utilizada para determinar o tempo antes de alguma coisa acontecer.
- timeoutLapsed: verifica quanto tempo se passou desde o último intervalo.
- timeoutScript: determina o que acontece quando um intervalo é declarado pelo Lingo, através de diversos "indicadores" para o script apropriado.
- timeoutKeyDown: quando definido como False, determina se os pressionamentos de tecla contam como atividade do usuário quando são referentes a um intervalo.
- timeoutMouse: quando definido como False certifica que um clique não evite o intervalo.

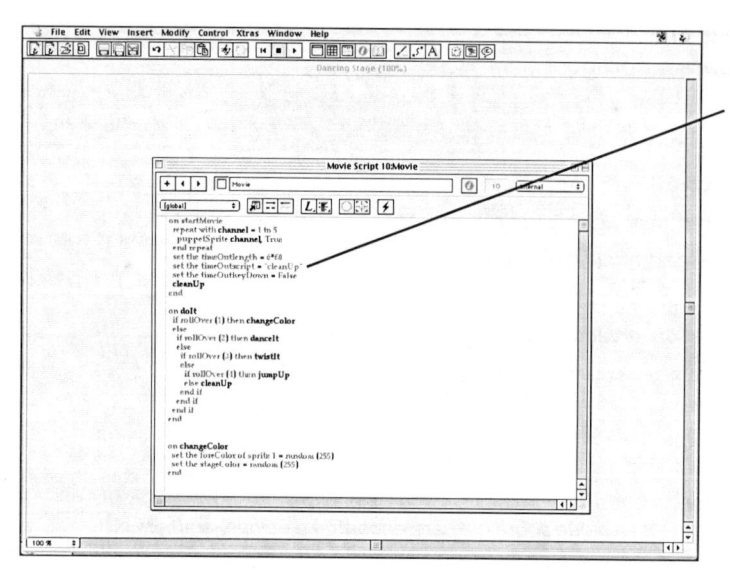

1. Abra o script do filme.
2. Logo após a linha de repetição de startMovie, digite o código mostrado.

Explicações sobre o código

```
set the timeOutLength = 6*60
```

Se nada aconteceu durante seis segundos (6*60),

```
set the timeoutScript to "cleanUp"
```

Este nome deve ser inserido entre aspas. Caso não seja, uma mensagem de erro será retornada informando sobre a atribuição de valores antes dos valores. As aspas são necessárias porque estamos nomeando um manipulador e não estamos chamando-o. Se não houver aspas, o Director irá buscar algum tipo de variável denominada cleanUp, a qual não existe. O único "cleanUp" existente é o nome do manipulador.

```
set the timeoutKeyDown to false
```

Uma tecla pressionada não conta.

```
cleanUp
end
```

Executa o script cleanUp.

Capítulo 9 - Como criar um filme em um quadro   315

Como executar uma tarefa quando o usuário está parado

Observe que os scripts de intervalo e de ação chamam o manipulador cleanUp. Nestas circunstâncias, temos chamadas que "duelam" entre si e um problema sério. A solução é retirar "else cleanUp" do manipulador doIt. Infelizmente, temos uma quantidade exata de ifs e elses que não pode ser desorganizada.

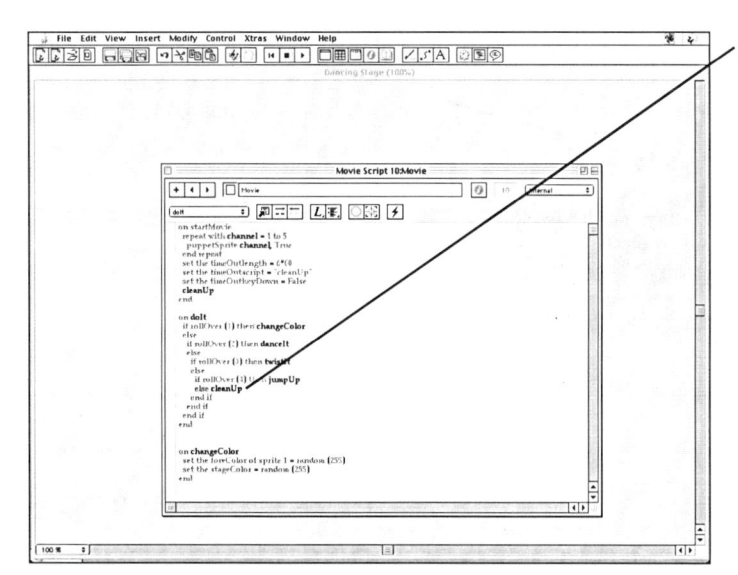

1. Encontre o manipulador else cleanUp.
2. Selecione cleanUp.

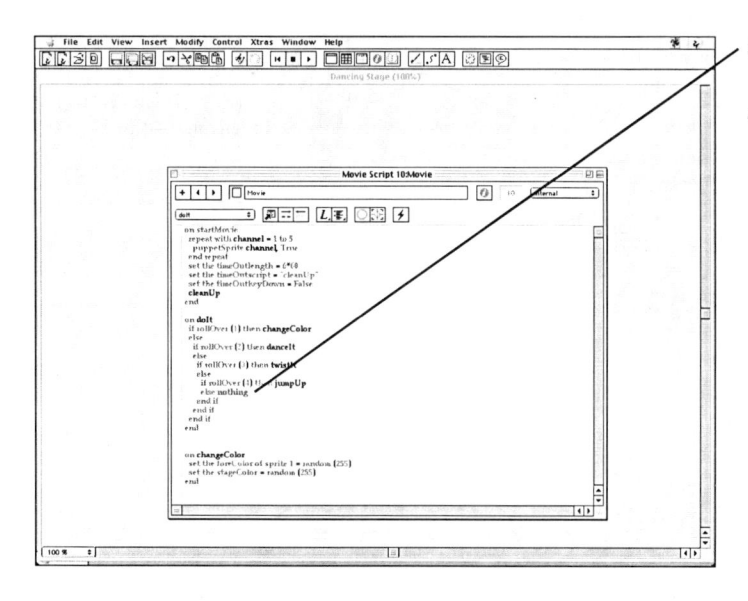

3. Digite a alteração mostrada.
4. Salve e exiba o filme.

Como fazer um
script de um evento ocioso

Você sabe que algo está para acontecer depois de uma pausa de 6 segundos. Mas o usuário sabe? Forneça ao usuário uma contagem regressiva mostrando o tempo restante para cleanUp. Faça isso utilizando um manipulador de evento ocioso.

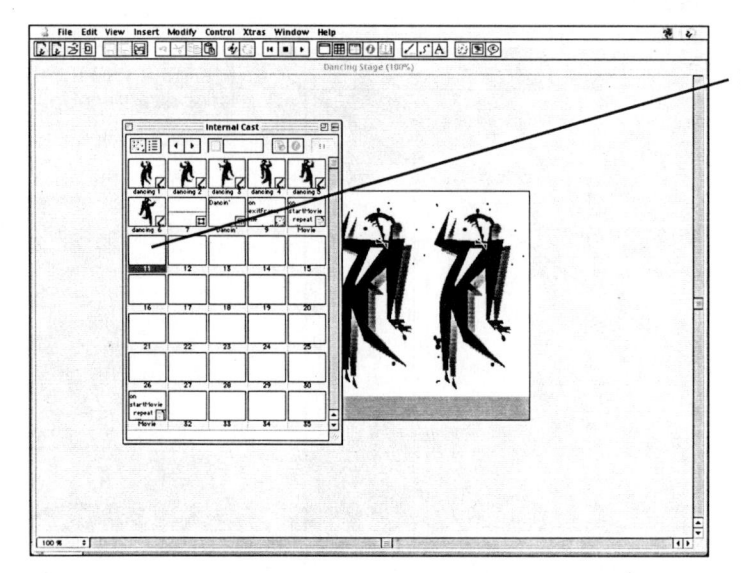

1. Abra a janela Cast.
2. Selecione o membro do elenco do espaço 11.
3. Selecione Window, Field (Command-8 no Mac e Control-8 no PC) para abrir a janela Field. 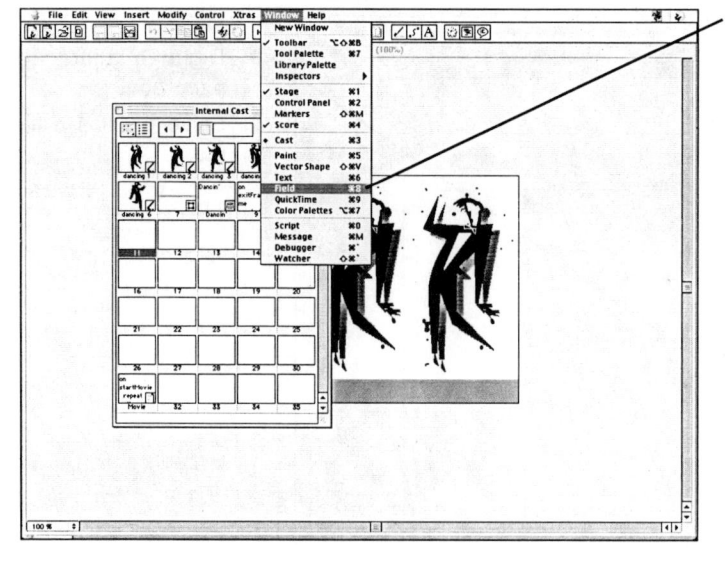
4. Clique na área de entrada de texto.
5. Digite o número **1**.
6. Selecione uma fonte em negrito e com tamanho entre 36 e 48.

Capítulo 9 - Como criar um filme em um quadro **317**

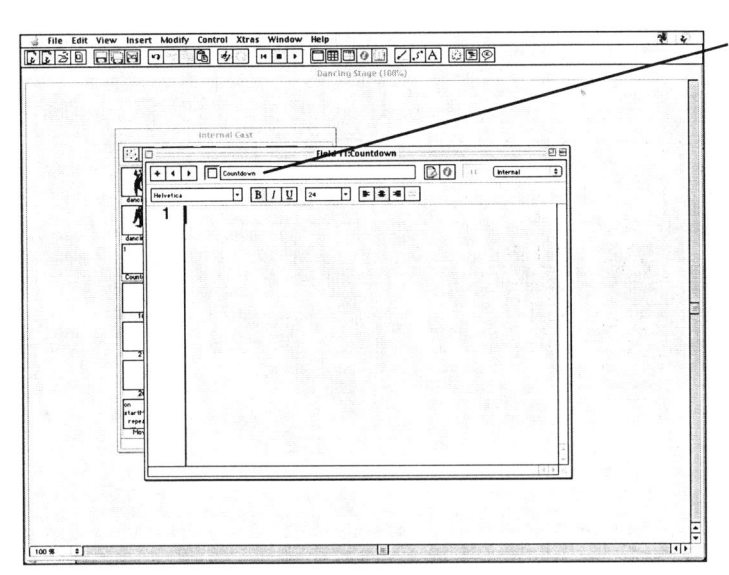

7. Digite o nome Countdown (Contagem) no campo.

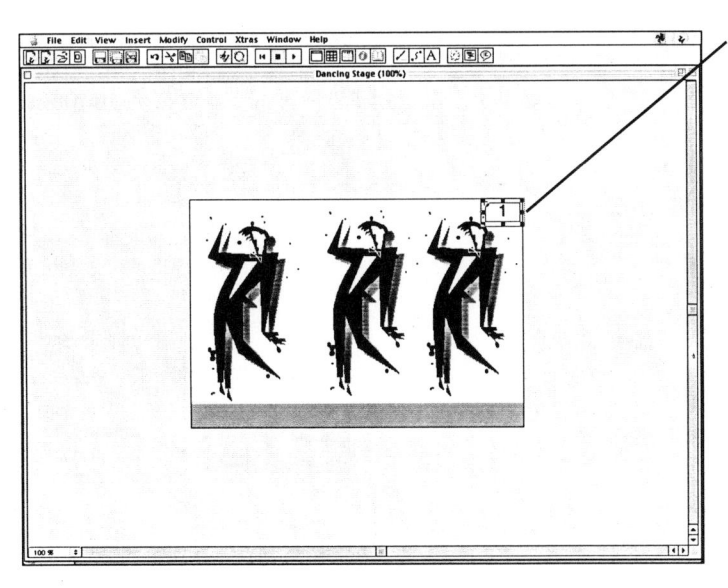

8. Arraste Countdown para o canto superior direito do palco.

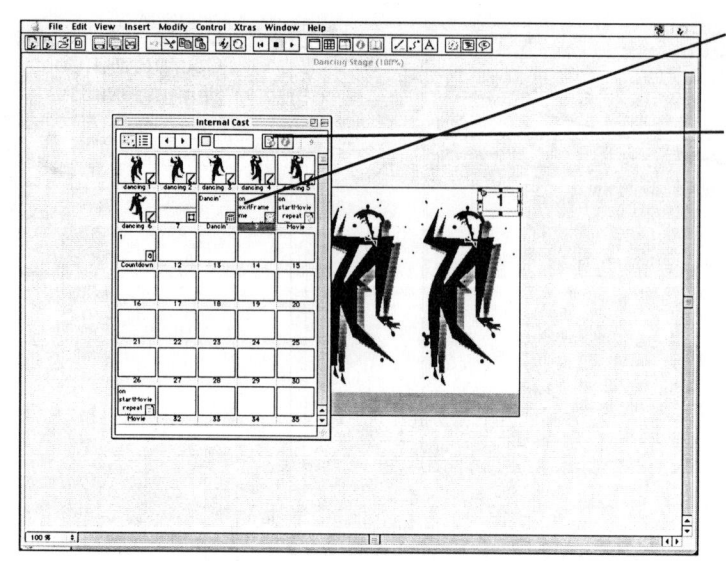

9. Clique duas vezes no membro do elenco 9.
10. Clique no botão Script no elenco.
11. No espaço entre enterFrame e exitFrame, digite o script mostrado. 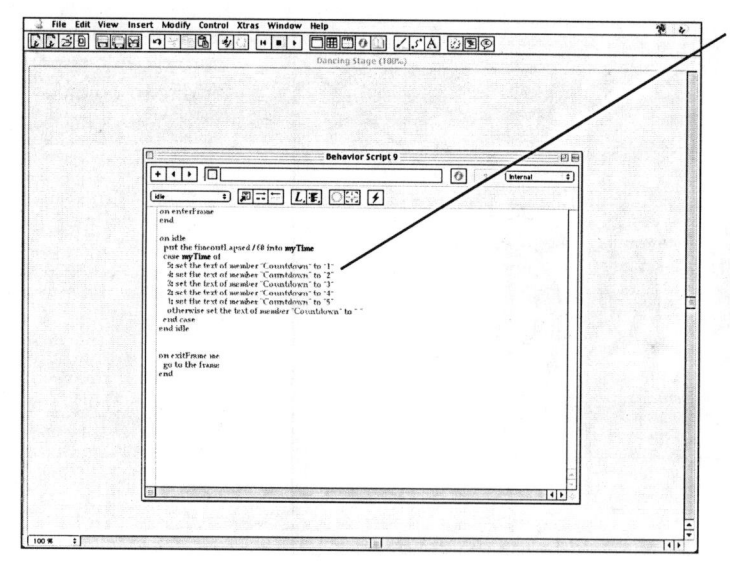
12. Volte o filme e reproduza-o.

Tudo funciona como deveria? Se não, verifique o código cuidadosamente.

Explicações para o código

```
on idle
```
Quando nada acontece,
```
put the timeoutLapsed/60 into myTime
```
verificar os instantes de tempo. Dividi-los por 60 para obter segundos e fornecer a este número o nome myTime.
```
case (myTime) of
```
Em vez de um número de declarações "if...then...else", é possível utilizar uma declaração case como uma alternativa mais rápida. A expressão responde a questão "If what?" (Se o que?). Neste caso, se myTime for igual a....
```
5: set the text of member "Countdown" to "1"
```
Se myTime for igual a 5, colocar 1 no campo.
```
4: set the text of member "Countdown" to "2"
3: set the text of member "Countdown" to "3"
2: set the text of member "Countdown" to "4"
1: set the text of member "Countdown" to "5"
otherwise set the text of member "Countdown" to ""
```
Se myTime não estiver entre 5 e 1, deixar o campo em branco. Este é o objetivo das aspas.
```
end case
```
Todas as declarações case devem ser finalizadas com uma declaração end case.
```
end idle
```
Traduzindo: verificar quanto tempo passou desde o último intervalo. Se houver um intervalo, converter os instantes em segundos (timeoutLapsed/60) e colocar estes números (myTime) no campo do canto superior direito do palco. Se não houver intervalo, não inserir nada no campo (the "").

O movimento de um pixel

Esta técnica é relacionada ao "pixel invisível" no desenvolvimento para a Web. Em vez de trocar uma imagem inteira pela outra, trocamos um pixel, a mesma cor do plano de fundo, por uma imagem. O resultado é uma demanda baixa de memória.

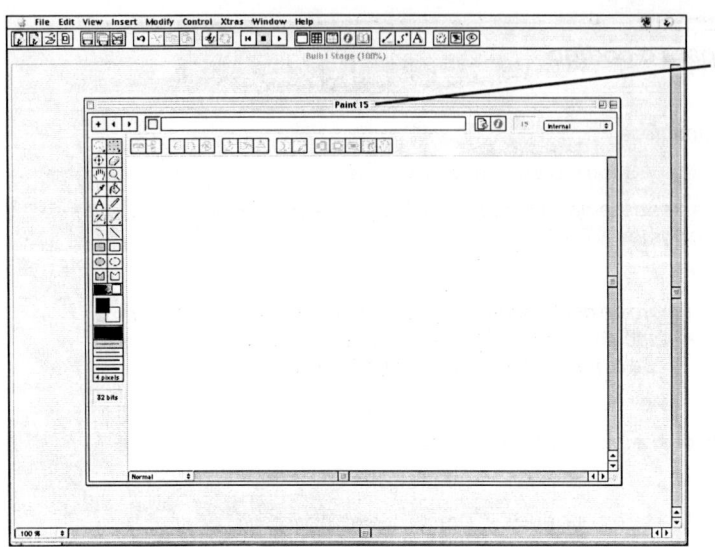

1. Abra Bulb.dir.
2. Abra a janela Paint (Control-5 no PC ou Command-5 no Mac).
3. Selecione a ferramenta Pencil. 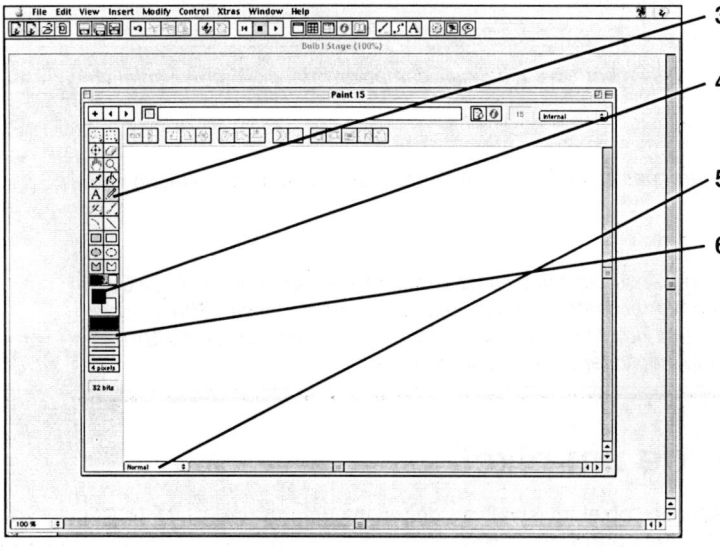
4. Defina a cor do primeiro plano como preta.
5. Defina o modo como Normal.
6. Selecione o botão No Stroke (Sem quebras).

Capítulo 9 - Como criar um filme em um quadro **321**

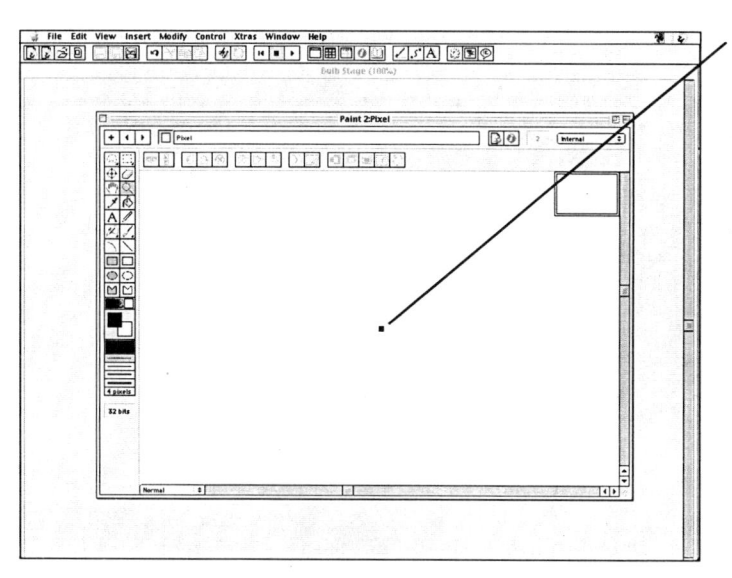

7. Clique na ferramenta Pencil (Lápis) na área de trabalho.
8. Nomeie este membro do elenco como **Pixel**.
9. Feche a janela Paint.

Como alinhar sprites

A lâmpada já está no palco e deverá ser substituída pelo membro do elenco pixel.

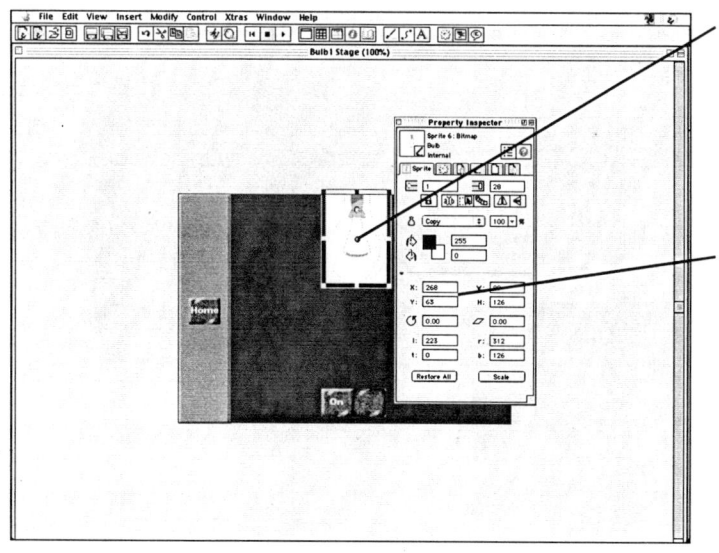

1. Selecione a lâmpada no palco.
2. Abra Property Inspector.
3. Selecione o indicador Sprite Properties.
4. Observe as coordenadas X e Y.
5. Delete a lâmpada.
6. Arraste o membro do elenco Pixel para o palco.

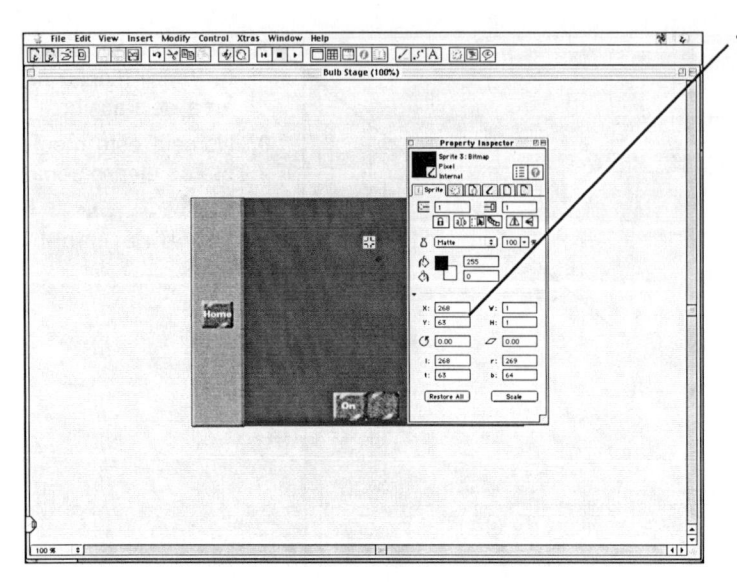

7. No Property Inspector, digite as coordenadas X e Y vistas na etapa 4.

Como codificar o movimento de um pixel e um controlador On/Off

Depois de preparar o palco, é hora de criar o código.

1. Adicione um comportamento de loop de quadro — go to the frame — para o quadro 1 do canal de comportamento.

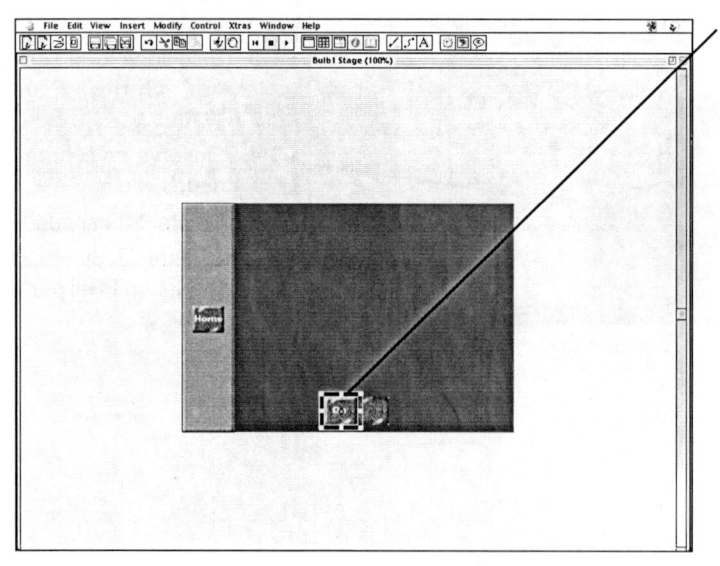

2. Selecione o botão On no score.

3. Selecione New Behavior no menu em Script Well para abrir a janela Behavior Script.

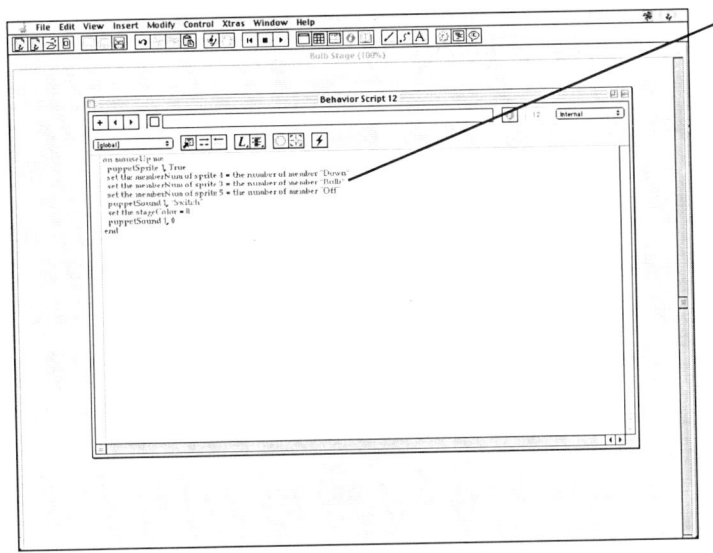

Capítulo 9 - Como criar um filme em um quadro

4. Digite o código mostrado.
5. Selecione o botão em branco no score.
6. Selecione New Behavior em Script Well.

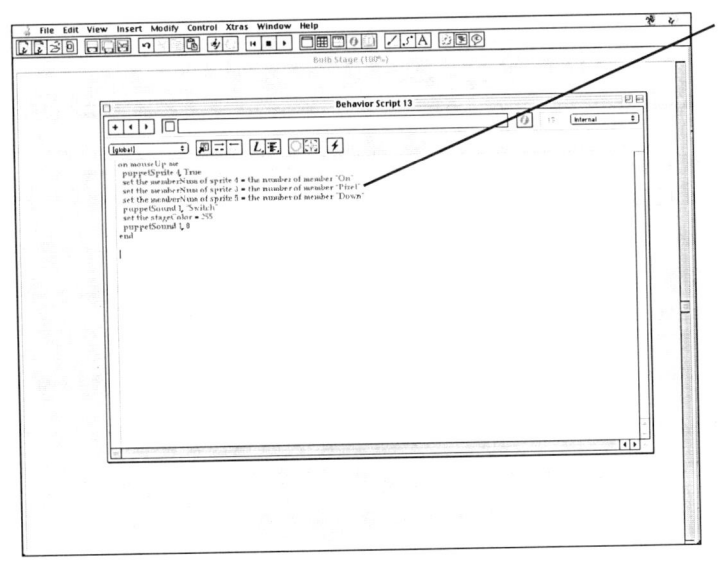

7. Digite o código mostrado.
8. Volte e teste o filme.

Explicações sobre o código — botão On

```
on mouseUp me
    puppetSprite 4, True
    set the memberNum of sprite 4 = the number of member "Down"
```
Troca o sprite pelo membro do elenco denominado Down, transformando-o no botão em branco.
```
    set the memberNum of sprite 3 = the number of member "Bulb"
```
Troca o sprite "pixel" pelo membro do elenco Bulb.
```
    set the memberNum of sprite 5 = the number of member "Off"
```
Troca o botão em branco pelo membro do elenco denominado Off.
```
    puppetSound 1, "Switch"
```
Reproduz o som do controlador.
```
    set the stageColor = 0
```
Muda stageColor para branco.
```
    puppetSound 1, 0
```
Desativa o puppet.
```
end
```

Explicações sobre o código — botão Off

```
on mouseUp me
    puppetSprite 4, True
    set the memberNum of sprite 4 = the number of member "On"
    set the memberNum of sprite 3 = the number of member "Pixel"
    set the memberNum of sprite 5 = the number of member "Down"
    puppetSound 1, "Switch"
    set the stageColor = 255
    puppetSound 1, 0
end
```
Esta explicação segue apenas a primeira regra da multimídia: quando você alterar alguma coisa, faça com que volte ao estado original.

Capítulo 9 - Como criar um filme em um quadro

Animação controlada do Lingo

Este exercício cria uma área de desenho que fará com que você se lembre da sua infância. O segredo neste exercício é utilizar as setas para controlar o movimento do ponto de desenho. Deixe que o ponto faça uma trilha conforme é movimentado, simulando o desenho de linhas.

1. Abra Movelt.dir na pasta de exercícios.

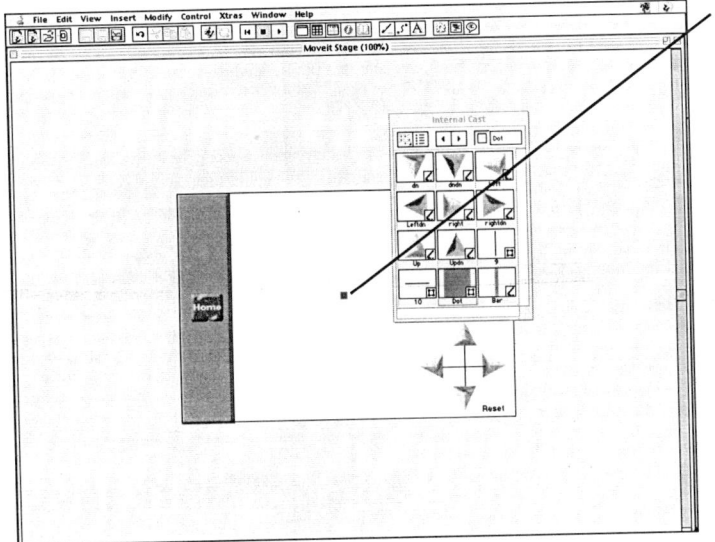

2. Arraste o ponto para o palco.

3. Abra as propriedades do sprite e defina as coordenadas X e Y do ponto como 250, 165.

Como codificar um controlador de movimentação

Esta técnica codifica controladores da movimentação do sprite em jogos.

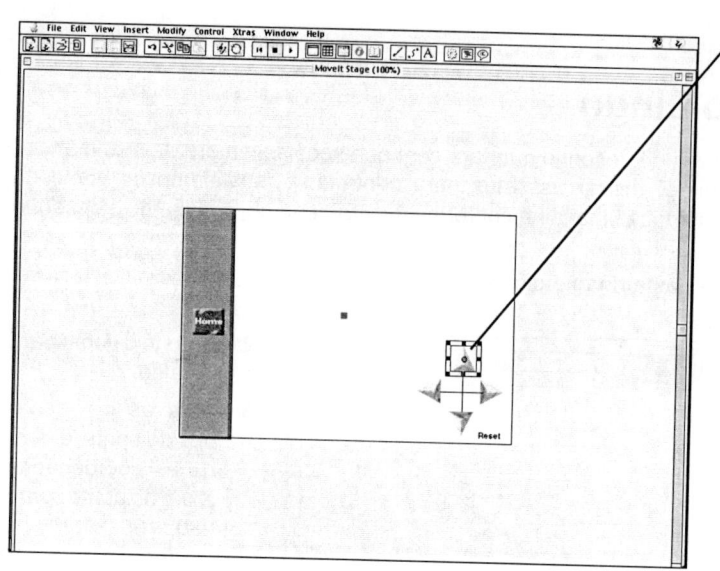

Macromedia Director 8 & Lingo

1. Selecione a seta Up no score.
2. Selecione New Behavior em Script Well.
3. Digite o código mostrado. 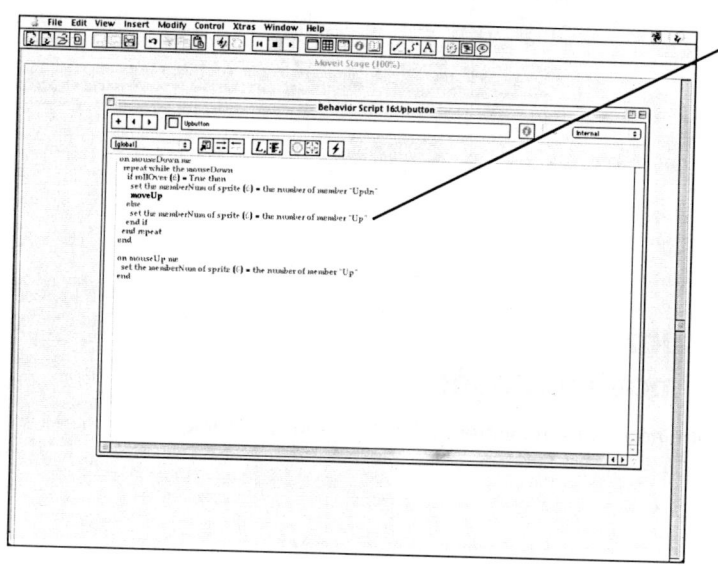

```
on mouseDown me
  repeat while the mouseDown
    if rollOver (6) = True then
      set the memberNum of sprite (6) = the number of member "UpdIn"
      moveUp
    else
      set the memberNum of sprite (6) = the number of member "Up"
    end if
  end repeat
end

on mouseUp me
  set the memberNum of sprite (6) = the number of member "Up"
end
```

Capítulo 9 - Como criar um filme em um quadro

Explicações sobre o código

```
on mouseDown me
```
Quando o botão do mouse for pressionado,
```
    repeat while mouseDown
```
verificar se o mouse ainda está sendo pressionado.
```
    if rollOver (6) = True then
```
Se o mouse estiver sobre o sprite 6,
```
        set the memberNum of sprite (6) = the number of member "Updn"
```
trocá-lo pelo membro do elenco Updn.
```
        moveUp
```
Executa o manipulador moveUp no script movie.
```
    else
```
Se o mouse não estiver sobre o sprite 6,
```
        set the memberNum of sprite (6) = the number of member "Up"
```
colocá-lo de volta no sprite original.
```
    end if
    end repeat
```
Quando o mouse não estiver pressionado,
```
end
```
end the script
```
on mouseUp me
```
Quando o mouse for liberado,
```
set the memberNum of sprite (6) = the number of member "Up"
```
voltar com a seta para o estado original.
```
end
```

Observação

Este loop de repetição é um pouco diferente do anterior. A palavra "while" informa ao Director que o mouse deve estar constantemente pressionado. A partir do momento em que mouseDown for True, o código no loop é executado. Quando não estiver — o mouse é liberado — o código passa para "end repeat" e segue em frente.

As setas restantes seguem a mesma estrutura de código. A única alteração real é o número do sprite para o puppet.

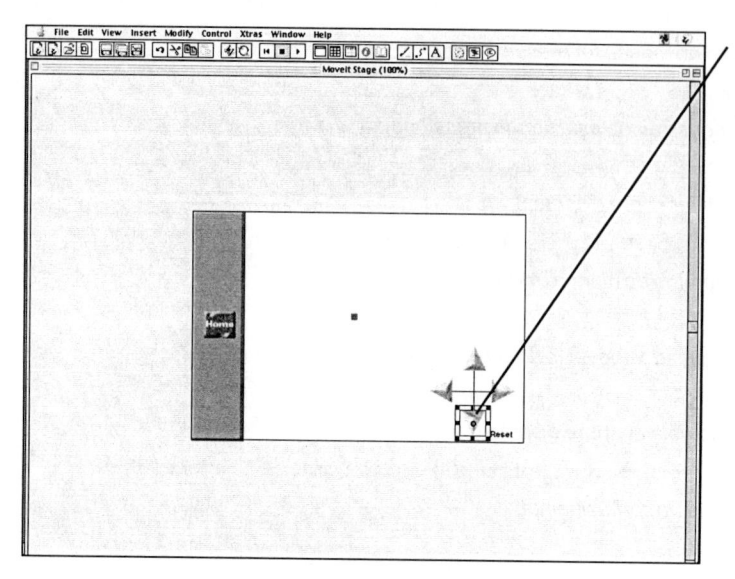

4. Selecione a seta Down.

5. Selecione New Behavior em Script Well para abrir a janela Behavior Script.

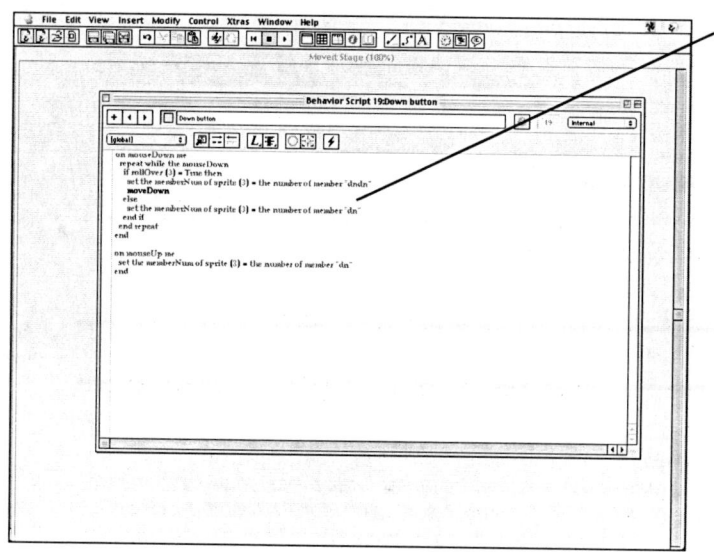

6. Digite o código mostrado.

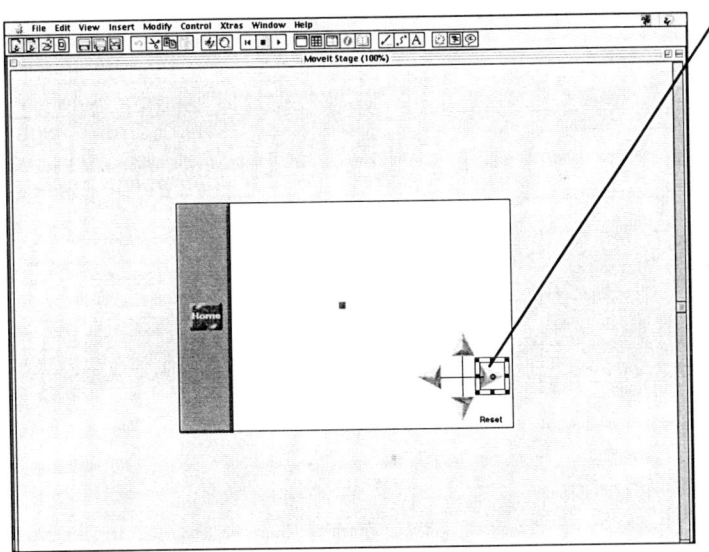

Capítulo 9 - Como criar um filme em um quadro **329**

7. Selecione a seta para a direita.

8. Selecione New Behavior em Script Well para abrir a janela Behavior Script.

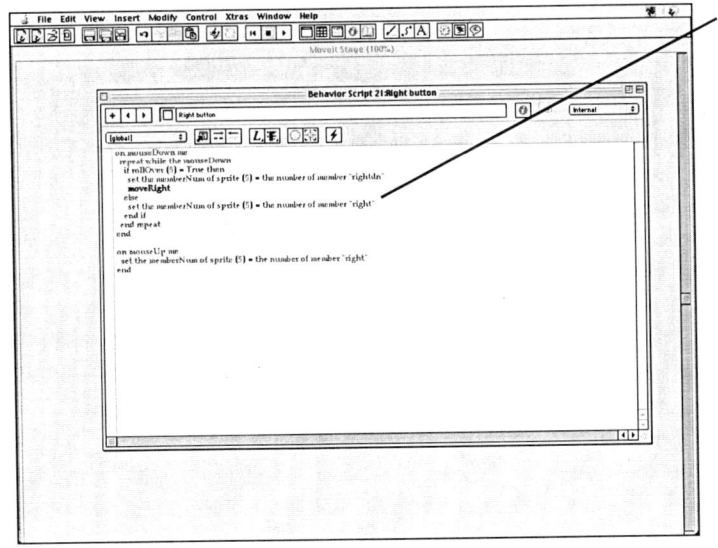

9. Digite o código mostrado.

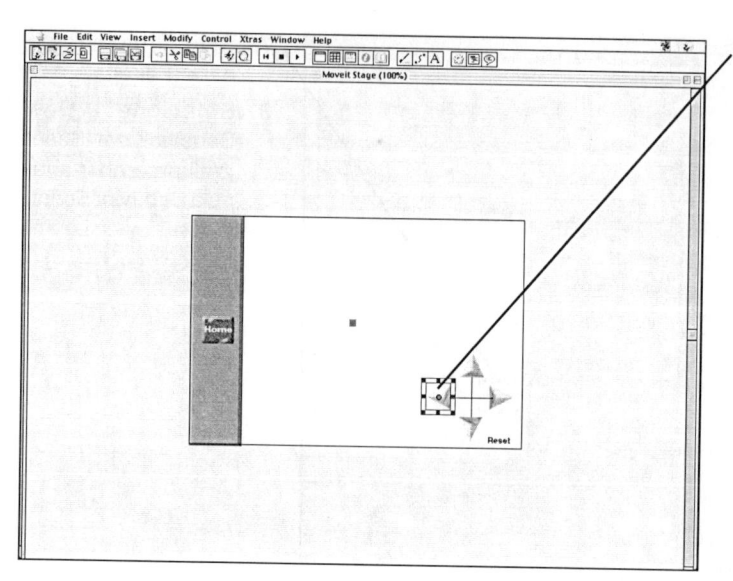

10. Selecione a seta para a esquerda.

11. Selecione New Behavior em Script Well para abrir a janela Behavior Script.

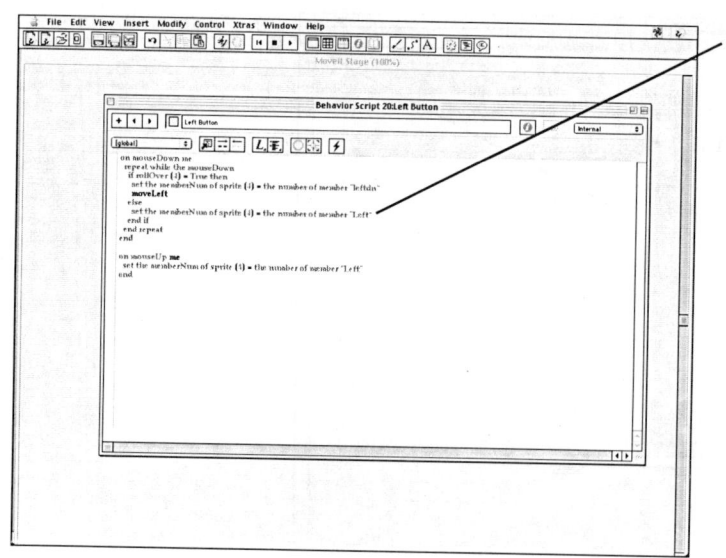

12. Digite o código mostrado.

Dica

Ao codificar os botões você deve ter observado que os códigos eram bastante parecidos. As únicas alterações ocorreram nos números dos sprites e nos manipuladores personalizados. Em vez de digitar tudo quatro vezes, copie o script original e cole-o em um novo script. Você precisa apenas trocar o número e o nome.

Como codificar
o sprite de movimentação

Diversos manipuladores no script do filme determinam como se move o ponto de desenho e, o mais importante, até sua localização.

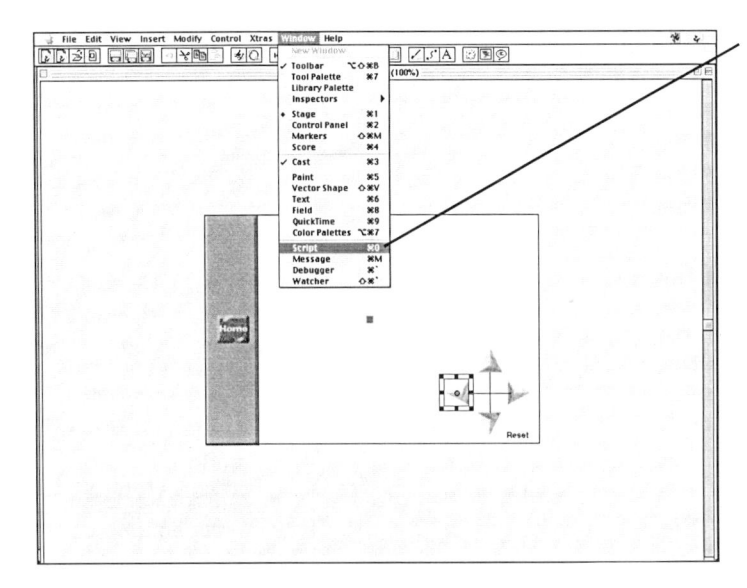

1. Selecione Window, Script (Command-0 no Mac ou Control-0 no PC) para abrir uma nova janela de script.
2. Abra Property Inspector.
3. Defina a propriedade do script como Movie.
4. Digite o script mostrado. 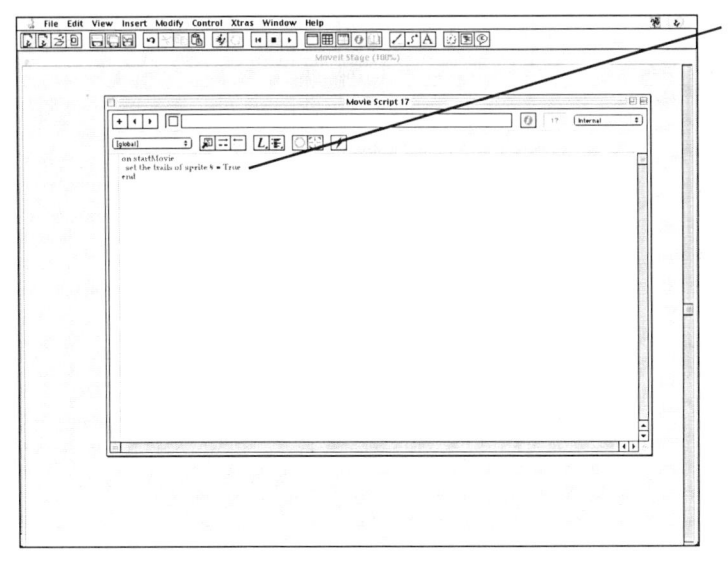
5. Adicione algumas linhas em branco.

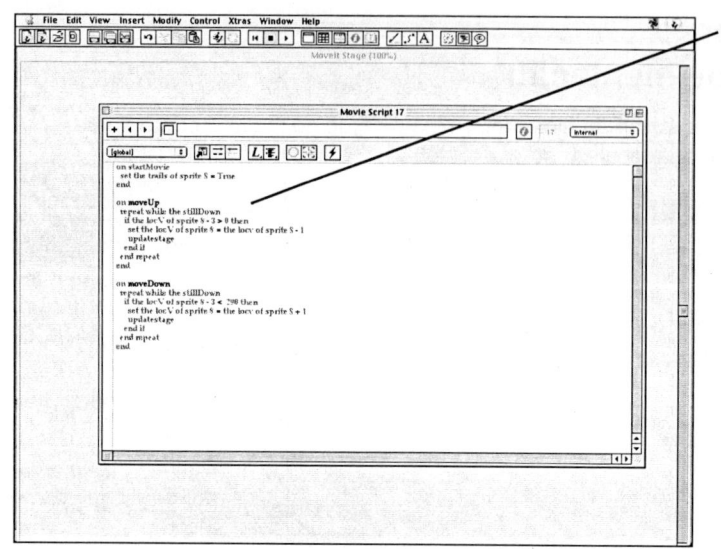

6. Digite o script mostrado.
7. Adicione algumas linhas em branco.

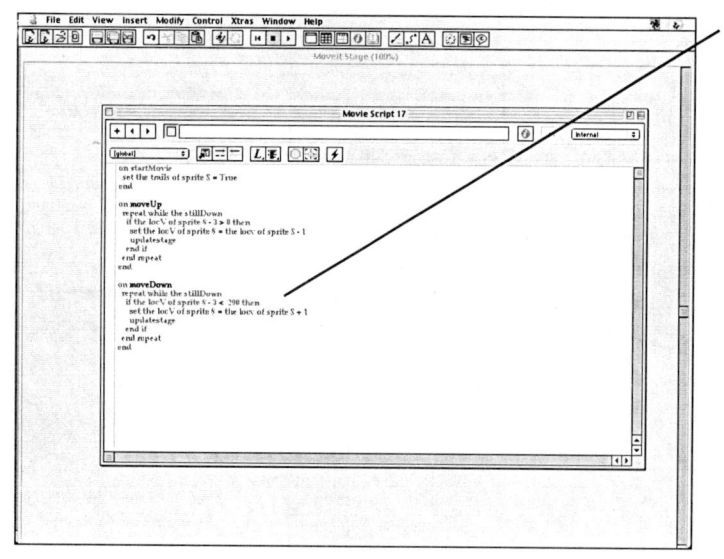

8. Digite o script mostrado.
9. Adicione algumas linhas em branco.

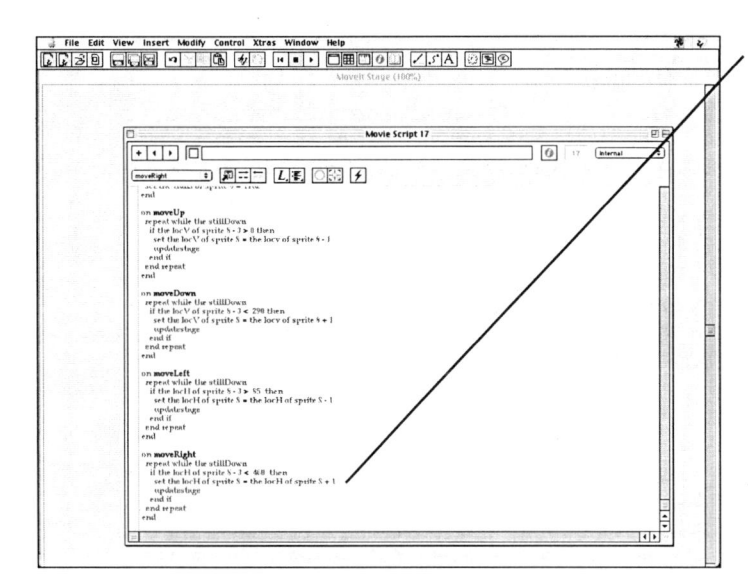

Capítulo 9 - Como criar um filme em um quadro   **333**

10. Digite o script mostrado.

Explicações sobre o código

A maior parte dos códigos já é familiar a você. Apresentaremos apenas o código novo.

```
set the trails of sprite 8 = True
```

A propriedade Trails deixa uma imagem do sprite para trás quando é movimentado, fornecendo as linhas do "planejamento".

```
repeat while the stillDown
    if the locV of sprite 8 - 3 > 0 then
```

Esta parte do código faz parte do manipulador moveUp. A parte superior do palco está localizada no ponto zero. Portanto, se a localização vertical do sprite for maior que 0, mas menor que três pixels a partir da parte superior do palco,

```
        set the locV of sprite 8 = the locV of sprite 8 - 1
```

definir a localização vertical do sprite em um pixel a menos. O número "1" determina a velocidade de movimentação do ponto de desenho. Neste caso, em incrementos de um pixel. "3" na linha anterior para a movimentação do ponto no palco.

```
        Updatestage
```

Redesenha o palco. Este comando é importante. Dimensionamos o controle do cabeçote e só é possível redesenhar quando o cabeçote for movido para o próximo quadro. Updatestage força o redesenho no quadro atual.

```
    if the locV of sprite 8 - 3 < 290 then
        set the locV of sprite 8 = the locV of sprite 8 + 1
```

Explicações sobre o código (Continuação)

Esta linha é do manipulador moveDown. O palco tem a profundidade de 330 pixels. Desta forma, se a localização vertical do sprite menos três pixels for menor que 290, então a definição da localização vertical do sprite é feita em um pixel a mais que a posição atual.

```
if the locH of sprite 8 - 3 > 85 then
    set the locH of sprite 8 = the locH of sprite 8 - 1
```

Esta seção é referente ao manipulador moveLeft. A margem esquerda do palco é o ponto 0. Há uma barra na margem esquerda do palco. Este código evita que o ponto de desenho ultrapasse o elemento de interface à esquerda.

```
if the locH of sprite 8 - 3 < 300 then
    set the locH of sprite 8 = the locH of sprite 8 + 1
```

Esta seção é referente ao manipulador moveRight e evita que o ponto de desenho se mova para fora do palco.

Como codificar o botão Reset

Não é possível virar a tela de cabeça para baixo e balançá-la. Há um botão que limpa a tela e deve ser codificado para executar esta tarefa. São necessários dois cliques: o primeiro limpará o palco e o segundo colocará o botão de volta à posição original.

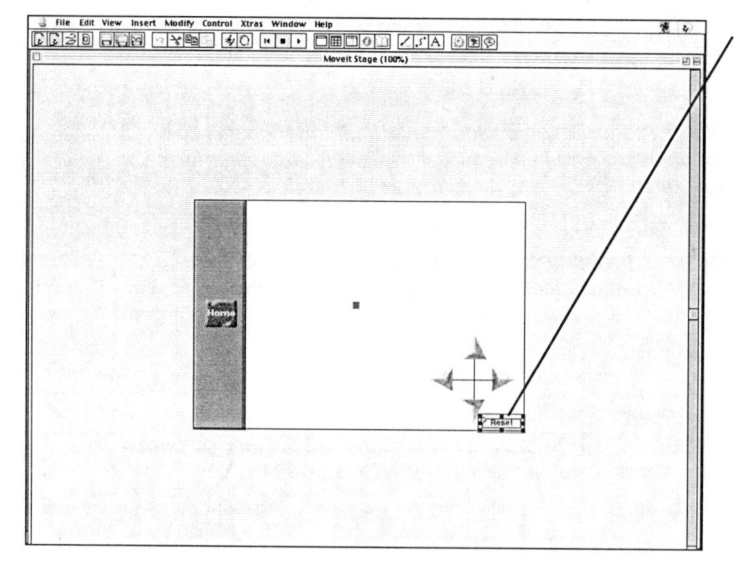

1. Selecione o botão Reset no palco.
2. Abra o score.
3. Selecione New Behavior em Script Well para abrir a janela Behavior Script.

Capítulo 9 - Como criar um filme em um quadro335

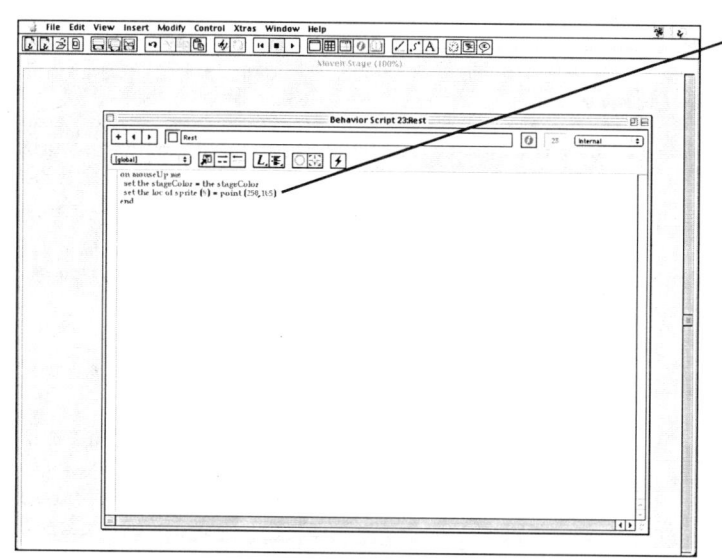

4. Digite o código mostrado.
5. Volte e teste o filme.

Explicações sobre o código

```
on mouseUp me
```
Quando o mouse for liberado,
```
    set the stageColor = the stageColor
```
forçar o redesenho do palco mudando a cor existente para a cor original.
```
    set the loc of sprite (8) = point (250, 165)
```
Volta com o ponto de desenho para o ponto inicial.
```
end
```

Observação

O manipulador de Reset volta com o ponto de desenho para o ponto inicial através do uso de um comando "loc". Se você não acrescentar um "V" ou um "H", estará informando ao Director que coloque o ponto de desenho em uma localização específica X, Y no palco. Para isso, é necessário informar as coordenadas utilizando a sintaxe do ponto (x, y).

Como reunir tudo
e disponibilizar na Web

Estes três exercícios enfatizam a potência do Lingo. Cada filme ocorre em um quadro e cada filme possui diversas ações — homens que dançam, sprites distorcidos, mudança da cor do palco, sprites que se movem e outros. Está na hora de destacarmos tudo isso em outro filme de um quadro.

Para facilitar, a quantidade de código será feita no Behavior Inspector. É a mesma técnica utilizada no Capítulo 5 para saltar de um filme do Director para outro.

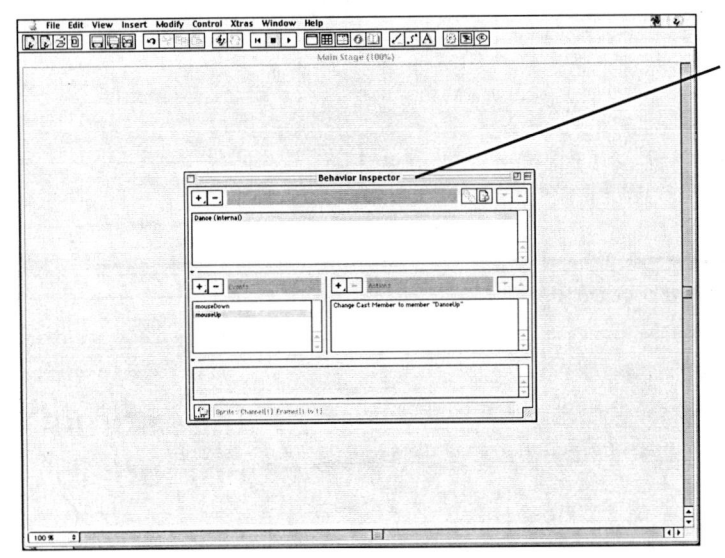

1. Abra o filme Main.dir.
2. Selecione o botão "Dancin" e, utilizando o Behavior Inspector, codifique-o para seguir para o filme Dancing.dir que você criou.

Capítulo 9 - Como criar um filme em um quadro **337**

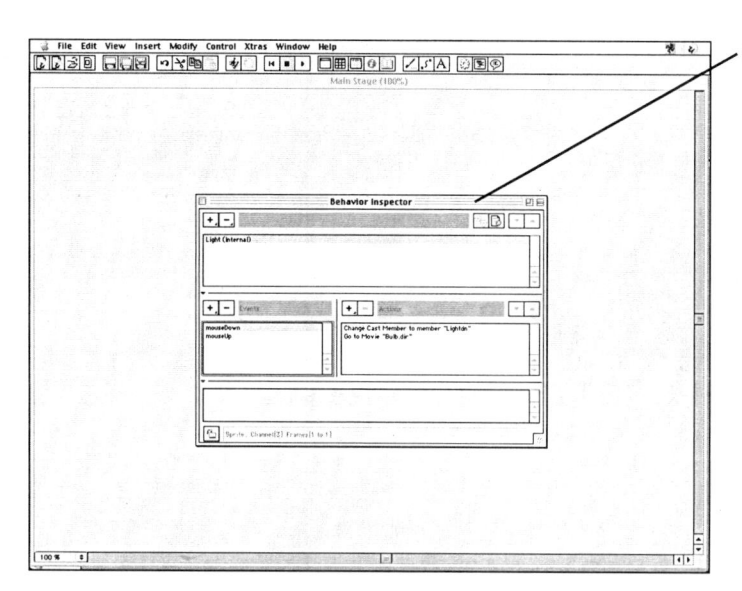

3. Selecione o botão "Shedding some light" e, com o Behavior Inspector, codifique-o para o filme Bulb.dir.

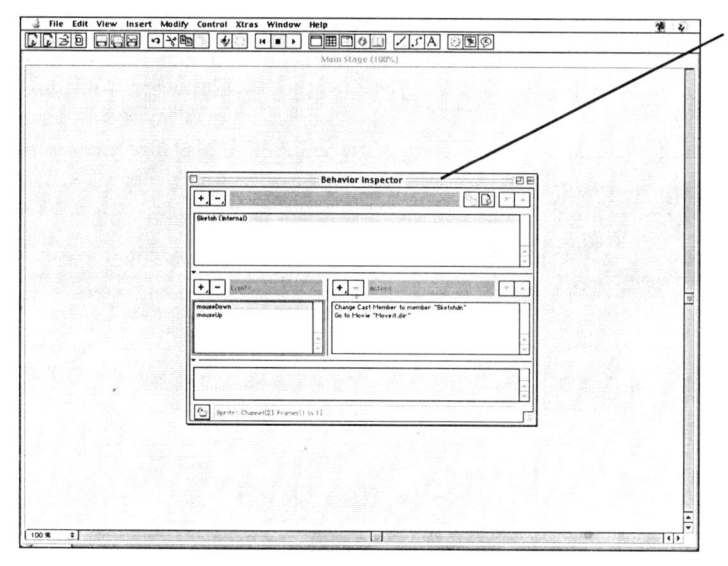

4. Selecione o botão "Sketch-It" e, com o Behavior Inspector, codifique-o para o filme Movie.dir.
5. Salve o filme.
6. Abra Dancing.dir.

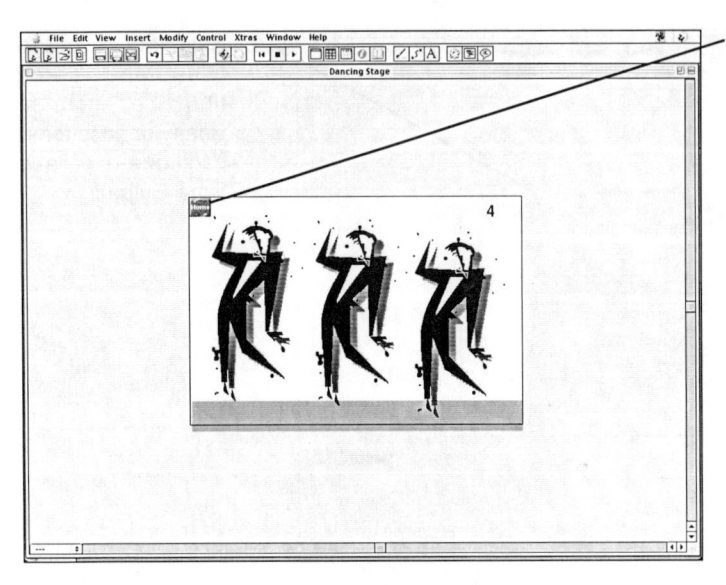

7. Selecione o botão Home e, com o Behavior Inspector, codifique-o para retornar ao filme Main.dir.
8. Salve o filme.
9. Abra Bulb.dir.

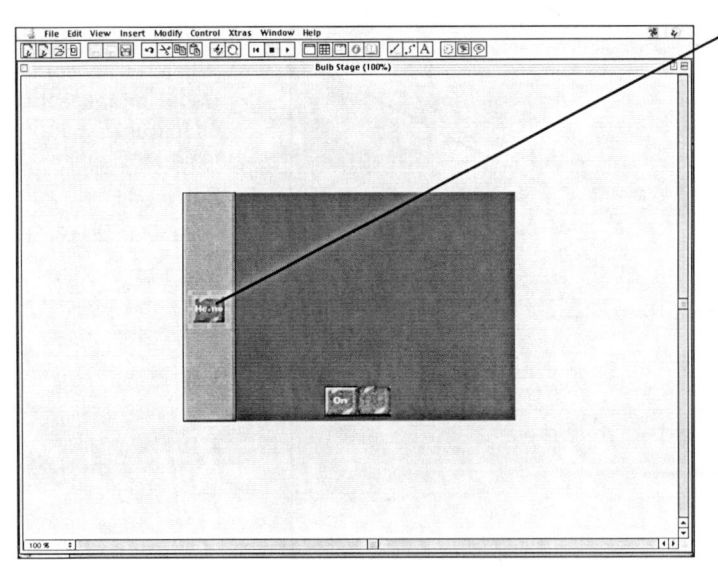

10. Selecione o botão Home e, com o Behavior Inspector, codifique-o para retornar ao filme Main.dir.
11. Salve o filme.
12. Abra Movelt.dir

Capítulo 9 - Como criar um filme em um quadro **339**

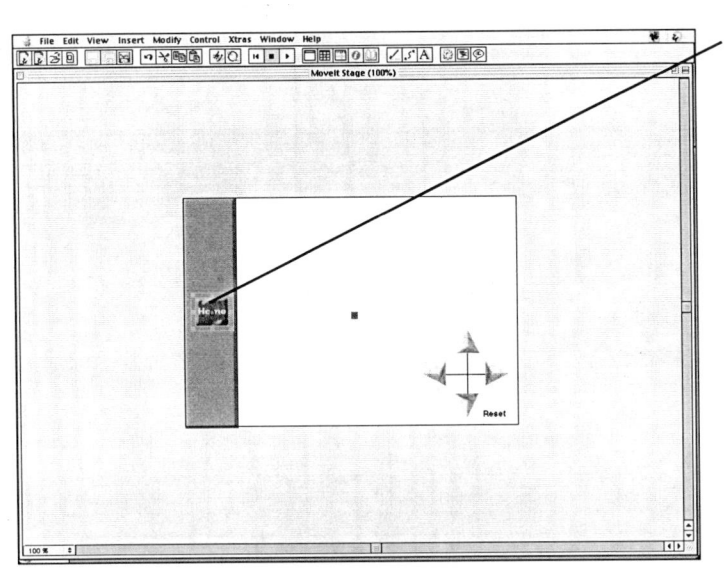

13. Selecione o botão Home e, com o Behavior Inspector, codifique-o para retornar ao filme Main.dir.
14. Salve o filme.
15. Abra Main.dir. Volte o filme e reproduza-o.

Como criar o filme do Shockwave

Ao criar a apresentação para a Web, é necessário comprimir apenas um filme em vez dos quatro, pois o filme do Shockwave é um tipo de mini-aplicativo do Director ou arquivo ".exe". Por isso, o primeiro filme "chamará" os outros quando clicarmos nos botões.

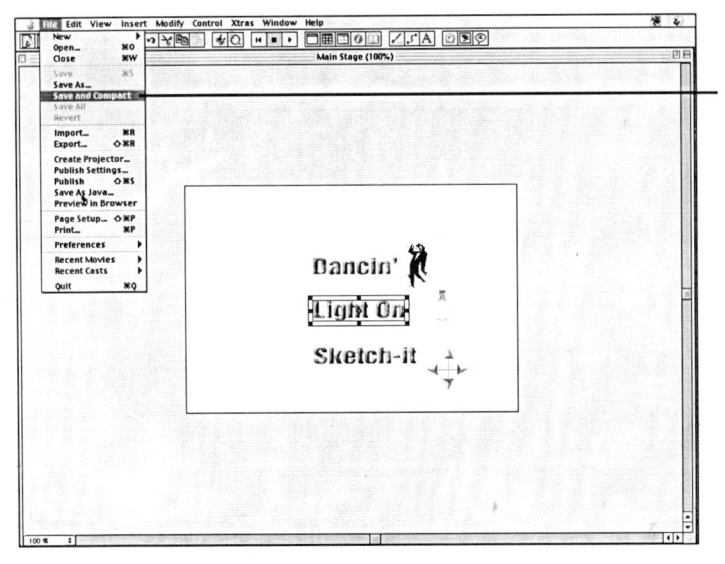

1. Abra os quatro filmes.
2. Selecione File, Save and Compact.

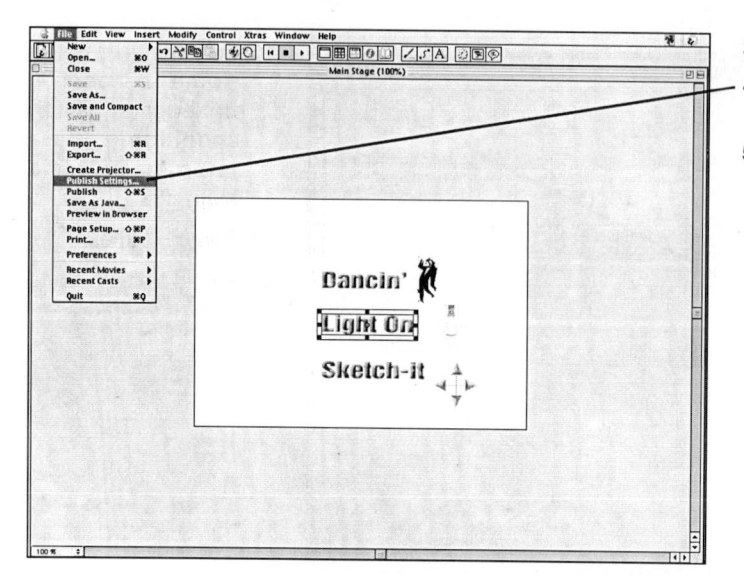

3. Abra Main.dir.
4. Selecione File, Publish Settings.
5. Selecione o indicador Compression.

Observação

A seleção de "Save and Compact" deve se tornar um hábito na etapa final. Caso você altere um filme e abra outro, o Director mostrará uma caixa de diálogo perguntando se você deseja salvar as alterações. Esta etapa não só salva quaisquer alterações, mas faz com que o arquivo seja mais eficiente, reorganizando o elenco — no tempo de execução, pois você nunca vê — na ordem em que os membros aparecem no palco durante o filme. Não há redução significativa do tamanho do arquivo, mas há uma melhoria considerável na performance.

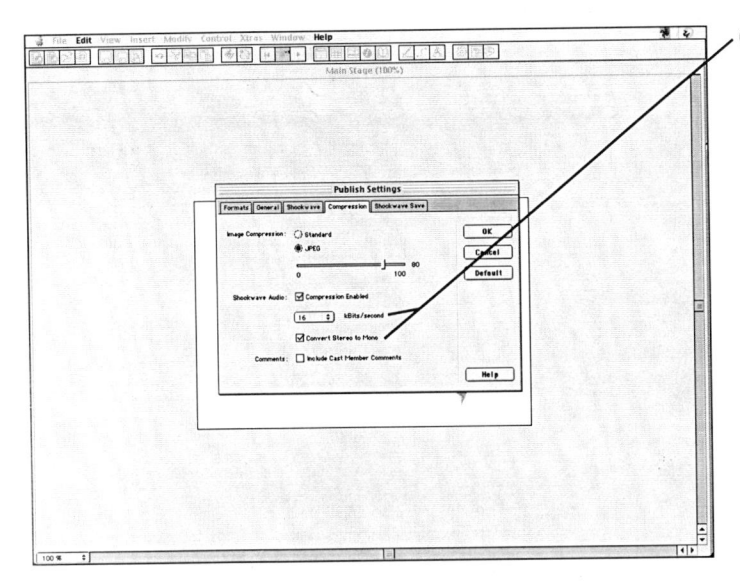

Capítulo 9 - Como criar um filme em um quadro

6. Certifique-se de que o áudio esteja definido para um fluxo de 16 bits por segundo e que Convert Stereo To Mono esteja selecionado, para que o som utilizado no filme Bulb flua corretamente.
7. Clique em OK.
8. Selecione File, Publish. 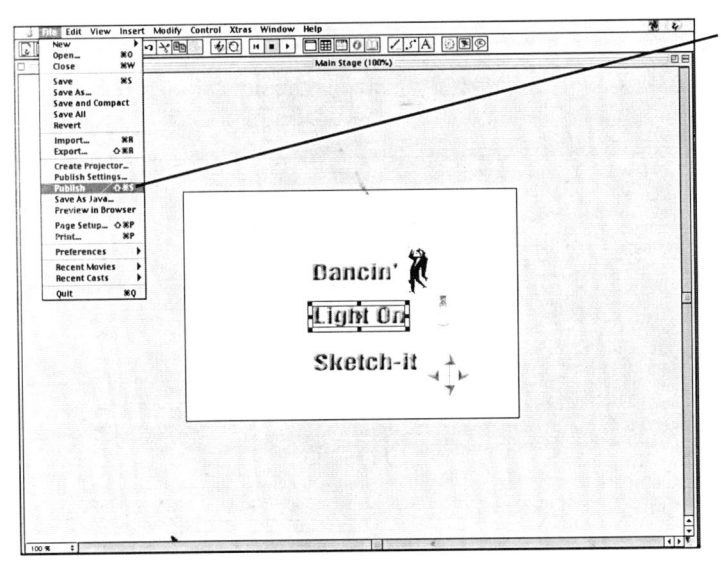
9. Saia do Director.
10. Abra o arquivo do HTML no browser.

Capítulo **10**

Efeitos especiais no Director

Um dos principais problemas enfrentados pelos novos usuários do Director é a tendência em pensar que ele é muito difícil. Algumas das técnicas mais avançadas do Director são simples de executar. As técnicas apresentadas neste capítulo são realmente excitantes, mas simples de serem criadas. Antes de iniciar, copie a pasta Exercise do Chapter 10 do CD para a sua área de trabalho.

Neste capítulo, aprenda a:
- ♦ Utilizar um efeito de tinta para criar a ilusão de uma cascata de cores pelo texto
- ♦ Utilizar um efeito de tinta para criar a ilusão de luz em uma imagem
- ♦ Criar um aplicativo do Shockwave
- ♦ Criar hyperlinks no Director

Como aplicar a técnica de desaparecimento

Nem sempre é necessário utilizar uma transição para criar um efeito desejado. Esta é uma técnica que simula o mesmo efeito de desligar uma televisão antiga. Naquele tempo, as imagens ficavam enfraquecidas e desapareciam em um ponto no meio da tela. Simularemos este efeito utilizando alguns efeitos de Distort da barra de ferramentas Sprite.

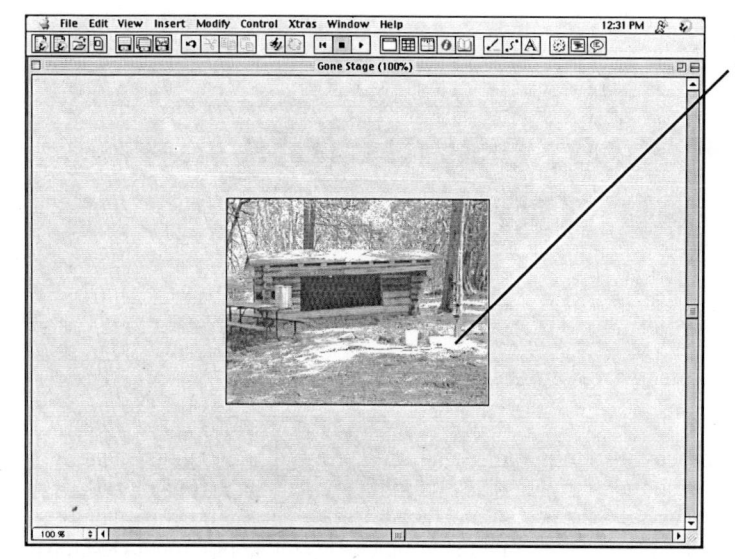

1. Abra Gone.dir.
2. Arraste a imagem Adirondack para o palco. 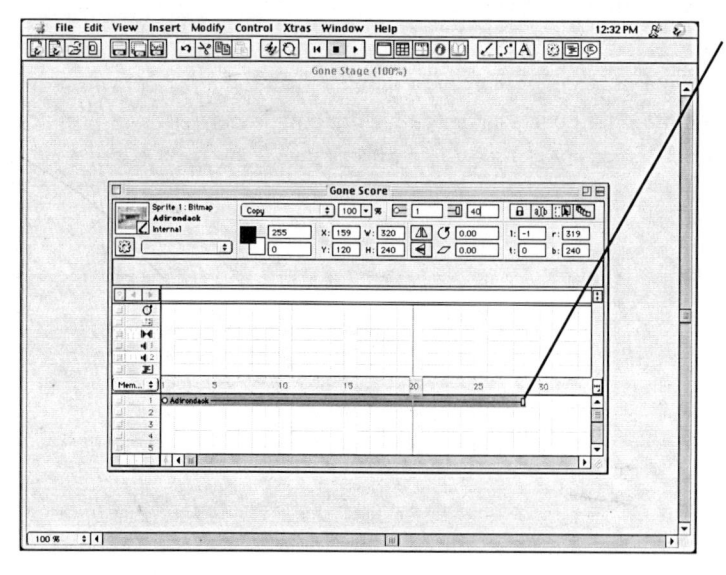
3. Amplie-a para o quadro 40. A figura mostra o padrão de ampliação em 28 quadros. A utilização de 40 quadros fornece o tempo extra necessário para o efeito.
4. Selecione o sprite do quadro 1.

Capítulo 10 - Efeitos especiais no Director

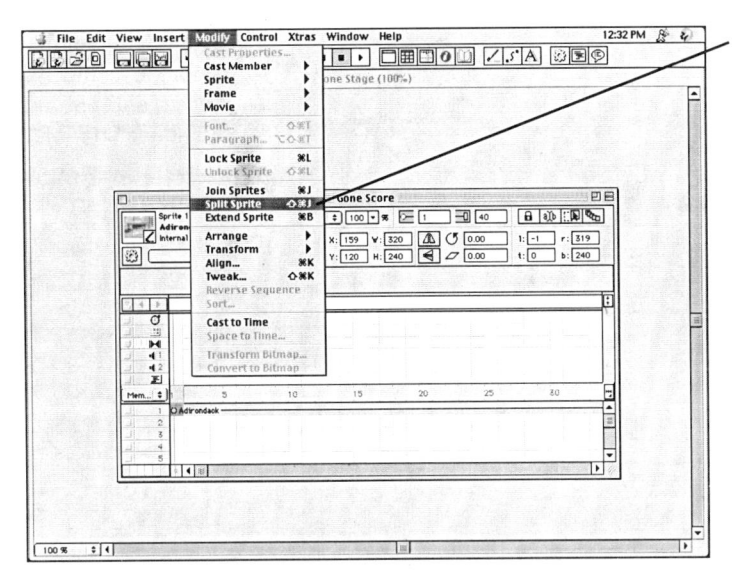

5. Selecione Modify, Split Sprites para que você trabalhe apenas com um sprite em um único canal em vez de ampliar todo o sprite afetado pela mudança em um.

6. Adicione um quadro-chave no quadro 20. Aparecerá um ponto no canal.

7. Selecione o quadro-chave 20.

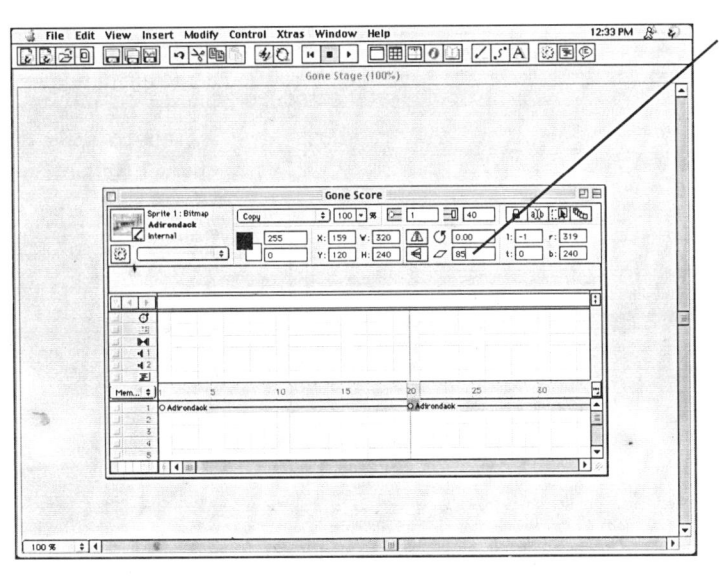

8. Defina o ângulo de distorção na barra de ferramentas Sprite em 85.

9. Pressione Return (Mac) ou Enter (PC).

10. Selecione o sprite no quadro 40.

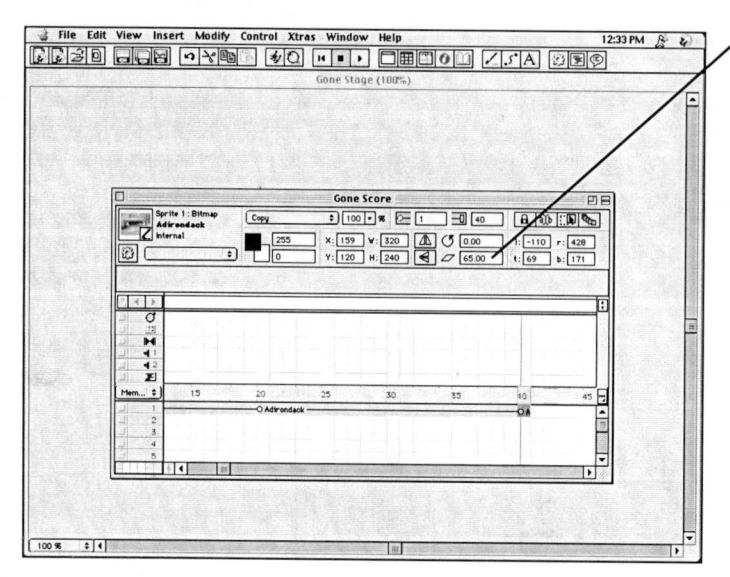

11. Defina o ângulo de distorção como 65. Agora está quase "achatado" na tela.
12. Pressione Return (Mac) ou Enter (PC).
13. Selecione o sprite no palco.
14. Arraste uma alça do canto em direção ao centro da imagem até que o sprite fique virtualmente invisível. 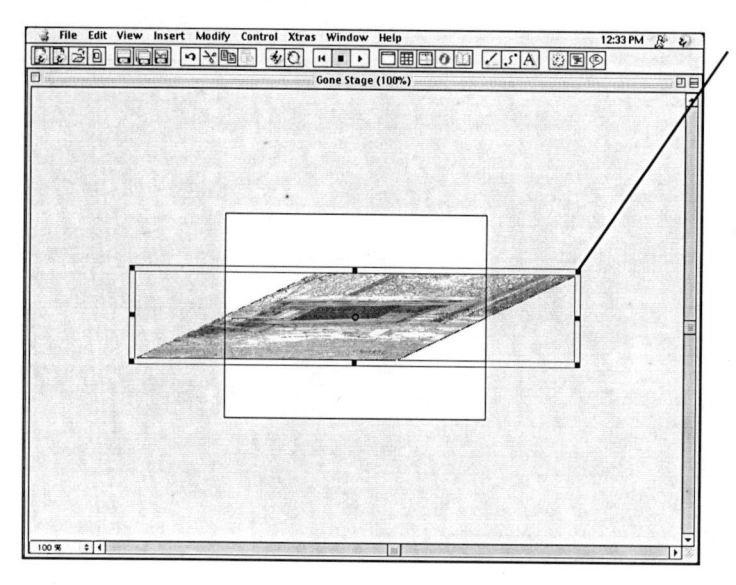
15. Selecione o sprite no quadro 1.

Capítulo 10 - Efeitos especiais no Director **347**

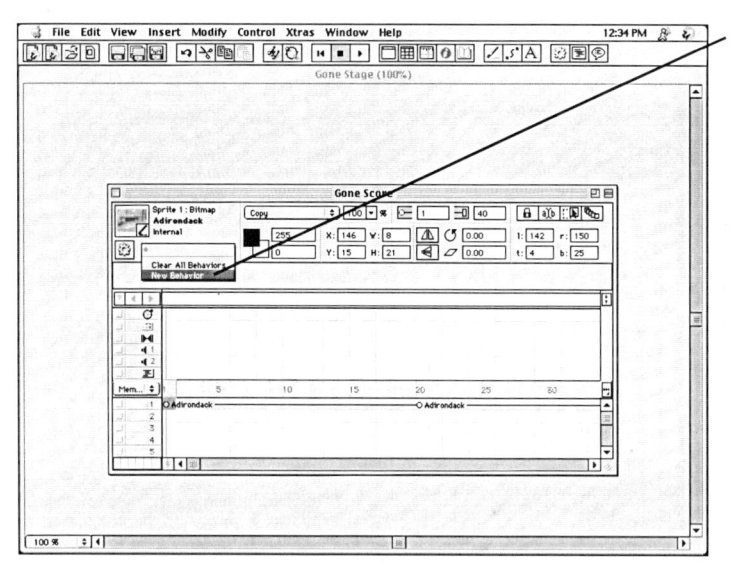

16. Selecione New Behavior em Script Well.

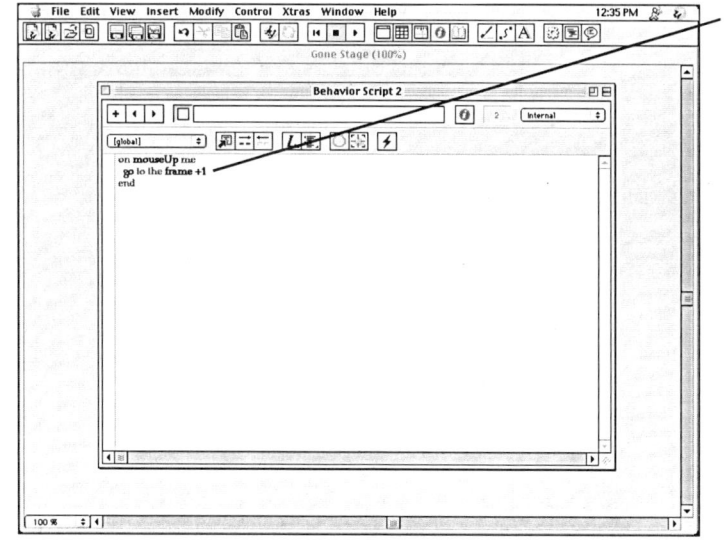

17. Adicione o código mostrado.

18. Clique duas vezes no primeiro quadro no canal de comportamento.

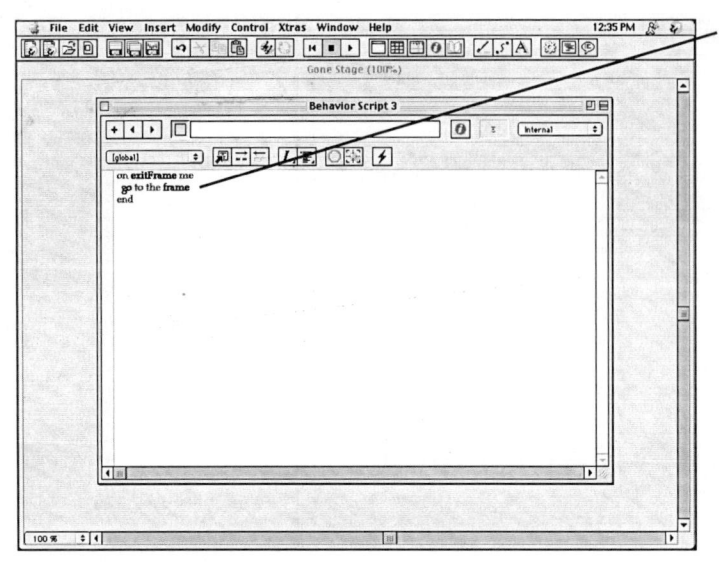

19. Adicione o código mostrado.

20. Selecione o quadro 41 no canal de comportamento.

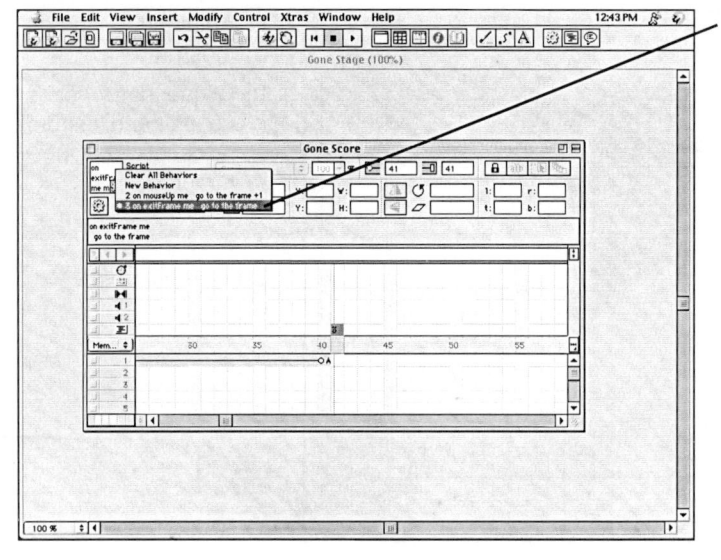

21. Selecione o script do quadro no menu suspenso em Script Well.

22. Volte o filme e reproduza-o.

Capítulo 10 - Efeitos especiais no Director **349**

Observação

O Director nem sempre permite fazer a escala de um sprite clicando e arrastando com a tecla Shift pressionada. É necessário fazê-lo com números. Mesmo assim, a escala afeta todo o sprite e não os planos horizontal ou vertical como observamos em outros aplicativos. Neste caso, o sprite será bastante distorcido antes que você o selecione e redimensione.

Este exercício também utilizou Skew Effect da barra de ferramentas Sprite. Não há regras para a utilização deste efeito, a não ser que deva ser utilizado com números. Tente usar números diferentes até conseguir a distorção desejada.

Muitas cores para o texto

Outra regra da multimídia é: se você deseja que o usuário preste atenção em alguma coisa, faça-o executar algum procedimento. Neste exercício, o usuário terá sua atenção voltada para uma palavra porque ela mudará de cor constantemente. Embora esta técnica forneça a ilusão da cor sendo passada através do texto, nada está além da realidade.

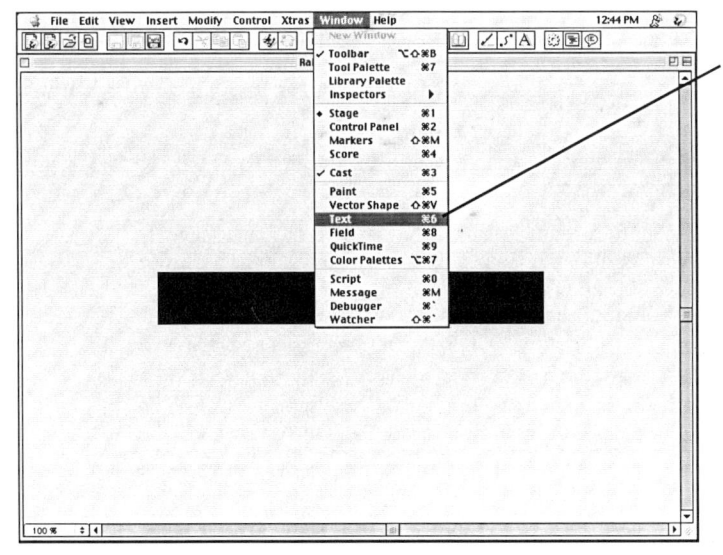

1. Abra Rainbow.dir.
2. Selecione Window, Text.

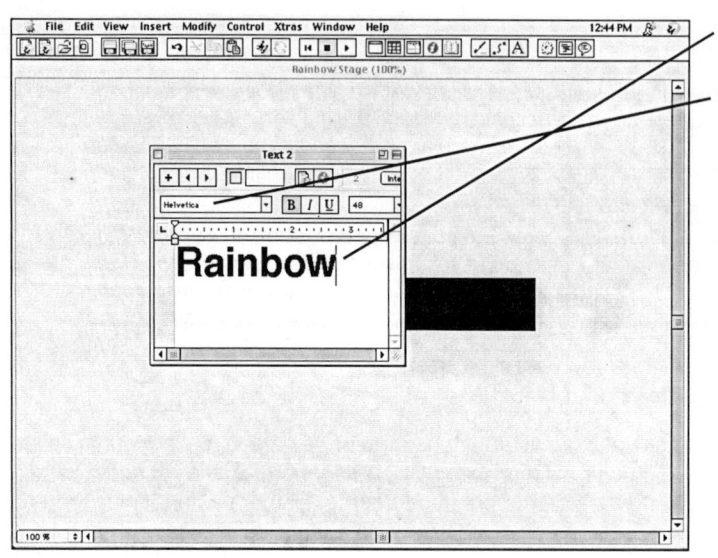

3. Digite a palavra "Rainbow".
4. Defina a fonte como Helvetica, negrito e tamanho de 48 pontos.
5. Selecione o texto.

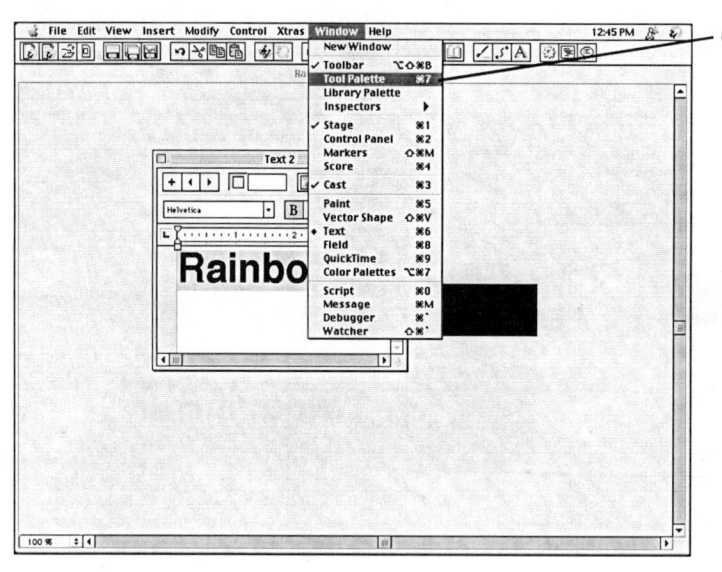

6. Selecione Window, Tool Palette.

Capítulo 10 - Efeitos especiais no Director   **351**

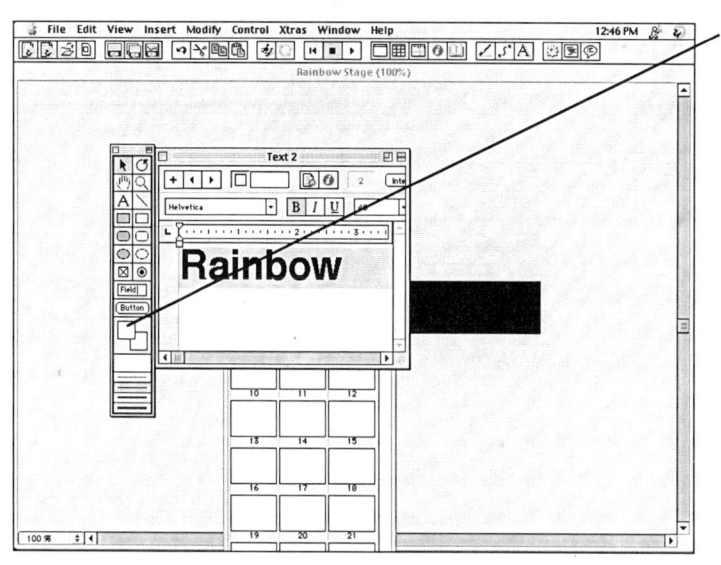

7. Defina a cor do primeiro plano como branca e o texto terá esta cor.

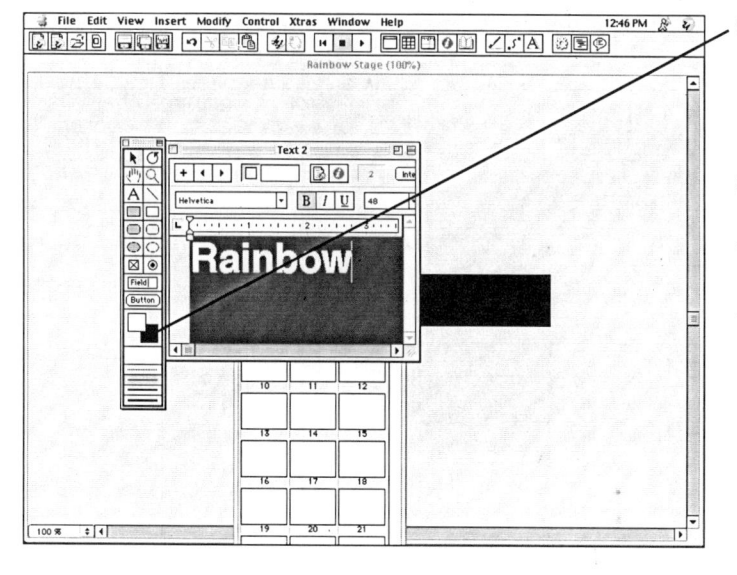

8. Defina a cor do plano de fundo como preta e este será o plano de fundo do texto.
9. Feche as ferramentas.
10. Feche a janela de texto.
11. Abra o elenco.

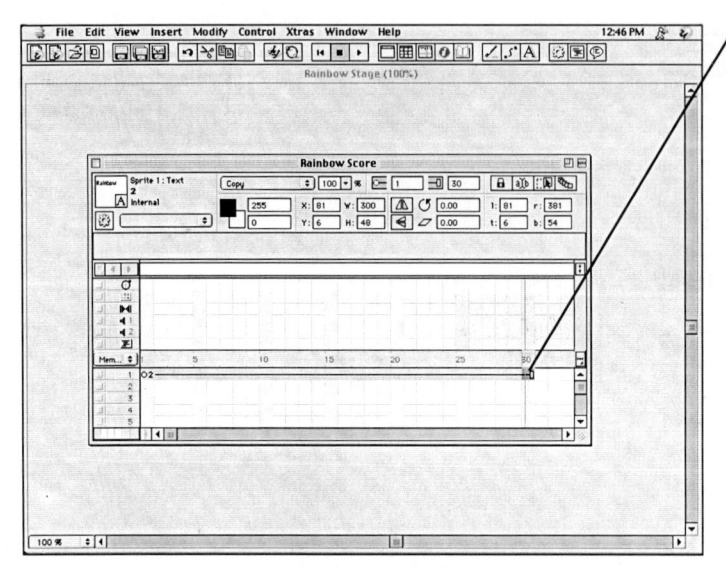

12. Arraste o texto para o palco e amplie-o até o quadro 30.

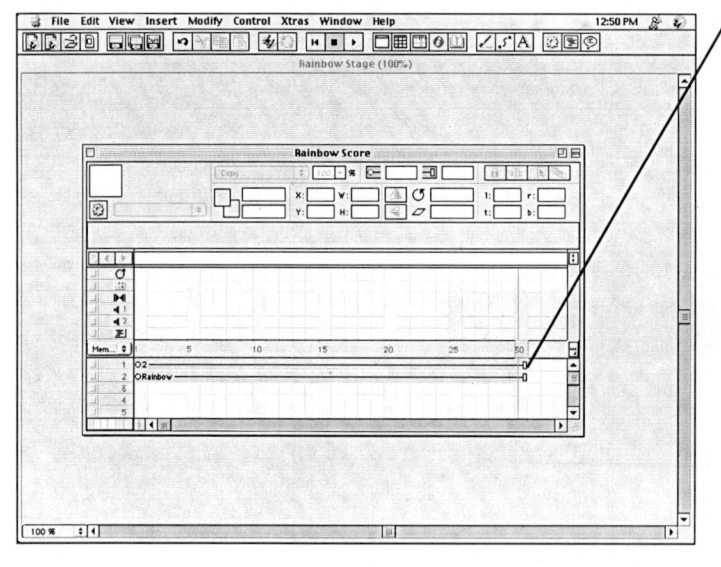

13. Arraste Rainbow do elenco para o palco e arraste-o até o quadro 30.

Capítulo 10 - Efeitos especiais no Director **353**

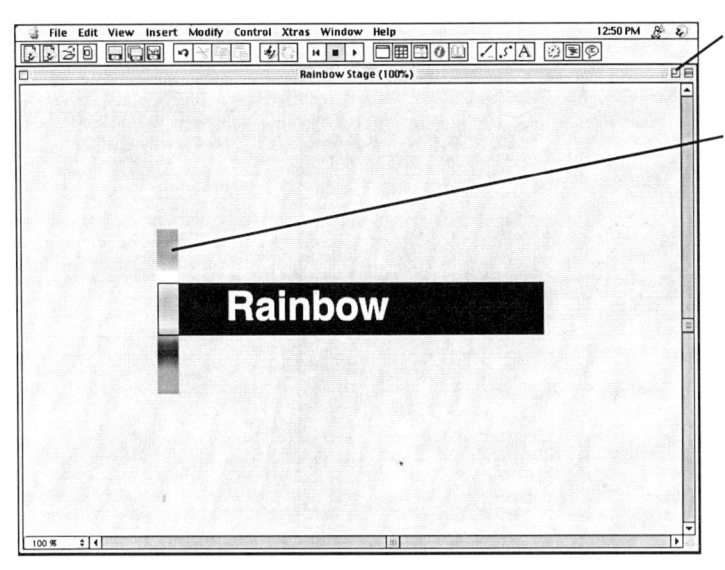

14. Clique no botão de maximização para mostrar a tela.

15. Clique no gradiente no palco.

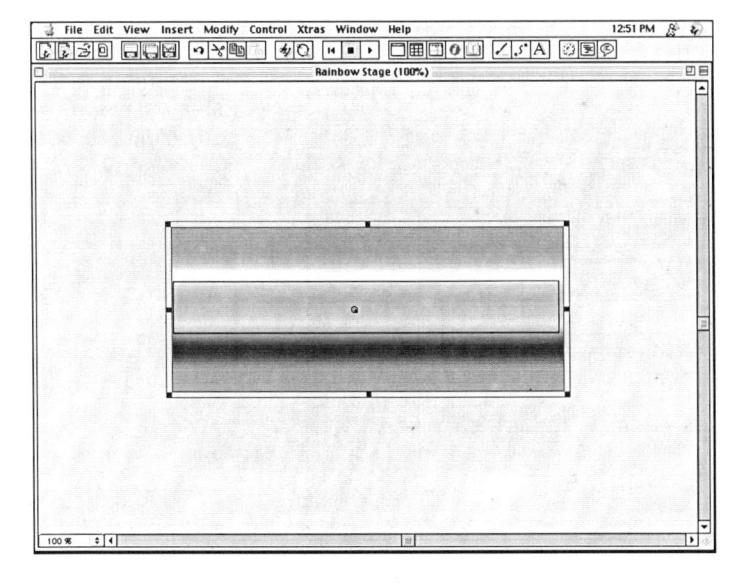

16. Arraste uma das alças dos lados para assegurar que tenha o mesmo tamanho do palco.

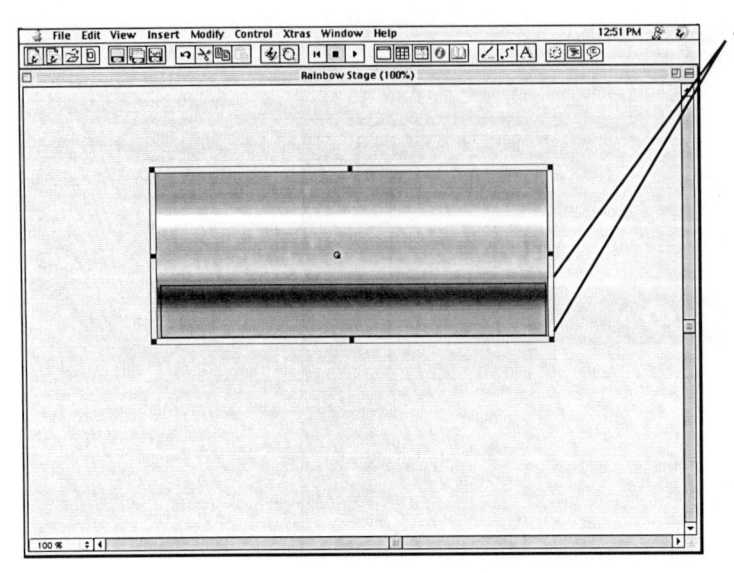

17. Arraste o gradiente para cima até sua margem superior tocar a margem inferior do palco.

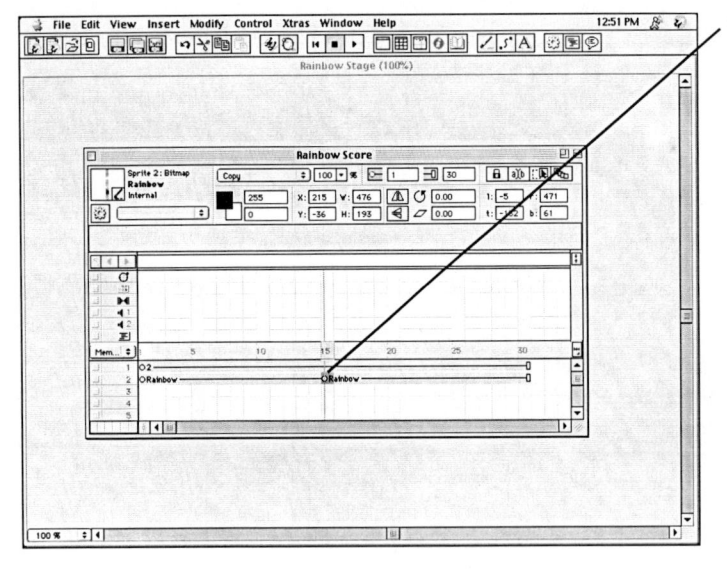

18. Abra o score e adicione um quadro-chave no quadro 15. Estamos preparando o efeito de passar as cores pelas palavras.

Capítulo 10 - Efeitos especiais no Director   **355**

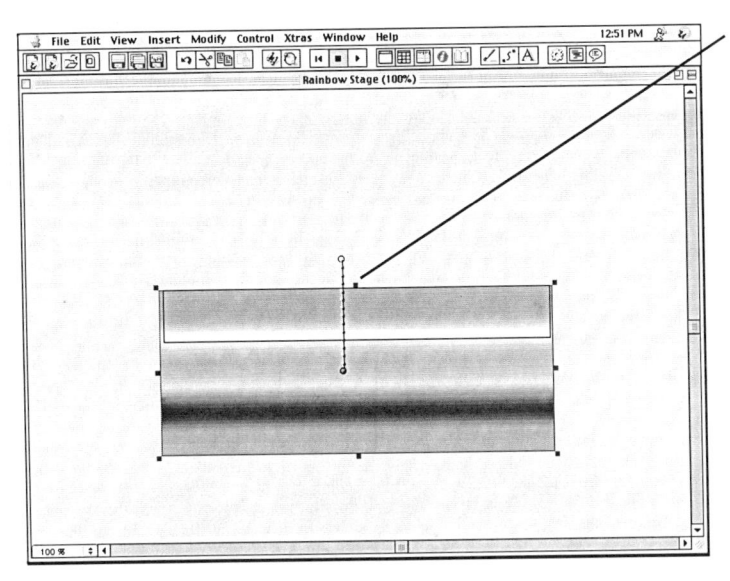

19. Arraste o gradiente para baixo até sua parte superior tocar a margem inferior do palco.

20. Abra o score e selecione o quadro-chave no quadro 30.

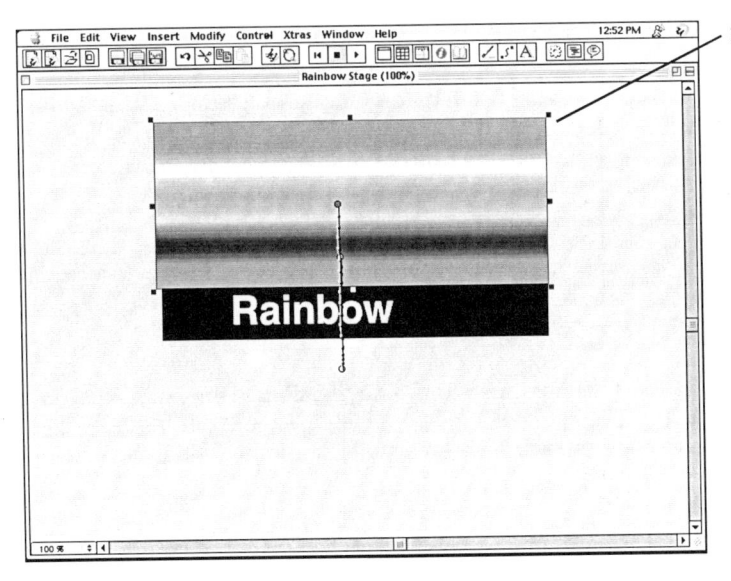

21. Arraste o gradiente para cima até que sua margem inferior toque a margem inferior do palco. Ele será movido para cima e para baixo.

22. Abra o score e clique no número do canal para selecionar todos os sprites no canal do gradiente.

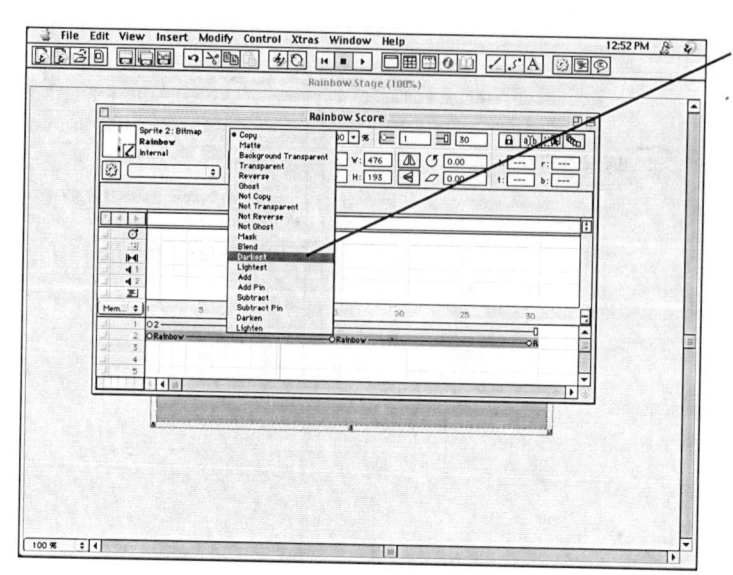

23. Selecione Darkest (Mais escuro) no menu Ink.
24. Volte o filme e reproduza-o.

Observação

O efeito de tinta selecionado apenas considera as cores que estão acima umas das outras e exibe as mais escuras. Neste caso, o texto é branco, a cor mais clara. O gradiente que passa sobre o branco é exibido. Preto é a cor mais escura, portanto, o gradiente não aparece sobre o preto.

Como criar um "aplicativo" do Shockwave

Uma das concepções erradas mais comuns sobre o uso do Shockwave em uma página da Web é que deve ser usado apenas para animações ou jogos. Na verdade, há outro uso bastante útil para o Shockwave — controlar a navegação em páginas da Web baseadas em quadros.

Este exercício mostra como criar um pequeno aplicativo (applet) do Shockwave que carrega um site ou uma página do HTML em um quadro. O comando-chave do Lingo é "gotoNetpage", que normalmente possui um parâmetro anexado a ele, a URL. Por exemplo, se o botão for clicado em uma página da Web e o parâmetro for "http://www.prima-tech.com", o site da Prima Tech será aberto em uma nova página do browser. Adicione um segundo parâmetro, o quadro de destino, e o site da Prima Tech será aberto neste quadro. Este exercício fará a codificação de quatro botões. O primeiro, carregará o site da Macromedia em um quadro e o segundo, o site da Prima Tech. O terceiro botão, carregará uma página de destino no quadro e o quarto, carregará no quadro uma página com uma animação do Flash.

Capítulo 10 - Efeitos especiais no Director   **357**

1. Abra Navigation.dir localizado na pasta Shockwave Applet. A barra de botões com os nomes aparecerá no palco.

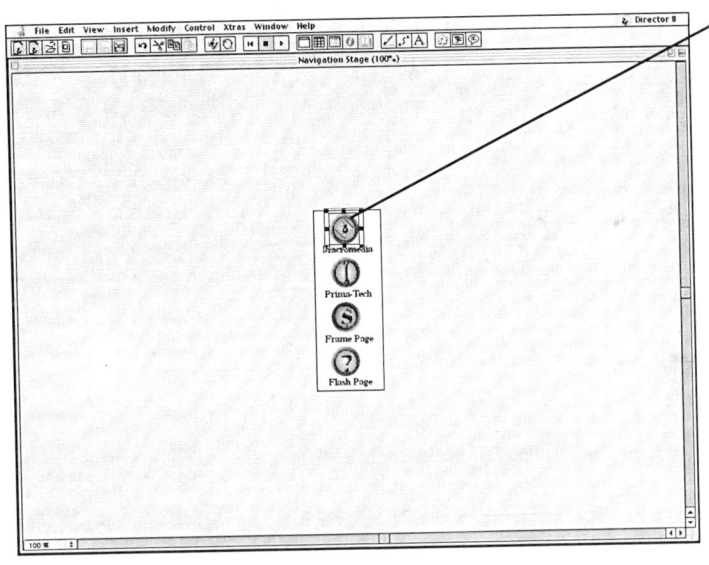

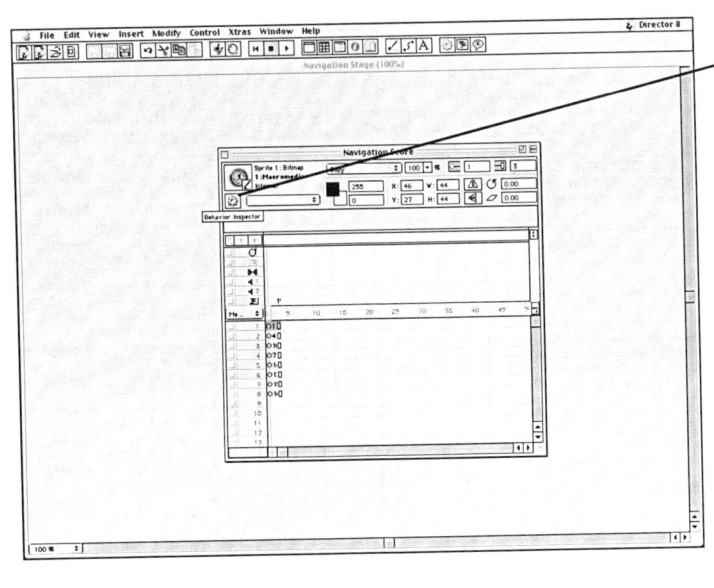

2. Selecione o botão Macromedia.

3. Abra o score. Os sprites são ampliados em três quadros apenas. Se uma barra de navegação do Shockwave estiver sendo criada, o padrão de 28 quadros não é nada mais que espaço perdido.

4. Se a barra de ferramentas Sprite não estiver visível, selecione View, Sprite Toolbar (ou Command-Shift-H no Mac e Control-Shift-H no PC).

5. Clique no botão Behavior Inspector ao lado de Script Well. Este script poderia ser codificado de forma mais simples, mas o Behavior Inspector simplifica a tarefa ainda mais.

Macromedia Director 8 & Lingo

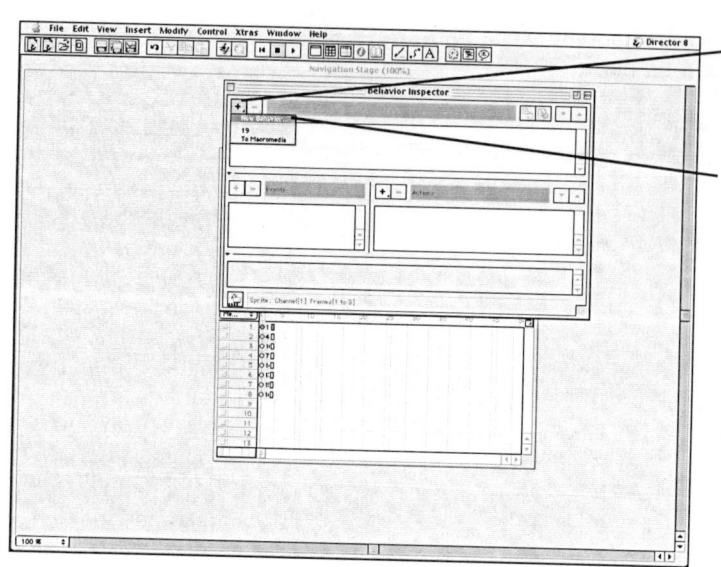

6. Clique no botão Behavior Popup para aparecer um menu.
7. Selecione New Behavior para que a caixa Name Behavior apareça.

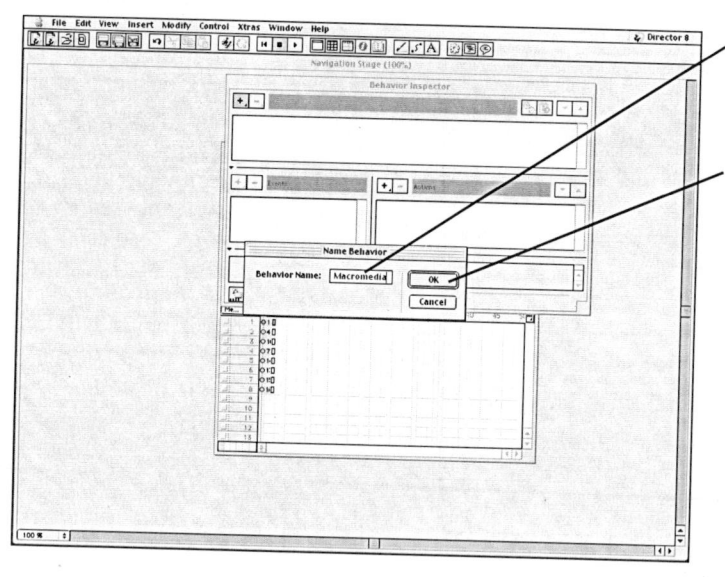

8. Nomeie o script como **To Macromedia** na caixa de diálogo.
9. Clique em OK.

Capítulo 10 - Efeitos especiais no Director 359

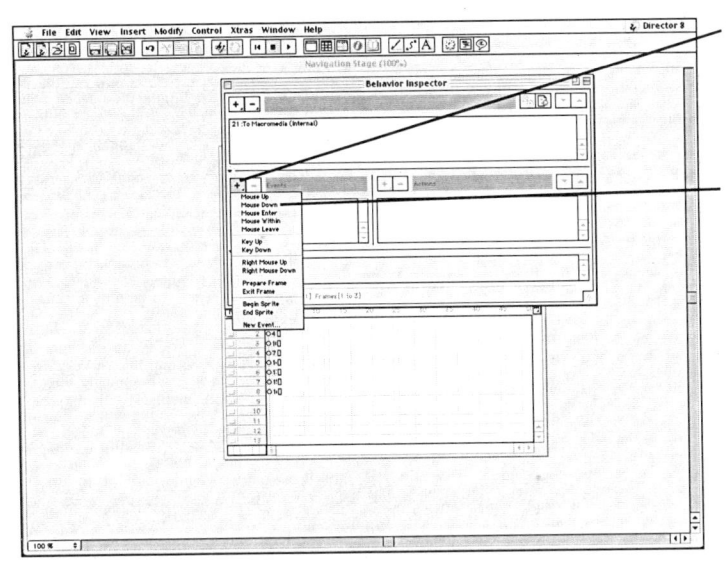

10. Clique no botão Event Popup para que a lista de eventos do mouse apareça na janela.

11. Clique em Mouse Down, que é o evento que determina quando as ações acontecem.

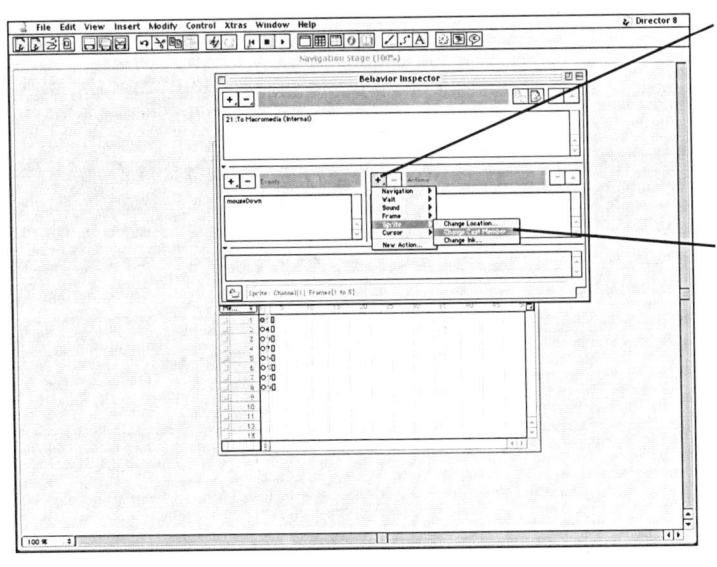

12. Clique no botão Action Popup para fazer as escolhas sobre o que acontece quando o botão do mouse é pressionado.

13. Selecione Sprite, Change Cast Member para haver uma troca de sprite.

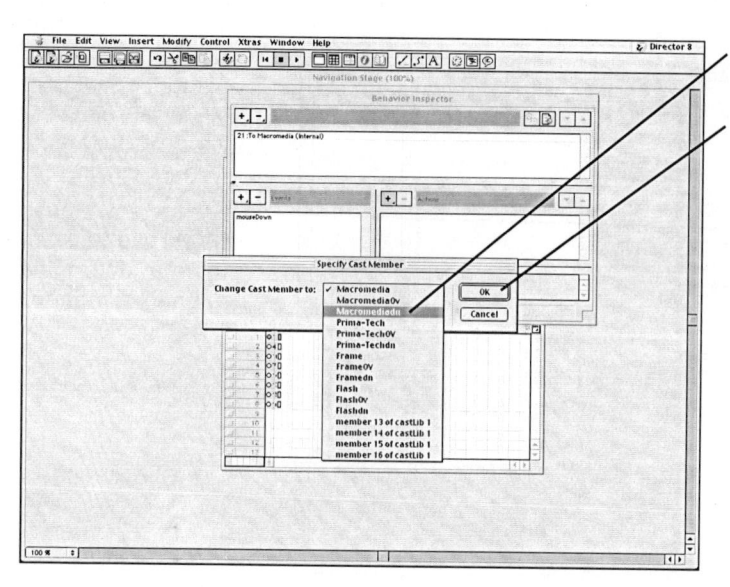

14. Selecione "Macromediadn" na lista.
15. Clique em OK.

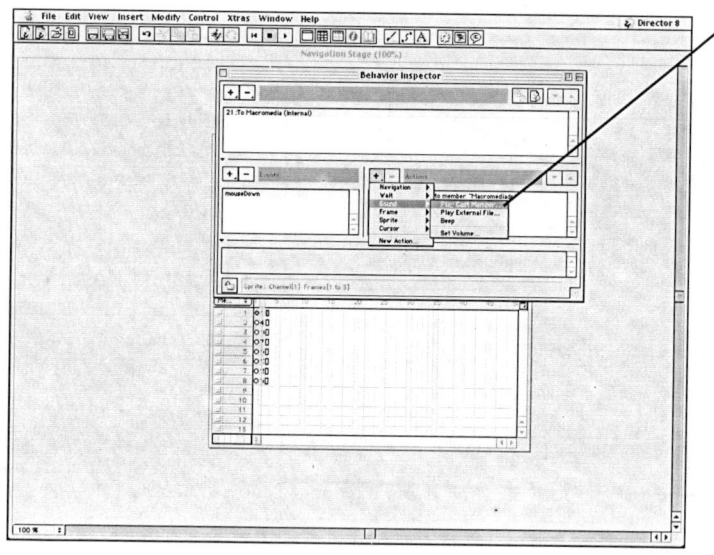

16. Selecione Sound, Play Cast Member para abrir a caixa Specify Sound Cast Member (Especificar Som do Membro do Elenco).

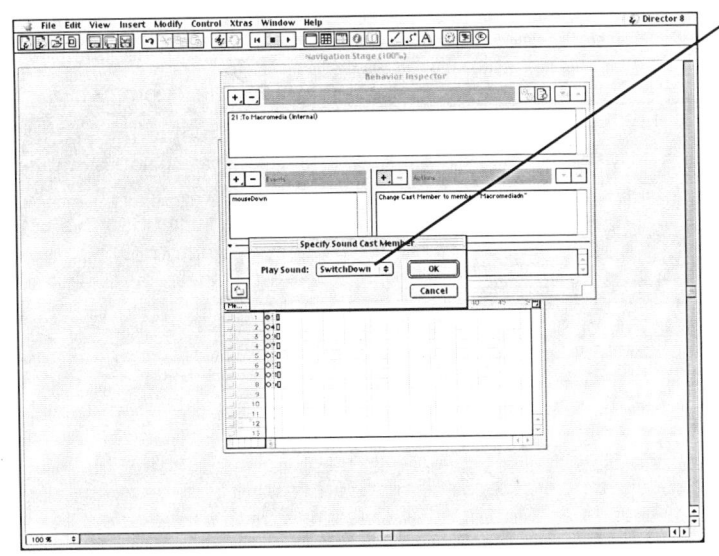

Capítulo 10 - Efeitos especiais no Director   **361**

17. Selecione "Switch-Down" na lista. Lembre-se de que a ordem é crítica. O sprite deve ser trocado e o som reproduzido, e não na ordem inversa.

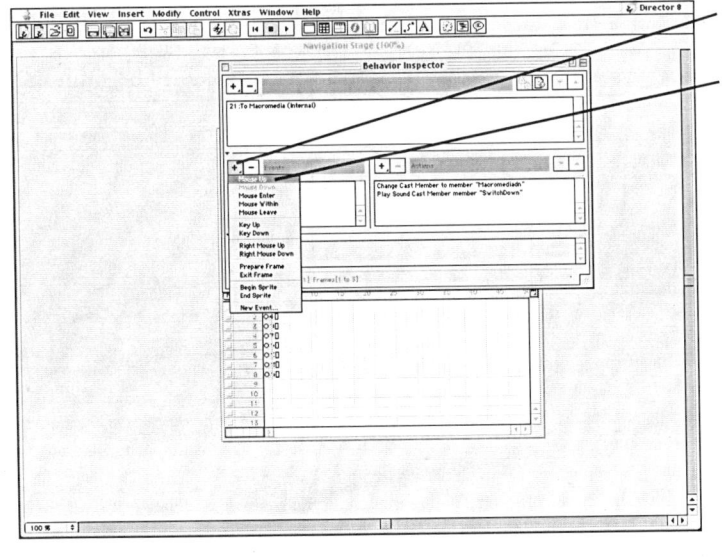

18. Clique no botão Event Popup.

19. Selecione Mouse Up.

20. Clique no botão Action Popup. O sprite deve retornar para o estado "up", o som deve ser reproduzido e o site da Macromedia será aberto no quadro da página da Web.

21. Selecione Sprite, Change Cast Member para abrir a caixa Specify Cast Member.

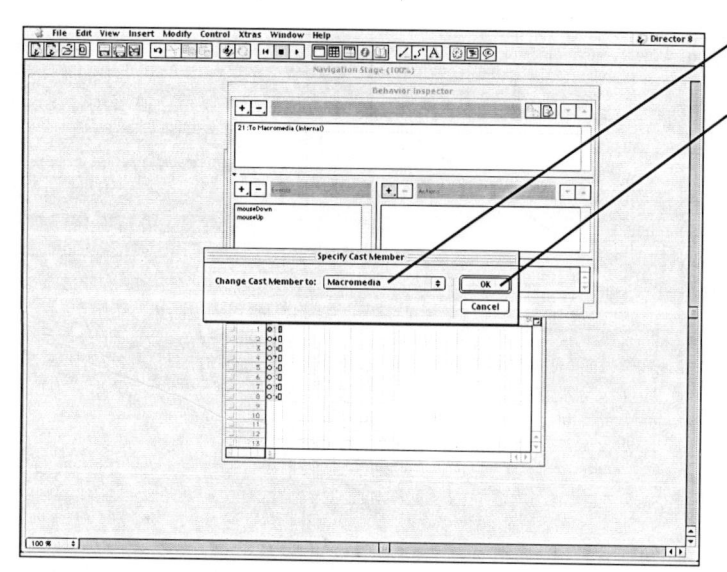

22. Selecione "Macromedia" na lista.
23. Clique em OK.
24. Selecione Sound, Play Cast Member para abrir a caixa Specify Sound Cast Member.

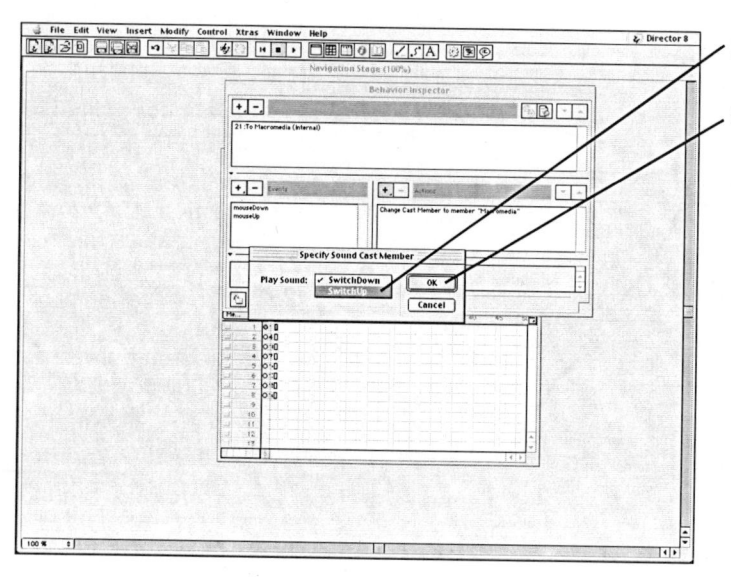

25. Selecione "SwitchUp" na lista.
26. Clique em OK.

Capítulo 10 - Efeitos especiais no Director 363

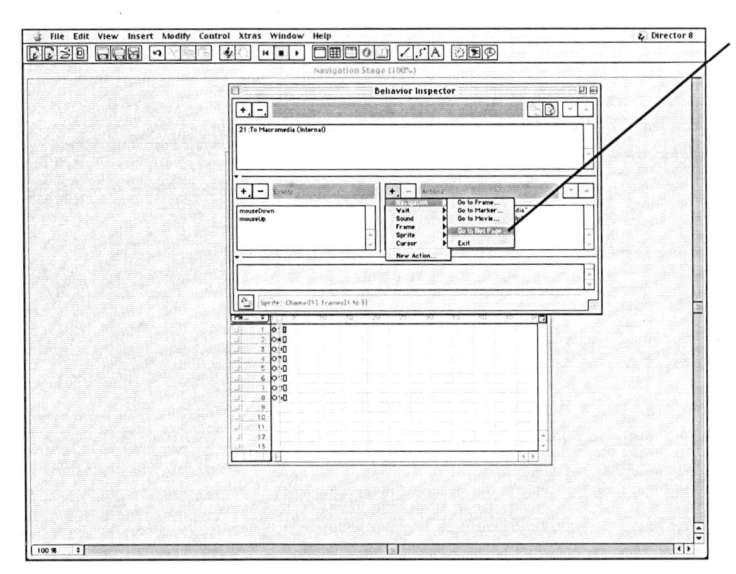

27. Selecione Navigation, Go To Net Page... (Navegação, Ir Para Página da Net) para abrir a caixa Specify Net Page (Especificar Página da Net).

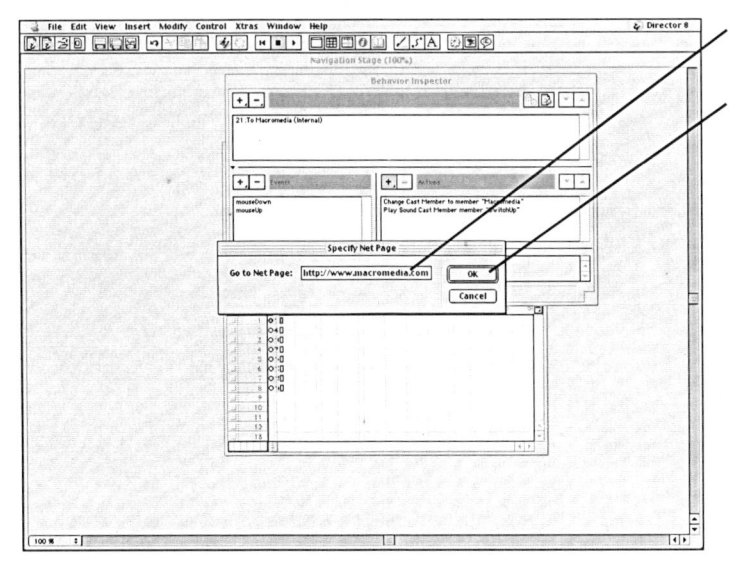

28. Digite **http://www.macromedia.com**

29. Clique em OK e a URL virá após o comando "Go to Net Page".

> **Observação**
>
> Estas etapas codificaram um botão que apenas substitui a página aberta da Web com o site da Macromedia. A sintaxe para que a página seja carregada em um quadro é goToNetPage "URL", "Target".
>
> Se você quiser que a página apareça em uma nova janela, sem considerar qual janela está aberta no browser, a sintaxe será: goToNetPage "URL", "_new".

Como adicionar o parâmetro de alvo

O problema com o Behavior Inspector é que não é possível adicionar o quadro de destino na caixa de diálogo da URL. É necessário adicionar manualmente o alvo ao código. No caso deste site, o alvo é um quadro denominado "Main".

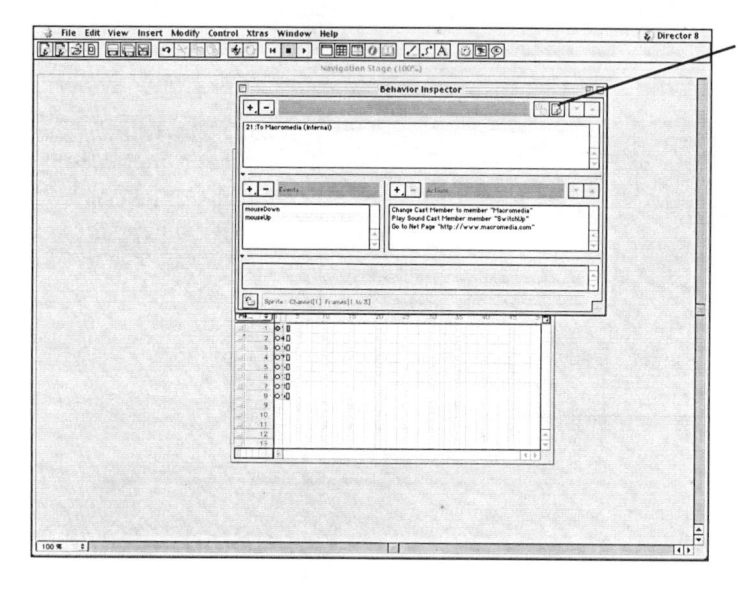

1. Clique no botão Script Window para abrir a janela Script.
2. Clique no final da URL.
3. Pressione a tecla apóstrofo.

Capítulo 10 - Efeitos especiais no Director   365

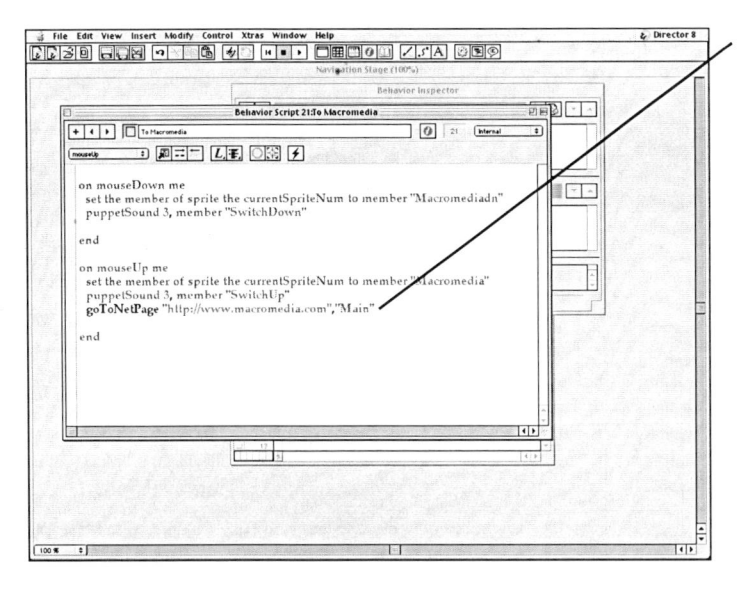

4. Digite "Main". Você informou ao Director que insira o site da Macromedia no quadro denominado "Main". Certifique-se de adicionar as aspas ou o Director retornará uma mensagem de erro.

5. Feche a janela Script para voltar ao Behavior Inspector.

Como codificar as memórias temporárias

O usuário deve ter uma indicação visual de que os botões estejam ativados. Neste caso, quando o mouse estiver sobre um botão, este escurece. Novamente, o Behavior Inspector é a forma mais rápida de codificar esta ação.

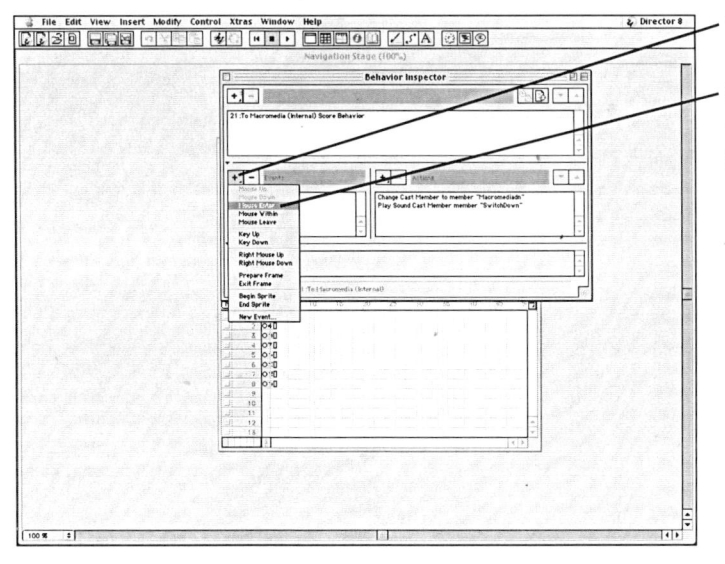

1. Clique no botão Event Popup.
2. Selecione Mouse Enter.
3. Clique no botão Action Popup.

4. Selecione Sprite, Change Cast Member. Primeiro ocorre uma troca de sprite.
5. Selecione "MacromediaOV" na lista.

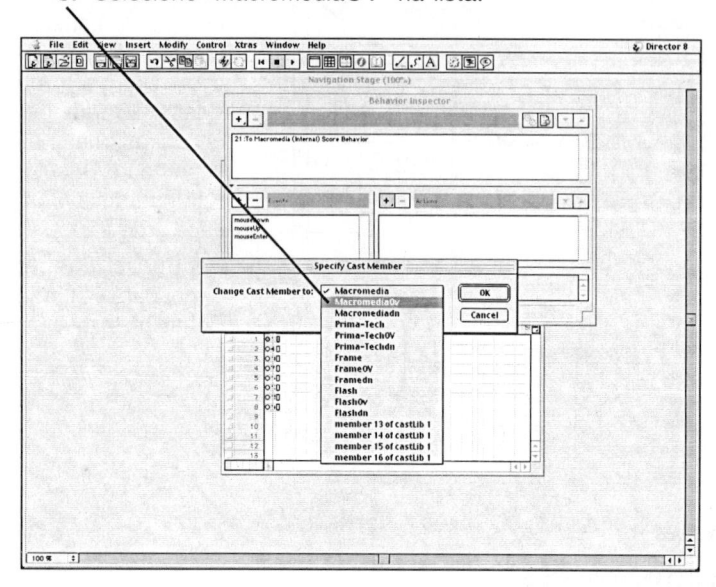

6. Clique em OK. Agora, preocupe-se com o que acontece quando o mouse não estiver sobre o botão.
7. Clique no botão Event Popup.
8. Selecione Mouse Leave.
9. Clique no botão Action Popup.
10. Selecione Sprite, Change Cast Member. A troca de sprite acontecerá primeiro.
11. Selecione "Macromedia" na lista. 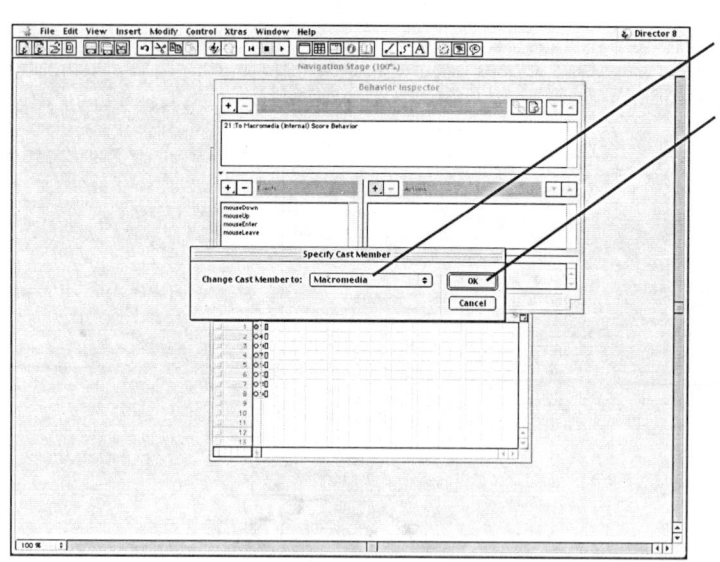
12. Clique em OK.

Capítulo 10 - Efeitos especiais no Director

> **Observação**
>
> Um evento mouseEnter acontece quando o cursor cruza a moldura do sprite. mouseLeave ocorre quando o cursor passa para fora da moldura. Em mouseEnter, o sprite ficará escuro e o quando o cursor sai do sprite, volta ao estado "up".
>
> Poderíamos ter usado mouseWithin, que teria deixado o sprite escurecido não importando se o mouse estava pressionado ou não. Isso acontece porque o Director vê o cursor dentro do sprite (mouseWithin) e executa a ação.

Como reutilizar o código

Há três botões a mais a serem codificados, o que significa mais trabalho a fazer no Behavior Inspector. Mais trabalho? Pense bem no que muda aqui. Os nomes dos botões e a URL. Por que não reutilizamos o código simplesmente?

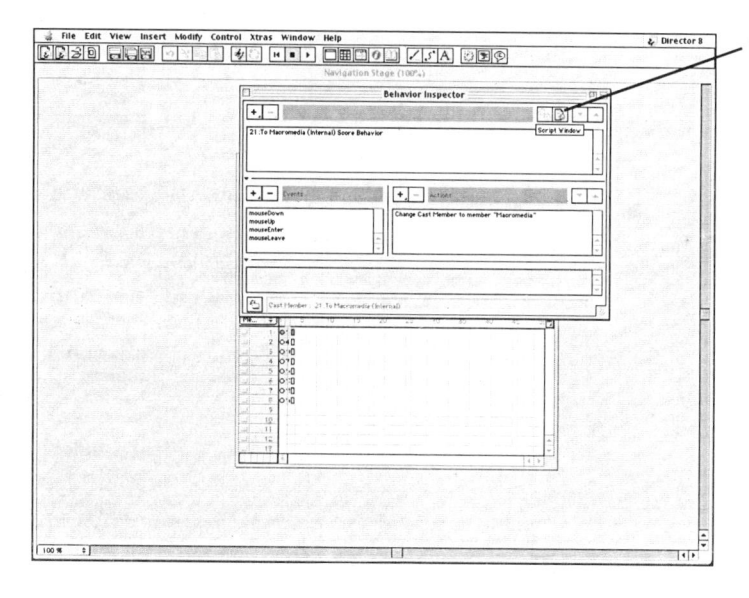

1. Clique no botão Script Window.

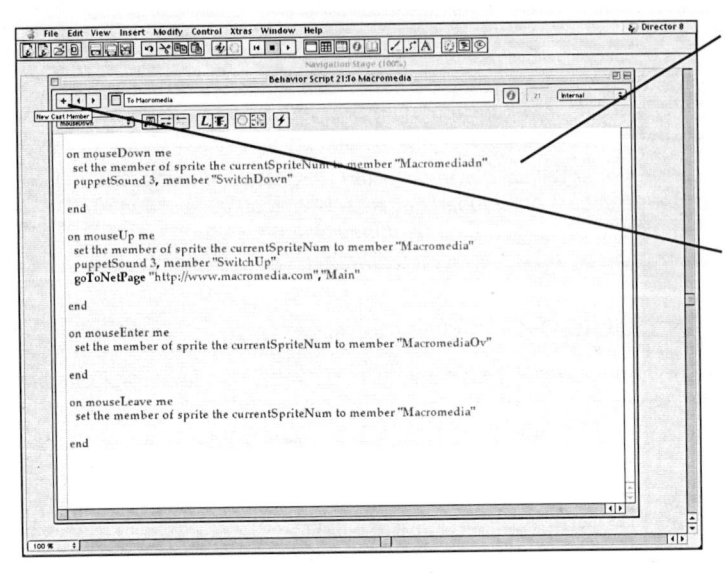

2. Selecione todo o script clicando e arrastando o mouse.
3. Selecione Edit, Copy Text. Command-C (Mac) ou Control-C (PC).
4. Clique no botão New Cast Member para aparecer uma janela de script em branco.
5. Nomeie o script como "To Prima".
6. Clique uma vez na área do script.

7. Selecione Edit, Paste. Command-V (Mac) ou Control-V (PC).

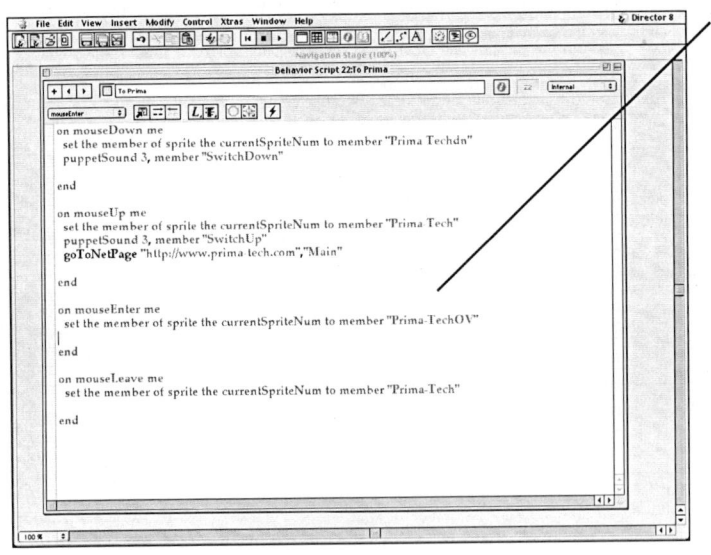

8. Altere os nomes dos botões e a URL conforme é mostrado.
9. Clique no botão New Cast Member para aparecer uma janela de script em branco.
10. Nomeie o script como "Frame Page".
11. Clique uma vez na área do script.
12. Selecione Edit, Paste. Command-V (Mac) ou Control-V (PC).

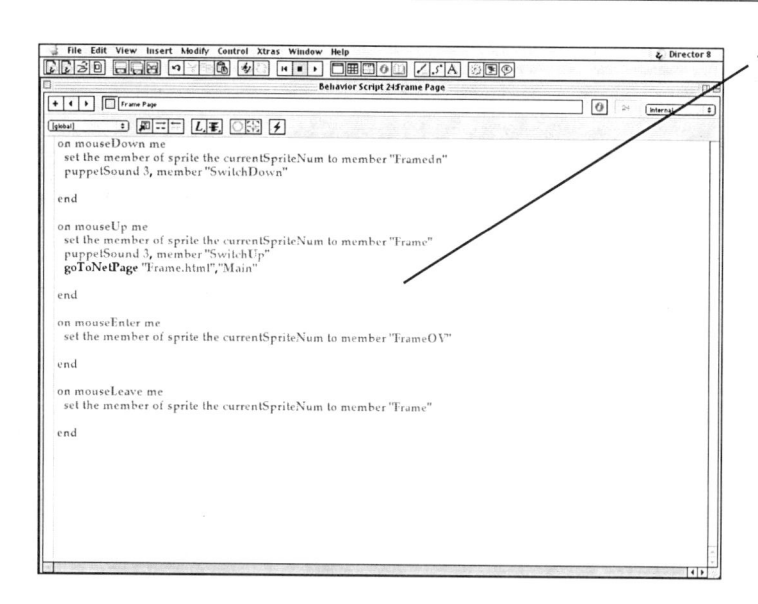

Capítulo 10 - Efeitos especiais no Director **369**

```
on mouseDown me
  set the member of sprite the currentSpriteNum to member "FrameJn"
  puppetSound 3, member "SwitchDown"
end

on mouseUp me
  set the member of sprite the currentSpriteNum to member "Frame"
  puppetSound 3, member "SwitchUp"
  goToNetPage "Frame.html","Main"
end

on mouseEnter me
  set the member of sprite the currentSpriteNum to member "FrameOV"
end

on mouseLeave me
  set the member of sprite the currentSpriteNum to member "Frame"
end
```

13. Altere os nomes dos botões e a URL conforme é mostrado.

Observação

Observe a diferença fundamental entre este script e o script "To Prima". A URL apenas consiste de uma página do HTML. Esta página permanecerá no mesmo nível da raiz do filme do Shockwave. Quando o botão for clicado, a página denominada "Frame.html" aparecerá no quadro denominado "Main" no site.

14. Clique no botão New Cast Member para aparecer uma janela de script em branco.

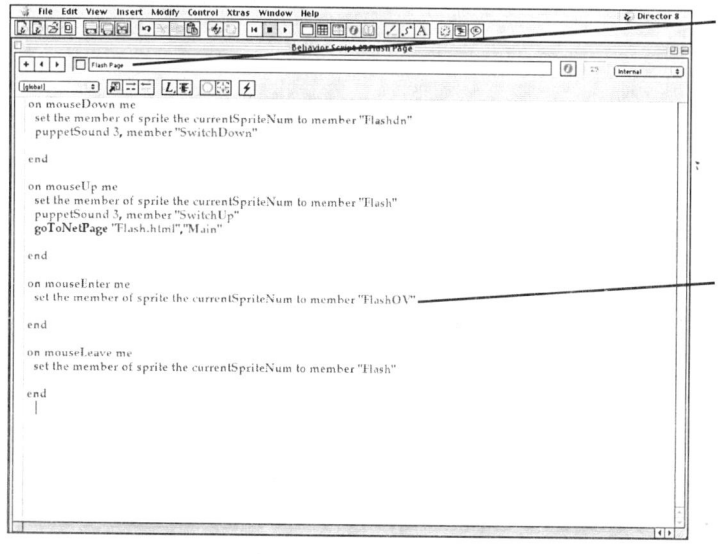

```
on mouseDown me
  set the member of sprite the currentSpriteNum to member "FlashJn"
  puppetSound 3, member "SwitchDown"
end

on mouseUp me
  set the member of sprite the currentSpriteNum to member "Flash"
  puppetSound 3, member "SwitchUp"
  goToNetPage "Flash.html","Main"
end

on mouseEnter me
  set the member of sprite the currentSpriteNum to member "FlashOV"
end

on mouseLeave me
  set the member of sprite the currentSpriteNum to member "Flash"
end
```

15. Nomeie o script como "Flash Page".

16. Clique uma vez na área do script.

17. Selecione Edit, Paste. Command-V (Mac) ou Control-V (PC).

18. Altere os nomes dos botões e a URL conforme é mostrado.

19. Selecione cada um dos botões no score e anexe o script correspondente ao botão.

Como finalizar

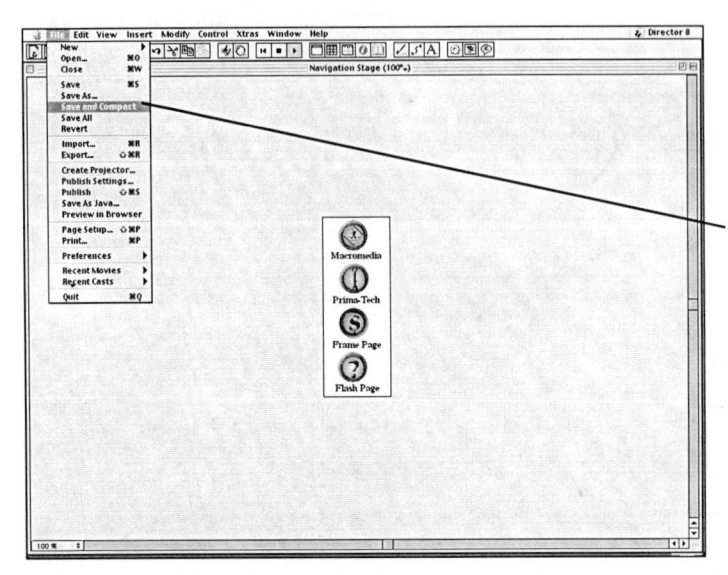

1. Teste o filme para assegurar que os botões funcionam e que não há erros de script.
2. Pare o filme.
3. Selecione File, Save and Compact.
4. Nomeie o arquivo.
5. Navegue para a pasta Exercise na área de trabalho e clique em OK.
6. Selecione File, Publish. Os arquivos do Shockwave e HTML serão adicionados na pasta Exercise. 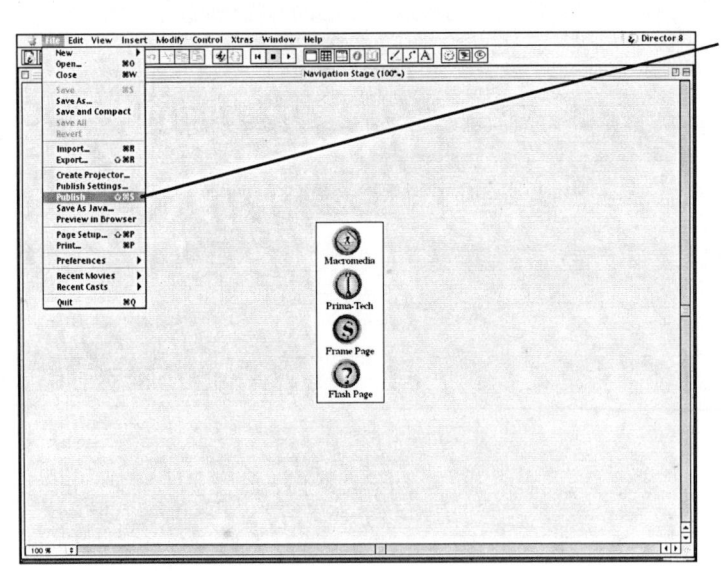
7. Saia do Director. File, Quit. Command-Q (Mac) ou Control-Q (PC).

Capítulo 10 - Efeitos especiais no Director

Como testar o browser

O objetivo deste livro é criar os filmes que serão incluídos em páginas da Web. Não é um curso de criação de páginas para a Web, mas se você tem acesso a alguma ferramenta de layout da Web, como Macromedia Dreamweaver, pode testar seus esforços. Para aqueles que estão apenas explorando a criação de páginas na Web, incluímos os arquivos necessários na pasta Complete deste exercício. Para utilizar os arquivos, será necessária uma conexão com a Internet e acesso ao Shockwave e Flash para o browser.

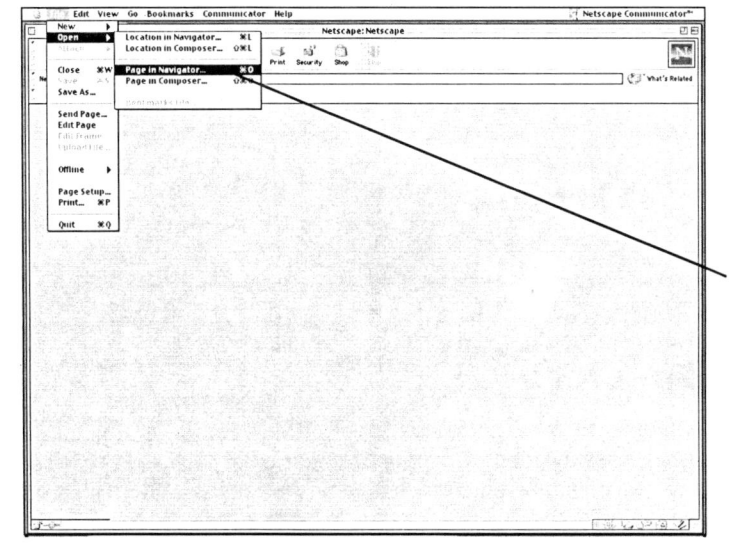

1. Faça a conexão com a Internet.
2. Abra o browser.
3. Clique no botão Stop do browser. A Home Page não é necessária para esta seção.
4. Usuários do Netscape Navigator selecionam File, Open, Page in Navigator (Arquivo, Abrir, Página no Navigator). Usuários do Internet Explorer selecionam File, Open File (Arquivo, Abrir Arquivo).
5. Navegue para Complete Folder (Pasta Completa) na área de trabalho e selecione "Industrial.html" na pasta Shockwave Applet.

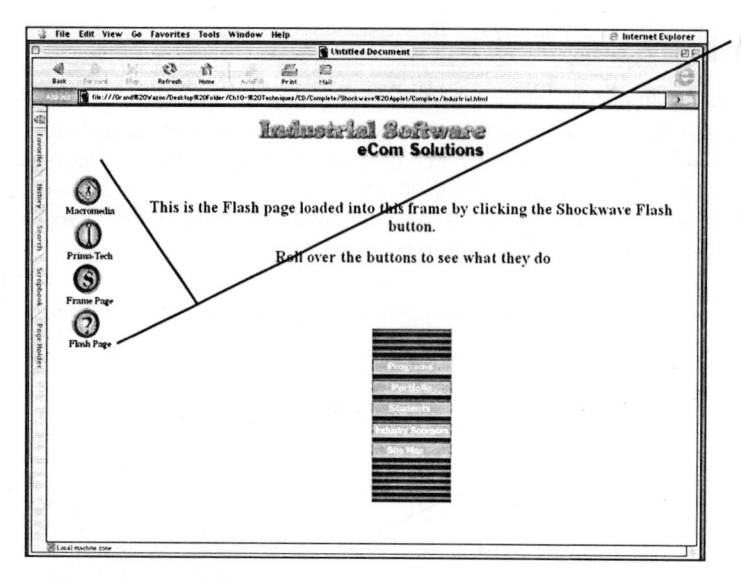

6. Clique nos botões e as páginas serão carregadas no quadro de destino.

Como criar hyperlinks no Director

O exercício anterior mostrou como utilizar o comando goToNetPage como ferramenta de navegação. Conforme foi visto, é possível utilizá-la para carregar uma página do browser em uma nova janela do browser ou em um quadro de destino de uma página. Outro método de navegação é o uso de hyperlinks.

É possível criar hyperlinks no texto que lhe permita acessar sites da Web ou marcadores no filme. Neste exercício, criaremos um hyperlink que acesse o site da Prima-Tech e dois outros que acessem quadros diferentes no filme. Antes de iniciar, certifique-se de copiar a pasta Hyperlink Exercise na área de trabalho.

1. Abra Hyperlink.dir.

Capítulo 10 - Efeitos especiais no Director **373**

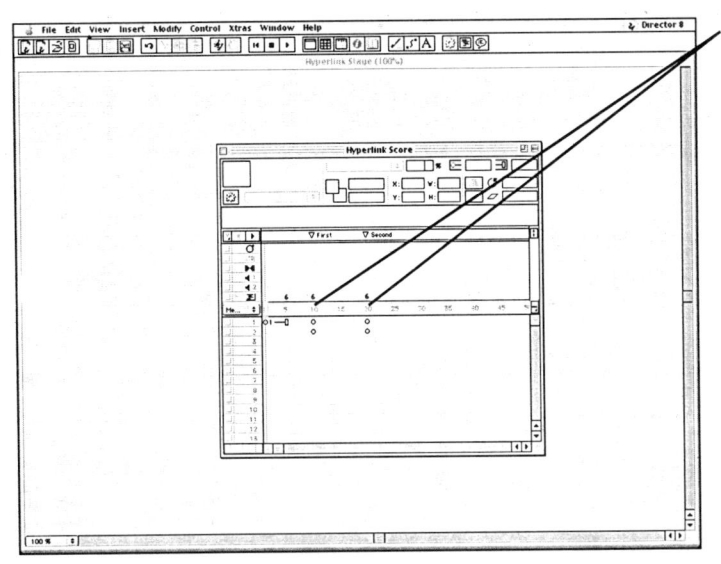

2. Abra o score. Observe os marcadores nos quadros 10 e 20. Codificaremos o acesso a estes dois marcadores.

3. Abra o palco, caso ainda não esteja na tela e o texto estará pronto.

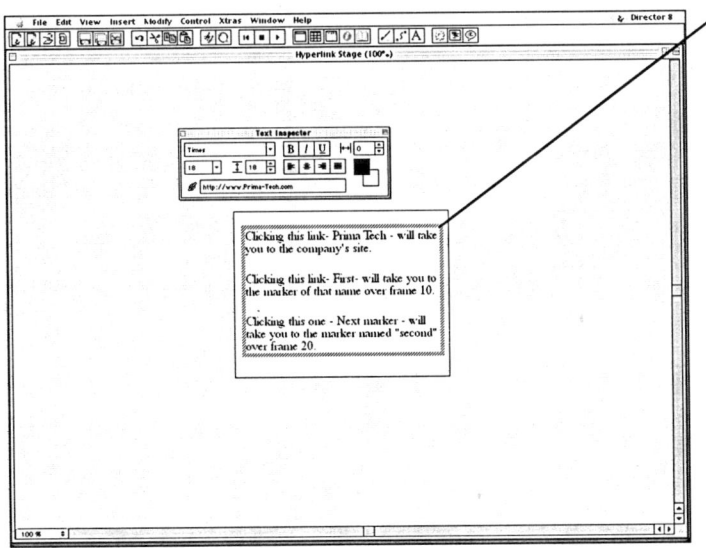

4. Clique duas vezes na caixa Text no palco. A caixa cinza ao redor do texto indica que ele pode ser editado.

Observação

O texto que está no palco é um membro de texto e não um campo. Esta técnica funciona apenas para membros de texto. Se você tentar com um campo, a caixa de hyperlink irá se tornar cinza, significando que o recurso não está disponível.

Tenha cuidado com caixas de texto. A fonte selecionada deve estar na máquina do usuário ou será substituída, principalmente se você estiver utilizando a fonte do Shockwave. A substituição da fonte será feita com base nas regras de substituição do browser.

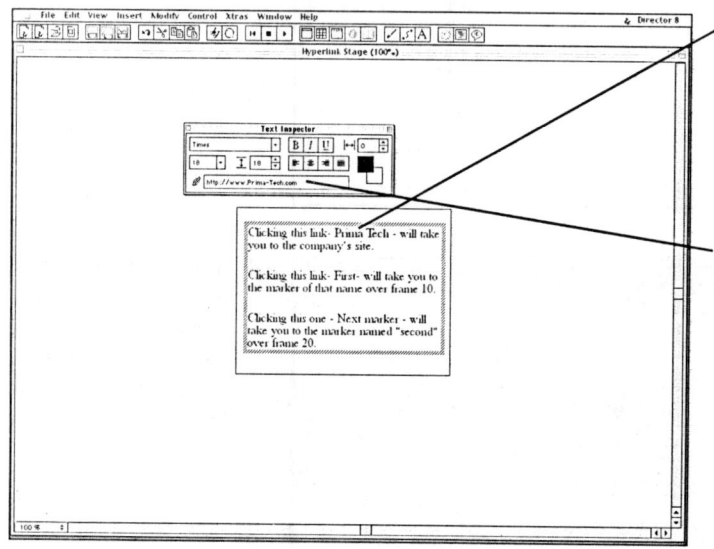

5. Selecione Prima Tech.

6. Window, Inspectors, Text. Command-T (Mac) ou Control-T (PC) para abrir Text Inspector.

7. Digite o link mostrado na caixa de texto Hyperlink Data (Dados do hyperlink).

8. Feche o Inspector. O Director irá adicionar cor e destaque para você.

Capítulo 10 - Efeitos especiais no Director **375**

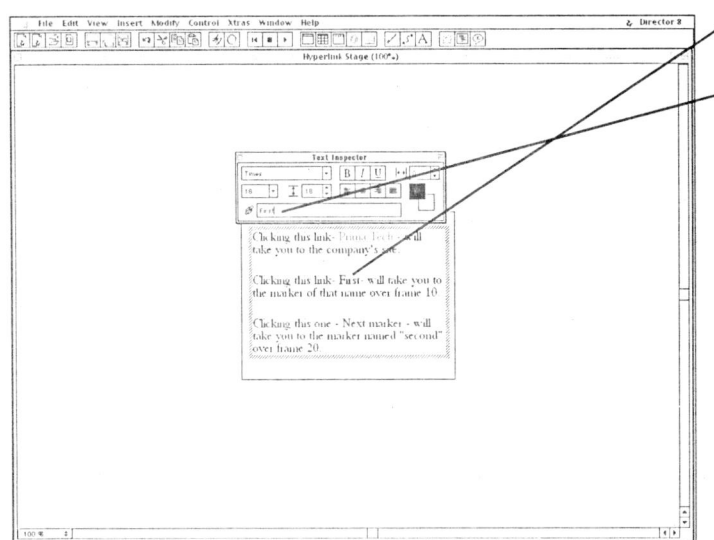

9. Selecione "First" no parágrafo seguinte.
10. Abra Text Inspector e digite o link mostrado. O link deve corresponder ao primeiro marcador no score.
11. Feche o Inspector.

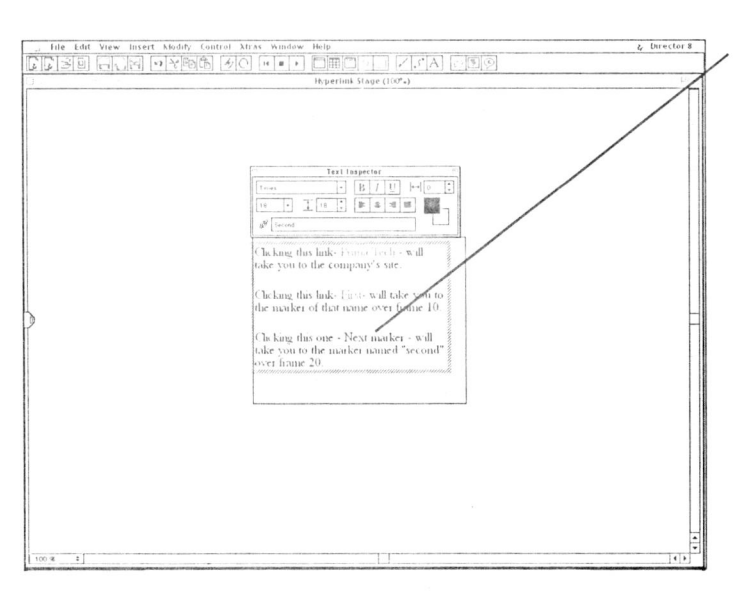

12. Selecione "Next marker" e digite os links mostrados.
13. Feche o Inspector.

Como codificar os links

Você deve ter percebido que criar um hyperlink é um processo de duas etapas. A primeira é identificar o link e a segunda, codificar o acesso.

Esta tarefa será bastante diferente de qualquer codificação de navegação já feita até aqui. Você pode pensar que o acesso poderia ocorrer em um evento mouseUp. Mas não acontece. Há um manipulador de eventos especial do Lingo — on hyperlinkClicked — que deve ser utilizado. A sintaxe também é importante: "on hyperlinkClicked me, data".

"me" é utilizado no comportamento para identificar o sprite ao qual ele está anexado. Se "me" não for utilizado no manipulador, Lingo irá solicitar um símbolo. Os dados são o texto digitado na área Hyperlink data de Text Inspector.

1. Abra o score.
2. Certifique-se de que a barra de ferramentas esteja visível. Caso não esteja, selecione View, Sprite Toolbar.
3. Selecione o sprite no quadro 1, canal 1. A caixa de texto será selecionada no palco.
4. Selecione New Behavior no menu Behavior para abrir a janela Script.

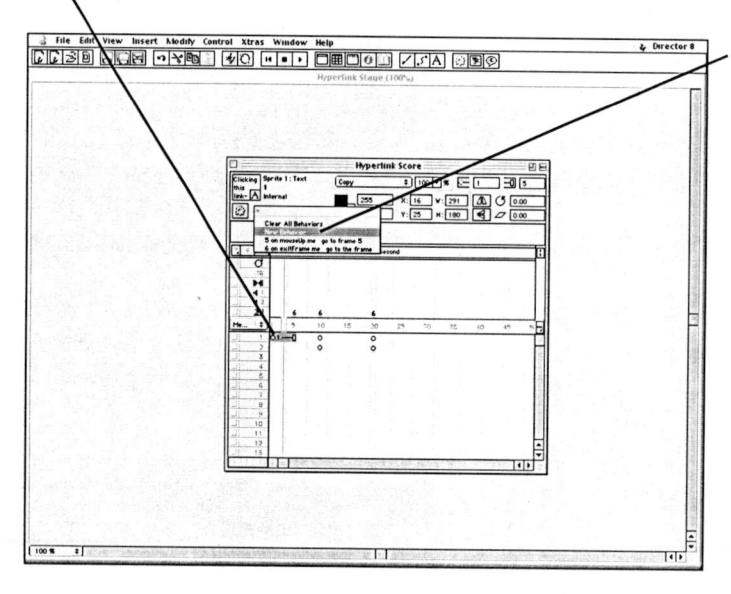

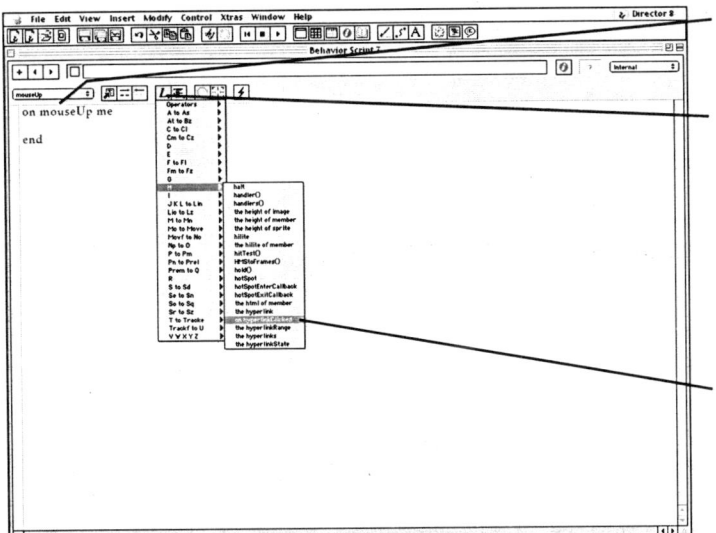

5. Selecione todo o manipulador "on mouseUp me".
6. Clique no menu Alphabetical Lingo (Lingo em ordem alfabética) e mantenha o botão do mouse pressionado para abrir a listagem do Lingo em ordem alfabética.
7. Siga na listagem até a letra H e selecione hyperlinkClicked.
8. Digite o código mostrado. 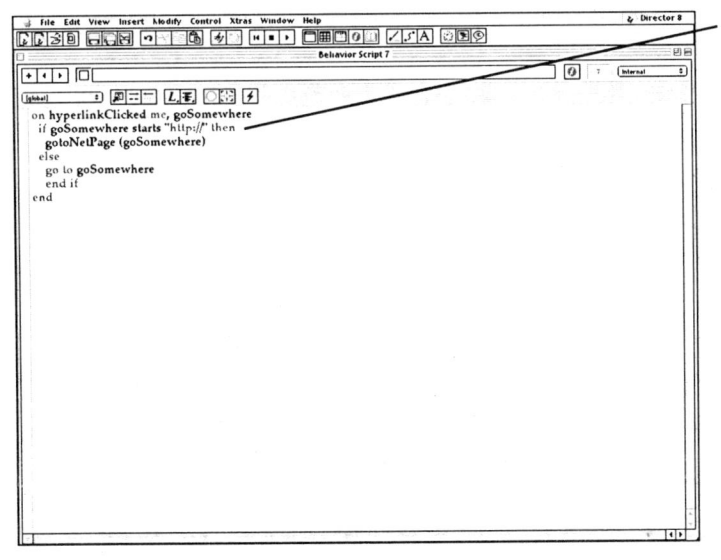
9. Salve o filme na pasta de exercícios na sua área de trabalho.
10. Reproduza o filme.

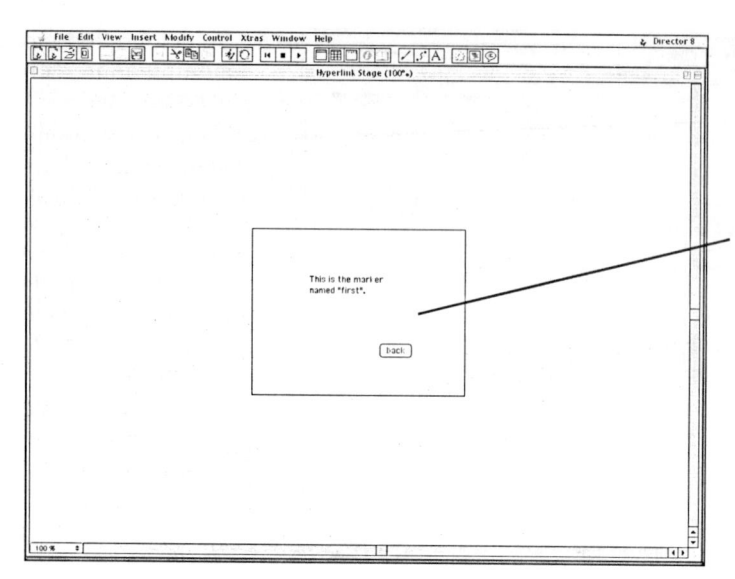

11. Clique nos dois links internos e observe como você "salta" para os marcadores sobre os quadros 10 e 20.
12. Edite o filme para criar um arquivo do Shockwave.
13. Saia do Director.

Explicações sobre o código

Este código apenas verifica se a URL ou o link foi clicado. Caso tenha sido a URL, a página será aberta. Caso não seja, a navegação será feita para um marcador específico.

```
on hyperlinkClicked me, goSomewhere
```

É necessário adicionar "me". O parâmetro informado para os dados é apenas goSomewhere, que será o texto que você digitou na caixa Hyperlink Data (Dados do hyperlink).

```
    if goSomewhere starts "http://" then
```

O link é uma URL? Todas as URLs iniciam com "http://", portanto, faz sentido procurar por esta cadeia em Data Link (Link dos dados).

```
        gotoNetPage (goSomewhere)
```

Se for uma URL, seguir para a página da Web digitando a URL entre parênteses. Lembre-se de que o texto na caixa Hypertext Data (Dados do hipertexto) é conhecido como "goSomewhere".

```
    else
```

Se não for uma URL...

```
        go to goSomewhere
```

... enviar o cabeçote para o marcador indicado em Data Link.

```
    end if
```

Sempre finalize com uma declaração "if".

```
end
```

Capítulo 10 - Efeitos especiais no Director **379**

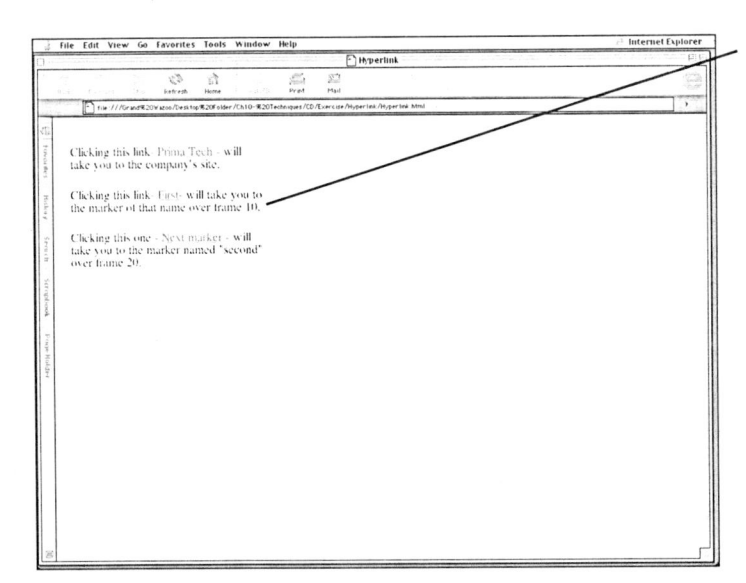

14. Abra o arquivo no browser e teste os links.

Capítulo 11

Como criar um projetor

Podemos dividir este livro em duas partes. Na primeira, criamos filmes no Director para reprodução na Web. Na segunda, para reprodução em CD-ROM ou disco rígido. É aqui que o projetor exerce um papel importante. A criação de um projetor precisa de um pouco de criatividade e as pessoas que trabalham com desenvolvimento possuem suas próprias dicas que garantem o trabalho. Este capítulo mostra um exemplo simples de como criar um projetor do Director e mostra como:

- ◆ Preparar um filme curto
- ◆ Criar e mostrar projetores
- ◆ Criar e mostrar projetores de inicialização rápida
- ◆ Adicionar Xtras

Apresentamos algumas regras básicas sobre projetores antes de iniciarmos o exercício.

- Projetores são versões "diminuídas" do aplicativo. No PC, são arquivos .exe.
- O projetor criado para exibir filmes do Mac deve ser feito utilizando uma versão do Director para Macintosh.
- O projetor criado para exibir arquivos do PC deve ser criado utilizando uma versão do Director para PC.
- Todos os meios anexados — sons, vídeo, filmes do Flash — devem estar no mesmo nível do projetor em relação ao diretório raiz. Copie a pasta Projector no seu disco rígido antes de prosseguir.
- Você precisará apenas de um arquivo — denominado "curto" — para que seja embutido no projetor.

Como preparar o filme curto

Embora seja possível lançar uma apresentação completa do Director em um projetor, estaríamos cometendo um erro. Uma vez embutido no projetor, um arquivo não pode ser editado ou alterado sob hipótese alguma. Desta forma, alterações a serem feitas pelo cliente seriam um grande problema se o arquivo desejado estivesse no projetor.

A fim de lidar com esta limitação, as pessoas que trabalham com desenvolvimento criam um filme "curto" e colocam-no no projetor. Um *curto* é apenas um filme de um quadro ou dois que "chama" outro filme do Director. Este procedimento facilita as revisões a serem feitas pelo cliente, pois é possível abrir o arquivo e fazer alterações sem ter que recriar o projetor. Os filmes curtos podem variar de simples — abrir outro filme do Director — a complexos — definir a profundidade da cor do monitor, procurar pelo QuickTime, pelo sistema operacional e até saber o tipo de máquina que está sendo utilizada para exibir o filme.

O curto que criaremos é bastante simples. Antes de iniciar, copie o arquivo Exercise deste capítulo do CD para a área de trabalho.

1. Abra um novo filme do Director.

Capítulo 11 - Como criar um projetor **383**

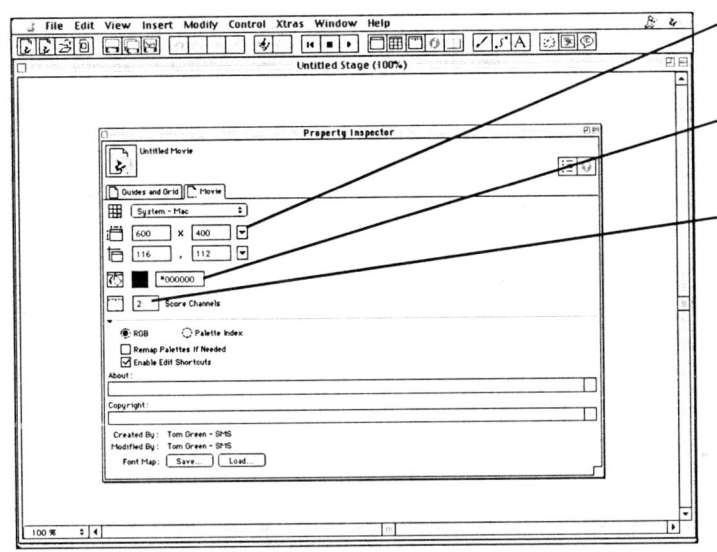

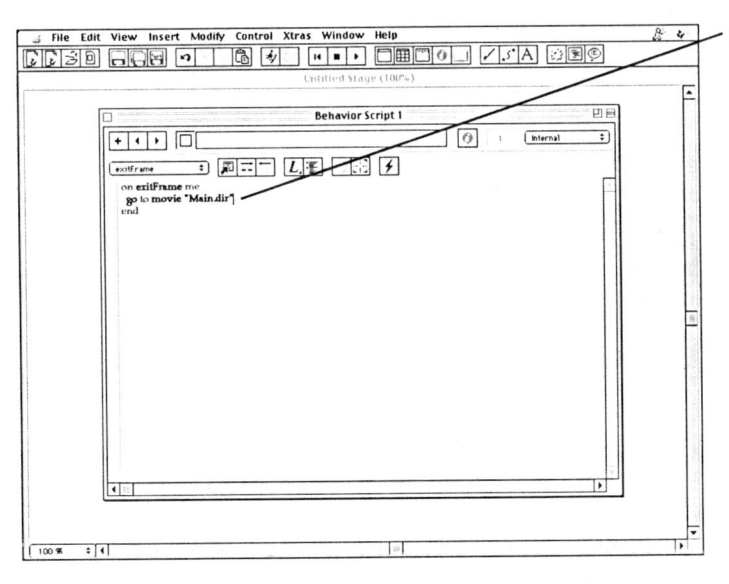

2. Defina o tamanho do palco como 600 x 400.
3. Defina a cor do plano de fundo como preta.
4. Reduza o número de canais para 2. Teremos apenas dois canais, pois é necessário diminuir o tamanho do arquivo e a demanda do processador do filme curto.
5. Selecione o quadro 2 do canal de comportamento.
6. Digite o código mostrado.

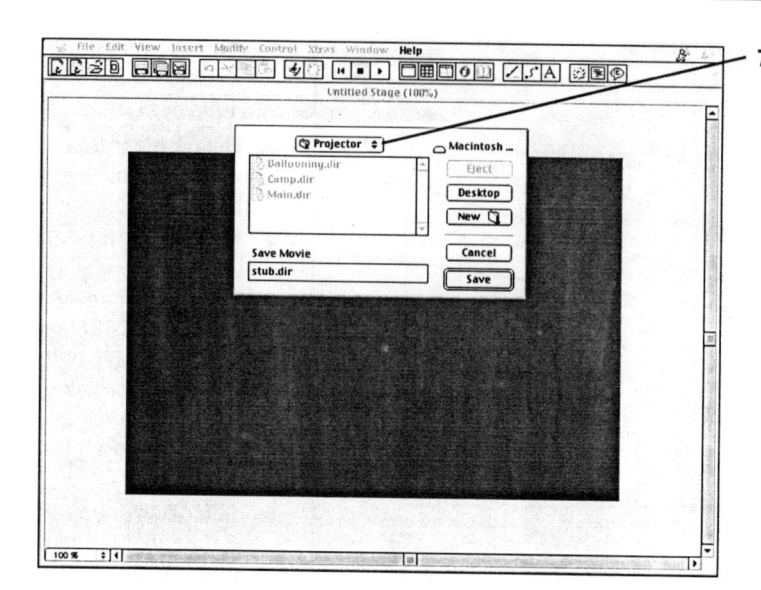

7. Salve o filme na mesma pasta que o restante dos filmes na apresentação.

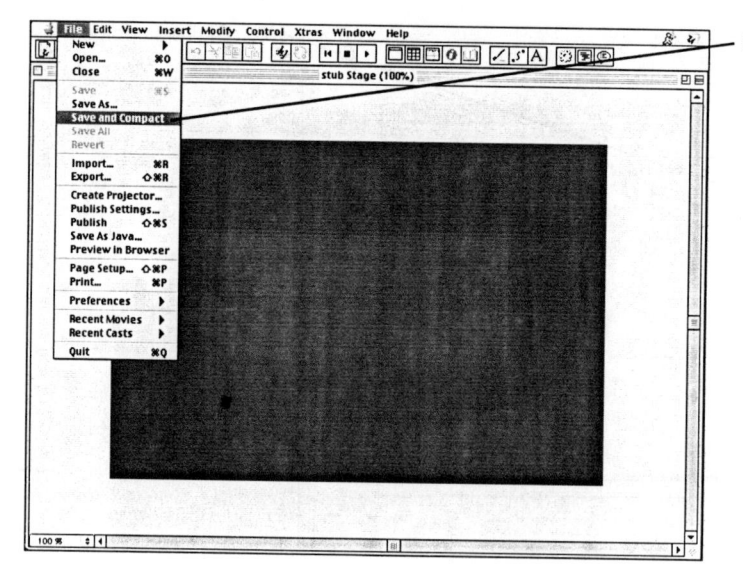

8. Selecione File, Save and Compact.

Capítulo 11 - Como criar um projetor   **385**

Regras para o filme curto:
- ◆ Certifique-se de que este filme tenha o mesmo tamanho e a mesma cor de palco que o filme a ser aberto.
- ◆ O curto deve ser salvo na mesma pasta que os outros filmes da apresentação.
- ◆ A redução dos canais reduz códigos extras.
- ◆ Insira a "chamada" no quadro 2 para dar ao Director a chance de ser inicializado.

Como criar o projetor

A criação do projetor não é terrivelmente difícil. O que é mais importante é lembrar-se de selecionar apenas o arquivo a ser posicionado no projetor e clicar no botão Options antes de clicar no botão Create na caixa de diálogo. As etapas a seguir mostram o processo. Siga-as cuidadosamente.

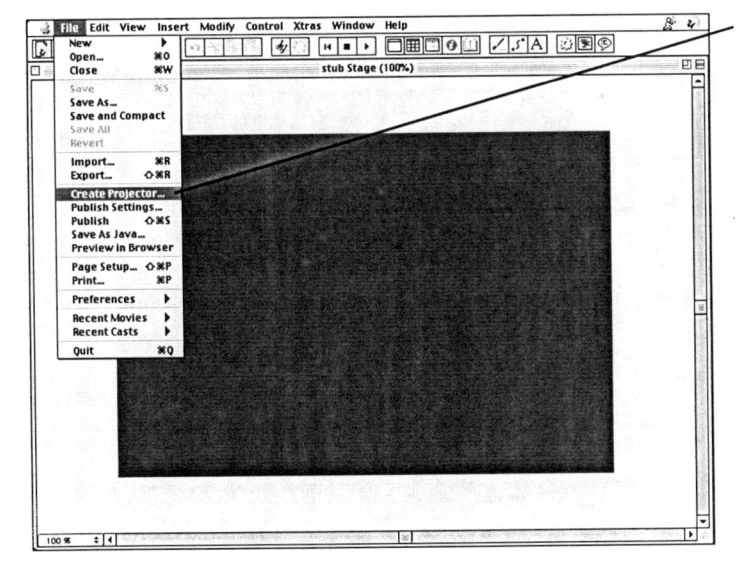

1. Selecione File, Create Projector (Arquivo, Criar Projetor) para abrir uma caixa de diálogo.

2. Navegue para o filme curto.

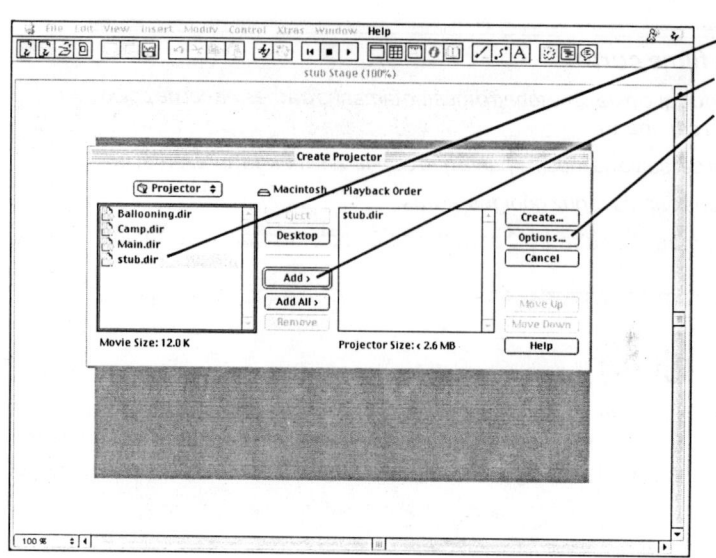

3. Selecione-o.
4. Clique em Add.
5. Clique em Options.

6. Selecione Animate in Background (Animar no Plano de Fundo) na seção Playback.

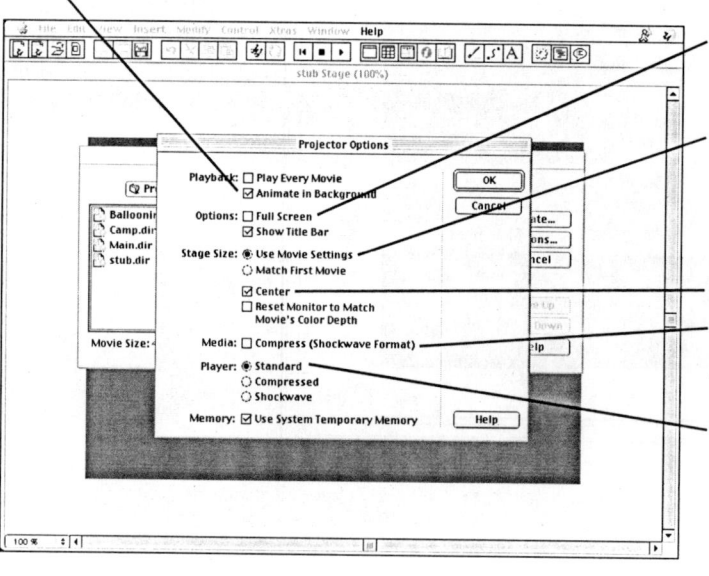

7. Selecione Full Screen na seção Options.
8. Selecione Use Movie Settings (Utilizar Definições do Filme) na seção Stage Size.
9. Selecione Center.
10. Desmarque Media caso esteja selecionado.
11. Selecione Standard (Padrão) na seção Player.
12. Clique em OK.

Capítulo 11 - Como criar um projetor   **387**

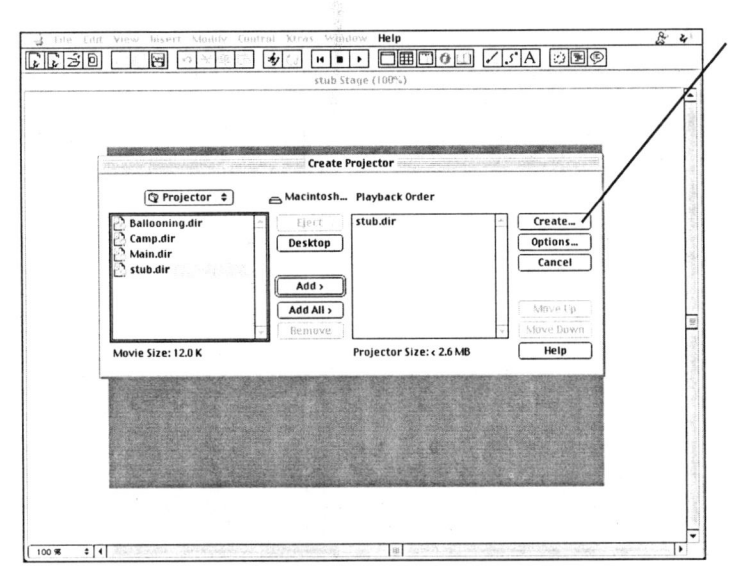

13. Clique no botão Create.
14. Nomeie o arquivo na caixa de diálogo de resultado.
15. Salve o arquivo na mesma pasta que os outros filmes.
16. Clique em Save.

Regras sobre o projetor:

- ◆ A seleção de Animate in Background assegura que o filme seja exibido mesmo se outro aplicativo estiver aberto.
- ◆ Selecione sempre Full Screen para mascarar a área de trabalho. Este procedimento torna o anterior redundante, mas "é melhor prevenir do que remediar".
- ◆ Centralize sempre os filmes na tela. Em algumas ocasiões, não é necessário, mas elas vão além da abordagem deste livro.
- ◆ Selecione sempre Standard Player. Esta opção fornece tudo o que é necessário à execução do projetor. As outras duas criam projetores menores, mas necessitam que você adicione muita complexidade no produto acabado.

Como exibir o projetor

Quase todos os CDs existentes no mercado que utilizam o Director para criar apresentações utilizam um projetor para iniciá-las. O ícone pode não corresponder ao padrão do Director (em forma de diamante) apenas porque quem o desenvolveu criou um ícone personalizado para o projetor.

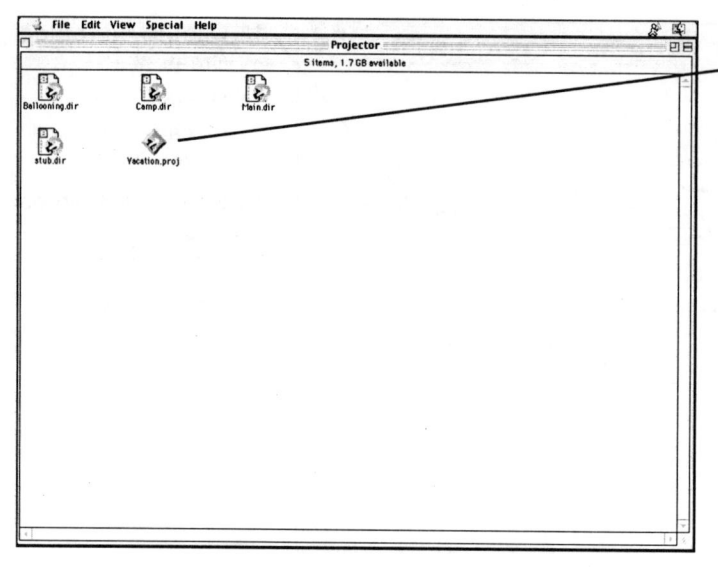

1. Saia do Director.
2. Localize seu projetor. Procure pelo ícone em forma de diamante.
3. Clique duas vezes no projetor.
4. Pressione Command-ponto (Mac) ou Control-ponto (PC) para parar o projetor. Esta etapa é desnecessária caso você tenha um botão Quit no filme.
5. Abra o filme Main.dir na pasta do projetor.
6. Acrescente seu nome neste filme no quadro 1 e amplie-o por toda a duração do filme.
7. Selecione Save and Compact. Faça isso sempre que alterar um filme a ser aberto através de um projetor.
8. Saia do Director.
9. Clique duas vezes no projetor e o seu nome aparecerá no palco.

Como criar um projetor de inicialização rápida

O exercício anterior criou um projetor relativamente simples, o que é uma boa notícia. A má notícia é que nem todos os projetores são inicializados tão rapidamente. Você, inevitavelmente, cria um projetor que leva 10 segundos ou mais para iniciar o filme. O motivo é simples.

Quando o projetor foi criado, adicionamos vários anexos denominados *Xtras*. Estes arquivos foram automaticamente compactados e adicionados ao filme. Quando o projetor é inicializado, especialmente a partir de um CD, um diretório TEMP é criado para contê-los. Este procedimento consome muito tempo se você tiver muitos meios, como vídeo digital e longas trilhas sonoras na apresentação, que precisam estar anexados.

Este é um dos poucos momentos em que teremos uma diferença entre as plataformas do PC e do Mac. Apenas os usuários do PC criarão um projetor de inicialização rápida utilizando o Shockwave Player; usuários do Mac, não.

Capítulo 11 - Como criar um projetor **389**

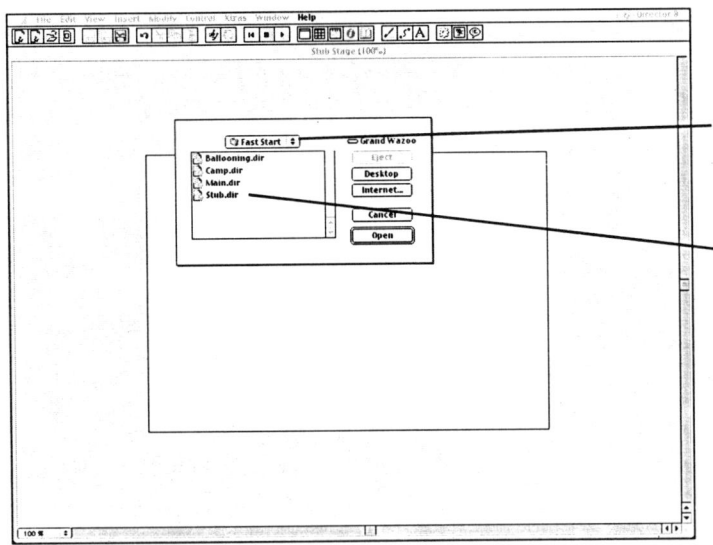

Para criar o projetor:
1. Selecione File, Open para abrir o filme.
2. Navegue para a pasta Fast Start na pasta Exercises deste capítulo.
3. Abra Stub.dir.

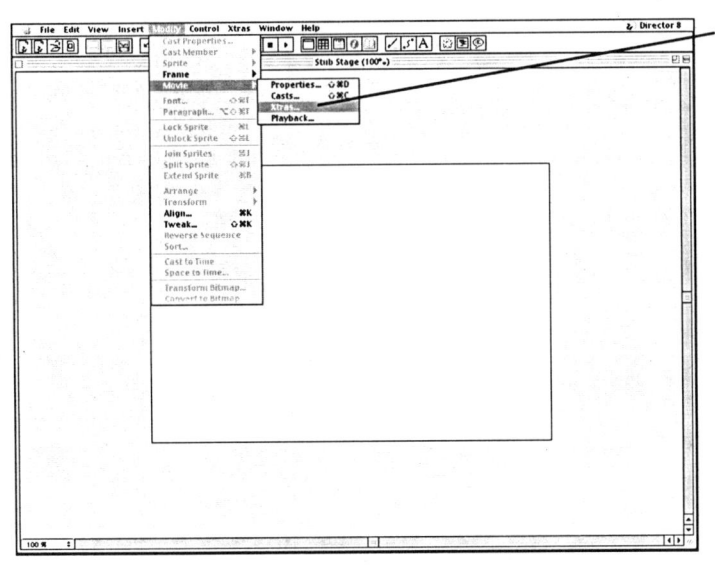

4. Selecione Modify, Movie, Xtras para abrir a caixa de diálogo Movie Xtras.

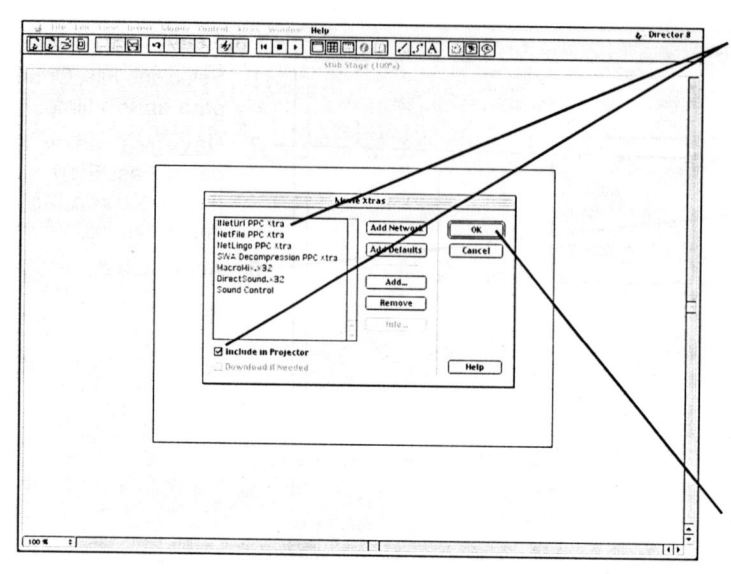

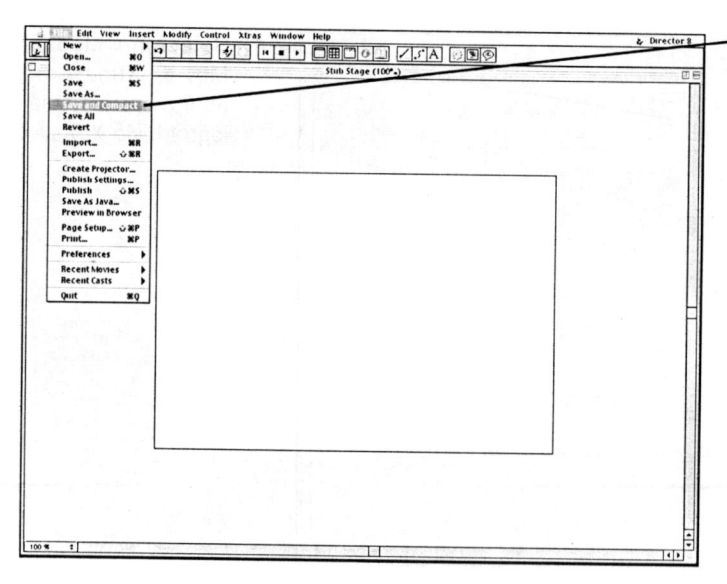

5. Selecione cada Xtra da lista e clique na opção "Include in projector" (Incluir no projetor) para todos os Xtras que aparecerem na lista. Este procedimento irá desmarcar os Xtras e assegurar que não sejam adicionados ao projetor quando for criado, possibilitando uma inicialização mais rápida para o projetor.

6. Clique em OK para fechar a caixa de diálogo.

7. Selecione File, Save and Compact para salvar o filme.

Repita as etapas 3 a 7 para todos os filmes a serem lançados no projetor.

Capítulo 11 - Como criar um projetor

Observação

Caso você faça alterações em quaisquer filmes, é necessário repetir as etapas 3 a 7 para cada filme alterado, o que pode ser a inclusão de um novo membro do elenco ou retirada de sons desnecessários. Uma vez embutidos no projetor, um filme não pode ser alterado. É necessário abrir uma cópia do filme que está sendo alterado, fazer a alteração e deletar o projetor.

Não há a necessidade de desmarcar a opção "Include in projector" para os Xtras dos filmes que estejam na mesma pasta que o projetor. No nosso caso, esses filmes seriam Ballooning.dir e Camp.dir, cujos Xtras não são referenciados quando o projetor é criado.

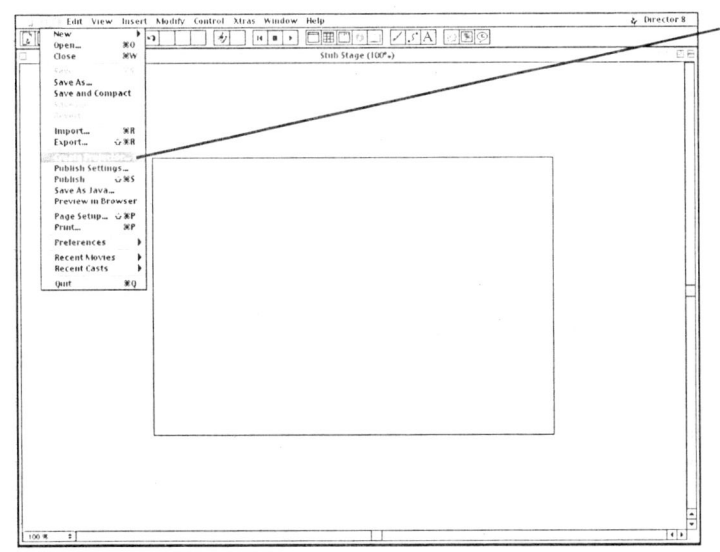

8. Selecione File, Create Projector para abrir a caixa de diálogo Create Projector.

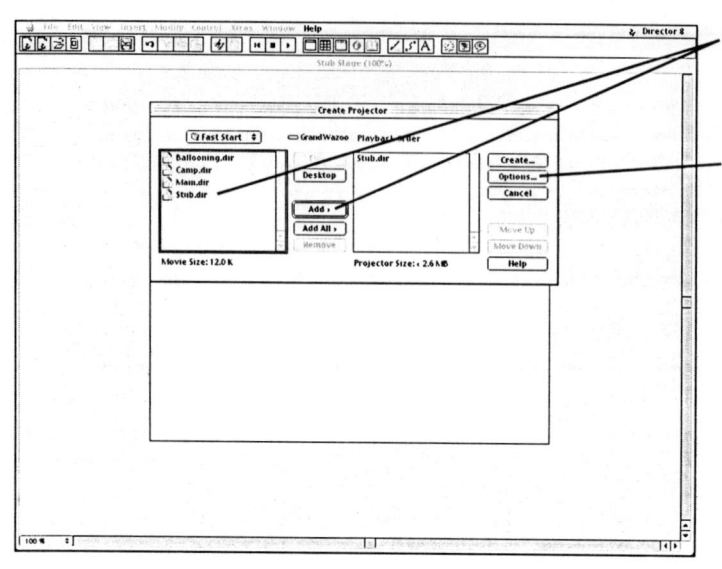

9. Selecione o filme — Stub.dir — a ser exibido pelo projetor e clique em Add.

10. Selecione Options para abrir a caixa de diálogo Projector Options.

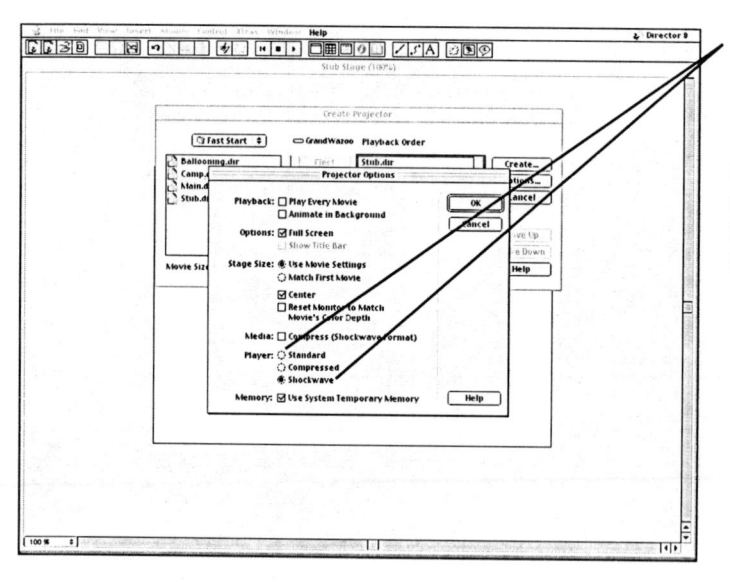

11. Usuários do Windows: selecionem a opção Shockwave e cliquem em OK.

Usuários do Macintosh: selecionem a opção Standard e cliquem em OK.

Capítulo 11 - Como criar um projetor **393**

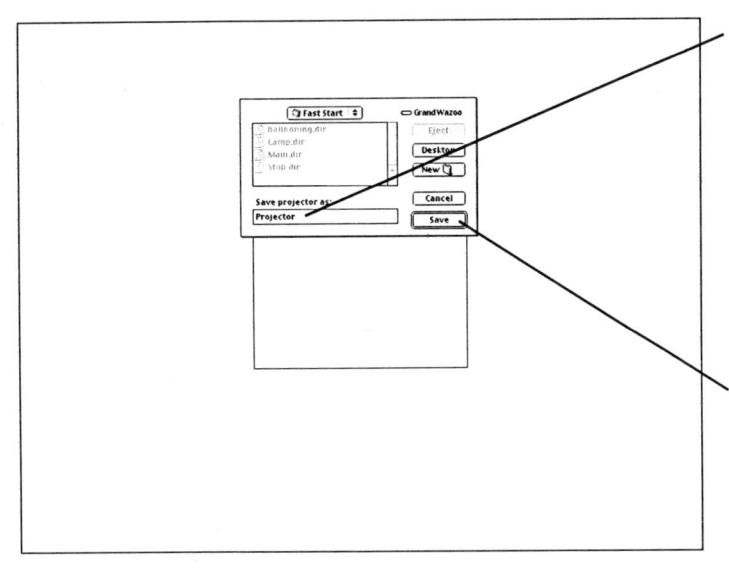

12. Na caixa de diálogo Create Projector, clique em Create para abrir a caixa de diálogo Save Projector As (Salvar Projetor Como). Digite um nome para o projetor e navegue para a pasta Fast Start na área de trabalho.

13. Clique em Save para salvar o projetor na pasta.

14. Saia do Director e retorne à área de trabalho.

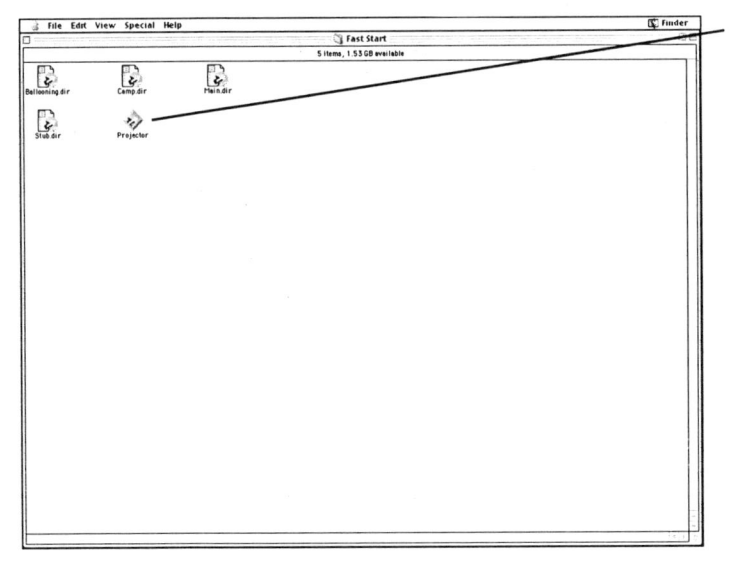

15. Abra a pasta Fast Start que deve conter o projetor.

Como adicionar
os Xtras removidos

Se fôssemos exibir o filme agora, o Director pediria que informássemos onde encontrar os Xtras necessários para a exibição. Quando o filme exibe o projetor, que é uma versão reduzida do Director, este irá procurar pelos Xtras no próprio filme. Caso não os encontre, procura em uma pasta denominada "Xtras". Caso não encontre a pasta, o Director começará a importuná-lo.

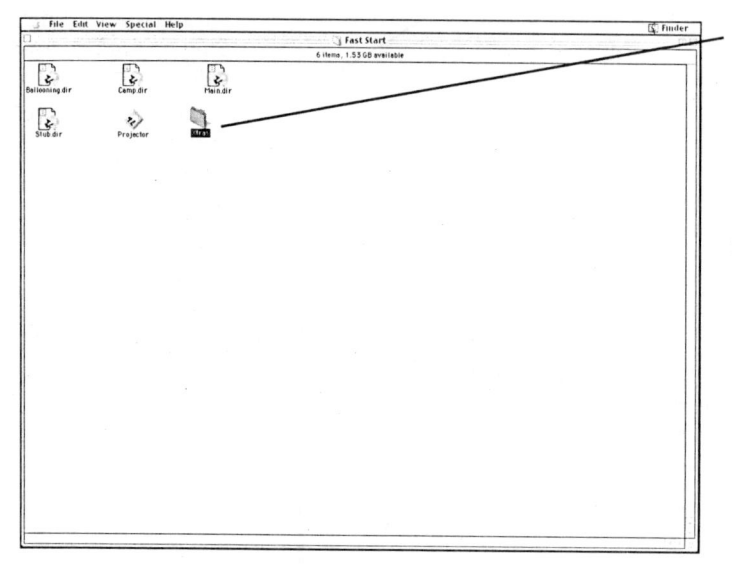

1. Crie uma nova pasta na pasta Fast Start e nomeie-a "Xtras". Esta pasta é crítica por estar no mesmo nível de diretório do projetor.

2. Abra a pasta do aplicativo do Director.

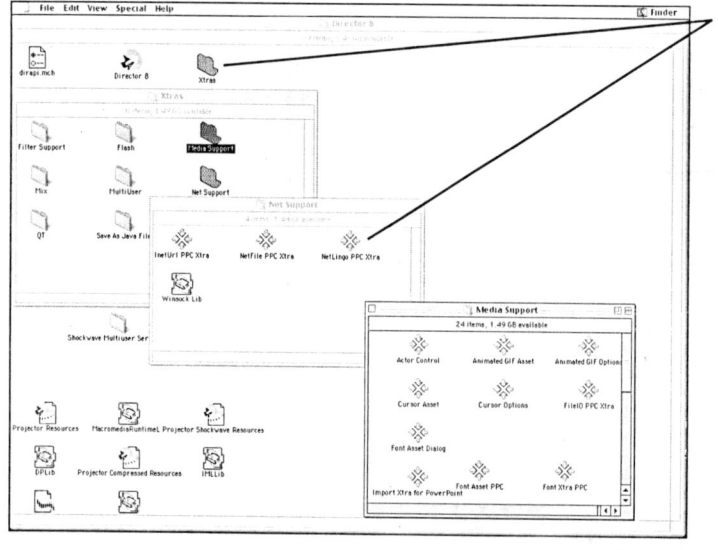

3. Localize a pasta Xtras e copie os Xtras necessários do aplicativo para a nova pasta.

Observação

Vejamos um truque que ajuda a identificar os Xtras a serem copiados. Remova todos os Xtras a partir da caixa de diálogo Modify, Movie, Xtras e salve o filme novamente. Reabra o filme e verifique-os novamente. Quaisquer Xtras que reapareçam na caixa de diálogo serão necessários. Você precisará desmarcar a caixa de verificação "Include in Projector". Anote os nomes e localize-os na pasta Xtras do Director.

A etapa seguinte é criar o projetor e copiar na pasta os Xtras que são realmente necessários. Teste todo o filme. Caso o projetor não "reclame" sobre os Xtras que estão faltando, provavelmente você copiou todos. Resista à tentação de apenas copiar a pasta completa de Xtras para o projeto, pois os que não são necessários ou utilizados comprometerão a velocidade do projetor.

Para a utilização de som, são necessários "MacroMix", "Mix Services" e, possivelmente, "DirectSound" ou "QT3Mix". Se o QuickTime for utilizado, você precisará do QuickTime Asset Xtra. O Flash precisa do Flash Asset Xtra. Finalmente, nunca inclua um Xtra com a palavra "Options". Um exemplo é "Flash Asset Options", pois tais Xtras são utilizados apenas na criação do filme no Director. Em alguns casos, poderiam causar danos no projetor.

Se você estiver em plataforma cruzada, assegure-se de que os Xtras do Macintosh funcionem apenas nele e que o mesmo aconteça com o PC. Caso um Mac encontre um Xtra do PC, irá ignorá-lo. Desta forma, é possível criar uma única pasta de Xtras para incluir ambas as versões, para Mac e PC.

4. Apenas para Windows. Usuários do Director 8 para Macintosh devem ignorar esta etapa. O sistema operacional do Macintosh é um pouco diferente e os usuários não obterão melhoria de velocidade. Copie os seguintes arquivos de recurso para aplicativos específicos do Director 8 para Windows da pasta de aplicativos do Director 8 para a pasta de Xtras do seu projetor:

dirapi.dll

iml32.dll

proj.dll

msvcrt.dll

Observação

Você criará um projetor que utiliza o Shockwave Player. Qualquer projetor criado utilizando esta opção necessita dos arquivos acima na pasta de Xtras do projetor. Caso você não os inclua, o visualizador será obrigado a seguir para o site da Macromedia para obter o Shockwave 8, o que não é uma boa solução.

Um último aviso: tenha cuidado para não copiar os arquivos com nomes familiares na pasta do aplicativo do Director 8 que contenham extensões ".MCH: ou ".Z".

5. Clique duas vezes no novo projetor para abri-lo e começar a exibição do filme em poucos segundos.

Índice

A

abrir
  Behavior Inspector, 156
  Control Panel, 26-27
  filmes, 29-30
  janela Cast, 18
  Score, 3
  Stage, 3
ação On Current Frame, 179
ação Wait, On Current Frame, 179
ajustar à grade, 63
alças, 56
alinhamento
  pontos de registro, 57
  sprites, 321-322
amplitude. *Ver* amplitude de sprites
amplitudes de sprite
  alterar, 12
  definir a duração para um, 93
  posicionar no palco, 92-93
animação
  área de desenho, 324
  autodistorção, 114-119
  caminho circular, 125-129
  "esfregar", 106
  exemplos no computador e em disco, 104-113
  intermediários, 95, 106
  loops de filme, 294
  planos de fundo, adicionar, 120-122
  quadros-chave, 73, 98
  repetir, 134-137
  suave, caixa de diálogo Sprite Tweening, 129-131
  transições, 95-98, 103
apagar membros do elenco, 50-51
aparar espaços em branco, 80
aplicar zoom (palco), 5-6, 25-26
arquivos AVI, 241
atalhos pelo teclado. *Ver* combinações de teclas.
ativos
  colocar no palco, 34
  criar, 34
Attach Behavior Options, caixa de diálogo, 191-192
áudio. *Ver* som

B

balancear som, 210, 212-213
barra de ferramentas Sprite, 9
Behavior Inspector
  abrir, 156
  limitações, 190
bitmaps, 55
botões
  criar, 142-143, 148
  definir localização, 151-154
  estados, 184
  memória temporária, 196-198
browsers, inicializar a partir de filmes, 279-280
  fornecer feedback ao usuário, 288-292
  inserir botão de inicialização, 282-284
  testar link, 280-282
  URL, adicionar, 285-286

C

cabeçote, 7-8
caixas de diálogo
  Attach Behavior Options, 191-192
  Cast Window Preferences, 42-43
  Create Film Loop, 299
  Import, 79-80
  Movie Xtras, 389-390
  Name Behavior, 178
  Network Preferences, 281-282
  Space to Time, 297-298
  Specify Action, 181-182
  Specify Cast Member, 186-187
  Specify Frame, 188
  Specify Net Page, 363
  Sprite Tweening, 131
  Transition, 95-97
caixas de texto, 374
camadas, 93-95
  exemplo do computador e do disco, 110-113
campos, 87
canais, 5
  camadas, 93-95
  definir número, 23, 38, 77
  efeitos, 5
  mover sprites entre, 133-134
  sprite, 5
  visibilidade do sprite, ligar/desligar, 16-17
centralizar o palco, 38, 75
Channel Pan Slider, 212-214
Channel Volume Slider, 214-215
clicar com o botão direito
  membros do elenco, 129
  quadros, 129
colar
  scripts, 193-194

sprites, 120
Color Picker (janela Paint), 82
colunas. *Ver* quadros
comandos
   Lingo, 149-150
   menu Actions
      New Action, 182
      Wait, On Current Frame, 179
   menu Edit
      Copy Bitmap, 112
      Copy Text, 161
   menu File
      Create Projector, 381
      Import, 44, 79
      New, 75
      Open, 29-30
      Publish, 207
      Publish Settings, 233, 275
      Quit, 31
      Recent Movies, 204
      Revert, 23
      Save, 28
      Save and Compact, 28, 275, 340
      Save As, 78
      Undo, 57
   menu Ink
      Copy, 10
      Reverse, 10
   menu Insert
      Filme Loop, 299
      Keyframe, 99
   menu Modify
      Movie, Xtras, 389
      Split Sprite, 132, 345
   menu View
      Cast, 18-19
      Keyframes, 78
      Sprite Overlay, 78
      Sprite Toolbar, 4, 78
   menu Window
      Message, 149-150
      Paint, 81
   pausar, 190
   Undo Cast, 50
combinações de teclas, 3
   colar, 120
   controlar a exibição, 28
   cortar, 120
   inserir quadros-chave, 99
   parar filmes, 157
   Property Inspector, abrir, 75
compactar imagens, 277
compilador (scripts), 147
comportamentos, 140
   anexar a sprites, 192
   Library Palette (Lingo), 176, 212
   loops de quadro
      Behavior Inspector, 177-178
      criar script, 190-191
   nomear, 178
constantes, 149

Control Panel, 26-27
   abrir, 27
   trazer para frente, 70-72
controlador de movimento, codificar, 325-330
controle para o vídeo (criar), 244-246, 255
coordenadas, definir (animação), 100
copiar
   bitmaps, 112
   scripts, 193-194
   sprites, grupos, 133-134
cor
   grades, selecionar, 60
   palco
      plano de fundo, 24, 39
      alterar, 307-308
   plano de fundo, definir, 351
   profundidade, 80
   sprites, alterar, 9-10, 100-103
cortar sprites, 120
cronômetro, contagem, 316-319
cronômetro, criar, 316-319
curvas de Bezier, 55

D

dar um passo a frente, 27
dar um passo para trás, 28
declarações condicionais, 199, 306
declarações If...Then, 198
declarações if...then...else, 305
declarar variáveis globais, 254
depurar (Lingo), 166-168
   janela Message, 224-226
diminuir sprites, 108-109
Director
   inicializar, 2
   sair, 31
distorcer sprites, 16, 345-346
distribuir filmes34. *Ver também* projetores
diversos documentos, 79
dividir sprites, 133, 345
duração (transições), 98

E

editar (para a Web), 206-207
efeitos especiais
   aplicação de cores pelo texto, 349-356
   desligar a TV, 344-348
   Skew Angle, 345-346
elenco, 7, 33
erros. *Ver* depuração
escalar sprites, 349
esfregar, 7, 105
espaços em branco, aparar, 80
estado Down (botões), 184-185
estado Over (botões), 184
estado Up (botões), 184
eventos, 155. *Ver também* manipuladores
   adicionar a scripts, 178-179
   eventos ociosos, 316-319
   exitFrame, 160
   intervalo, 313-315

Índice

mouseEnter, 367
mouseLeave, 367
exibir
  filmes, 69
    acessar o Control Panel, 70-72
    parar, 70
    utilizando o Control Panel, 28
    utilizando o teclado, 28

F
fechar filmes, 29
feedback ao usuário, fornecer, 288-292
ferramenta Button, 142-143, 148
ferramenta Filled rectangle
  janela Paint, 82
  Tool Palette, 84-85
ferramenta Hollow Square, 218
ferramenta Square Marquee, 115
filmes, 33. *Ver também* vídeo
  abrir, 29-30
  criar novo, 74-75
  curto, criar, 382-384
  distribuir, 34
  editar para a Web, 206-207
  em quadros
    manipuladores personalizados, 306-313
    animação da área de desenho, 325-335
    loops de filme, 294-302
    eventos ociosos, 316-319
    scripts de filme, 316-319
    navegação, 336-339
    movimentação de um pixel, 319-324
    preparar para a Web, 339-341
    transformar diversos sprites em puppets, 304-305
    eventos de intervalo, 313-315
  exibir, 28, 69
  fechar, 29
  inicializar browsers a partir de, 279-280
  navegar entre, 199-203, 336-339
  parar, 70, 157
  projetores
    criar, 385-387
    inicialização rápida, 388-393
    exibir, 387-388
    Xtras, 388
  propriedades, 68
  salvar, 28
  scripts, anexar, 162-165
  Shockwave, 274
  tamanho do arquivo, 74
  testar, 104
  Xtras
    adicionar, 394-396
    remover, 390
filmes curtos, criar, 382-384
fluir
  filmes do Shockwave, 274
  som, gargalos, 235-236
fontes, 87-89, 374
formas do QuickDraw, 84, 87, 122
funções (Lingo), 149-151

G
grades
  ajustar a, 62
  cor, selecionar, 61
  espaçamento, 61
  opções de exibição, 60-62
  posicionar objetos em, 61-64
  visualização, 60-61
grades de posicionamento, 59-62
  alinhar para, 63
  colocar espaços, 61
  opções de exibição, 60-62
  posicionar objetos em, 61-64
guias, visualizar, 60-61

H
hot spots, 84, 204-206
hyperlinks
  codificar, 376-378
  criar, 372-376
  testar, 379

I
imagens de vetores, 53-55
imagens
  bitmaps, 55
  compactar (JPEG), 277
  copiar, 119
  profundidade, 80
  vetor, 55
importar
  membros do elenco, 44-47, 79-80
  vídeo, 240-241
inicializar
  browsers, a partir de filmes, 279-280
  Director, 2
inicializar variáveis, 253
inserir quadros-chave, atalhos, 128-129
instância, 55
intermediários, 98, 106
intervalos, 313-315

J
janela Message, 150
  visualizar valores em, 224-226
janela Paint, 81
  Color Picker, 82
  ferramenta Filled Rectangle, 82
janela Watcher, 147

L
Library Palette, 173
  abrir, 173
  comportamentos de som, 218
  comportamentos, adicionar a sprites, 176
  opções de navegação, 174-176
Lingo, 140. *Ver também* scripts
  comandos, 149-150
  constantes, 149-150
  coordenadas, digitar, 153-154

copiar e colar scripts, 193-194
depurar, 166-168
eventos, 155
funções, 149-151
Library Palette, 173-174
operadores, 149-150, 154
ordem da execução de scripts, 155
palavras-chave, 149, 150
propriedades, 149-150
recursos, 140
scripts, 141
linhas. *Ver* canais
loop, 27
  definido, 180-181
  loops de quadro, 178-180
  som, 210-211

M

manipulador on mouseUP me, 149
manipuladores (scripts), 149. *Ver também* eventos
  on hyperlinkClicked, 376
  personalizados, 306-307
marcadores
  adicionar, 171-172
  nomear, 170
  versus valores de codificação, 196
  visualizar todos, 172
membros do elenco, 40. *Ver também* sprites
  apagar, 50-51
  clicar com o botão direito, 129
  criar
    na janela Paint, 81-83
    com ferramentas, 84-86
  exibir nome, formatar, 42-44
  importar, 44-46, 79-80
  posicionar no palco, 57-58
  propriedades, 51-55, 66
  reorganizar, 47-49
  scripts, anexar, 158-160
  selecionar, 40, 115
  texto, 87-89
memória temporária (botões), 196-199
mensagens de erro (Lingo), 166-168
mensagens para os usuários
  fornecer feedback para o usuário, 288-290
  retornar ao estado original, 290-292
menu Behavior. *Ver* Script Well
modo de criação, 114-119
modos de visualização
  gráfico, 20
  janela Cast, 18, 41
  lista, 20
  Property Inspector, alterar, 20
movimento de um pixel, 319-321
  alinhar sprites, 321-322
  controlador on/off, 322-324
multimídia. *Ver* som; vídeo

N

navegação não-linear, 179
navegação

a partir de quadros, 202-204
aplicativo do Shockwave, 356
botão Back, 183-184
botão Home, 195-196
botão Next, 181-182
botões Quit, 207
entre filmes, 199-202, 336-339
estados dos botões, 184
filmes Web, 206-207
hot spots, 204-206
hyperlinks
  codificar, 376-378
  criar, 372-376
  testar, 379
Library Palette, 174-176
linear, 179
loops de quadro, criar, 178-180
marcadores
  adicionar, 171-172
  nomear, 170
  visualizar todos, 172
memórias temporárias, 196-199
não-linear, 179
para quadros específicos, 188-189
seqüências para trás e para frente, 184
navegador linear, 179
nomear
  comportamentos, 178-179
  variáveis globais, 253-254

O

Object Oriented Programming (OOP), 145
objetos, selecionar, 8-9
OOP (Object Oriented Programming), 145
opacidade (sprites), 11
opção Ease In (Sprite Tweening), 130
opção Ease Out (Sprite Tweening), 131
opções de efeito (transições), 98
operadores, 149-150, 154

P

palavra-chave while, 327
palavras-chave (Lingo), 149-150
palco, 3, 7
  abrir, 2
  amplitudes de sprites, posicionar, 92-93
  aplicar zoom, 5-6, 25-26
  centralizar, 38, 75
  cor, alterar, 307-308
  cor do plano de fundo, 24, 38
  dimensionar, 35-38
  dimensões, definir, 21, 73
  localização na tela, alterar, 21-22
  maximizar, 3
  membros do elenco, posicionar, 57-59, 89-91
  redesenhar, 264
  sprites
    grades de posicionamento, 59-64
    posicionar no palco, 57-59
    posição, alterar, 13-14, 311-313
    tamanhos personalizados, 21

Índice

texto, posicionar, 352
pixels
　duplicar, 257
　movimento de um pixel, 319-321
pontos de registro, 57
pré-carregar som, 236-237
profundidade, 80
projetores de inicialização rápida, 388-393
projetores, 33, 381-382
　criar, 385-387
　exibir, 387-388
　filmes curtos, criar, 382-384
　inicialização rápida, 388-393
　Xtras, 388, 394-396
Property Inspector, 40
　abrir, 19, 35-36
　filmes, 21, 68
　indicador Script, 163-164
　membros do elenco, 51-55, 66
　modos de visualização, alterar, 19-20, 36-38
　sprites, 65
propriedades, 19-20, 149-150
　intervalos, 313
　localização, 151-152
　membros do elenco, 51-55
　movieTime, média da duração total do filme, 264-265
　sprites
　　quadra, 309-310
　　escala, 122, 131-132
　　vídeo, 241-244
puppets, 7, 304-305

Q

quadros (Director), 5
　clicar com o botão direito em, 128
　filmes em
　　manipuladores personalizados, 306-313
　　animação na área de desenho, 325-335
　　loops de filmes, 294-302
　　eventos ociosos, 316-319
　　scripts de filme, 302-304
　　navegação, 336-339
　　movimento de um pixel, 319-324
　　preparar para a Web, 339-341
　　transformar diversos sprites em puppets, 304-305
　　eventos de intervalo, 313-315
　navegar a partir de, 202-204
　número de, 74
　quadro 1, iniciar filmes no, 91
　scripts, remover, 160-162, 165
quadros (Internet), carregar páginas em, 364
quadros-chave, 73, 98
　avançar o vídeo com, 251-253
　inserir, 99
QuickTime, 241

R-S

redesenhar o palco, 264
sair do Director, 31
salvar filmes, 28

score, 3, 7, 33
　abrir, 3
　canais, definir número de, 22, 39, 77
　recursos principais, 5
Script Well, 144, 179-180
scripts, 141. *Ver também* Lingo
　anexar a sprites, 192
　botões, 142-143, 148
　comentários, 146
　compilar, 147
　comportamento, 145
　copiar e colar, 193-194
　declarações condicionais, 199, 306
　filme, 162-165
　janela Script, 144-147
　janela Watcher, 147
　loops de quadro
　　codificar, 190-192
　　criar com Behavior Inspector, 178-180
　manipuladores, 149
　membro do elenco, 158-160
　memória temporária (botões), 196-199
　navegação. *Ver* navegação
　ordem de execução, 155
　pai, 145
　quadro, 160-162, 165
　rolar por, 144-145
　selecionar e, Script Well, 179
　valores, visualizar, 224-226
selecionar
　membros do elenco, ferramenta Square Marquee, 115
　objetos, 8-9
　sprites, 57
seqüências, 27
Shockwave
　aplicativo de navegação, 356
　filmes, 274
Shockwave Audio (SWA), 226, 229, 237
solucionar problemas. *Ver* depurar
som
　adicionar ao elenco, 229
　balancear som, 210, 212-214
　comportamentos da Library Palette, 212
　fazer loop, 210-211
　na Web
　　criar controlador, 226-231
　　pré-carregamento, 236-237
　　preparar para exibição, 231-235
　　gargalos de fluxo, 235-236
　　testar para completar, 237-238
　sincronizar com o vídeo, 241-242
　volume
　　Channel Volume Slider, 214-215
　　indicador deslizante personalizado, 215-224
sprites, 7, 33. *Ver também* membros do elenco
　alinhar, 321-322
　comportamentos, adicionar, 177, 192
　controlador de movimento, codificar, 325-331
　copiar, grupos, 134
　cor, alterar, 9-10, 100-103
　cortar e colar, 120

distorcer, 16
dividir, 132, 345
encolher, 108-109
escalar, 349
girar, 15
invisível, 218-219
opacidade, 11
pontos de registro, 57
posição, mudar, 13-14, 311-313
posicionar no palco, 57-59
propriedades, 65
scripts, visualizar, 66
selecionar, 57
transformar em puppet, 304-305
trocar canais, 133-134
virar
    horizontalmente, 15
    verticalmente, 14
    visibilidade do canal, ligar/desligar, 16-17
suavidade (transições), 98
SWA (Shockwave Audio), 226, 229, 237

T
tamanho do arquivo, 74
    imagens de vetores versus bitmaps, 55
    SWA (Shockwave Audio), 226, 229
tela, 25, 39
tempo de execução, 26
testar filmes, 69, 104
TETOTOAM, 69
Text Inspector, 374
texto, 87-89
    aplicar cor por todo, 349-356
    cor, 351
    posicionar no palco, 852
Tool Palette, 84-86
transições Venetian Blinds, 103
transições, 95-98
    afetar opções, 98
    duração, 98
    suavidade, 98
    Venetian Blinds, 103
trocar sprites, 184-190

V
valores de codificação, 196
valores, visualizar, 224-225

variáveis, 248
vídeo. *Ver também* filmes
    AVI arquivos, 241
    barra deslizante, criar, 264-265
    botão de retorno, criar, 247-248, 256
    botão, de avanço rápido, criar, 249
    controle de ligar/desligar, criar, 244-246, 256
    coordenadas de localização, 243
    exibir em tela cheia, 257
    importar, 240-241
    propriedades, 241-244
    QuickTime, 241
    sincronizar som, 242
virar animações, 114-119
virar sprites
    horizontalmente, 15
    verticalmente, 14
visibilidade de sprites, ativar/desativar, 16
visualização gráfica, 20
visualizar lista (Property Inspector), 20, 37-38
visualizar
    marcadores, 172
    valores, 224-226
voltar o filme, 27
volume
    Channel Volume Slider, 214-215
    indicador deslizante personalizado
        adicionar som, 219-220
        codificar, 221-224
        criar indicador deslizante, 215-217
        sprite invisível, 218-219

W-X
Web
    editar filmes para, 207, 339-341
    som
        criar controlador, 226-237
        pré-carregamento, 236-237
        preparar para exibição, 231-235
        gargalos de fluxo, 235-236
        testar para finalização, 237-238
Xtras, 229, 388
    filmes
        adicionar, 394-396
        remover, 390